실무 밀착 엑셀

실무 밀착 엑셀

발행일 2020년 6월 1일 개정 1판
지음 박수경

발행인 한창훈
편집 이인호

발행처 루비페이퍼
등록 2013년 11월 6일 제 385-2013-000053 호
주소 경기도 부천시 원미구 길주로 252 603호
전화 032-322-6754
팩스 031-8039-4526

홈페이지 www.RubyPaper.co.kr
ISBN 979-11-86710-04-3

표지 너미날(ganda0ju@naver.com)
디자인 승우

이 책은 저작권법에 따라 보호받는 저작물이므로 무단 전재와 무단 복제를 금하며, 이 책 내용의 전부 또는 일부를 이용하려면 저작권자와 루비페이퍼의 서면 동의를 받아야 합니다.

책값은 뒤표지에 있습니다.

잘못된 책은 구입하신 곳에서 바꾸어 드립니다.

업무의 반은 엑셀! 유능과 무능을 가르는 한 끗!
실무 밀착 엑셀
Excel

박수경 지음

저자 서문

"엑셀을 잘 사용하고 싶은데, 어떻게 하면 될까요?"

"이렇게 열심히 배워도 어느 곳에 어떻게 써야 할지 모르겠어요."

위의 두 문장은 필자가 엑셀을 강의하면서 가장 많이 듣는 소리입니다. "엑셀을 잘 활용하고 싶어요.", "배워서 제대로 사용하고 싶어요."를 의미하는 것이 아닐까요? 필자는 강의할 때 바로 이 부분에 가장 많은 공을 들입니다. 아무리 많은 함수나 기능을 알아도 어느 곳에 어떻게 사용할 줄 모른다면 엑셀을 제대로 안다고 할 수 없으며 제대로 활용할 수 없습니다.

이 책은 바로 이런 분들을 위해서 집필하였습니다. 무조건 엑셀 함수의 사용법을 배우거나 엑셀 기능을 많이 아는 것을 목표로 집필하지 않았습니다. 즉 엑셀을 함수나 기능 중심이 아닌 실무 작업 중심에서 집필하였습니다. 같은 함수나 수식이어도 사용해야 하는 이유와 사용법이 조금씩 다릅니다. 따라서 결과물을 먼저 보여 주고, 그 결과물을 만드는 데 필요한 함수나 수식 그리고 기능들을 적합하게 사용하는 법을 집필하였습니다.

독자 여러분이 엑셀을 잘하고 싶다면 다음 세 가지를 기억하세요.

첫째, 생각하세요.

실무에서 엑셀로 작업을 진행할 때 단순 반복이 이어진다면 이 작업을 어떻게 자동화할 수 있을지를 생각해야 합니다. 어떻게 하면 단순 반복을 줄이고 작업을 효율적으로 할 수 있을지를 생각하면서 함수를 써 보고 기능을 하나하나 사용해 보면서 엑셀과 친해져야 합니다. 내가 일일이 해야 하는 작업을 엑셀의 어떤 함수나 기능들이 대신해줄 수 있을지를 생각해야 합니다.

둘째, 입력된 데이터를 보세요.

사용자가 엑셀의 함수와 수식 그리고 기능을 제대로 활용할 수 있어도, 기초 데이터가 엉망으로 입력되어 있으면 문제가 발생할 수 있습니다. 데이터 작업을 해본 사람들은 종종 이런 말을 합니다. "쓰레기를 입력하면 쓰레기 결과를 얻는다." 문제가 있는 데이터로 작업하면 신뢰할 수 없는 결과를 얻게 된다는 의미입니다.

엑셀의 함수나 수식은 올바르게 입력된 데이터를 기반으로 정확한 결과를 반환하고, 엑셀 기능 또한 올바르게 입력된 데이터를 기반으로 규칙에 따라 움직이면서 사용자가 원하는 정확한 결과물을 반환합니다. 그래서 엑셀을 잘 활용하는 사람은 가장 먼저 데이터를 규칙에 맞게 정리합니다. 데이터가 엑셀에서 정하는 규칙에 맞게 제대로 입력되었는지, 숫자와 문자의 구분은 잘 지켜지고 있는지 등을 점검합니다.

셋째, 엑셀을 신뢰하세요.

엑셀은 스스로 판단하지 못합니다. 즉 어떤 작업을 알아서 할 수 없다는 것을 의미합니다. 사용자가 입력하는 함수나 수식대로 연산해서 결과를 반환하고, 사용자가 지정한 기능을 그대로 수행합니다. 엑셀은 수동적이지 절대로 능동적이지 않습니다.

정확한 수식을 입력했더라도 기초 데이터가 잘못되었다면 정확하게 연산하지 못하며, 반대로 기초 데이터가 바르게 입력되었어도 잘못된 수식을 입력하면 연산을 제대로 수행하지 못합니다. 즉 잘못된 데이터를 입력하는 것도, 잘못된 수식을 입력하는 것도 '사용자'입니다. 엑셀은 그저 입력된 대로 연산하여 결과를 반환할 뿐입니다.

엑셀을 잘하고 싶다면 자주 사용해야 합니다. 이보다 좋은 학습은 없습니다. 어렵고 이해되지 않더라도 책을 보면서 따라 해 보세요. 사용하면서 모르는 부분이 이해되기도 하고, 스스로 요령이 생기기도 합니다. 이 책의 모든 독자가 제대로 된 기본을 토대로 엑셀의 고수가 되기를 바랍니다.

2020.06.1

박수경

차례

PART 1
기본에서 시작하는 업무 활용 문서

Chapter 01 기본 개념 … 18

1. 엑셀의 화면 구성 … 18
2. 리본 메뉴 구분하여 사용하기 … 20
3. 엑셀 명령 실행하기 … 22
4. 빠른 실행 도구 모음 … 23
5. 리본 메뉴와 화면의 해상도 … 25
6. 데이터 형식 … 25
7. 셀 서식(맞춤, 글꼴, 테두리, 채우기) … 26
8. 셀 서식(데이터 표시 형식) … 28
9. 사용자 지정 표시 형식 … 29
10. 사용자 지정 서식 코드에서 사용되는 기호 … 30
11. 엑셀에서 사용되는 연산자 … 31
12. 참조 설정 … 33
13. 함수의 구조 … 36
14. 수식 자동 완성 기능 … 36
15. 데이터 자동 채우기 … 37

Chapter 02 주간 업무표 … 40

1. 셀 병합하고 테두리 그리기 … 41

2. 행 높이 지정 및 텍스트 맞춤과 셀 채우기 … 44
3. 일자 입력과 서식 지정하기 … 46
4. 날짜 자동 입력 수식 지정하기 … 49
5. 평일과 주말을 구분하여 표시하기 … 51
응용 이건 어때요? … 55
응용 한 걸음 더 … 56

Chapter 03 운송대장 … 59

1. 운송번호가 입력되어 있으면 자동으로 순번 입력하기 … 60
2. 지역과 품목구분에 의한 기본운임 입력하기 … 61
3. 주요할증 입력하기 … 64
4. 선물포장비, 중량할증, 기타할증 입력하기 … 65
5. 운임총액, 금액할인, 회원할인, 기타할인 입력하기 … 68
6. 공제총액, 실제운임액 입력하기 … 70
7. 선택 영역에서 이름 만들기 … 72
8. 유효성 검사로 목록 만들기 … 73
9. 선택한 운송번호에 대한 데이터 입력하기 … 74
10. 운송료내역(보관용) 입력하기 … 77
11. 셀에 입력된 데이터와 기본 눈금선 보이지 않게 하기 … 77
응용 이건 어때요? … 79
응용 한 걸음 더 … 81

Chapter 04 증명서 … 83

1. 증명서 정보 입력하기 … 84
2. 찾기 함수로 정보 가져오기 … 88
3. 근속기간 구하기 … 91
4. 증명서 메시지와 기준일 표시하기 … 94

| 응용 | 한 걸음 더 | 97 |

Chapter 05 예금출납장 — 101

1. 계정구분에 따라 계정과목 다르게 입력하기 — 102
2. 잔액 구하기 — 104
3. 수식으로 움직이는 범위 지정하기 — 105
4. 계정과목별로 입금액과 출금액 집계하기 — 107
5. 0의 값을 하이픈(–)으로 지정하기 — 110
   응용 이건 어때요? — 112
   응용 한 걸음 더 — 114

PART 2
기본을 딛고 작성하는 업무 활용 문서

Chapter 01 기본 개념 — 118

1. 워크시트 — 118
2. 이름 정의하기 — 120
3. 데이터 유효성 검사 — 122
4. 유효성 검사를 이용한 잘못된 데이터 검사 — 124
5. 조건부 서식 — 125
6. 수식을 사용하는 조건부 서식 지정 — 128
7. 엑셀의 오류 값 — 129
8. 이동 옵션 — 132
9. 서식 복사 — 133
10. 데이터 삭제하기 — 134
11. 인쇄 미리보기와 인쇄 백스테이지 — 134
12. 페이지 여백 조정하기 — 135

13. 행과 열 제목을 페이지마다 인쇄하기 … 136

14. 페이지 나누기 미리보기 … 137

Chapter 02 재고조사 … 138

1. 유효성 검사 지정하기 … 139

2. 구분 구하기 … 141

3. 단가 및 금액 구하기 … 143

4. 평가손실과 합계 구하기 … 145

5. 작성일자 입력하기 … 146

6. 0 값을 보이지 않게 지정하기 … 147

7. 구분별 재고평가 구하기 … 148

응용 이건 어때요? … 153

응용 한 걸음 더 … 154

Chapter 03 출석부 … 157

1. 날짜 및 시간 입력하기 … 158

2. 훈련기간 및 시간 구하기 … 159

3. 훈련 일자 입력하기 … 161

4. 훈련시간 구하기 … 162

5. 수료 여부 구하기 … 165

6. 조건부 서식으로 색 지정하기 … 166

응용 이건 어때요? … 169

응용 한 걸음 더 … 171

Chapter 04 교육평가 … 173

1. 총점과 평균 구하기 … 174

    2. 구간별 빈도수 구하기 — **176**

    3. 상위 3등, 하위 3등 구하기 — **180**

    응용 한 걸음 더 — **183**

Chapter 05 입출고대장 — **187**

    1. 거래구분 유효성 검사 만들기 — **188**

    2. 제품명 유효성 검사 만들기 — **189**

    3. 규격과 단가 구하기 — **190**

    4. 입고, 출고, 반품 금액 구하기 — **192**

    5. 제품별 수량 집계하기 — **193**

    응용 이건 어때요? — **198**

    응용 한 걸음 더 — **200**

PART 3
눈이 즐거운 차트 문서

Chapter 01 기본 개념 — **210**

    1. 차트의 종류 — **210**

    2. 차트의 구성요소 — **214**

    3. 차트 만들기 — **215**

Chapter 02 결식자료 — **222**

    1. 입력 자료로 세로 막대형 차트 만들기 — **223**

    2. 데이터 계열의 차트 종류 변경하기 — **224**

    3. 축 서식 지정하기 — **225**

    4. 세로 막대 꾸미기 — **227**

5. 꺾은선 꾸미기	229
6. 차트 제목 입력하기	231
응용 한 걸음 더	232

Chapter 03 간트 차트 — 234

1. 누적 가로 막대형 차트 만들기	235
2. 축 서식 변경하기	235
3. 계열 변경하기	237
4. 레이아웃 변경하기	239
5. WordArt 입력하기	240
응용 한 걸음 더	241

Chapter 04 시스템 운영 차트 — 244

1. 유효성 검사로 선택 만들기	245
2. 차트로 작성할 데이터 만들기	246
3. 도넛형 차트 작성하기	247
4. 계열 변경하기	248
5. 레이아웃 변경하기	249
6. 합계 데이터 계열 꾸미기	250
7. 선택한 데이터 계열 꾸미기	251
8. 텍스트 상자 입력하기	252
응용 한 걸음 더	254

Chapter 05 비교 차트 — 256

1. 차트로 작성할 데이터 만들기	257
2. 가로 막대형 차트 작성하기	259

3. 가로(값) 축 변경하기　　　　　　　　　　　　　　　　　**260**

　4. 세로(항목) 축 변경하기　　　　　　　　　　　　　　　　**261**

　5. 계열 변경하고 꾸미기　　　　　　　　　　　　　　　　　**262**

　6. 레이아웃 변경하기　　　　　　　　　　　　　　　　　　**263**

　7. 도형으로 차트 꾸미기　　　　　　　　　　　　　　　　　**264**

　응용 한 걸음 더　　　　　　　　　　　　　　　　　　　　**267**

PART 4
데이터 가치를 업그레이드하는 작업

Chapter 01 기본 개념　　　　　　　　　　　　　　　**276**

　1. 데이터베이스　　　　　　　　　　　　　　　　　　　　　**276**

　2. 데이터 다루기　　　　　　　　　　　　　　　　　　　　**277**

　3. 필터 : 데이터 추출　　　　　　　　　　　　　　　　　　**282**

　4. 피벗 테이블 : 데이터 분석　　　　　　　　　　　　　　　**286**

Chapter 02 교육자료　　　　　　　　　　　　　　　　**288**

　1. 텍스트 나누기　　　　　　　　　　　　　　　　　　　　**289**

　2. 데이터 정렬하기　　　　　　　　　　　　　　　　　　　**292**

　3. 중복 부분합 만들기　　　　　　　　　　　　　　　　　　**293**

　4. 부분합의 요약 행 꾸미기　　　　　　　　　　　　　　　　**294**

　응용 한 걸음 더　　　　　　　　　　　　　　　　　　　　**298**

Chapter 03 출고반품 자료　　　　　　　　　　　　　**302**

　1. 품명을 기준으로 데이터 통합하기　　　　　　　　　　　　**303**

　2. 품명/월을 기준으로 데이터 통합하기　　　　　　　　　　**305**

3. 출고 100 이상인 데이터 필터링하기	307
4. 출고 상위 5등 이상인 데이터 필터링 하기	309
5. 반품 1~10 범위의 데이터 필터링하기	311
6. '노트' 문자가 포함된 데이터 필터링하기	312
응용 한 걸음 더	314

Chapter 04 직원명단 — 318

1. 주민등록번호로 성별 입력하기	319
2. 입사일과 근속연수 입력하기	321
3. 중복된 항목 제거하기	323
4. 이름 정의하기	326
5. 값으로 데이터 필터링하기	326
6. 수식으로 데이터 필터링하기	330
응용 이건 어때요?	333
응용 한 걸음 더	335

Chapter 05 거래내역 — 340

1. 피벗 테이블 만들기	341
2. 일자를 그룹화하기	343
3. 구분별로 부분합 구하기	343
4. 피벗 테이블 값 서식 지정하기	344
5. 피벗 테이블 보기 좋게 꾸미기	347
6. 데이터 새로 고침	348
응용 한 걸음 더	351

PART 5
원하는 대로 만드는 VBA

Chapter 01 기본 개념 · 358
1. 환경 설정 및 매크로 보안 · 358
2. 매크로 기록 및 실행 · 360
3. VBA 프로그래밍 · 363

Chapter 02 사업장별 직원수 자료 · 371
1. 리본 메뉴에 개발 도구 탭 표시하기 · 372
2. 매크로 기록하기 · 373
3. 대화상자에서 매크로 실행하기 · 378
4. 단추에 매크로 적용하기 · 379
5. 현재 날짜 입력과 보고 메시지 입력하기 · 381
6. 매크로가 포함된 파일 저장하고 열기 · 382
- 응용 한 걸음 더 · 384

Chapter 03 운송대장 인쇄 · 386
1. 한 장 인쇄 매크로 · 387
2. 모두 인쇄 매크로 · 389
3. VB 편집기에서 코딩하기 · 390
4. 양식 컨트롤에 매크로 적용하기 · 393
- 응용 한 걸음 더 · 394

Chapter 04 매출자료 397

1. 범위를 선택하는 매크로 기록하기 … 398
2. 데이터 입력할 때 자동으로 매크로 실행 … 399
3. 이름 지정 VBA 코드 … 402
   응용 한 걸음 더 … 405

Chapter 05 아르바이트 급여 408

1. 준비 작업하기 … 409
2. 사용자 함수 만들기 … 410
   응용 한 걸음 더 … 415

APPENDIX A 알아두면 득이 되는 엑셀 꿀팁 421

APPENDIX B 엑셀 단축키 436

APPENDIX C 기능 목차 440

이 책에서 실습하는 엑셀 문서는 직장인이라면 한 번쯤 만들어 봤던 문서일 것입니다. 그러나 엑셀의 기능을 활용하지 못했다면, 그저 워드 같은 엑셀 문서일 뿐입니다. 예를 들어, 셀에 입력 값을 변경하였을 때 엑셀 기능을 활용하지 못했다면 사용자는 변경된 값에 해당하는 결괏값을 직접 입력해야 하는 번거로움이 있습니다. 하지만 엑셀을 제대로 활용한다면 입력값이 변경되는 즉시 결괏값이 자동으로 변경되게 해서 시간을 절약하고 수고도 덜 수 있습니다.

CHAPTER 01

기본 개념

통합 문서는 엑셀로 작업하여 저장한 파일이며, 이 파일의 확장자는 xlsx입니다. 엑셀 통합 문서 파일은 여러 개를 열어서 사용할 수 있으며, 엑셀 2013부터는 통합 문서마다 한 개의 창이 열립니다. 통합 문서에는 한 개 이상의 워크시트나 차트시트가 있으며, 각각의 워크시트는 셀로 구성되어 있고, 차트시트에는 차트의 요소가 구성되어 있습니다. 셀에는 숫자, 문자, 수식 등의 데이터를 입력합니다.

1. 엑셀의 화면 구성

엑셀 2003 이전의 화면 구성과 2007 이후의 화면 구성은 많은 부분이 변경되었는데, 그중에서 특히 메뉴와 도구 모음 부분의 변화가 큽니다.

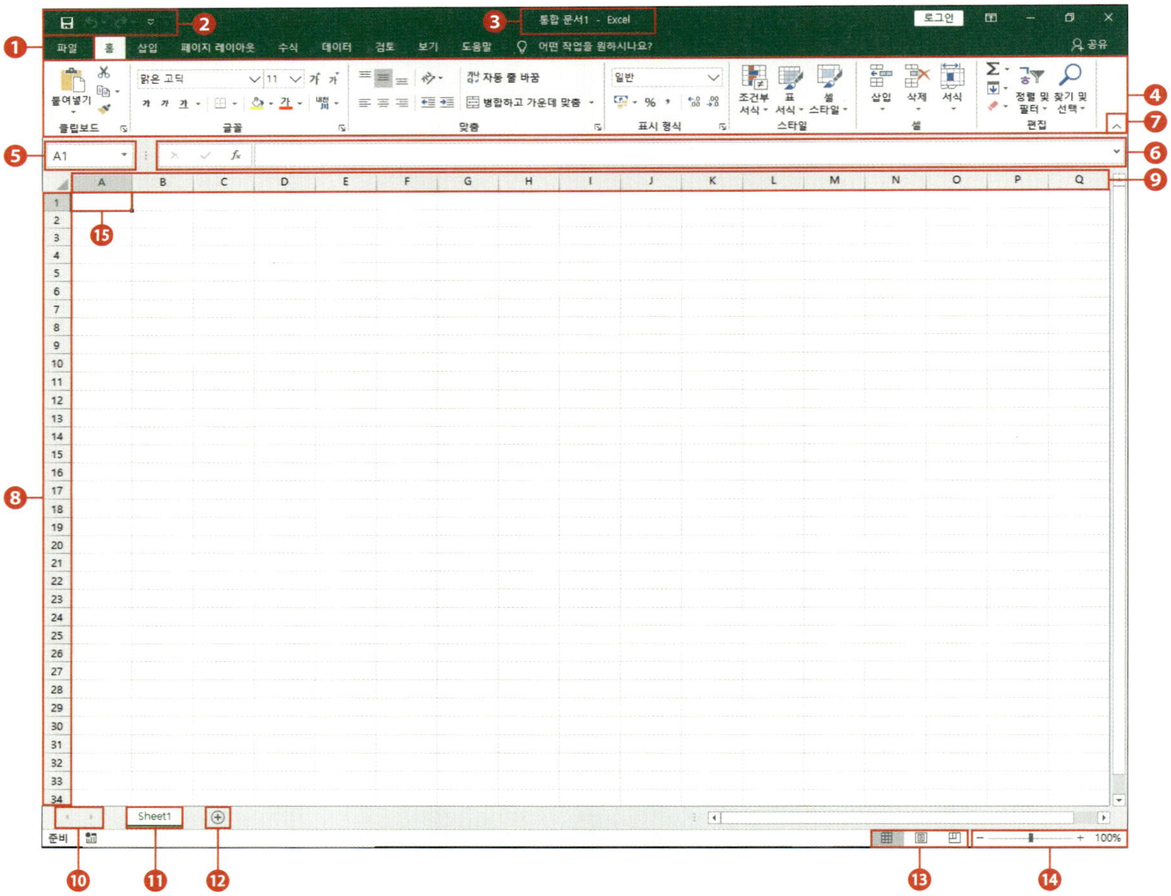

① **파일 단추:** 백스테이지 화면이 보이고, 인쇄, 저장 등과 엑셀 옵션을 설정할 수 있습니다.
② **빠른 실행 도구 모음:** 실행하고 싶은 명령을 빠른 실행 도구 모음에 추가하면, 빠르게 실행할 수 있습니다.
③ **제목 표시줄:** 실행되고 있는 프로그램과 통합 문서의 제목이 표시됩니다.
④ **리본 메뉴:** 엑셀의 기능을 실행할 주요 아이콘과 기능들이 모여 있습니다. 탭을 누를 때마다 선택한 리본 메뉴로 바뀝니다.
⑤ **이름 상자:** 선택한 셀이나 범위 등이 표시됩니다.
⑥ **수식 입력줄:** 셀에 입력한 값이나 수식이 표시됩니다.
⑦ **리본 메뉴 숨기기 단추:** 리본 메뉴를 숨기거나 다시 보이게 하는 단추입니다.
⑧ **행 머리글:** 행을 나타내는 번호로, 행 머리글을 누르면 전체 행을 선택하는 것입니다. 1,048,576행이 있습니다.
⑨ **열 머리글:** 열을 나타내는 문자로, 열 머리글을 누르면 전체 열을 선택하는 것입니다. A열부터 XFD열까지로 16,384열이 있습니다.
⑩ **시트 탭 이동 단추:** 시트의 개수가 많아서 다 보이지 않을 경우, 시트 탭 이동 단추를 눌러서 보이지 않는 시트를 확인할 수 있습니다.
⑪ **시트 탭:** 시트 탭을 눌러서 서로 다른 시트를 확인할 수 있으며, 시트의 이름이 시트 탭에 표시됩니다.
⑫ **새 시트 단추:** 새로운 워크시트가 추가됩니다.
⑬ **페이지 보기 단추:** 화면의 보기를 변경하는 단추입니다.
⑭ **확대/축소:** 시트를 확대하거나 축소할 수 있습니다.
⑮ **셀 포인터:** 현재 활성화된 셀을 굵은 테두리로 표시합니다.

2. 리본 메뉴 구분하여 사용하기

리본 메뉴는 비슷한 명령끼리 한 탭에 묶어 놓은 것으로, 탭을 선택할 때마다 리본 메뉴가 다르게 표시됩니다.

홈

엑셀에서 가장 많이 사용하는 작업들을 모아놓은 곳으로, 글꼴, 단락, 행이나 열 관련 작업 등이 있습니다.

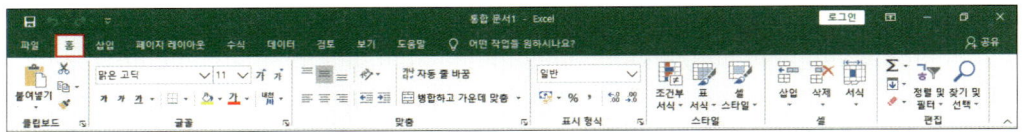

삽입

엑셀에 무엇인가를 삽입하고자 할 때 누르는 탭으로, 그림, 도형, 표, 차트 기호 등이 있습니다.

페이지 레이아웃

워크시트의 전체적인 모양을 설정하는 곳으로, 인쇄와 관련된 페이지 설정 및 개체 정렬 등을 지정할 수 있습니다.

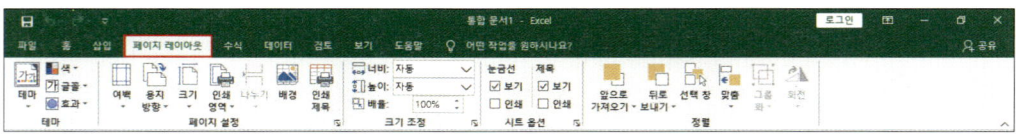

수식

함수와 수식을 입력하거나, 셀 영역의 이름을 지정할 수 있습니다.

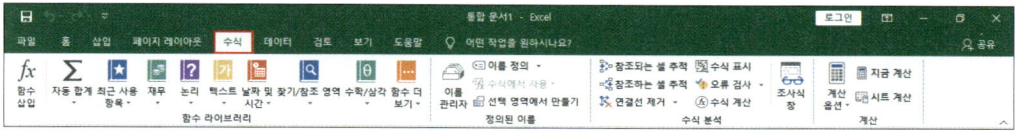

데이터

정렬, 부분합, 필터 등과 같은 데이터와 관련된 기능이 있습니다.

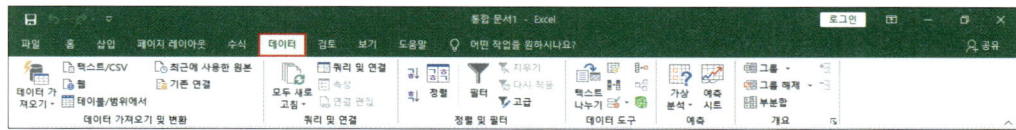

검토

맞춤법 검사, 번역, 메모 등과 같은 기능이 있습니다.

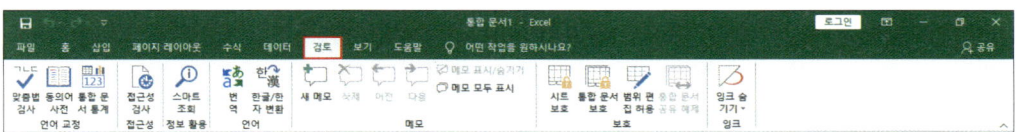

보기

화면에 보이는 형식을 바꾸는 것으로, 창 나누기, 화면의 표시 등을 지정할 수 있습니다.

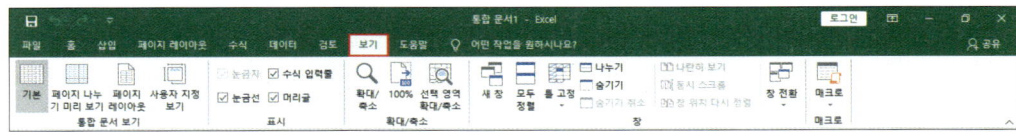

3. 엑셀 명령 실행하기

리본 탭 사용

사용하고자 하는 탭을 선택하고, 해당 탭의 명령 도구들이 그룹별로 묶여 있는 상태에서 사용할 명령의 도구를 선택합니다.

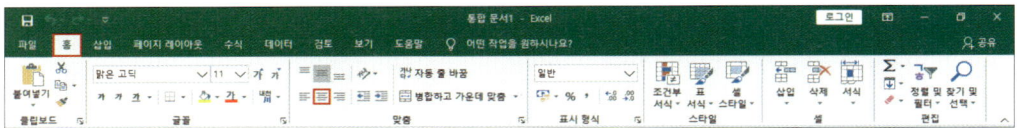

대화상자 사용

그룹 이름이 있는 오른쪽 부분에서 대화상자 표시(□)를 클릭하면 해당 그룹의 대화상자가 실행됩니다.

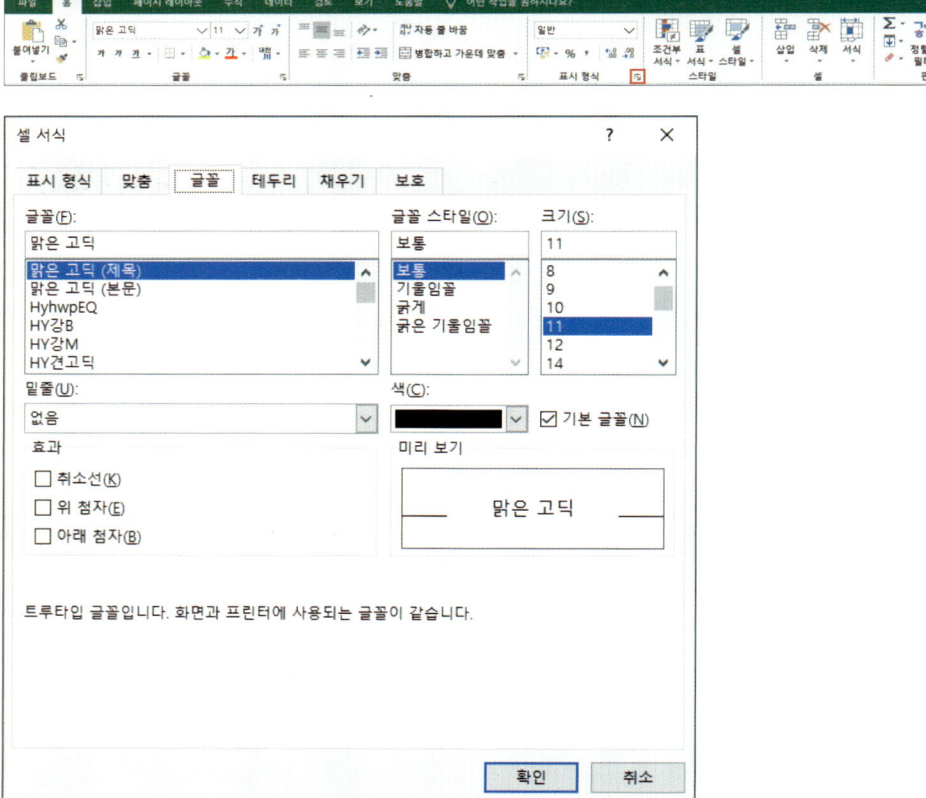

바로가기 메뉴 사용

바로가기 메뉴는 마우스 오른쪽 단추( )를 눌렀을 때 나타납니다. 엑셀은 여러 종류의 바로가기 메뉴가 있어서 기능을 빠르게 실행할 수 있지만, 엑셀의 모든 명령이 들어있지는 않습니다.

4. 빠른 실행 도구 모음

리본 메뉴로 엑셀 명령문을 사용하기에 충분하지만, 자주 사용하는 명령이 여러 탭을 거쳐서 실행해야 한다면 번거로울 수 있습니다. 이때, 빠른 실행 도구 모음에 명령을 추가하면 쉽고 빠르게 사용할 수 있습니다.

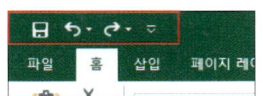

빠른 실행 도구 모음 추가하기

빠른 실행 도구 모음에는 기본적으로 '저장', '실행 취소', '다시 실행' 명령이 있는데, 여기에 사용자가 원하는 명령을 더 추가할 수 있습니다. 빠른 실행 도구 모음 사용자 단추( )를 클릭하면, [빠른 실행 도구 모음 사용자 지정] 메뉴가 나타납니다. 여기에서 사용자가 원하는 명령을 선택하거나, 추가할 명령이 없다면 [기타 명령]을 선택합니다. 그러면 [Excel 옵션] 대화상자가 열립니다.

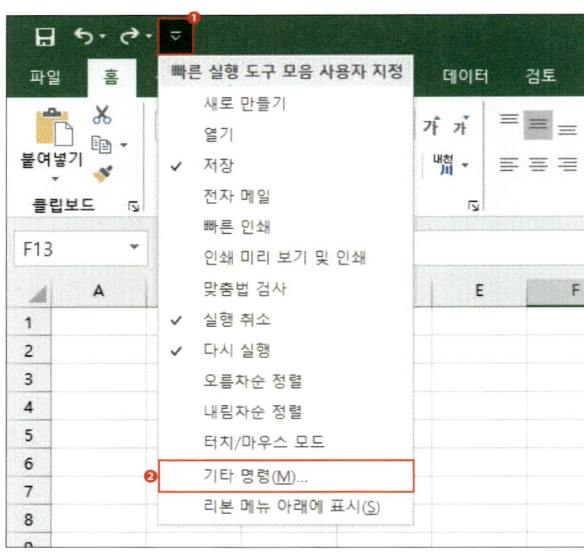

[Excel 옵션] 대화상자에서 사용자가 원하는 명령을 선택합니다.

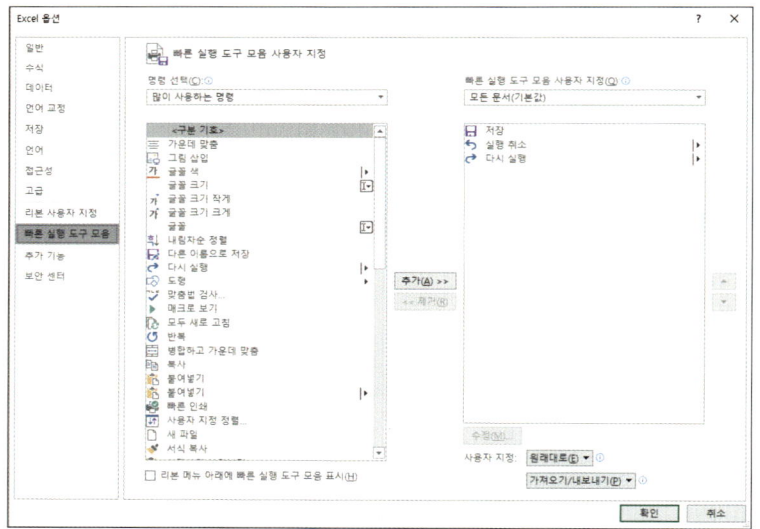

빠른 실행 도구 모음 사용하기

마우스를 이용하여 빠른 실행 도구 모음을 클릭하거나 키보드에서 Alt 또는 /를 눌러서 사용할 수 있습니다. Alt 또는 /를 누르면 해당 메뉴에 속한 더 많은 키 팁들이 표시됩니다. 엑셀 명령을 사용하기 위해서 순서대로 키 팁에 표시되는 알파벳이나 숫자를 누르면 됩니다.

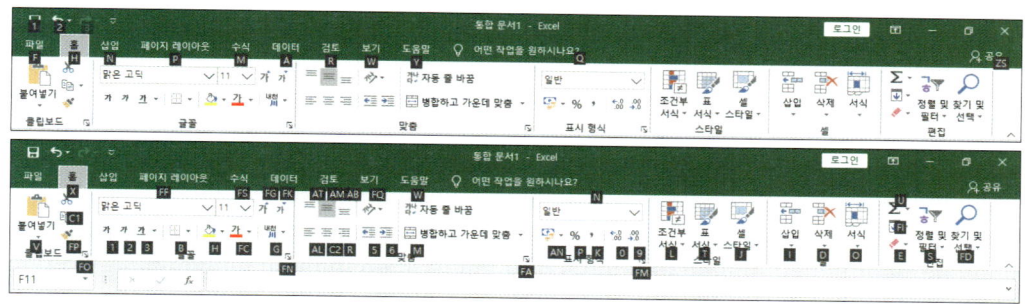

5. 리본 메뉴와 화면의 해상도

리본 메뉴의 명령 아이콘은 엑셀 창의 너비에 따라 모양이 바뀝니다. 엑셀 창이 좁아서 모든 아이콘을 표시할 수 없을 때는 그룹의 아이콘이 나타납니다. 그룹 아이콘을 클릭하면 표시되지 못한 아이콘이 나타납니다.

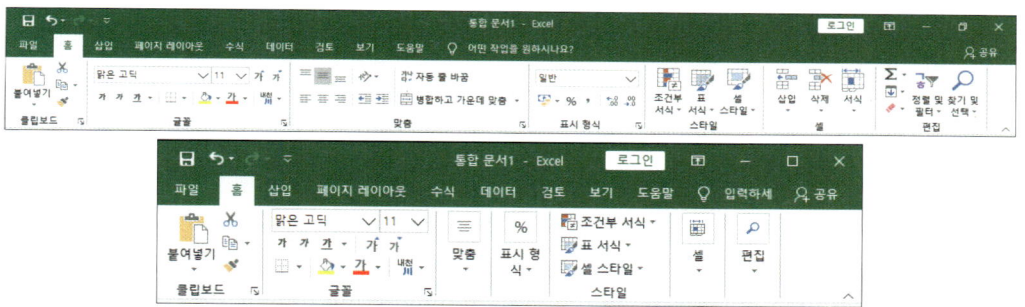

6. 데이터 형식

셀에는 기본적으로 숫자, 텍스트, 수식 형식의 데이터를 입력합니다. 워크시트에 차트, 그림, 다이어그램 등의 개체를 저장할 수 있지만, 이런 개체는 셀에 입력하는 것이 아니라 그리기 레이어에 입력하는 것입니다. 그리기 레이어는 셀 위에 표시됩니다.

7. 셀 서식(맞춤, 글꼴, 테두리, 채우기)

셀 서식을 지정하려면 [홈] 탭에서 [표시 형식] 그룹의 대화상자 표시(　)를 클릭합니다(단축키 Ctrl + 1).

맞춤 탭

셀에 입력된 텍스트를 왼쪽, 가운데, 오른쪽 등으로 맞춤할 수 있으며, 텍스트의 방향 등을 지정할 수 있습니다.

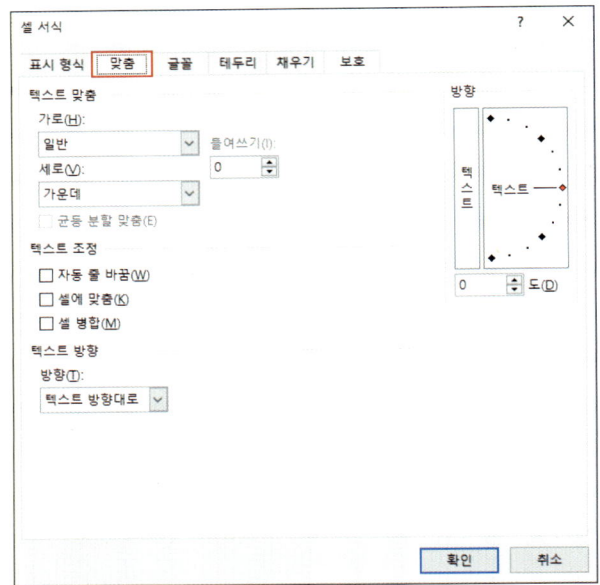

글꼴 탭

글꼴, 글꼴 크기, 글꼴 스타일, 색 등을 지정할 수 있으며, 취소선, 위 첨자, 아래 첨자처럼 [홈]에 없는 글자 서식을 지정할 수 있습니다.

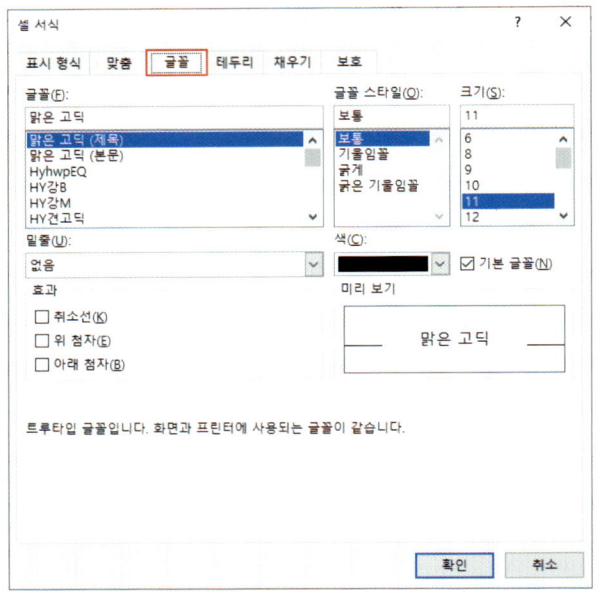

테두리 탭

인쇄할 때 행과 열을 구분하는 눈금선을 표시하려면 셀의 테두리 선을 지정해야 합니다.

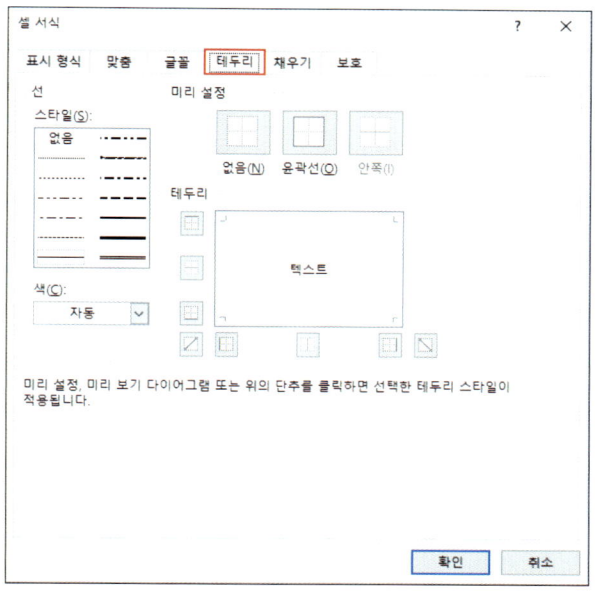

채우기 탭

선택한 셀 범위나, 하나의 셀에 색을 지정할 수 있습니다.

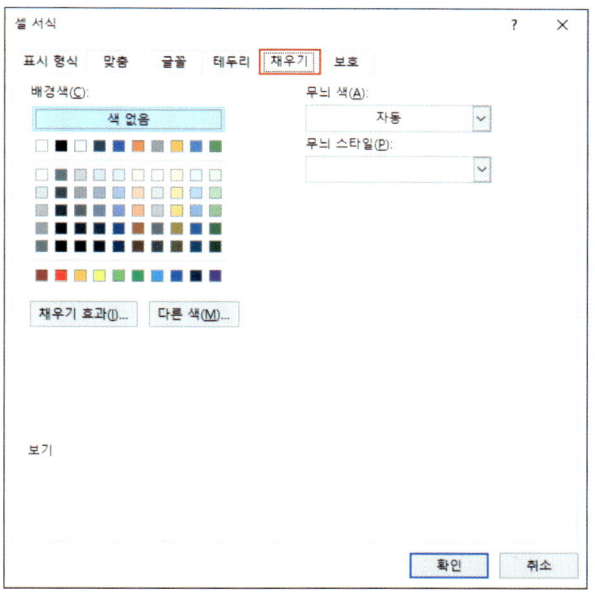

8. 셀 서식(데이터 표시 형식)

셀에 입력된 데이터에서 입력한 형태를 다른 형식으로 바꾸어서 표시할 수 있습니다. 표시 형식을 변경해도 실제 데이터 값은 변경되지 않습니다. 표시 형식은 [홈] 탭에서 [표시 형식] 그룹에 있는 아이콘들을 사용해서 바꿀 수도 있습니다.

표시 형식을 변경하려면 [홈] 탭에서 [표시 형식] 그룹의 대화상자 표시( )를 클릭하고, [셀 서식] 대화상자의 [표시 형식] 탭을 클릭합니다.

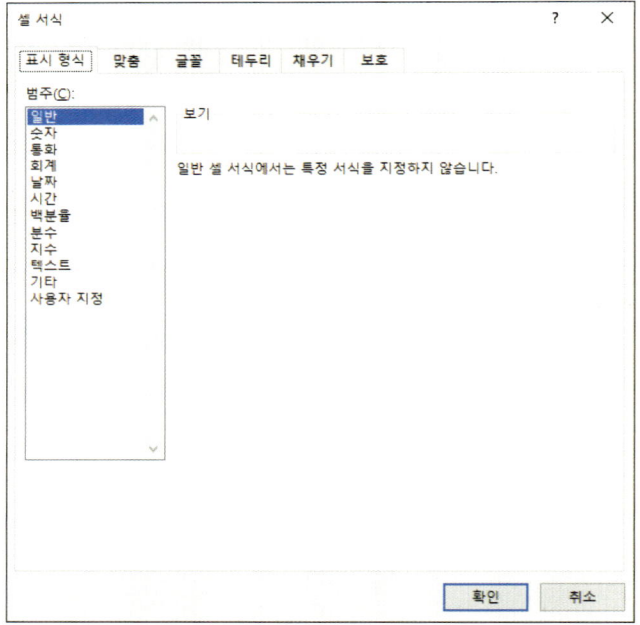

- **일반:** 표시 형식이 변경되지 않은 기본 상태입니다.
- **숫자:** 숫자 데이터에 천 단위마다 쉼표를 추가하거나, 음수를 설정할 수 있습니다.
- **통화:** 숫자 데이터에 통화 기호와 천 단위마다 쉼표를 추가할 수 있습니다.
- **회계:** 숫자 데이터에 통화 기호를 추가하면 셀의 왼쪽 끝에 통화 기호가 정렬되고, 천 단위마다 쉼표가 추가됩니다.
- **날짜:** 숫자 데이터에 다양하게 날짜 형식을 설정할 수 있습니다.

- **백분율:** 소수 자릿수를 선택할 수 있으며, 항상 퍼센트 기호(%)가 붙습니다.
- **분수:** 9가지 분수 서식 중에서 선택할 수 있습니다.
- **지수:** 지수 형태로 표시합니다. 과학적인 표기법에 따라서 E를 사용합니다(예: 3.05E+05 = 305,000). E 왼쪽에 몇 개의 소수 자릿수를 표기할 것인지 선택할 수 있습니다.
- **텍스트:** 값에 적용하면 값이 숫자 형태이더라도 텍스트로 인식합니다.
- **기타:** '로캘(위치)' 목록 상자에서 국가 이름을 클릭하면, 각 나라에서 사용하는 기타 표시 형식으로 바뀝니다.

9. 사용자 지정 표시 형식

사용자 지정 표시 형식은 사용자가 직접 데이터 표시 형식을 입력해서 지정하는 것으로, 원하는 표시 형식이 엑셀에 없을 경우에 직접 입력해서 사용합니다. 사용자 지정 서식은 4개의 구역으로 구성되어 있으며, 구역과 구역은 세미콜론(;)으로 구분합니다.

양수서식 ; 음수서식 ; 0 서식 ; 텍스트서식

4개 구역을 모두 사용할 필요는 없습니다.

- **한 개의 구역 사용:** 서식 문자열이 모든 유형의 숫자 항목에 적용됩니다.
- **두 개의 구역 사용:** 첫 번째 구역은 양수와 0 값에 적용되고, 두 번째 구역은 음수 값에 적용됩니다.
- **세 개의 구역 사용:** 첫 번째 구역은 양수 값에, 두 번째 구역은 음수 값에, 세 번째 구역은 0 값에 적용됩니다.
- **네 개의 구역 사용:** 첫 번째 구역은 양수 값에, 두 번째 구역은 음수 값에, 세 번째 구역은 0 값에 적용, 네 번째 구역은 텍스트에 적용됩니다.

지정한 조건에 맞는 숫자에만 적용하려면 대괄호 [ ]를 사용하여 조건을 지정하고, 색을 지정할 때도 대괄호 [ ]를 사용하여 색을 입력합니다.

- **[조건] 형식 ; [조건] 형식**
- **[색] 형식**

다음은 서식 코드를 지정한 예로 양수는 파랑, 음수는 빨강, 0은 검정, 텍스트는 녹색으로 표시됩니다.

예: [파랑]G/표준; [빨강]G/표준; [검정]G/표준; [녹색]G/표준

10. 사용자 지정 서식 코드에서 사용되는 기호

사용자 지정 코드는 데이터 형식별로 약속된 기호가 있습니다.

데이터 형식	기호	설명
숫자	#	숫자 표시(필요 없는 0은 표시하지 않음)
	0	숫자 표시(필요 없는 0을 표시)
	?	숫자 표시(필요 없는 0을 공백으로 표시)
	%	백분율 표시
	.	소수점 표시
	,	숫자 세 자리마다 구분 기호 쉼표(,) 표시
	₩ $	통화 유형 기호
문자	@	문자에 특정 문자를 표시하고 싶을 때 사용
날짜	YY YYYY	연도를 두 자리로 표시 연도를 네 자리로 표시
	M MM MMM MMMM	월을 1~12 월을 01~12 월을 JAN ~ DEC 월을 JANUARY ~ DECEMBER
	D DD	일을 1~31 일을 01~31
	DDD DDDD	MON MONDAY
	AAA AAAA	월 월요일
시간	H HH	시간을 0~23 시간을 00~23
	M MM	분을 0~59 분을 00~59
	S SS	초를 0~59 초를 00~59

사용자 지정 서식 코드를 사용하는 예는 다음과 같습니다.

입력 데이터	서식 코드 예	결과	설명
12345	#,##0	12,345	숫자 천 단위마다 쉼표(,) 삽입
123	000-00	001-23	0 자릿수 만큼 0이 표시
12345	₩ #,##0 원	₩ 12,345 원	숫자 앞에 통화 기호와 뒤에 "원" 표시
2	0%	200%	숫자에 100을 곱하고 %를 붙여서 표시
1256	#,###.00	1,256.00	숫자 천 단위마다 쉼표(,) 삽입과 소수점 이하 두 자리 표시
2016-08-06	DD-MMM	06-AUG	날짜 일(DD) 두 자리와 영문 세 글자의 월(MMM) 표시
2016-03-06	aaaa	일요일	날짜를 한글 요일로 표시
2016-03-06	dddd	Sunday	날짜를 영문 요일로 표시
홍길동	@님	홍길동님	텍스트 뒤에 "님" 붙여서 표시

11. 엑셀에서 사용되는 연산자

엑셀에서 주로 사용되는 연산자는 산술, 비교, 참조, 연결 등의 연산자입니다. 연산자를 혼합하여 사용하였다면 계산 순서는 '참조 → 산술 → 연결 → 비교'입니다.

참조 연산자

셀 범위를 반환합니다.

참조 연산자	사용 예	의미
: (콜론)	A3:C10	[A3] 셀부터 [C10] 셀까지의 모든 셀
, (쉼표)	A3,C10	[A3] 셀과 [C10] 셀인 두 개의 셀
(공백)	A3:C10 B5:D15	[A3:C10]과 [B5:D15]에서 교차되는 지점의 셀

산술 연산자

더하기, 빼기, 곱하기, 나누기, 지수 등의 수학 연산을 합니다.

산술 연산자	의미	사용 예	결괏값
+	더하기	=2+3	5
−	빼기	=5−2	3
*	곱하기	=2*3	6
/	나누기	=15/3	5
%	백분율	=100*50%	50
^	지수(제곱)	=4^2	16

연결 연산자

문자와 문자, 셀과 문자 등을 하나로 연결합니다.

연결 연산자	사용 예	결괏값
&(엠퍼샌드)	="파랑색"&"운동화"	"파랑색운동화"
	=A1&"시" [A1] 셀에 '서울'이 입력되어 있다면	"서울시"

비교 연산자

두 개의 값을 비교해서 논릿값인 TRUE 또는 FALSE를 반환합니다.

비교 연산자	사용 예	의미
>	=A3>5	[A3] 셀의 값이 5보다 크면
>=	=B10>=5	[B10] 셀의 값이 5보다 크거나 같으면
=	=A7=3	[A7] 셀의 값이 3과 같으면
<=	=A3<=5	[A3] 셀의 값이 5보다 작거나 같으면
<	=C10<10	[C10] 셀의 값이 10보다 작으면
<>	=F3<>"서울"	[F3] 셀의 값이 "서울"이 아니면

12. 참조 설정

수식에서 사용되는 참조에는 상대참조, 절대참조, 혼합참조가 있습니다. 수식에 입력된 셀이 다른 셀로 복사되면서 참조가 변경되면 상대참조, 변경되지 않도록 '$'를 행과 열에 모두 붙이면 절대참조, 혼합참조는 복사 방향에 따라 참조가 변경되지 않기 위해 행 또는 열 한 곳에만 '$'를 붙여서 사용합니다.

상대참조

수식을 입력하면 기본으로 입력되는 참조입니다. 결과를 구하고자 하는 셀에 수식을 입력한 후에 자동 채우기 등을 이용하여 수식을 복사하면, 수식이 들어 있는 셀의 위치가 바뀌므로 자동으로 수식에 있는 셀 참조가 변경됩니다.

예를 들어, 그림과 같은 워크시트에서 [E3] 셀에 『=C3*D3』을 입력한 후에 마우스로 채우기 핸들(▭)을 눌러서 [E7] 셀까지 끌어서 놓습니다. [E3] 셀에 상대참조가 입력되었으므로 참조 주소가 아래로 내려가면서 1씩 증가한 것을 확인할 수 있습니다.

셀	수식	값
E3	=C3*D3	600
E4	=C4*D4	600
E5	=C5*D5	500
E6	=C6*D6	500
E7	=C7*D7	700

절대참조

'$A$1'과 같은 형태로 입력되며, 셀의 위치와 관계없이 항상 같은 참조를 유지합니다. 결과를 구하고자 하는 셀에 수식을 입력한 후에 자동 채우기 등을 이용하여 수식을 복사하면, 수식이 들어 있는 셀의 위치가 바뀌어도 수식에 있는 셀 참조가 변경되지 않습니다.

예를 들어, 그림과 같은 워크시트에서 [E5] 셀에 『=C5*D5*$E$2』를 입력한 후에 마우스로 채우기 핸들을 눌러서 [E9] 셀까지 끌어서 놓습니다. [E5] 셀에 절대참조($E$2)가 포함되었으므로 참조 주소가 아래로 내려가도 '$E$2'는 변경되지 않는 것을 확인할 수 있습니다.

셀	수식	금액
E5	=C5*D5*$E$2	540
E6	=C6*D6*$E$2	540
E7	=C7*D7*$E$2	450
E8	=C8*D8*$E$2	450
E9	=C9*D9*$E$2	630

혼합참조

혼합참조는 '$A1' 또는 'A$1'과 같은 형태로 입력됩니다. '$A1'으로 입력되는 참조는 A열만 변경되지 않고, 'A$1'으로 입력되는 참조는 1행만 변경되지 않습니다. 즉, '$' 표시 뒤에 입력되는 열이나 행은 변경되지 않습니다.

예를 들어, 그림과 같은 워크시트에서 [C5] 셀에 『=$B5*C$4』를 입력한 후에 마우스로 채우기 핸들을 눌러서 [C13] 셀까지 끌어서 놓으면, 'C$4'는 참조 주소가 아래로 내려가도 변경되지 않는 것을 확인할 수 있습니다. 다시 [K5] 셀까지 끌어서 놓으면, '$B5'는 참조 주소가 오른쪽으로 이동해도 변경되지 않는 것을 확인할 수 있습니다.

즉, 'C$4'는 수식을 복사하면 열 부분이 바뀌고, 행 부분은 고정됩니다(D4, E4, F4…). '$B5'는 수식을 복사하면 행 부분이 바뀌고, 열 부분은 고정됩니다(B5, B6, B7…).

참조 형식의 변경

수식에 입력된 참조는 키보드에서 〈F4〉를 누를 때마다, 상대참조(A1), 절대참조($A$1), 혼합참조_행고정(A$1), 혼합참조_열고정($A1) 순서로 변경됩니다.

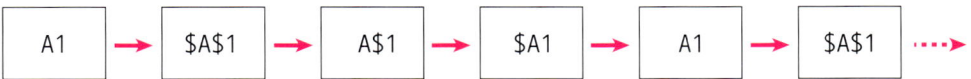

13. 함수의 구조

엑셀에서 미리 계산 식을 지정해 만들어 놓은 것을 함수라고 합니다. 함수에서 요구하는 인수를 사용자가 입력하면, 함수 안에 미리 작성해 놓은 계산 식에 따라 결과를 얻을 수 있습니다.

=SUM(A1:A10,C1:C10)
- SUM: 함수 이름이며 인수로 지정한 범위의 합계를 구합니다.
- A1:A10와 C1:C10: 인수라고 하며 A1부터 A10까지 범위, 그리고 C1부터 C10까지의 범위를 의미합니다.

함수를 다른 함수의 인수로 사용하는 것을 중첩 함수라고 합니다. 중첩하는 함수를 사용할 때는 인수에서 요구하는 값이 중첩 함수의 결과로 반환되어야 합니다.

FIND 함수는 찾는 문자의 위치를 숫자로 알려줍니다. 즉, FIND 함수의 결과는 4로서 숫자입니다. 그리고 LEFT 함수의 구조는 '=LEFT(텍스트, 숫자)'이므로, 숫자가 입력되어야 하는 위치에 FIND 함수의 결과인 4에 -1을 하였으므로 3을 반환합니다. LEFT 함수의 결과는 "ABC-DE"에서 3글자를 추출하므로 'ABC'를 반환합니다.

14. 수식 자동 완성 기능

셀에 직접 함수를 입력하면 입력한 함수의 첫 글자가 같은 함수 목록이 나타나고, 두 번째 글자를 입력하면 두 번째 글자까지 같은 함수 목록이 나타납니다. 이처럼 입력한 함수와 같은 함수 목록이 나타나는 것을 '수식 자동 완성' 기능이라고 합니다.

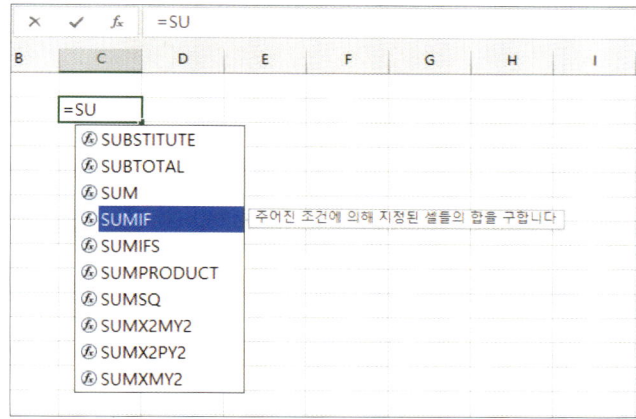

함수 목록에서 입력하고자 하는 함수가 있다면 마우스를 움직이거나, 키보드의 위, 아래 방향키를 이용하여 함수를 선택합니다. 키보드에서 Tab 을 누르거나 마우스 왼쪽 단추를 더블 클릭하여 셀에 입력합니다.

15. 데이터 자동 채우기

채우기 핸들(▭)은 셀 복사 도구로, 셀 포인터 오른쪽 아래에 있는 까만 점입니다. 채우기 핸들을 끌어서 놓으면 연속된 셀에 데이터를 복사하는 기능입니다.

문자 또는 숫자 채우기

문자나 숫자가 입력된 셀의 채우기 핸들을 끌어서 놓으면 데이터가 복사됩니다.

혼합 데이터 / 범위 지정 후 채우기

문자와 숫자가 혼합된 경우에는 숫자를 증가시키거나 감소시켜 셀을 채우기 할 수 있습니다. 혼합 데이터 셀을 하나만 입력하고 채우기 핸들을 끌어놓으면 숫자가 1씩 증가하는 데이터가 채워집니다.

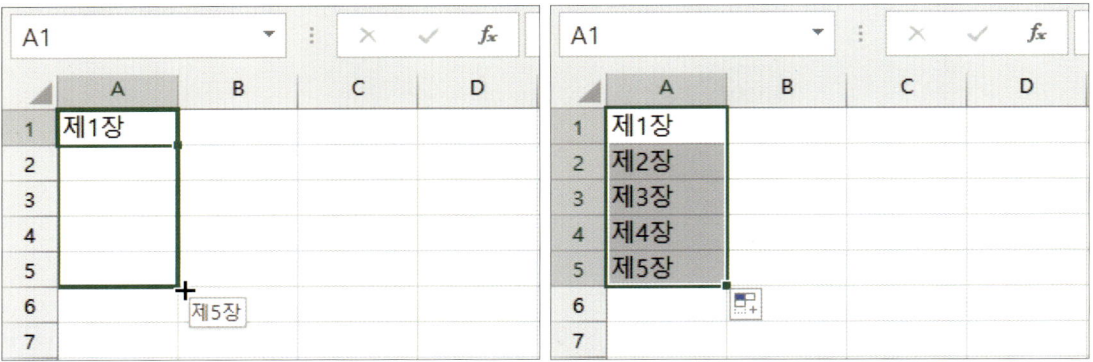

숫자만 입력되거나 혼합 데이터가 입력되어 있는 두 셀을 범위로 지정한 후에 채우기 핸들을 끌어놓으면 범위로 지정한 셀 데이터 값의 차이만큼 증가하거나 감소하는 데이터가 채워집니다.

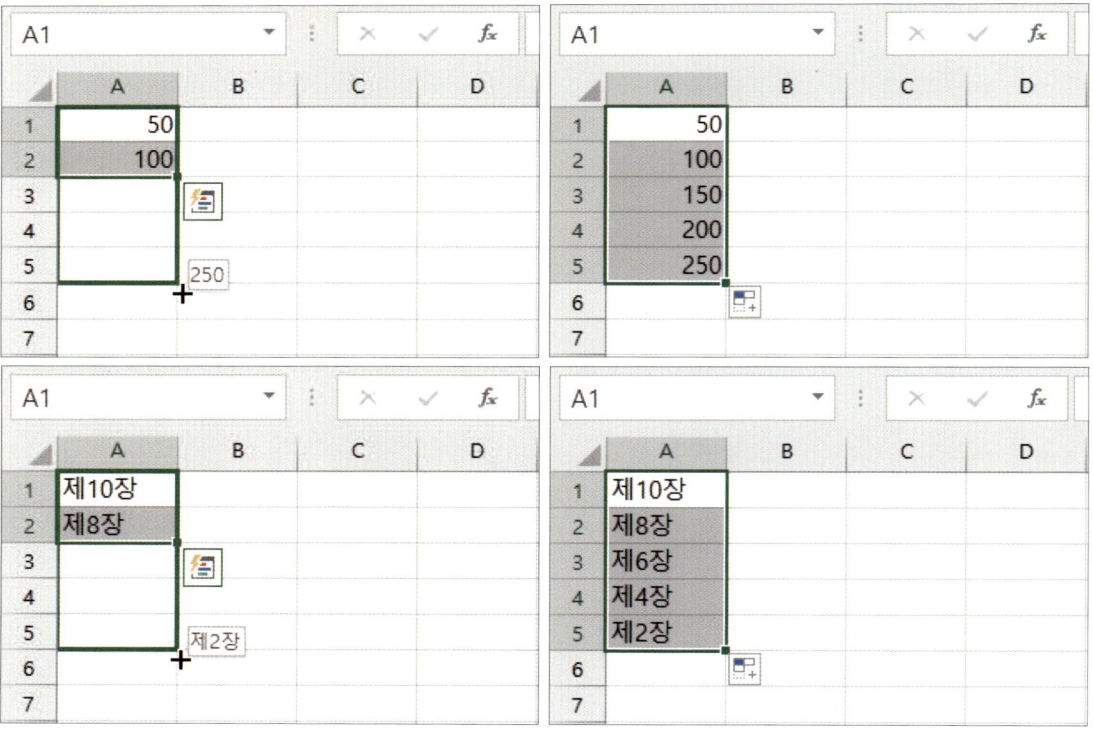

〈CTRL〉 키를 이용한 데이터 채우기

혼합 데이터의 숫자를 증가시키지 않고 복사하려면 Ctrl를 누른 상태에서 채우기 핸들을 끌어놓고, 숫자만 입력된 데이터를 연속으로 채우려면 Ctrl를 누른 상태에서 채우기 핸들을 끌어놓습니다.

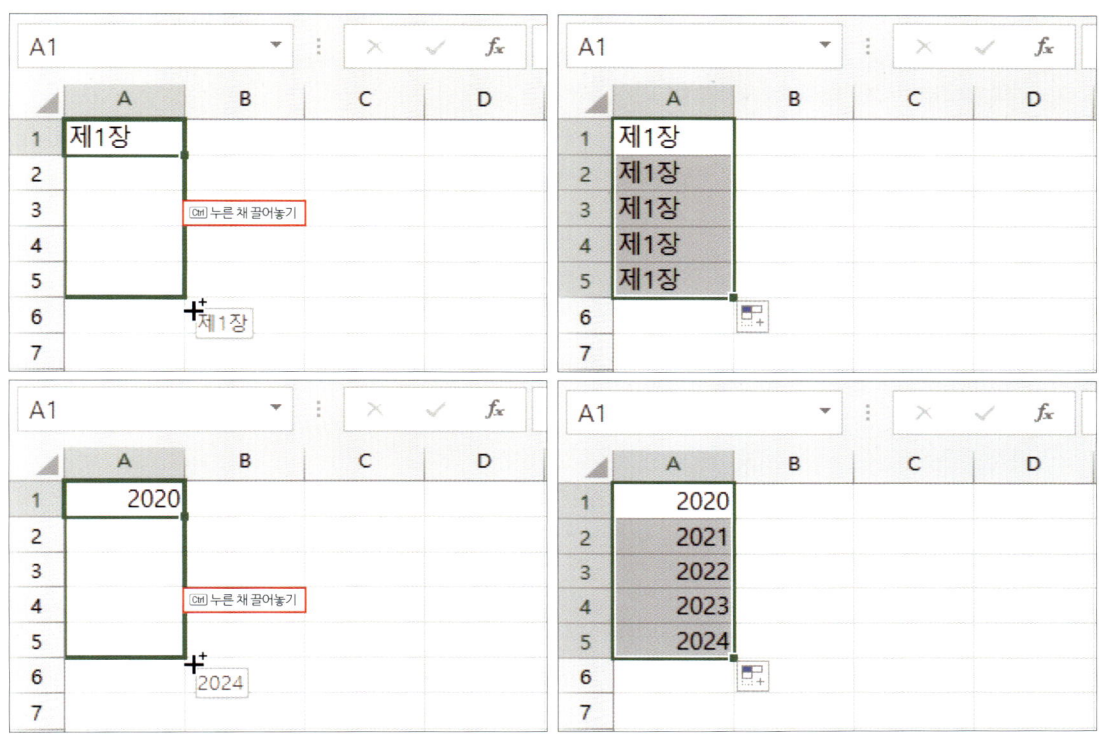

주간 업무표

예제 파일명: 주간업무표_예제.xlsx

주간 업무표는 일주일간의 업무 등을 메모할 수 있는 양식입니다. 눈에 보이는 빈 메모지나 빈 워드 문서에 적는 것보다는 날짜와 요일이 기본으로 입력된 양식에 입력하면 일자별로 정리되므로, 업무의 보조 문서로 활용할 수 있습니다.

사용자가 특정한 날짜를 입력하면, 자동으로 입력한 날짜로부터 7일간의 일자가 입력되며, 다음 주 일자도 입력됩니다. 그리고 토요일과 일요일을 자동으로 인식하여 토요일은 파랑, 일요일은 빨강으로 글꼴 색이 변경되도록 지정하였습니다.

미리보기 | 완성 파일명: 주간업무표_완성.xlsx

주간업무 일정 및 계획
(2020-08-01 ~ 2020-08-07)

일자	8월 1일	8월 2일	8월 3일	8월 4일	8월 5일	8월 6일	8월 7일
요일	토요일	일요일	월요일	화요일	수요일	목요일	금요일
오전							
오후							
차주	8월 8일	8월 9일	8월 10일	8월 11일	8월 12일	8월 13일	8월 14일
요일	토요일	일요일	월요일	화요일	수요일	목요일	금요일
계획							

1 셀 병합하고 테두리 그리기

1. [업무표] 워크시트에서 [A3:H3] 범위를 선택하고 [홈] → [맞춤] 그룹에 있는 [병합하고 가운데 맞춤]을 클릭합니다.

- 선택한 셀들이 하나로 병합되고 텍스트가 가운데로 맞춰집니다.

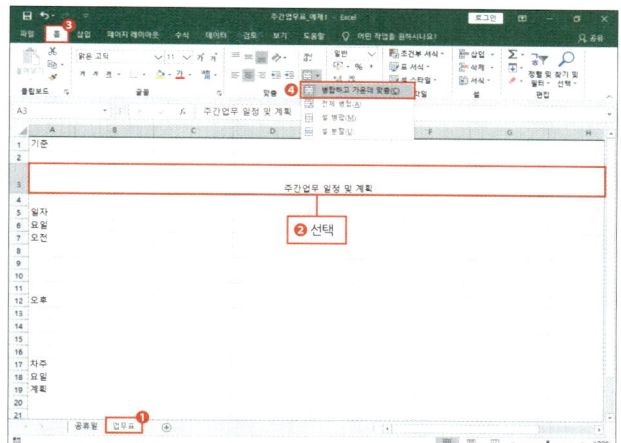

2. [글꼴] 그룹에서 글꼴의 크기는 「20」으로 지정하고, [굵게 가]를 클릭합니다.

- 병합된 셀의 글꼴 크기가 20으로 변경됩니다.

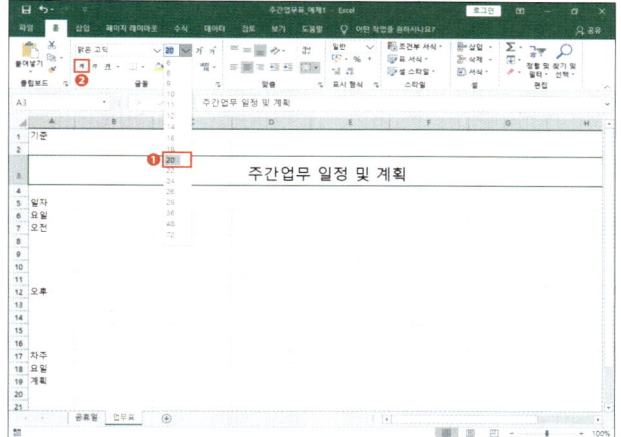

3. [맞춤] 그룹에서 [병합하고 가운데 맞춤]을 이용하여 [A7:A11], [A12:A16], [A19:A23] 범위를 각각 셀 병합합니다.

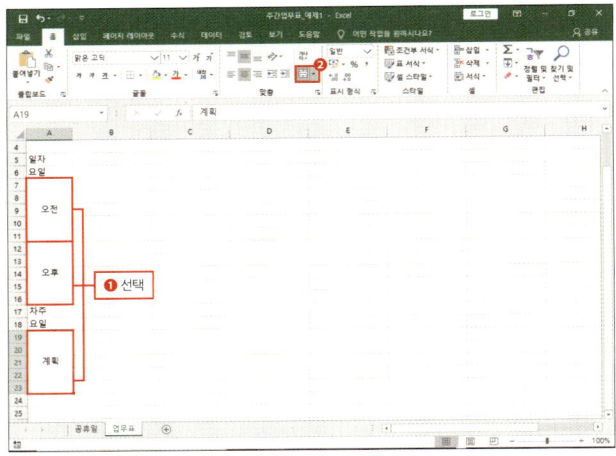

4. [A5:H23] 범위를 선택하고, [글꼴] 그룹에서 [테두리 ▦]의 목록을 클릭하여 [모든 테두리]를 선택합니다.

• 선택한 범위에 윤곽선과 안쪽 테두리가 생깁니다.

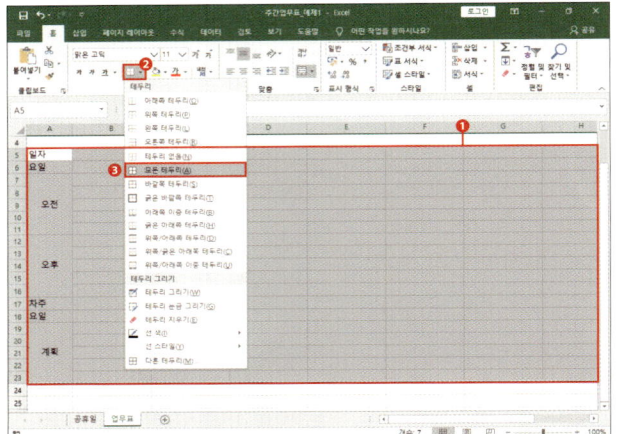

5. 부분적으로 테두리를 변경하기 위해서 [A7:H16] 범위를 선택하고, 선택한 범위 안에서 마우스 오른쪽 단추를 누른 후에 [셀 서식] 메뉴를 선택합니다.

• [셀 서식] 대화상자를 여는 단축키는 Ctrl + 1 입니다.

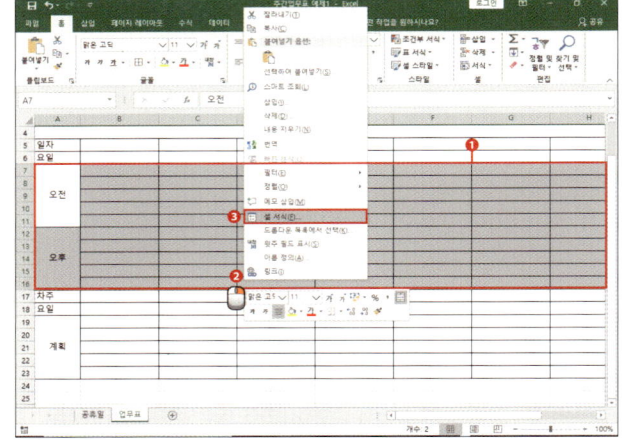

6. [셀 서식] 대화상자가 열리면 [테두리] 탭을 선택합니다. 선 스타일에서 「점선」을 선택한 후에 테두리에서 [가로 내부선]을 클릭합니다. 다시 선 스타일에서 「이중선」을 선택한 후에 테두리에서 [가로 아래쪽선]을 클릭합니다. 그리고 〈확인〉을 눌러서 [셀 서식] 대화상자를 닫습니다.

- 선택한 범위 안에 가로 내부선은 모두 점선, 가장 아래쪽의 가로선은 이중선으로 표시됩니다.

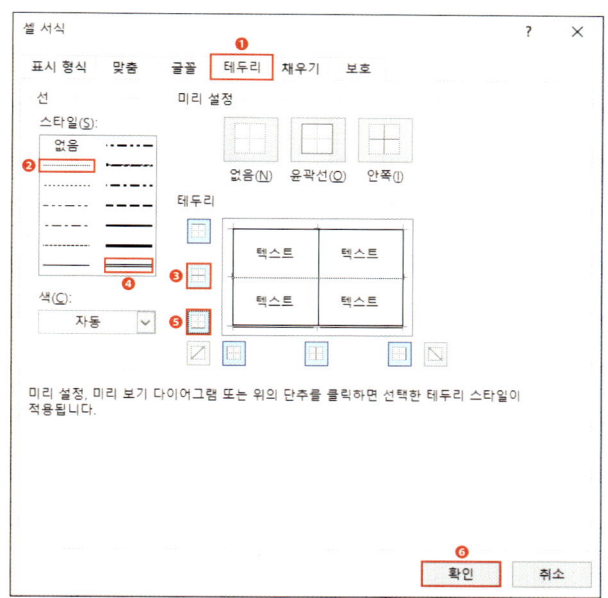

7. 부분적으로 테두리를 한 번 더 변경하기 위해 [A19:H23] 범위를 선택하고, 마우스 오른쪽 단추를 누른 후에 [셀 서식] 메뉴를 선택합니다. [셀 서식] 대화상자가 열리면 [테두리] 탭을 선택합니다. 선 스타일에서 「점선」을 선택하고, 테두리에서 [가로 내부선]을 클릭한 다음 〈확인〉을 누릅니다.

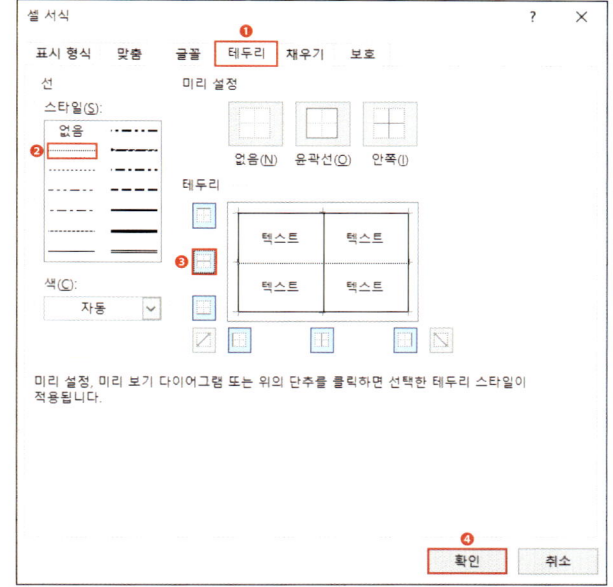

2 행 높이 지정 및 텍스트 맞춤과 셀 채우기

1. 행 높이를 지정하기 위해 4행 머리글부터 23행 머리글까지 선택하고, 마우스 오른쪽 단추를 누른 후에 [행 높이] 메뉴를 선택합니다.

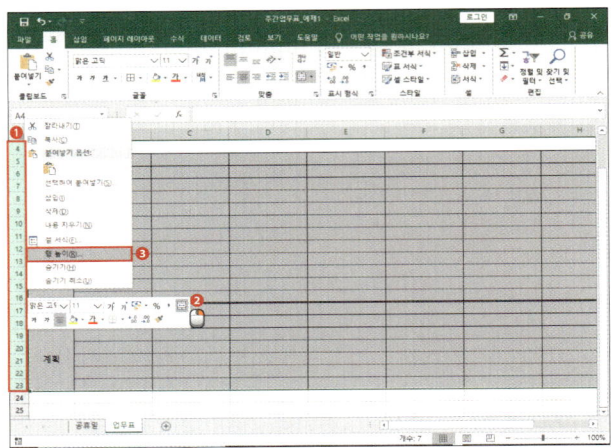

2. [행 높이] 대화상자가 열리면 행 높이를 『21』로 입력한 후에 〈확인〉을 누릅니다.

- 선택한 행의 높이가 21로 지정됩니다.

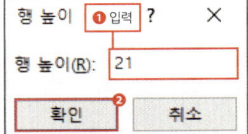

3. 텍스트 맞춤을 지정하기 위해 [A1:B1] 범위를 선택하고, 키보드에서 Ctrl를 누른 상태에서 [A5:H6], [A7:A23], [B17:H18] 범위를 선택합니다. 그리고 [홈] → [맞춤] 그룹에서 [가운데 맞춤 ≡]을 클릭합니다.

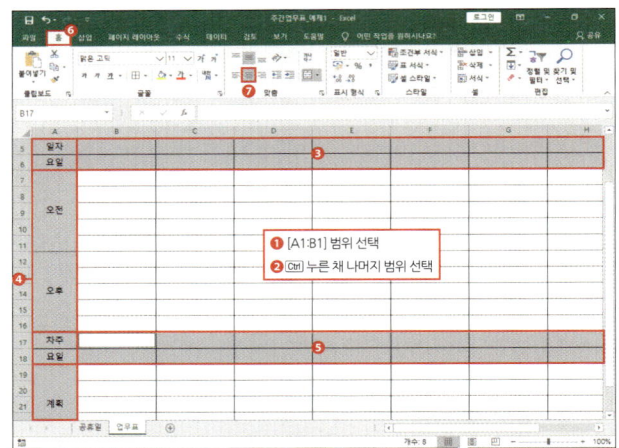

Tip & Tech

인접하지 않은 셀, 범위 선택

워크시트에서 인접하지 않은 셀이나 범위를 선택 영역으로 추가할 때는 Ctrl를 누른 채로 추가하려는 셀이나 범위를 선택합니다. 또는 Shift + F8을 눌러서 인접하지 않은 다른 셀이나 범위를 자유롭게 선택 영역으로 추가할 수도 있습니다(그만 추가하려면 Shift + F8을 다시 누릅니다).

4. 셀 채우기를 지정하기 위해 [A5:A16] 범위를 선택하고 [홈] → [글꼴] 그룹에서 [채우기 색 🎨] 옆에 있는 화살표를 클릭하여, 「흐린 회색」을 선택합니다.

- 선택한 범위의 셀 채우기 색이 흐린 회색으로 변경됩니다.

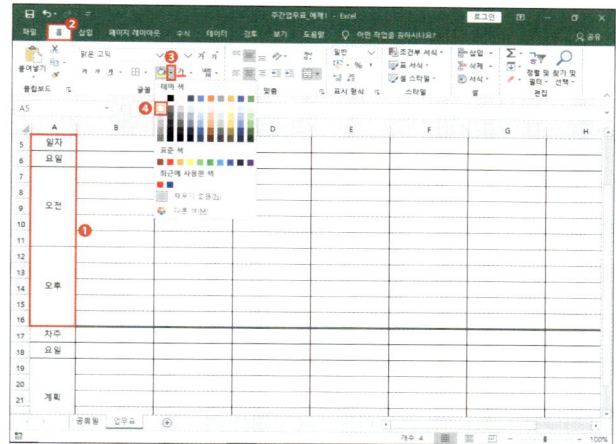

5. [A17:A23] 범위를 선택하고 [채우기 색] 옆에 있는 화살표를 클릭하여, 「흐린 황금색」을 선택합니다.

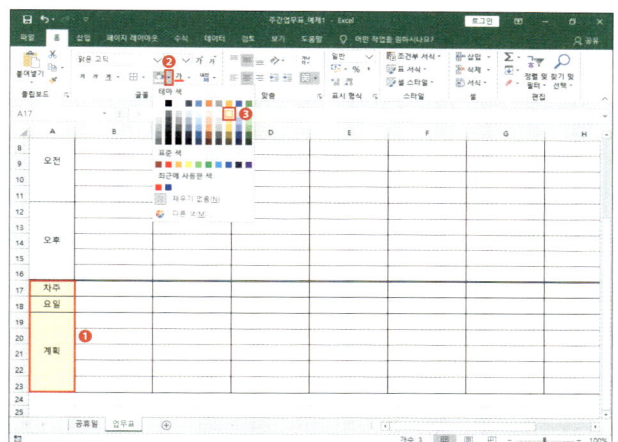

6. [A1:B1] 범위를 선택하고 [채우기 색] 옆에 있는 화살표를 클릭하여 「진한 회색」을 선택합니다. 그리고 [글꼴 색 🎨] 옆에 있는 화살표를 클릭하여 「흰색」을 선택합니다.

- 선택한 범위의 글꼴 색이 흰색으로 변경됩니다.

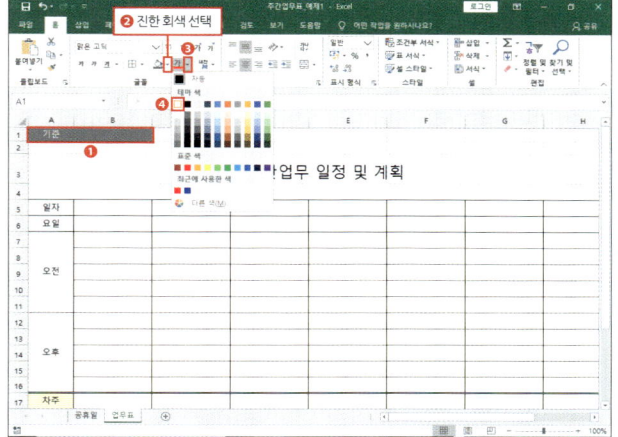

3 일자 입력과 서식 지정하기

사용자가 입력한 일자를 기준으로 7일간 일자와 다음 주 7일간의 일자도 자동으로 입력되도록 합니다. 이렇게 하면 기준일에 맞추어 주간 업무표의 모든 일자가 자동으로 변경되므로 편리하게 사용할 수 있습니다.

1. [B1] 셀에 기준이 될 일자를 『2020-08-01』으로 입력합니다. 이어서 [B5] 셀에 『=B1』을 입력하여 [B1] 셀의 일자가 그대로 입력되게 하고, 날짜 형식을 바꾸기 위해 [B5] 셀이 선택된 상태에서 [홈] → [표시 형식] 그룹 오른쪽 아래에 있는 대화상자 표시(□)를 클릭합니다(단축키 Ctrl + 1).

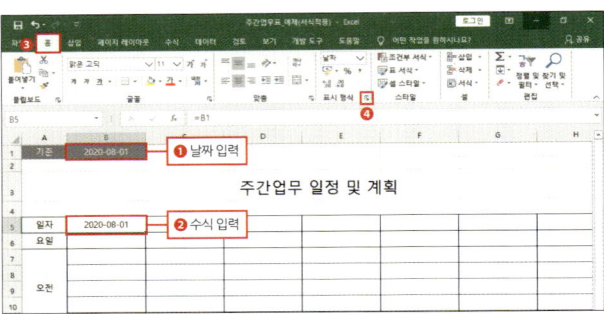

2. [셀 서식] 대화상자가 열리면 '범주' 상자에서 「날짜」가 선택된 것을 확인하고, '형식' 목록에서 「3월 14일」을 선택합니다. 그리고 〈확인〉을 눌러서 대화상자를 닫습니다.

- [B5] 셀의 날짜 형식이 연도를 제외하고 월과 일로 바뀝니다.

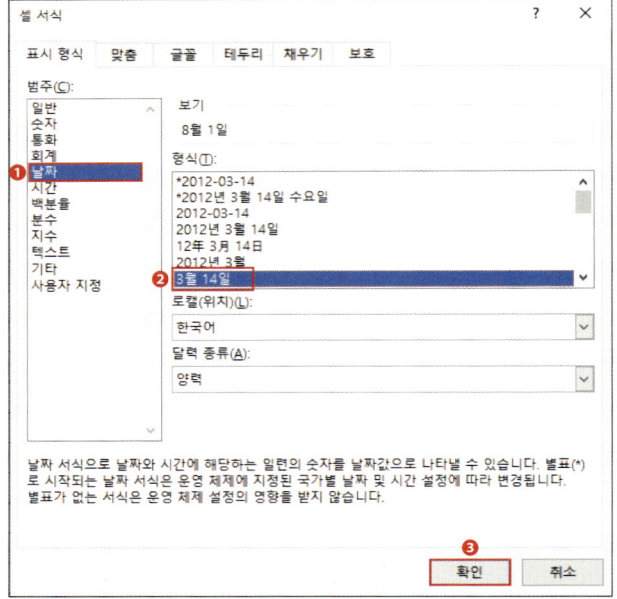

3. 요일을 입력하기 위해 우선 [B6] 셀에 『=B5』을 입력하여 [B5] 셀의 일자가 그대로 입력되도록 합니다. [B6] 셀이 선택된 상태에서 [홈] → [표시 형식] 그룹 오른쪽 아래에 있는 대화상자 표시(▣)를 클릭합니다.

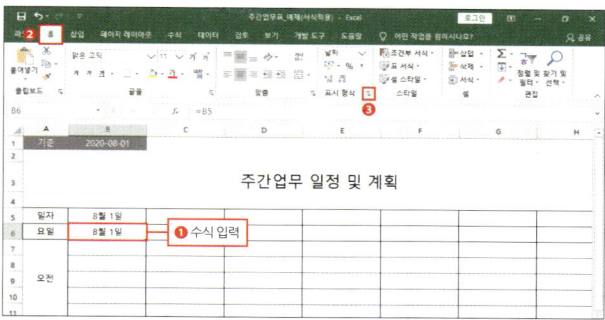

4. [셀 서식] 대화상자가 열리면 '범주' 상자에서 「사용자 지정」을 선택하고, '형식' 입력란에 『aaaa』를 입력합니다. 그리고 〈확인〉을 눌러서 대화상자를 닫습니다.

- aaaa는 날짜를 한글 요일로 표시합니다. 예) 월요일, 화요일 …
- aaa는 날짜를 한 글자 한글 요일로 표시합니다. 예) 월, 화 …

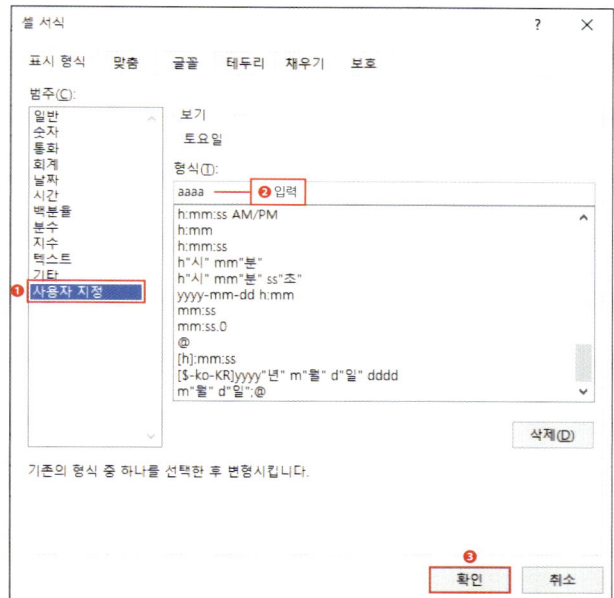

5. 나머지 일자도 자동으로 채우기 위해 [C5:H5] 범위를 선택하고, 『=B5+1』을 입력한 후에 Ctrl + Enter⏎를 누릅니다.

- [B5] 셀에 입력된 날짜에서 하루씩 증가한 날짜가 각 셀에 자동으로 입력됩니다.

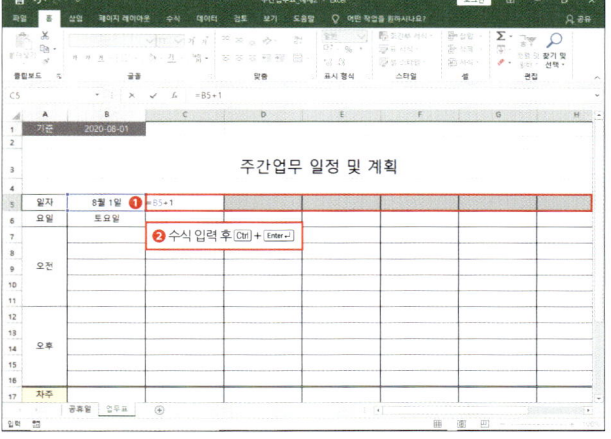

> **Tip & Tech**
>
> 선택한 범위에 한꺼번에 데이터 입력하기 〈Ctrl〉 + 〈Enter〉
> 셀 범위를 지정한 후 데이터를 입력하고 Ctrl + Enter를 누르면 입력한 내용이 선택한 범위에 한꺼번에 입력됩니다. 이때, 데이터에 상대참조가 포함되어 있으면, 각각의 셀 위치에 맞는 셀 참조로 자동변경되어 입력되고, 절대참조가 포함되어 있으면 셀 참조는 변경되지 않고 입력됩니다.

6. 같은 방법으로 나머지 요일도 자동으로 채우기 위해 [C6:H6] 범위를 선택하고, 『=B6+1』을 입력한 후에 Ctrl + Enter를 누릅니다.

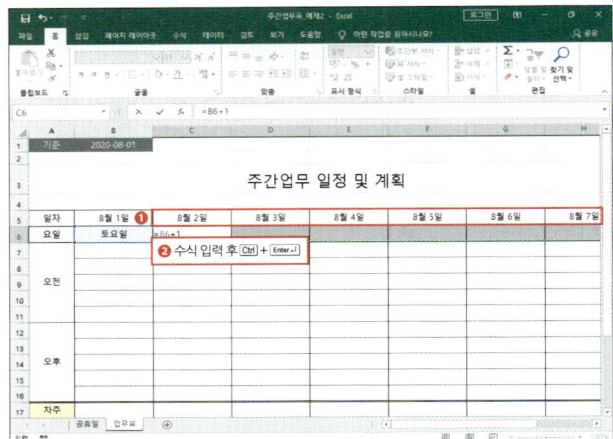

7. 차주 일자를 입력하기 위해 [B17:H18] 범위를 선택하고, 『=B5+7』을 입력한 후에 Ctrl + Enter를 누릅니다.

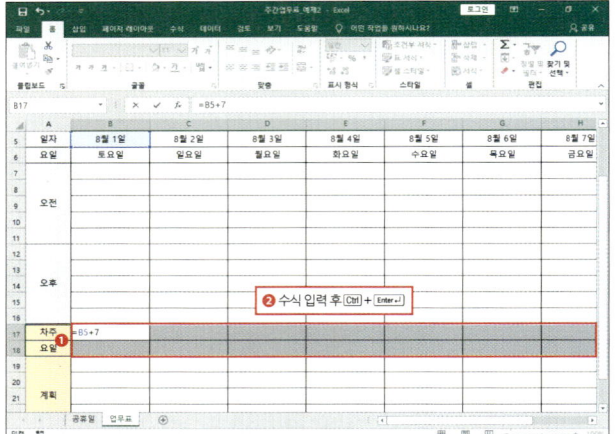

8. 일자를 요일로 변경하기 위해 [B18:H18] 범위를 선택하고, [홈] → [표시 형식] 그룹에서 대화상자 표시(□)를 클릭합니다. [셀 서식] 대화상자가 열리면 '범주' 상자에서 「사용자 지정」을 선택하고, '형식' 입력란에 『aaaa』를 입력합니다. 그리고 〈확인〉을 눌러서 대화상자를 닫습니다.

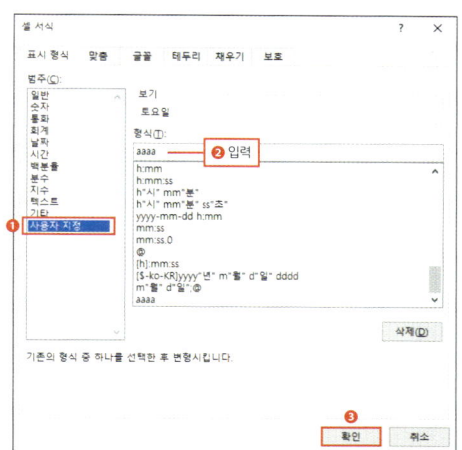
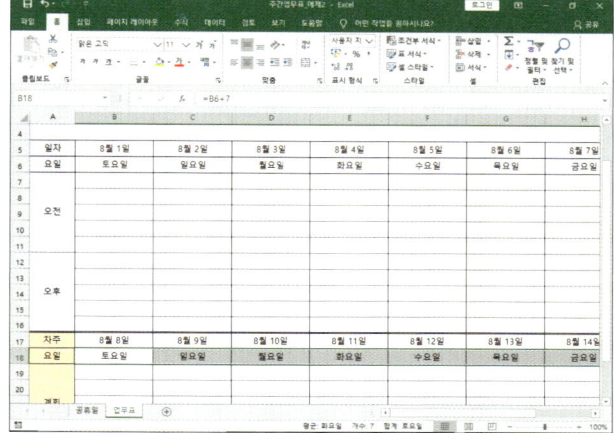

4 날짜 자동 입력 수식 지정하기

사용자가 주간 업무표에 입력하는 날짜를 기준으로 제목 아래에 한 주에 해당하는 기간이 자동으로 입력되도록 합니다.

1. [A4] 셀에 『="("&B1&" ~ "&B1+6&")"』를 입력하고 Enter↵를 누릅니다.

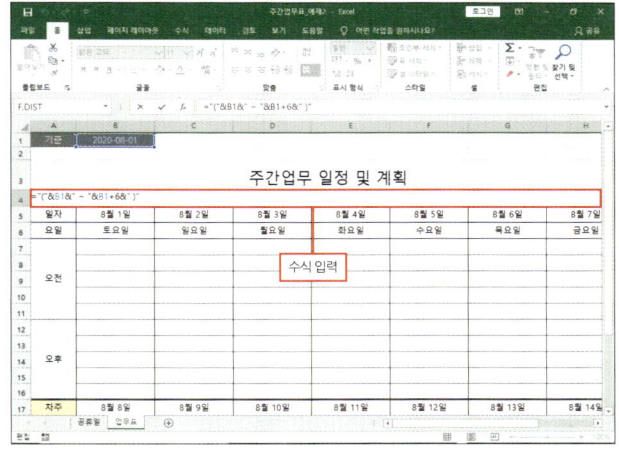

[A4] 셀에 입력한 수식
="("&B1&"~"&B1+6&")"

수식 풀이
이 수식은 연결 연산자(&)로 "("과 [B1] 셀에 입력된 값을 연결, [B1] 셀에 입력된 값과 "~"을 연결, "~"과 B1 + 6의 결괏값을 연결, B1 + 6의 결괏값과 ")"을 연결하여 입력됩니다. 이처럼 연결 연산자(&)로 값을 연결하여 사용하면, 입력된 값이 일반 형식으로 표시됩니다. 그래서 날짜 데이터가 serial_number로 표시되는 것입니다. 날짜 데이터의 serial_number는 1900-01-01부터 1씩 세어서 만들어지는 숫자로써 다음과 같습니다.

1900-01-01의 serial_number는 1
1900-02-01의 serial_number는 32
…
2020-08-01의 serial_number는 44044

2. 앞서 serial_number로 표시된 날짜 데이터를 우리가 사용하는 날짜 형식으로 표시하기 위해서 [A4] 셀에 수식을 『="("&TEXT(B1,"yyyy-mm-dd")&" ~ "&TEXT(B1+6,"yyyy-mm-dd")&")"』으로 변경합니다.

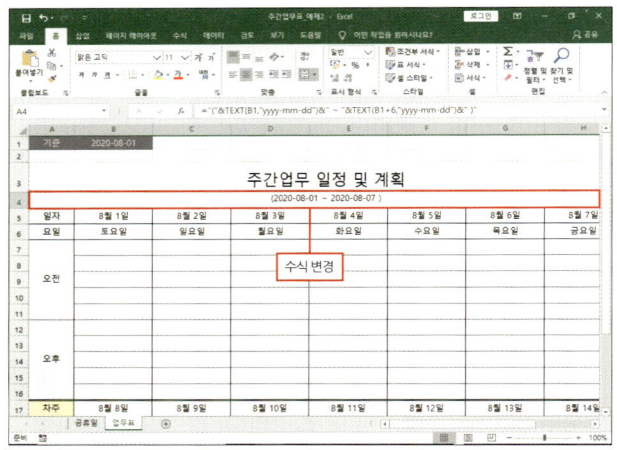

[A4] 셀에 입력한 수식

="("&TEXT(B1,"yyyy-mm-dd")&"~"&TEXT(B1+6,"yyyy-mm-dd")&")"

사용한 함수

TEXT(Value, "Format_text")

지정한 표시 형식을 적용하여 값(숫자)을 텍스트로 변환합니다.

- Value: 텍스트로 변환할 값(숫자)입니다. 직접 입력하거나 수식의 결괏값입니다.
- Format_text: 숫자 또는 날짜의 표시 형식을 입력합니다.

수식 풀이

TEXT(B1,"yyyy-mm-dd")

[B1] 셀에 입력된 값을 날짜 형식(yyyy-mm-dd)으로 변환하여 반환합니다. [B1] 셀에 입력된 값이 44044이므로 TEXT(44044,"yyyy-mm-dd")의 결괏값은 [2020-08-01]로 반환됩니다. TEXT 함수는 두 번째 인수인 표시 형식에 따라 결괏값이 달라지는데요, 예를 들면 다음과 같습니다.

- TEXT(44044,"yyyy년 mm월 dd일") → 2020년 08월 01일
- TEXT(44044,"#,##0원") → 44,044원

TEXT(B1+6,"yyyy-mm-dd")

B1+6의 결괏값은 44050이므로, TEXT(44050,"yyyy-mm-dd")의 결괏값은 [2020-08-07]입니다.

5 평일과 주말을 구분하여 표시하기

주간 업무표에서 평일과 주말을 구분하기 위해 토요일은 파란색 글꼴로 변경하고, 일요일은 빨간색 글꼴로 변경합니다. 이 작업을 자동으로 처리하기 위해 조건부 서식을 이용합니다.

1. [B17:H18] 범위를 선택하고, Ctrl 를 누른 상태에서 [B5:H6] 범위를 선택합니다. 먼저 일요일은 빨간색으로 지정하기 위해, [홈] → [스타일] 그룹의 [조건부 서식] → [규칙 관리]를 선택합니다.

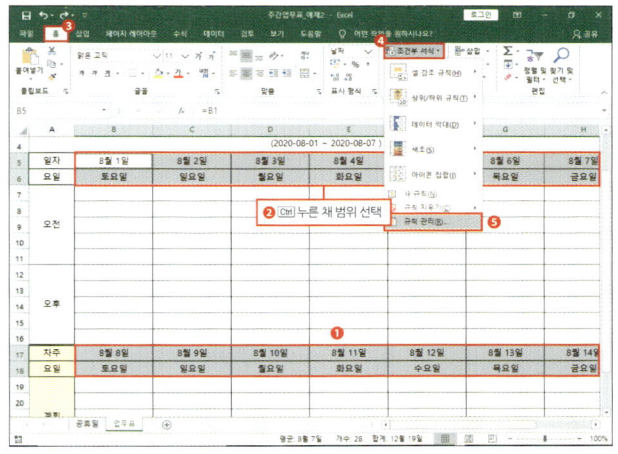

2. [조건부 서식 규칙 관리자] 대화상자가 열리면 〈새 규칙〉을 클릭합니다.

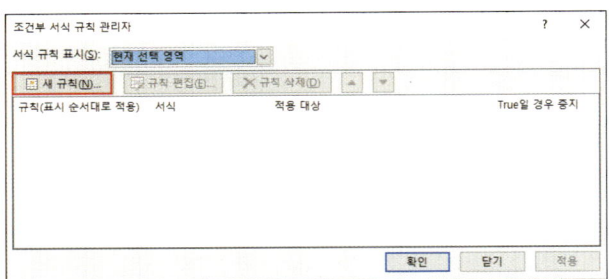

3. [새 서식 규칙] 대화상자가 열리면 '규칙 유형 선택' 상자에서 「수식을 사용하여 서식을 지정할 셀 결정」을 선택하고, '규칙 설명 편집'란에 『=WEEKDAY(B5)=1』을 입력합니다. 그리고 미리보기 오른쪽에 〈서식〉을 누릅니다.

- WEEKDAY(날짜)를 이용하여 해당 요일의 숫자가 반환되고, 반환된 숫자가 1이면 참이 결정됩니다. 그러면 지정한 서식이 실행됩니다.

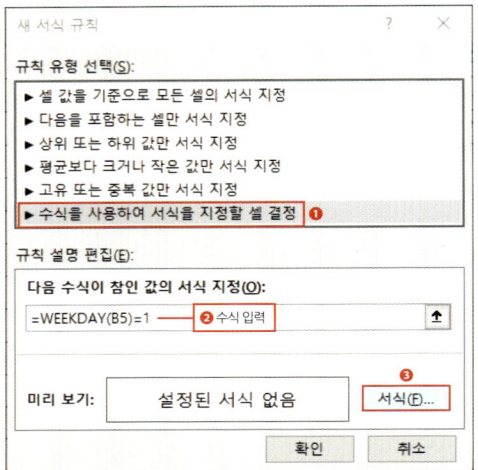

4. [셀 서식] 대화상자가 열리면 [글꼴] 탭에서 색을 「빨강」으로 지정하고 〈확인〉을 누릅니다. 다시 [새 서식 규칙] 대화상자에서 〈확인〉을 누릅니다. 그러면 [조건부 서식 규칙 관리자] 대화상자에서 새 규칙이 추가된 것을 확인할 수 있습니다.

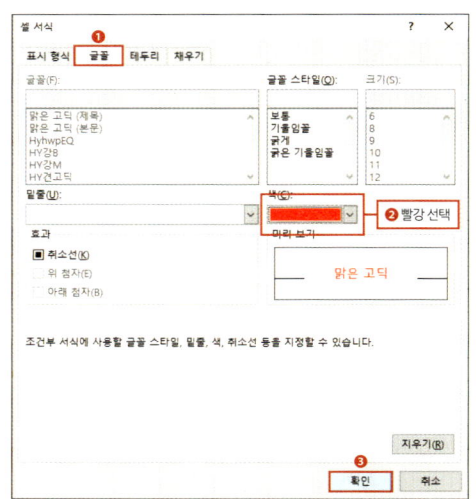
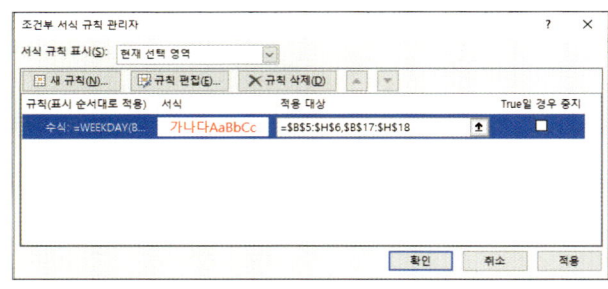

주간 업무표 **CHAPTER 02**

Tip & Tech

활성 셀(Activate Cell)을 기준으로 수식을 입력하세요.

앞서 조건부 서식에 입력한 수식은 『=WEEKDAY(B5)=1』입니다. 여기서 기준을 [B5] 셀로 지정한 이유는 앞서 [B17:H18] 범위를 선택하고 Ctrl 를 누른 채 [B5:H6] 범위를 선택한 상태에서 조건부 서식을 지정했으므로 활성 셀이 [B5]이기 때문입니다. 반대로 [B5:H6] 범위를 먼저 선택하고, Ctrl 를 누른 채 [B17:H18] 범위를 선택한 상태에서 조건부 서식을 지정했다면, 활성 셀은 [B17]입니다. 그러므로 활성 셀인 [B17] 셀을 기준으로 수식을 입력한다면 『=WEEKDAY(B17)=1』을 입력해야 합니다.

---

5. 이어서 토요일은 파란색으로 지정하기 위해, 열려있는 [조건부 서식 규칙 관리자] 대화상자에서 〈새 규칙〉을 클릭합니다. [새 서식 규칙] 대화상자가 열리면 '규칙 유형 선택' 상자에서 「수식을 사용하여 서식을 지정할 셀 결정」을 선택하고, '규칙 설명 편집'란에 『=WEEKDAY(B5)=7』을 입력합니다. 그리고 미리보기 오른쪽에 〈서식〉을 누릅니다.

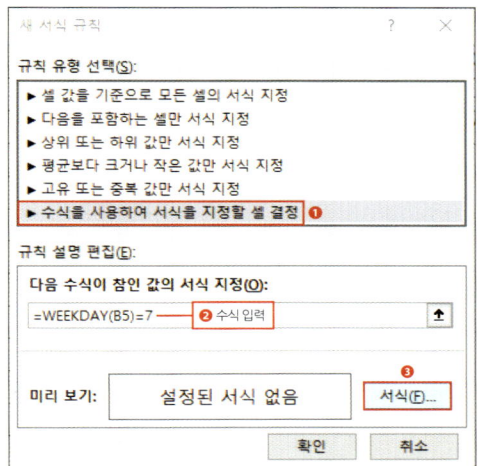

- WEEKDAY(날짜)를 이용하여 해당 요일의 숫자가 반환되고, 반환된 숫자가 7이면 참이 결정됩니다. 그러면 지정한 서식이 실행됩니다.

6. [셀 서식] 대화상자가 열리면 [글꼴] 탭에서 색을 「파랑」으로 지정하고 〈확인〉을 누릅니다. 다시 [새 서식 규칙] 대화상자에서 〈확인〉을 누르고, [조건부 서식 규칙 관리자] 대화상자에서도 〈확인〉을 누릅니다. 토요일과 일요일이 각각 파랑과 빨강으로 표시되는 것을 볼 수 있습니다.

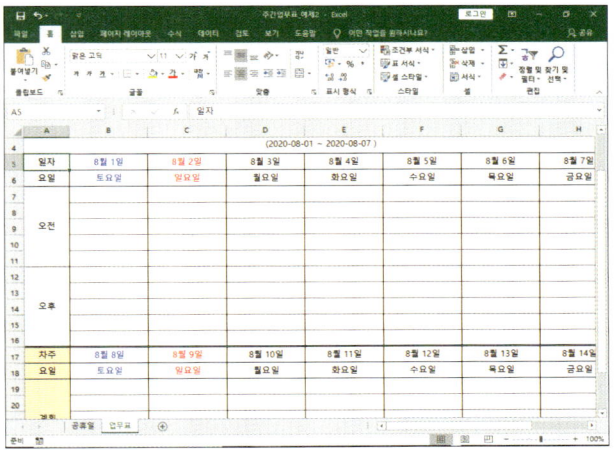

조건부 서식에 입력한 수식
=WEEKDAY(B5)

사용한 함수
WEEKDAY(Serial_number, [Return_type])
입력한 날짜의 요일을 번호로 구합니다.

- Serial_number : 날짜 형식의 날짜 데이터나 날짜에 해당하는 숫자입니다.
- Return_type : 숫자 또는 날짜의 표시 형식을 입력합니다.

  생략 또는 1 : 일요일(1)부터 토요일(7)을 구합니다.

  2 : 월요일(1)부터 일요일(7)을 구합니다.

  3 : 월요일(0)부터 일요일(6)을 구합니다.

수식 풀이
[B5] 셀에 입력되어 있는 "2020-08-01"는 토요일이므로, 토요일에 해당하는 숫자로 7을 반환합니다.

[응용] 이건 어때요?

| 예제 파일명: 주간업무표_이건어때요_예제.xlsx　　| 완성 파일명: 주간업무표_이건어때요_완성.xlsx

앞에서 serial_number로 입력된 숫자를 TEXT 함수를 이용하여 날짜가 입력되도록 하였습니다. 여기서는 TEXT 함수를 사용하는데, 표시 형식을 다르게 지정해보겠습니다.

1. 기간에 대한 날짜를 입력하기 위해 [A4] 셀을 선택하고 『=TEXT(B1,"(yyyy-mm-dd ~ ") &TEXT(B1+6,"yyyy-mm-dd)")』를 입력하고 Enter ↵를 누릅니다.

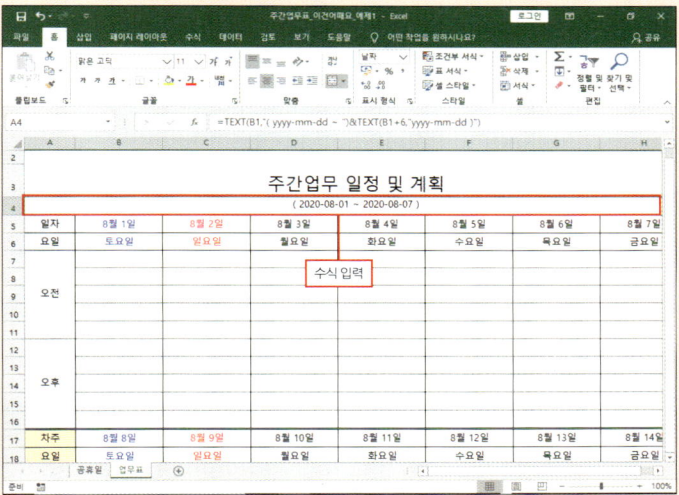

[A4] 셀에 입력한 수식
=TEXT(B1,"(yyyy-mm-dd ~ ") & TEXT(B1+6,"yyyy-mm-dd)")

수식 풀이
TEXT(B1,"(yyyy-mm-dd ~ ")
[B1] 셀에 입력된 값이 44044이므로 TEXT(44044,"(yyyy-mm-dd ~ ")의 결괏값은 '(2020-08-01 ~'로 반환됩니다.

TEXT(B1+6,"yyyy-mm-dd)")
[B1+6]의 결괏값이 44050이므로 TEXT(B1+6,"yyyy-mm-dd)")의 결괏값은 '2020-08-01)'으로 반환됩니다. 이 두 개의 결괏값을 연결하면 '(2020-08-01 ~ 2020-08-07)'로 최종 반환됩니다.

[응용] 한 걸음 더

| 예제 파일명: 주간업무표_한걸음더_예제.xlsx　　　| 완성 파일명: 주간업무표_한걸음더_완성.xlsx

완성된 주간 업무표에 아쉬운 부분이 있다면 구정, 어린이날, 추석 등의 공휴일이 표시되지 않는다는 점입니다. 이런 공휴일은 토요일과 일요일과는 무관하므로 글꼴 색이 표시 되지 않습니다. 여기서는 추가로 공휴일을 빨간색 글꼴로 지정하는 방법에 대해 알아보겠습니다.

1. 공휴일을 빨간색 글꼴로 지정하려면 먼저 [공휴일] 워크시트에 사용자가 직접 공휴일 날짜를 입력합니다.

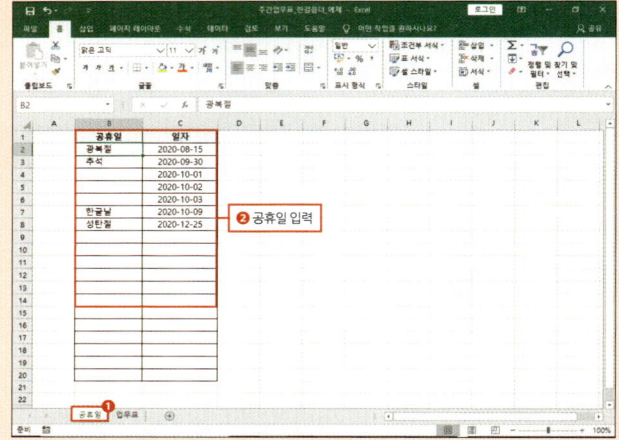

2. [C2:C20] 범위를 선택하고 [이름 상자]를 클릭한 후, 『공휴일』을 입력한 다음 Enter↵를 누릅니다.

• [이름 상자]는 수식 입력줄의 왼쪽 끝에 있습니다.

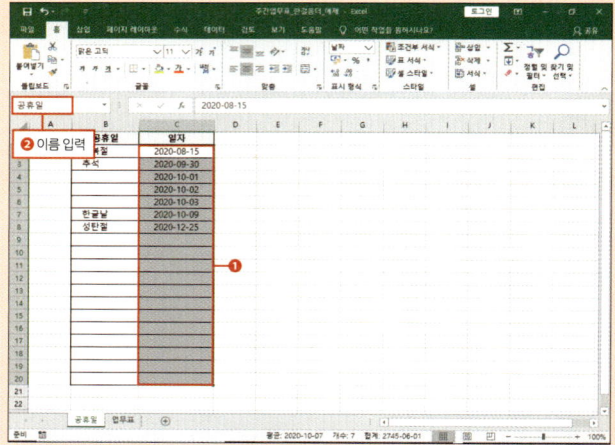

3. [업무표] 워크시트에서 [B17:H18] 범위를 선택하고, Ctrl를 누른 상태에서 [B5:H6] 범위를 선택합니다. [홈] → [스타일] 그룹의 [조건부 서식] → [규칙 관리]를 선택합니다. [조건부 서식 규칙 관리자] 대화상자가 열리면 〈새 규칙〉을 클릭합니다.

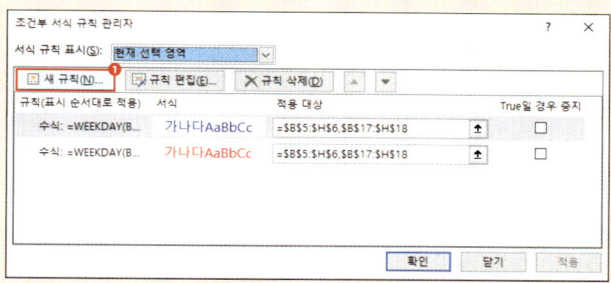

4. [새 서식 규칙] 대화상자가 열리면 「수식을 사용하여 서식을 지정할 셀 결정」 유형을 선택하고, '규칙 설명 편집' 입력란에 『=MATCH(B5,공휴일,0)>=1』을 입력합니다. 그리고 미리보기 오른쪽에 〈서식〉을 누릅니다.

- [B5] 셀에 입력된 "2020-10-07" 공휴일 범위에서 찾으면 숫자를 반환하고, 없으면 오룻값(#N/A)을 반환합니다.
- MATCH 함수의 결과로 반환된 숫자가 1보다 크거나 같으면 참이 결정됩니다. 그러면 지정한 서식이 실행됩니다.

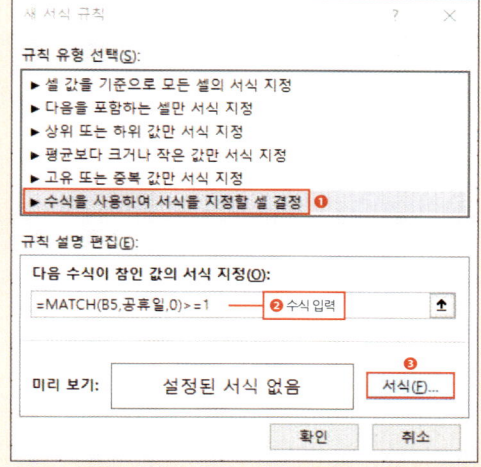

5. [셀 서식] 대화상자가 열리면 [글꼴] 탭에서 색을 「빨강」으로 지정하고 〈확인〉을 누릅니다. 다시 [새 서식 규칙] 대화상자에서 〈확인〉을 누르고, [조건부 서식 규칙 관리자] 대화상자에서도 〈확인〉을 누릅니다. 결과를 확인합니다.

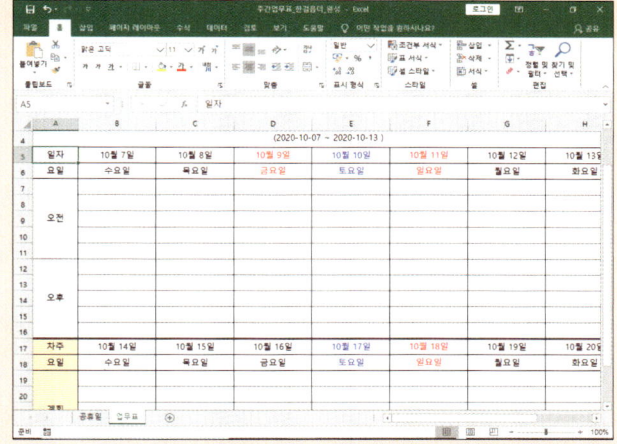

조건부 서식에 입력한 수식
=MATCH(B5,공휴일,0)>=1

사용한 함수
MATCH(Lookup_value, Lookup_array, Match_type)
입력된 값이 범위에서 몇 번째에 있는지 그 위치를 번호로 구합니다.

– Lookup_value : 범위에서 찾을 값입니다.

– Lookup_array : 찾을 목록 범위입니다.

– Match_type : 찾는 방법을 지정하는 것으로 -1, 0, 1 중 하나를 입력합니다.

옵션	의미	범위
-1	찾는 값보다 크거나 같은 값 중 가장 작은 값을 찾습니다.	내림차순으로 정렬되어 있어야 합니다.
0	찾는 값과 정확히 일치하는 값을 찾습니다.	정렬이 필요 없습니다.
1	찾는 값보다 작거나 같은 값 중 가장 큰 값을 찾습니다.	오름차순으로 정렬되어 있어야 합니다.

수식 풀이
[B5] 셀에 입력된 "2020-10-07"을 공휴일 범위에서 찾아서 몇 번째에 위치하는지 번호를 구합니다. 이때, 옵션에 0이 입력되어 있으므로 정확히 일치하는 값을 찾습니다. 2020-10-07 공휴일 범위에 없으므로 오룻값(#N/A)을 반환합니다.

다시 [D5] 셀에 입력된 "2020-10-09"을 공휴일 범위에서 찾아서 몇 번째에 위치하는지 번호를 구합니다.

2020-10-09이 공휴일 범위에 있으므로 위치에 해당하는 번호 6을 반환합니다.

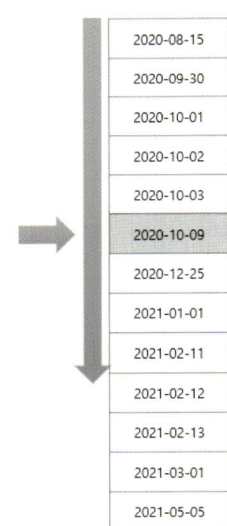

'공휴일' 범위

CHAPTER 03

운송대장

예제 파일명:
운송대장_예제.xlsx

운송대장은 품목구분과 지역 그리고 주요구분, 선물포장 등에 따라 운임액을 계산해야 합니다. 각 운송번호에 있는 정보에 따라 운임을 계산하는 데 필요한 수식과 함수, 그리고 엑셀의 기능 등을 입력하고 적용합니다. 그리고 운임을 계산하는 기준과 정보가 변경되었을 때, 작성해 놓은 수식과 함수 등은 특별한 수정 작업 없이도 정확한 운임 관련 계산이 이루어져야 합니다. 즉, 완벽한 수식과 함수를 입력해야 합니다. 또한, 이렇게 작성된 데이터 자료가 만들어진 상태에서 특정한 값을 입력하면 찾기 함수 및 기능 등을 적용하여 특정한 값과 관련된 자료를 찾아오는 작업이 수행되도록 합니다.

미리보기 | 완성 파일명: 운송대장_완성.xlsx

1. 운송번호가 입력되어 있으면 자동으로 순번 입력하기

1. [대장] 워크시트에서 [A2] 셀에 『=IF(B2="","",ROW( )-1)』을 입력하고 Enter를 누릅니다.

- [B2] 셀에 아무것도 입력되어 있지 않다면 ""(공백)이 입력되고, 데이터가 입력되어 있다면 순번이 입력됩니다.

2. [A2] 셀을 선택하고 채우기 핸들(□)을 마우스로 더블 클릭합니다.

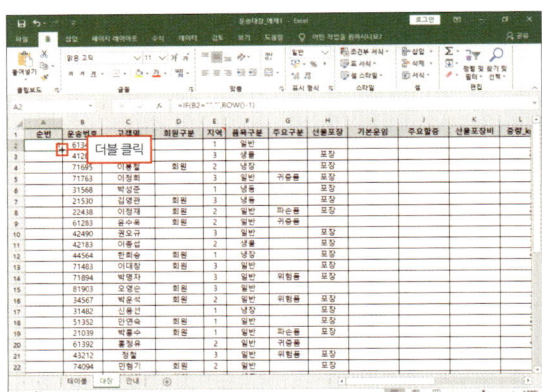 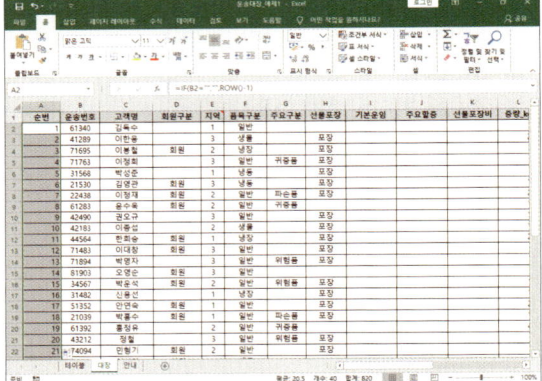

Tip & Tech

채우기 핸들

채우기 핸들에 마우스 포인터를 가져다 대면 마우스 포인터가 십자가(+) 모양으로 바뀝니다. 이때 다음 두 가지 동작으로 자동 채우기를 실행할 수 있습니다.

- 마우스 왼쪽 단추로 더블 클릭하면 데이터베이스로 작성된 마지막 행까지 자동 채우기가 됩니다.
- 마우스 왼쪽 단추로 끌어서 놓으면 해당 위치까지 자동 채우기가 됩니다.

[A2] 셀에 입력한 수식
=IF(B2="","",ROW( )-1)

사용한 함수
ROW(Reference)
각 셀의 행 번호를 알려주는 함수로, 결괏값은 행 번호인 숫자로 반환합니다.
- Reference: 행 번호를 구하려는 셀이나 셀 범위입니다. 생략하면 ROW 함수가 들어 있는 셀의 행 번호를 반환합니다.

IF(Logical_test, Value_if_true, [Value_if_false])
조건을 검사하여 참(TRUE)이나 거짓(FALSE)에 해당하는 값을 반환합니다.
- Logical_test: 검사할 조건입니다. TRUE나 FALSE로 판정될 값이나 식입니다.
- Value_if_true: 조건식의 결과가 TRUE일 때 반환할 값입니다.
- [Value_if_false]: 조건식의 결과가 FALSE일 때 반환할 값입니다. 생략할 수 있습니다.

수식 풀이
IF(B2="","",ROW( )-1)
여기서는 [B2] 셀에 입력된 값이 없다면 TRUE 자리에 있는 ""(공백)을 입력하고, 반대로 [B2] 셀에 입력된 값이 있다면 순번을 구하는 ROW 함수가 실행됩니다.

ROW( )-1
함수를 입력하는 [A2] 셀의 행 번호는 2행이므로 숫자 2가 결괏값입니다. 그런데 [A2] 셀에 1이 입력되어야 하므로 ROW 함수로 구해진 2에 -1을 입력하여 결괏값으로 1을 구합니다.

2 지역과 품목구분에 의한 기본운임 입력하기

[테이블] 워크시트에 있는 기본운임 표를 기준으로 기본운임을 구합니다.

1. [테이블] 워크시트에서 [B3:E6] 범위를 선택하고, 이름 상자에 『기본운임표』를 입력한 다음 Enter 를 누릅니다.

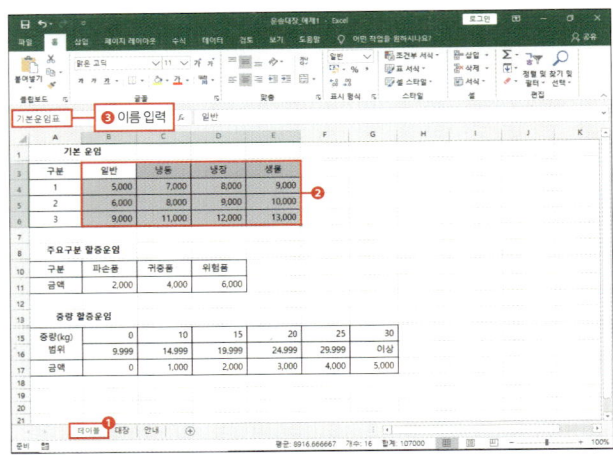

2. [대장] 워크시트에서 [I2] 셀에 『=HLOOKUP(F2,기본운임표,E2+1,FALSE)』를 입력하고 Enter 를 누른 후, [I2] 셀의 채우기 핸들을 마우스로 더블 클릭합니다.

- [F2] 셀에 입력되어 있는 값을 '기본운임표'의 첫 번째 행에서 찾은 다음, [E2] 셀 값에 +1의 결괏값으로 해당 행에 입력된 기본 운임을 찾습니다.

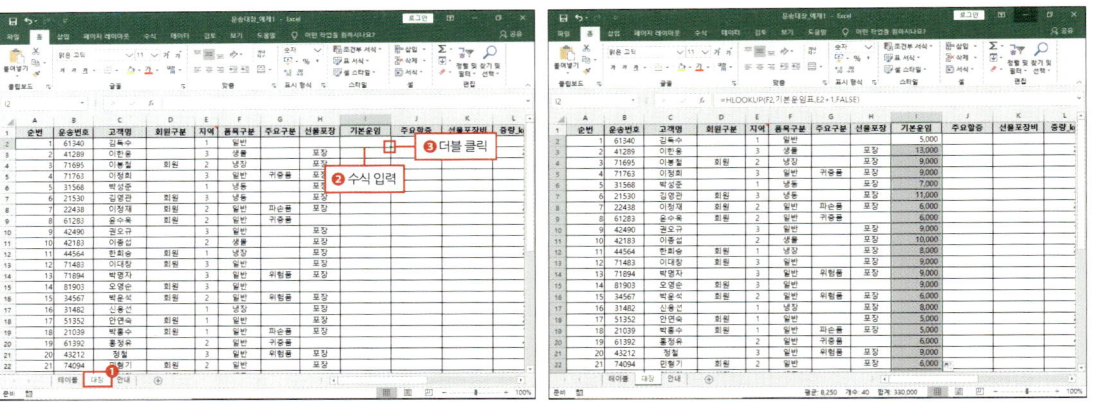

[I2] 셀에 입력한 수식

=HLOOKUP(F2,기본운임표,E2+1,FALSE) 또는 =HLOOKUP(F2,기본운임표,E2+1,0)

사용한 함수

HLOOKUP(Lookup_value, Table_array, Row_index_num, [Range_lookup])
HLOOKUP 함수는 찾는 값을 주어진 범위 안의 첫 번째 행에서 찾아 지정한 행 번호에 있는 값을 구합니다.

- Lookup_value: 범위의 첫 행에서 찾을 값을 입력합니다.
- Table_array: 데이터가 입력된 표 범위입니다.
- Row_index_num: 첫 행과 동일한 열에서 가져올 행 번호입니다.
- [Range_lookup]: FALSE 또는 0을 입력하면 정확하게 일치하는 값을 찾고 TRUE 또는 입력하지 않으면 유사 일치 값을 찾습니다.

수식 풀이

E2+1
[E2] 셀에 입력되어 있는 값에 1을 더해 행 번호를 구합니다.

=HLOOKUP("냉장",기본운임표,E2+1,FALSE)
찾는 값 "냉장"을 기본운임표 첫 번째 행의 왼쪽에서 오른쪽으로 찾습니다. 이때, 옵션에 FALSE가 입력되어 있으므로 정확하게 일치하는 값을 찾습니다. 첫 번째 행에서 같은 값인 "냉장"을 찾았다면 그 자리에 멈춥니다. 그 위치의 열에서 행 번호로 지정한 E2+1로 구한 숫자가 '3'이라면 3행의 값을 찾습니다.

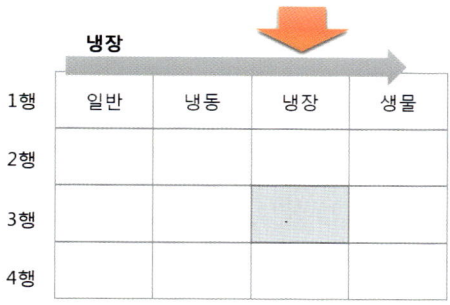

3 주요할증 입력하기

[테이블] 워크시트에 있는 '주요구분 할증운임' 표를 기준으로 주요할증을 구합니다.

1. [테이블] 워크시트에서 [B10:D11] 범위를 선택하고, [이름 상자]에 『주요구분표』를 입력한 다음 Enter 를 누릅니다.

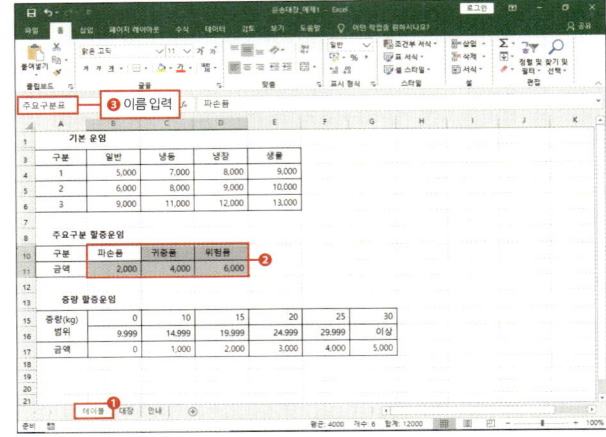

2. [대장] 워크시트에서 [J2] 셀에 『=HLOOKUP(G2,주요구분표,2,FALSE)』를 입력하고 Enter 를 누른 후, 채우기 핸들을 마우스로 더블 클릭합니다.

- [G2] 셀에 입력되어 있는 값을 '주요구분표'의 첫 번째 행에서 찾은 다음, 2행에 입력된 주요할증을 찾습니다. 이 때, 옵션에 FALSE가 입력되어 있으므로 정확하게 일치하는 값을 찾습니다.

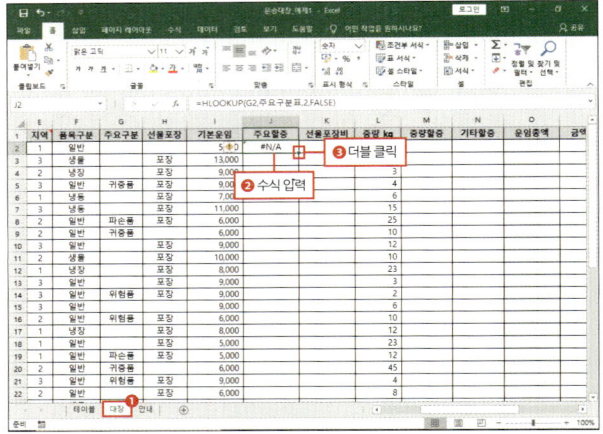

3. 주요할증의 결과에 #N/A 오류가 섞여 있는 이유는 주요구분의 입력값이 없는데, HLOOKUP 함수를 실행했기 때문입니다. 즉, 찾는 값 ""(공백)을 '주요구분표'의 첫 번째 행에서 찾게 되는데, 이때 첫 번째 행에는 공백이 없으므로 오류가 발생하는 것입니다.

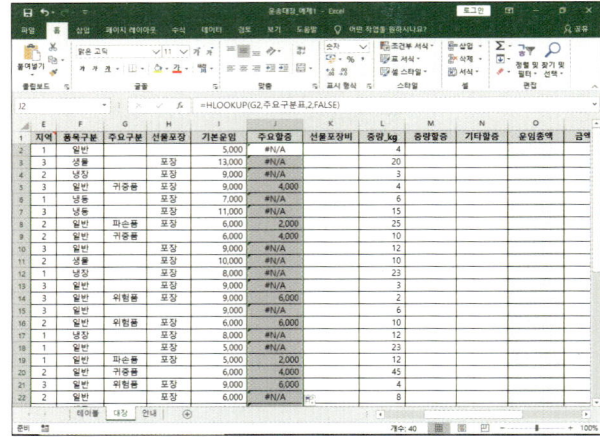

4. #N/A 오류가 발생한 [J2] 셀의 수식을 『=IF(G2="",0,HLOOKUP(G2,주요구분표,2,FALSE))』으로 변경하고, 채우기 핸들을 마우스로 더블 클릭합니다.

- 주요구분[G2] 셀이 ""(공백)이면 [J2] 셀에 0을 입력하고, 아니면 HLOOKUP 함수를 실행합니다. HLOOKUP 함수가 입력된 상태에서 IF 함수의 구조에 맞추어, 조건과 참에 해당하는 값을 추가로 입력합니다.

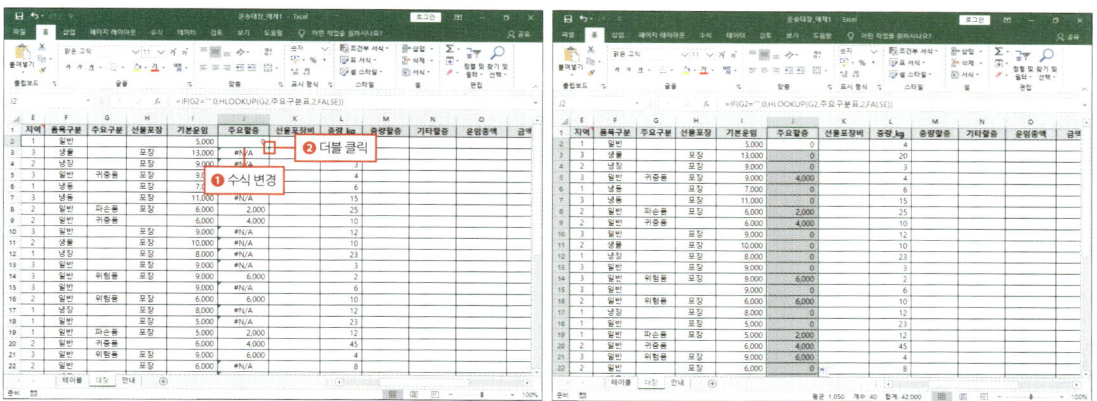

4 선물포장비, 중량할증, 기타할증 입력하기

선물포장에 데이터가 없으면 0을 입력하고, 데이터가 있으면 3,000을 입력합니다. 중량할증은 중량에 따라 각각 정해진 금액을 입력합니다. 기타할증은 정해진 금액이 없으므로 0을 입력합니다.

1. [대장] 워크시트에서 선물포장비를 구하기 위해 [K2] 셀에 『=IF(H2="",0,3000)』을 입력하고 Enter 를 누른 후, 채우기 핸들을 마우스로 더블 클릭합니다.

- 선물포장[H2] 셀이 ""(공백)이면 [K2] 셀에 0을 입력하고, 아니면 3,000을 입력합니다.

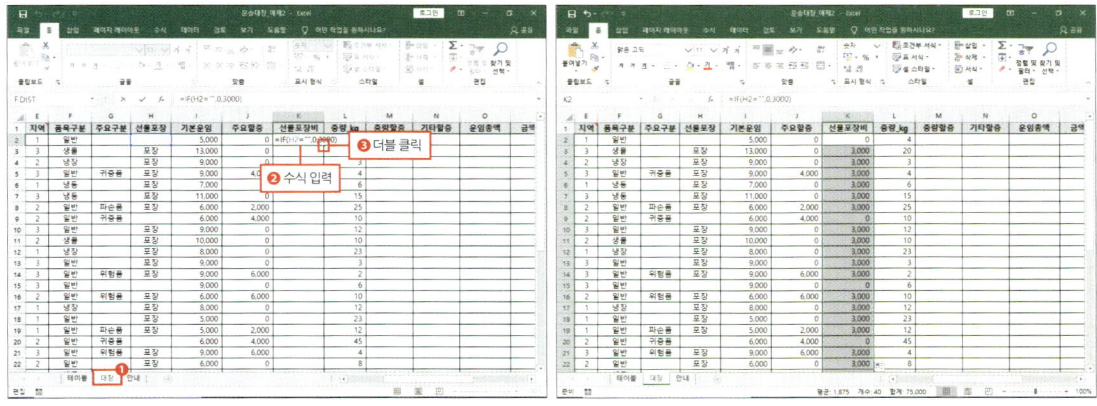

2. [테이블] 워크시트에서 [B15:G17] 범위를 선택하고, 이름 상자에 『중량할증표』를 입력한 다음 Enter 를 누릅니다.

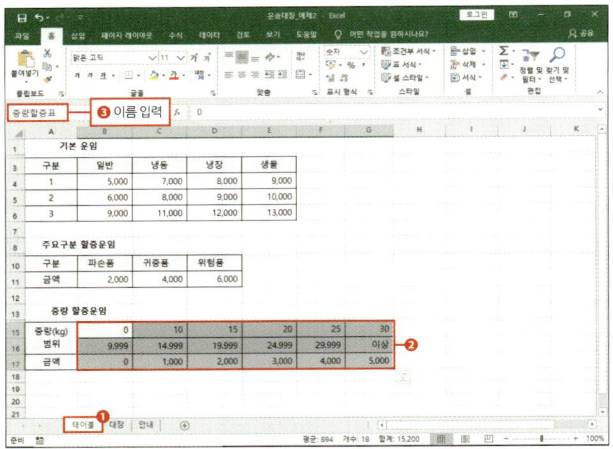

3. 중량할증을 구하기 위해 [대장] 워크시트에서 [M2] 셀에 『=HLOOKUP(L2,중량할증표,3,TRUE)』을 입력하고 Enter 를 누른 다음, 채우기 핸들을 마우스로 더블 클릭합니다.

- [L2] 셀에 입력되어 있는 값을 '중량할증표'의 첫 번째 행에서 찾은 다음, 3행에 입력된 중량 할증금액을 찾습니다. 이때, 옵션에 TRUE가 입력되어 있으므로 [L2] 셀에 입력된 값보다 작거나 같은 값 중 최댓값을 찾습니다.

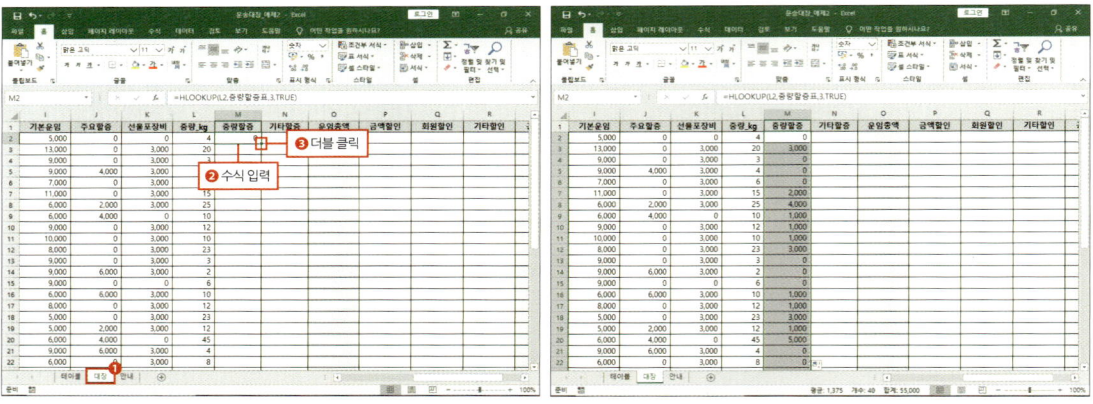

[M2] 셀에 입력한 수식
=HLOOKUP(L2,중량할증표,3,TRUE) 또는 HLOOKUP(L2,중량할증표,3)

수식풀이
찾는 값인 [L2] 셀에 입력된 값을 가지고 첫 번째 행의 왼쪽에서 오른쪽으로 찾습니다. 옵션에 TRUE가 입력되어 있으므로 찾는 값보다 작거나 같은 값 중에서 최댓값을 찾습니다.

=HLOOKUP(18,중량할증표,3,TRUE)
찾는 값 18을 중량할증표의 첫 번째 행에서 찾습니다. 옵션에 TRUE가 입력되어 있으므로 18보다 작거나 같은 값(0, 10, 15) 중에서 최댓값 15를 찾아서 멈춥니다. 그 위치의 열에서 행 번호로 지정한 3행의 값을 찾습니다. HLOOKUP 함수로 찾는 값을 유사 일치로 찾을 때는 두 번째 인수로 입력하는 범위가 오름차순으로 정렬되어 있어야 합니다.

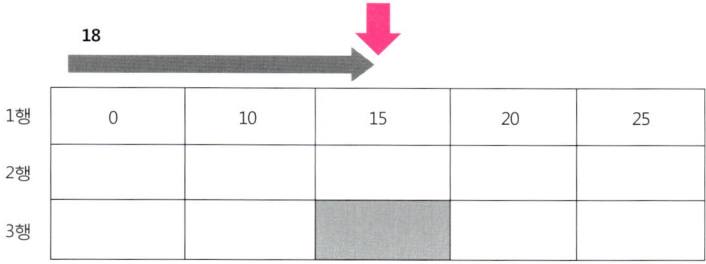

4. 기타할증에는 입력할 값이 없으므로 [N2:N41] 범위를 선택한 후, 『0』을 입력하고 Ctrl + Enter 를 눌러서 선택한 범위를 0으로 채웁니다.

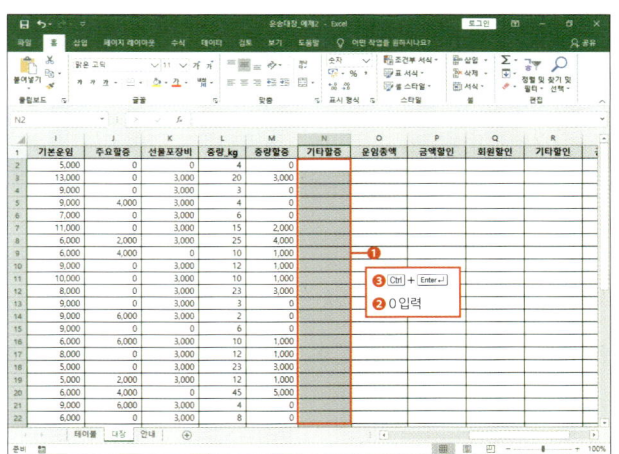

5 운임총액, 금액할인, 회원할인, 기타할인 입력하기

운임총액은 기본운임, 주요할증, 선물포장비, 중량할증, 기타할증에 입력된 값의 합계입니다. 금액할인은 운임총액([O2] 셀)이 15,000 이상이면 운임총액의 5%를 할인, 10,000 이상이면 운임총액의 3% 할인, 나머지 금액은 운임총액의 1%를 계산합니다.

회원할인은 회원구분에 "회원"이 입력되어 있으면 운임총액([O2] 셀)의 5%를 할인하고, 아니면 0을 입력합니다. 기타할인은 정해진 금액이 없으므로 0을 입력합니다.

1. '운임총액'을 구하기 위해 [대장] 워크시트에서 [O2] 셀에 『=SUM(I2:K2,M2:N2)』를 입력하고 Enter↵ 를 누른 다음, 채우기 핸들을 마우스로 더블 클릭합니다.

- 기본운임, 주요할증, 선물포장비, 중량할증, 기타할증에 입력된 값의 합계로, 수식을 입력할 때 각각의 값이 입력된 [I2] 셀부터 [K2] 셀까지 범위를 선택하고 Ctrl을 누른 상태에서 [M2] 셀부터 [N2] 셀까지를 범위로 선택합니다([Ctrl]은 떨어져 있는 범위를 선택할 때 사용합니다).

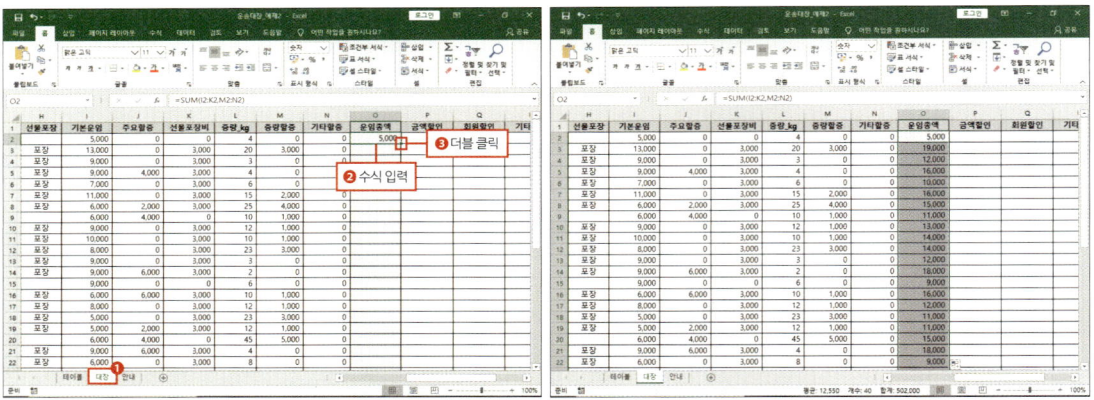

2. '금액할인'을 구하기 위해 [P2] 셀에 『=IF(O2>=15000,O2*5%,IF(O2>=10000,O2*3%,O2*1%))』를 입력하고 Enter↵ 를 누른 후, 채우기 핸들을 마우스로 더블 클릭합니다.

- 운임총액([O2] 셀)이 15,000 이상이면 운임총액의 5%를 계산하고, 운임총액([O2] 셀)이 10,000 이상이라면 운임총액의 3%를 할인하고, 그 이외는 운임총액의 1%를 계산합니다.

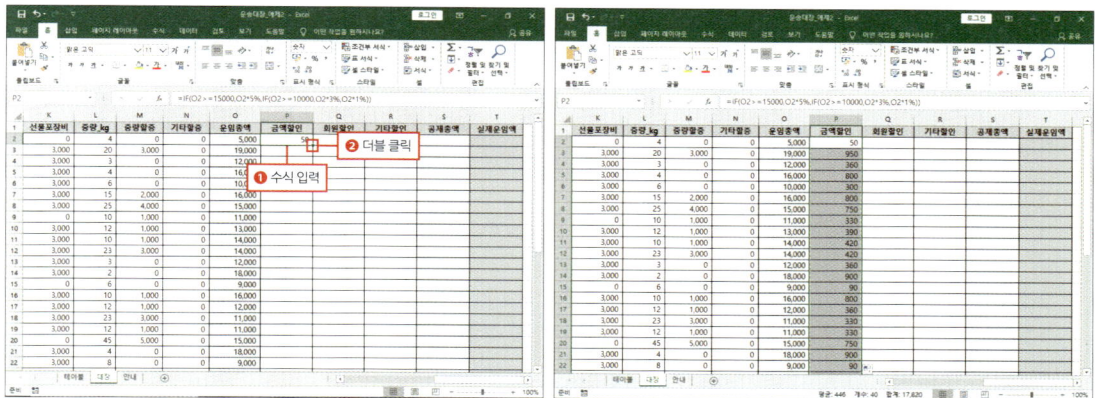

3. '회원할인'을 구하기 위해 [Q2] 셀에 『=IF(D2="회원",O2*5%,0)』를 입력하고 Enter를 누른 후, 채우기 핸들을 마우스로 더블 클릭합니다.

- 회원구분(D2) 셀의 값이 "회원"이면 운임총액(O2) 셀에 5%를 계산하고, 아니면 0을 입력합니다.

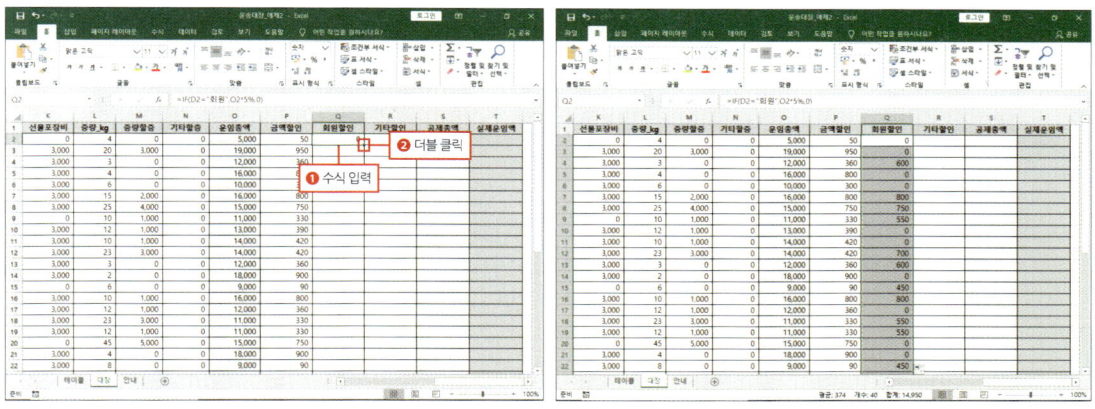

4. '기타할인'에는 입력할 값이 없으므로 [R2:R41] 범위를 선택한 후, 『0』을 입력하고 Ctrl + Enter를 눌러서 선택한 범위를 0으로 채웁니다.

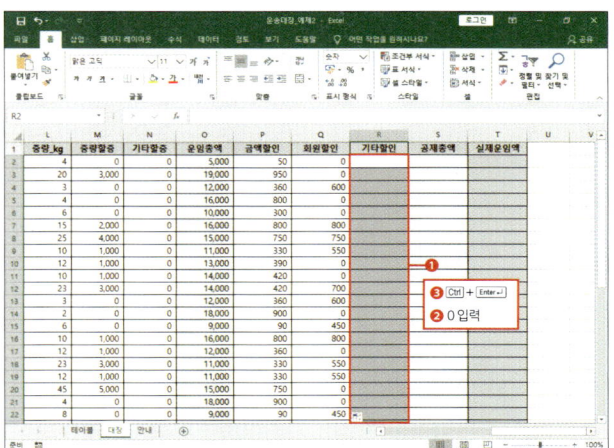

6 공제총액, 실제운임액 입력하기

공제총액은 금액할인, 회원할인, 기타할인에 입력된 값의 합계입니다. 실제운임액은 운임총액에서 공제총액을 차감한 값을 버림하여 100의 자리로 구합니다.

1. '공제총액'을 구하기 위해 [S2] 셀에 『=SUM(P2:R2)』를 입력하고 Enter 를 누른 후, 채우기 핸들을 마우스로 더블 클릭합니다.

- 금액할인, 회원할인, 기타할인에 입력된 값의 합계로, 수식을 입력할 때 각각의 값이 입력된 [P2] 셀부터 [R2] 셀까지를 범위로 지정합니다.

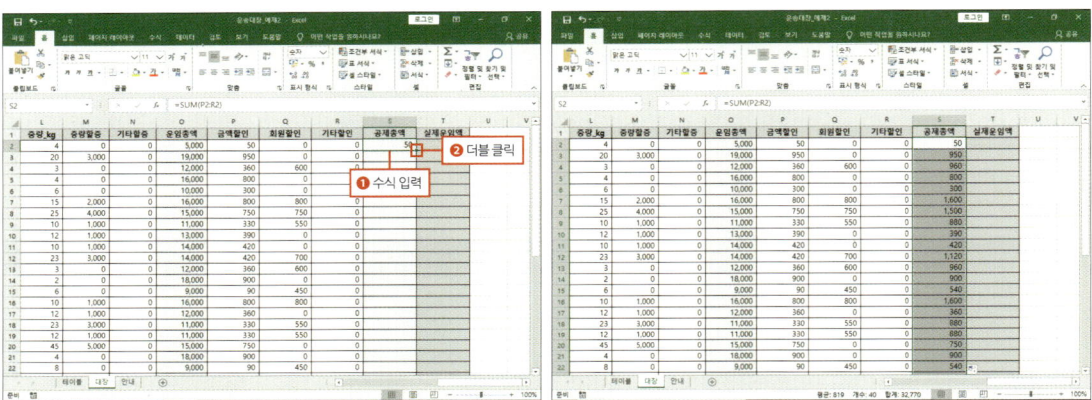

2. '실제운임액'을 구하기 위해 [T2] 셀에 『=O2-S2』를 입력하고 Enter 를 누른 후, 채우기 핸들을 마우스로 더블 클릭합니다.

- 운임총액([O2] 셀)에서 공제총액([S2] 셀)을 차감한 값을 구하는 수식입니다.

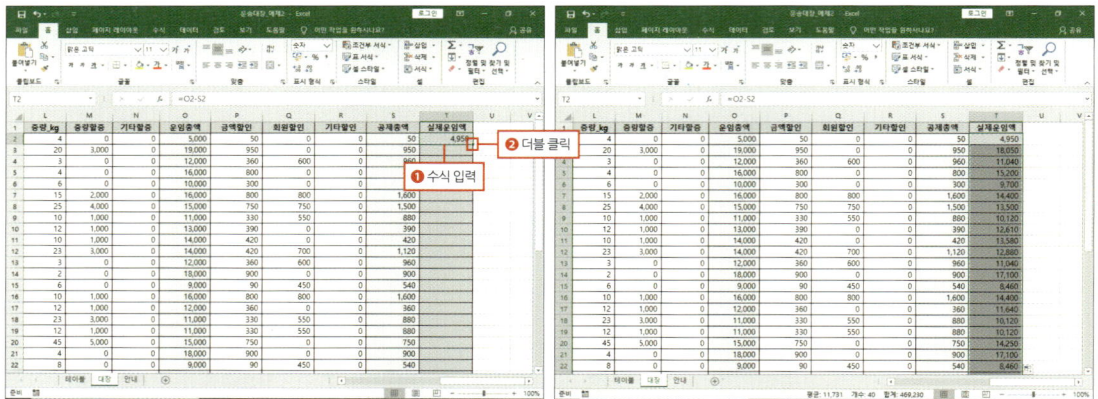

3. 실제운임액을 구한 값에 100원 이하는 버림 하기 위해 [T2] 셀에 입력된 수식을 『=TRUNC(O2-S2,-2)』
으로 변경하고, 채우기 핸들을 마우스로 더블 클릭합니다.

- TRUNC(숫자,자릿수) 함수는 숫자를 버림하여 자릿수로 지정된 값을 구합니다. 숫자에 입력된 O2-S2의 결괏값을 자릿수에 입력된 -2
  에 대해 버림을 합니다.

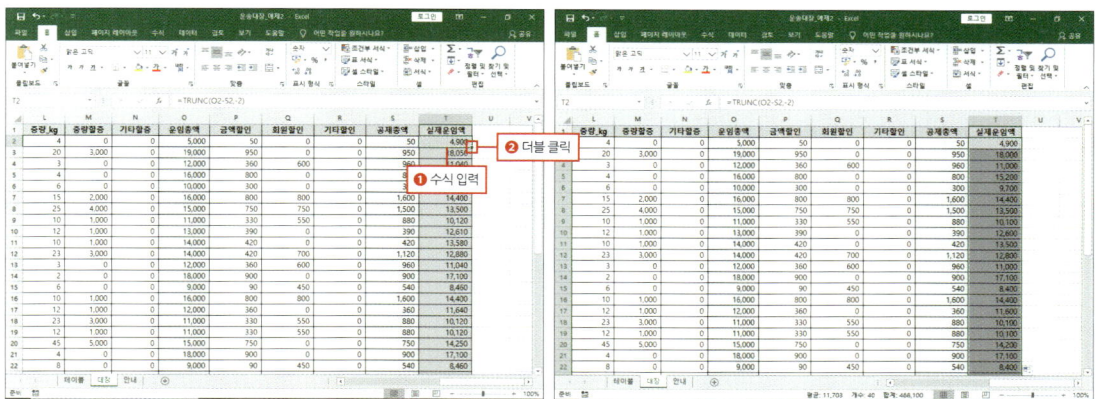

[T2] 셀에 입력한 수식
=TRUNC(O2-S2,-2)

사용한 함수
TRUNC(Number, [Num_digits])
숫자에 입력된 값을 버림 하여 자릿수로 지정된 값을 구합니다.
- Number : 버림 할 숫자가 입력되는 자리입니다.
- [Num_digits] : 버림 할 자릿수를 입력합니다. 양수이면 소수점을 기준으로 오른쪽을 의미하고, 음수이면 왼쪽을 의미
  합니다. 생략하면 0입니다.

예를 들어, 숫자에 입력된 값이 9473.3452이면 각 자릿수에 따른 결과는 다음과 같습니다.

수식	결과
TRUNC(9473.3452,3)	9473.345
TRUNC(9473.3452,0)	9473
TRUNC(9473.3452,-1)	9470

자릿수가 양수이면 소수점 자리를 의미하고, 자릿수가 음수이면 1의 자리, 10의 자리, 100의 자리 등을 의미합니다.

수식 풀이
TRUNC(O2-S2,-2)
[O2] 셀에서 [S2] 셀의 차감한 값을 버림 하여 100의 자리로 구합니다.

7 선택 영역에서 이름 만들기

[안내] 워크시트에서 운송번호를 입력하면 [대장] 워크시트에 입력된 자료 중에서 해당 운송번호의 자료를 찾아와 내역서 자료를 만들도록 작업합니다.

범위로 선택한 영역에서 첫 행에 있는 각 필드명을 이름으로 정의하는 방법입니다. 이때 필드명은 중복되면 안 되고, 숫자부터 시작하거나 공백이 있다면 밑줄(_)이 포함되어 이름이 만들어집니다.

1. [대장] 워크시트의 [A1] 셀을 선택하고, 키보드의 Ctrl + * 또는 Ctrl + Shift + 8 을 눌러서 데이터 범위를 선택합니다.

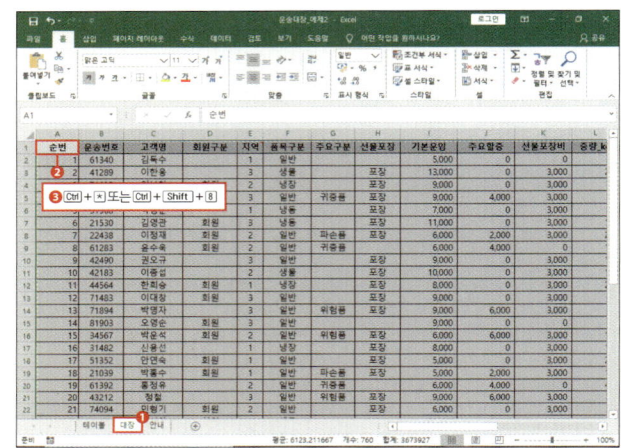

Tip & Tech

넓은 영역 한번에 선택하기

만일 선택하려는 데이터 범위가 한 화면을 넘어설 만큼 넓어서 마우스로 선택하기 어렵다면 Ctrl + * 또는 Ctrl + Shift + 8 을 눌러보세요. 그러면 선택한 셀을 기준으로 데이터가 입력된 셀 전체가 선택됩니다. 즉, 연속된 셀을 한 번에 영역으로 지정할 수 있습니다.

---

2. [수식] → [정의된 이름] 그룹에서 [선택 영역에서 만들기]를 클릭합니다. [선택 영역에서 이름 만들기] 대화상자가 열리면 「첫 행」이 체크된 상태에서 〈확인〉을 클릭합니다.

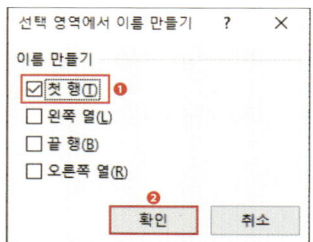

3. [이름 상자]의 목록 단추를 누르면, 첫 행이 이름으로 정의된 것을 확인할 수 있습니다.

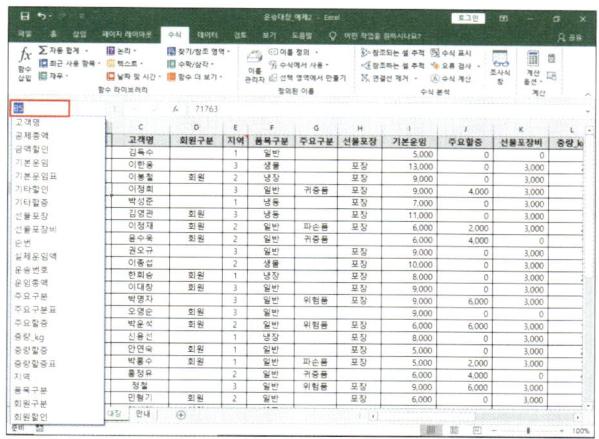

8   유효성 검사로 목록 만들기

유효성 검사 목록을 만들면 사용자의 입력 오류를 줄일 수 있으며, 목록 단추를 눌러 사용자가 쉽고 편하게 원하는 데이터를 선택할 수 있습니다.

1. 유효성 검사를 지정하기 위해 [안내] 워크시트의 [C4] 셀을 선택하고, [데이터] → [데이터 도구] 그룹에서 [데이터 유효성 검사]를 클릭합니다.

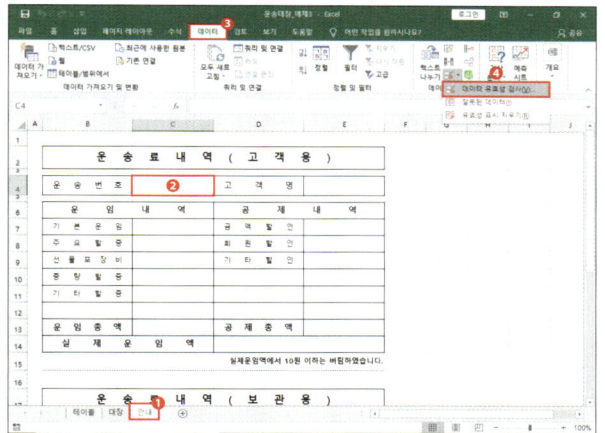

2. [데이터 유효성] 대화상자가 열리면 [설정] 탭에서 '제한 대상'은 「목록」으로 선택하고, '원본'란에 『=운송번호』을 입력한 후에 〈확인〉을 클릭합니다.

- [C4] 셀에 데이터 유효성이 설정되었으므로 이름이 '운송번호'로 정의된 범위에 있는 데이터만 입력할 수 있습니다. 그 외에 데이터를 입력하면 오류 메시지가 나타납니다.

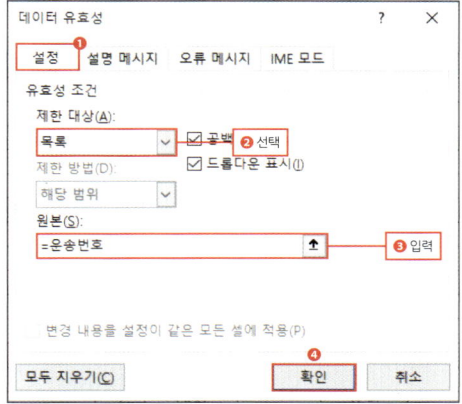

3. 데이터 유효성이 설정된 셀 오른쪽에 목록 단추(▼)가 나타납니다. 해당 단추를 누르면 입력할 수 있는 데이터가 목록으로 나타나고, 목록에 없는 데이터는 입력할 수 없습니다.

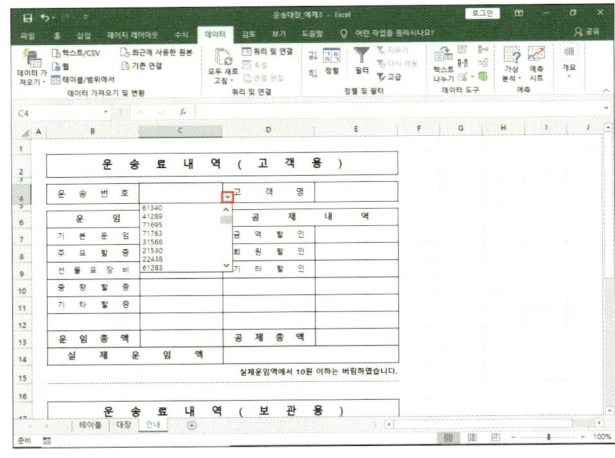

9   선택한 운송번호에 대한 데이터 입력하기

사용자가 선택한 운송번호에 대한 고객명, 기본운임, 주요할증, 선물포장비 등의 데이터가 자동으로 입력되게 합니다.

1. [C4] 셀의 목록 단추를 선택한 후에 운송번호를 선택합니다.

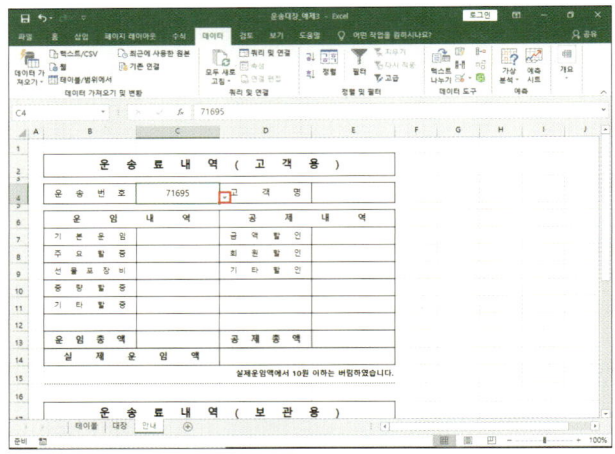

2. 입력한 운송번호의 위치 번호를 구하기 위해 [C1] 셀에 『=MATCH(C4,운송번호,0)』을 입력하고 Enter ↵를 누릅니다. 이 위치 번호를 운송료내역에서 각종 항목에 입력되는 수식에 사용하고자 [C1] 셀을 선택하고 [이름 상자]에 『번호』를 입력합니다.

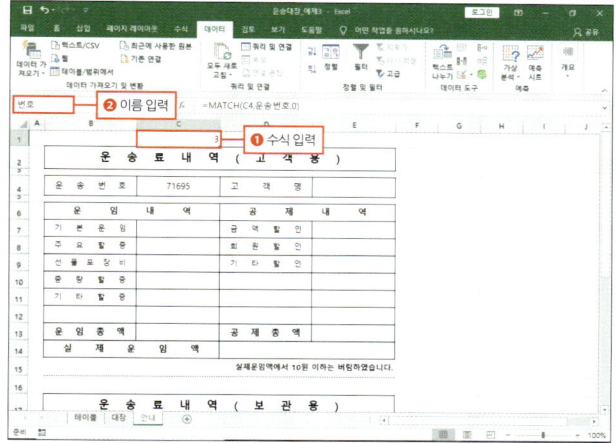

- [C4] 셀에 입력된 운송번호를, [대장] 워크시트의 '운송번호' 범위에서 찾아 그 위치를 숫자로 반환합니다.

3. '고객명'을 구하기 위해 [E4] 셀에 『=INDEX(고객명,번호)』를 입력하고 Enter ↵를 누릅니다.

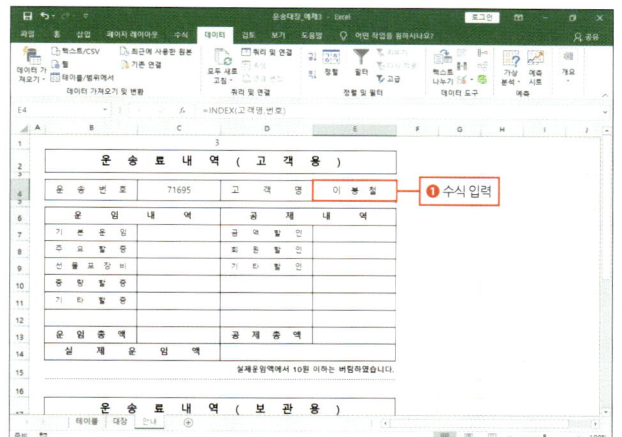

- '고객명' 범위에서 '번호' 범위에 입력된 숫자의 위치를 찾아 고객명을 입력합니다. 즉, [C4] 셀에 입력한 운송번호에 대한 고객명이 입력됩니다.

[E4] 셀에 입력한 수식
=INDEX(고객명,번호)

사용한 함수

INDEX(Array, Row_num, [Column_num])
범위에서 행 번호로 지정된 숫자와 열 번호로 지정된 숫자에 해당하는 자료를 반환합니다.

- Array: 표 형태의 범위를 지정합니다.
- Row_num: 숫자로 입력되며, 범위에서 행의 순서를 의미합니다.
- [Column_num]: 숫자로 입력되며, 범위에서 열의 순서를 의미합니다. 생략하면 숫자 1이 기본값으로 설정됩니다.

수식풀이

INDEX(고객명,번호)

'번호' 범위에 입력된 값이 5라면, 세 번째 인수(열 번호 위치)가 생략되어 있으므로 값은 1이 지정됩니다. 즉, '고객명' 범위에서 5행 1열의 위치에 있는 고객명을 반환합니다.

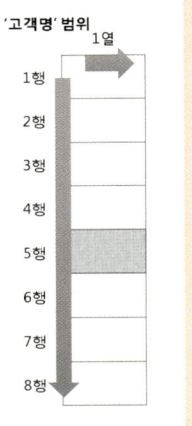

4. 같은 방법으로 기본운임, 주요할증, 선물포장비, 중량할증, 기타할증, 운임총액, 그리고 금액할인, 회원할인, 기타할인, 공제총액, 실제운임액을 구합니다. 각 셀에 다음 수식을 입력합니다.

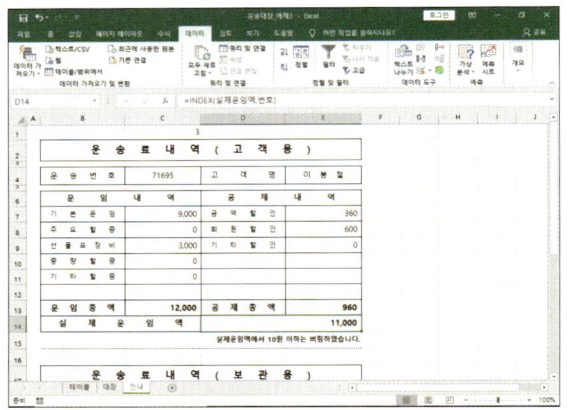

항목	셀	수식
기본운임	C7	=INDEX(기본운임,번호)
주요할증	C8	=INDEX(주요할증,번호)
선물포장비	C9	=INDEX(선물포장비,번호)
중량할증	C10	=INDEX(중량할증,번호)
기타할증	C11	=INDEX(기타할증,번호)
운임총액	C13	=INDEX(운임총액,번호)
금액할인	E7	=INDEX(금액할인,번호)

항목	셀	수식
회원할인	E8	=INDEX(회원할인,번호)
기타할인	E9	=INDEX(기타할인,번호)
공제총액	E13	=INDEX(공제총액,번호)
실제운임액	D14	=INDEX(실제운임액,번호)

10 운송료내역(보관용) 입력하기

운송료내역은 고객용과 보관용이 반드시 같아야 합니다. 따라서 보관용 운송료내역에는 고객용 운송료내역에 입력된 데이터를 그대로 입력받기 위해 수식을 사용합니다.

1. [안내] 워크시트에서 여러 개의 셀을 동시에 입력하기 위해 [C19] 셀을 선택하고 [Ctrl]를 이용하여 [C22:C26], [C28], [E19], [E22:E24], [E28], [D29]을 선택합니다. 이어서 『=D14』를 입력하고 [Ctrl] + [Enter↵]를 누릅니다.

- 셀을 여러 개 선택했을 때는 활성화된 셀을 확인해야 합니다. 왜냐하면 활성화된 셀을 기준으로 데이터가 입력되기 때문입니다. 여기서는 [D29] 셀이 활성화되어 있으므로, [D29] 셀이 참조해야 하는 셀은 [D14]입니다.

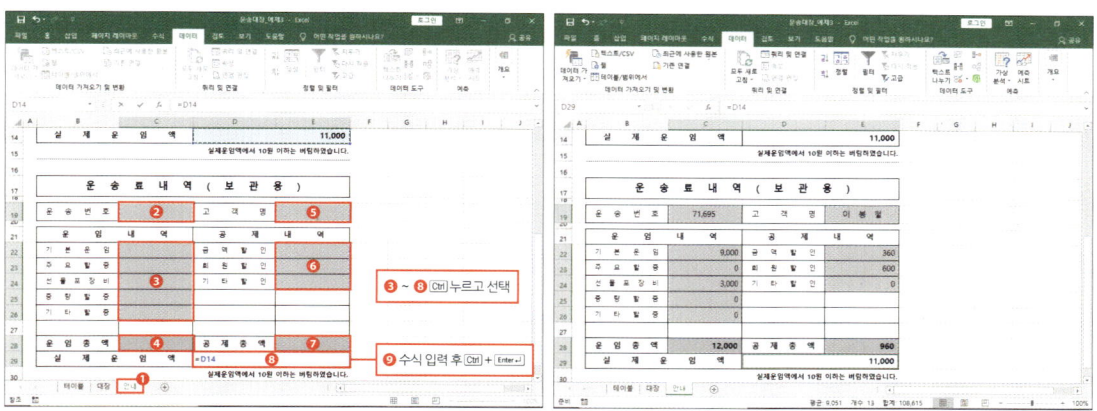

11 셀에 입력된 데이터와 기본 눈금선 보이지 않게 하기

표시 형식을 이용하여 '번호' 범위에 입력된 숫자를 보이지 않게 처리하고, 엑셀 워크시트에서 기본 눈금선을 보이지 않게 처리합니다.

1. '번호' 범위([C1] 셀)를 선택하고, [홈] → [표시 형식] 그룹의 대화상자 표시(🔽)를 클릭합니다(단축키 Ctrl + 1).

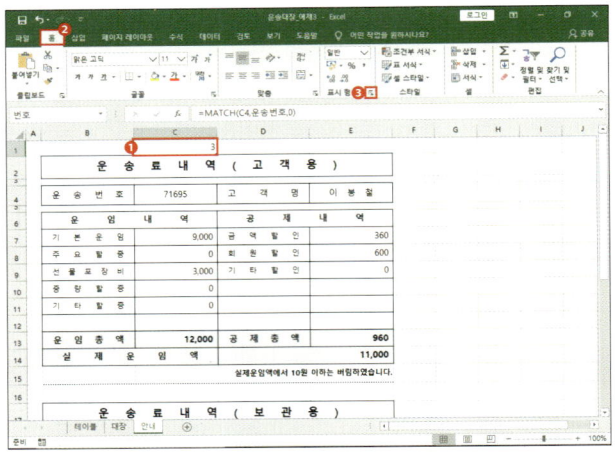

2. [셀 서식] 대화상자가 열리면 [표시 형식] 탭의 '범주'에서 「사용자 지정」을 선택 한 후에 '형식'란에 『;;』을 입력하고 〈확인〉을 누릅니다.

- 표시 형식은 '양수;음수;0의값'의 순서로 표시하는 데, 서식코드 없이 ';;'가 입력되었으므로, 양수일 때, 음수일 때, 0일 때 셀에 아무것도 표시되지 않습니다.

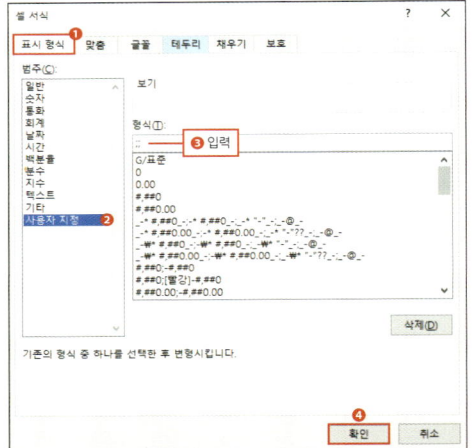

3. 눈금선을 보이지 않게 하기 위해 [보기] → [표시] 그룹에 체크되어 있는 「눈금선」 확인란을 클릭하여 선택을 취소합니다.

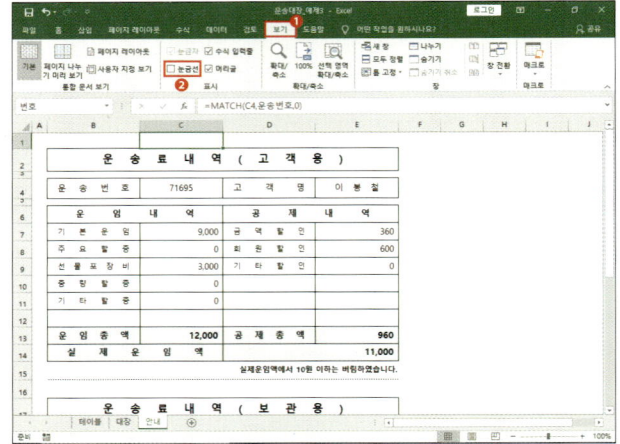

운송대장 CHAPTER 03

[응용] 이건 어때요?

| 예제 파일명: 운송대장_이건어때요_예제.xlsx | 완성 파일명: 운송대장_이건어때요_완성.xlsx

[안내] 워크시트에서는 INDEX 함수를 이용하여 고객명, 기본운임, 주요할증 등의 값을 구하기 위해 항목만큼의 INDEX 함수를 직접 입력했습니다. 그러나 INDIRECT 함수를 사용하면, 항목에 입력된 셀의 텍스트 값을 이용하므로, INDEX 함수를 항목의 수만큼 직접 입력하여 고객명, 기본운임, 주요할증 등의 값을 구할 필요가 없습니다.

1. 고객명, 운임내역, 공제내역을 구하기 위해 [C7:C11] 셀을 선택하고, Ctrl를 누른 상태에서 [C13], [E7:E9], [E13], [E4] 셀을 선택합니다. 이어서 『=INDEX(INDIRECT(D4),번호)』를 입력하고, Ctrl + Enter를 누릅니다.

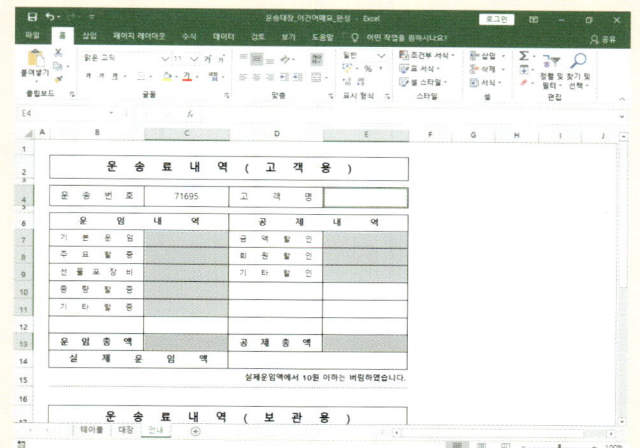

- [D4] 셀에 입력된 값은 텍스트 "고객명"이며, INDEX 함수에서는 이름으로 정의된 '고객명'의 범위가 필요합니다. 텍스트 "고객명"이 아닌 이름으로 정의된 '고객명' 범위로 변경하기 위해 INDIRECT 함수를 사용합니다.

[E6] 셀에 입력한 수식
=INDEX(INDIRECT(D4),번호)

사용한 함수
INDIRECT(Ref_text, A1)
텍스트로 입력된 값을 셀의 값으로 변경하거나, 이름으로 정의된 범위로 변경합니다.

- Ref_test: 텍스트인 셀 주소나 문자열을 입력합니다.
- A1: Ref_test 셀의 텍스트가 어떤 주소 형식인지 지정하는 논리값입니다. FALSE이면 R1C1 스타일이고 TRUE이거나 생략하면 A1 스타일입니다.

수식 풀이
만일 『=INDEX(D4,번호)』를 입력하면, [D4] 셀에는 "고객명"이 텍스트이므로 결과는 오류입니다. 그런데 『=INDEX(INDIRECT(D4),번호)』를 입력하면, [D4] 셀 "고객명"의 텍스트가 이름으로 정의된 '고객명' 범위로 변경되므로 원하는 결괏값을 반환합니다.

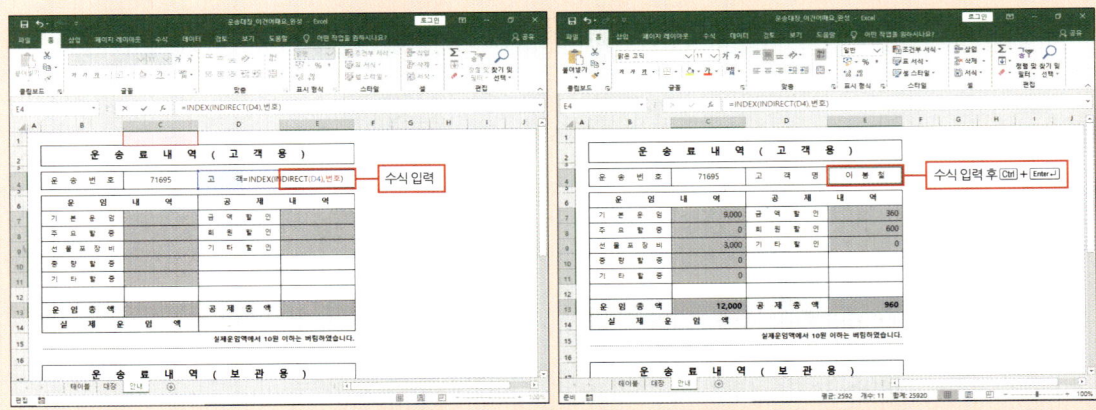

2. 마지막 실제운임액을 구하기 위해 [D14] 셀에 『=INDEX(INDIRECT(B14),번호)』를 입력합니다.

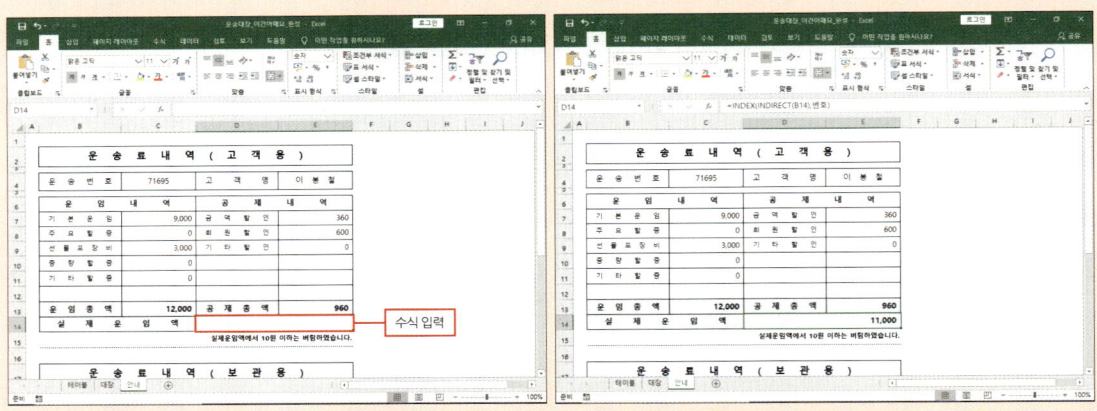

[응용] 한 걸음 더

| 예제 파일명: 운송대장_한걸음더_예제.xlsx　　　　| 완성 파일명: 운송대장_한걸음더_완성.xlsx

워크시트의 특정 범위를 자주 인쇄해야 한다면 해당 범위를 '인쇄 영역'으로 설정하여서 워크시트를 인쇄할 때 해당 범위만 인쇄하도록 할 수 있습니다. 완성된 내역서를 인쇄 영역으로 설정하여 용지에 맞게 인쇄하는 방법을 알아봅니다.

1. 인쇄 영역을 선택하고 [페이지 레이아웃] → [페이지 설정] 그룹에서 [인쇄 영역] → [인쇄 영역 설정]을 선택합니다.

- 원하는 인쇄 영역이 맞는지 확인하고자 인쇄 영역을 모두 보려면 [보기] → [통합 문서 보기] 그룹에서 [페이지 나누기 미리 보기]를 누릅니다.
- 특정 범위 대신 전체 워크시트를 인쇄하려면 [페이지 레이아웃] → [페이지 설정] 그룹에서 [인쇄 영역] → [인쇄 영역 해제]를 선택합니다.

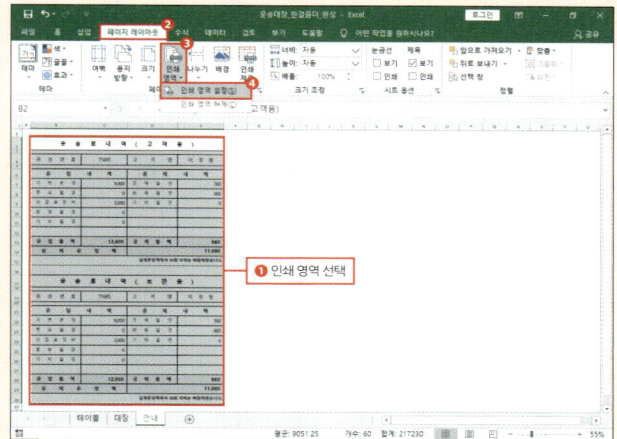

2. 인쇄 용지에 인쇄 영역의 위치를 지정하기 위해 [페이지 설정] 그룹의 대화상자 표시(□)를 클릭합니다. [페이지 설정] 대화상자가 열리면 [여백] 탭에서 '페이지 가운데 맞춤'란의 「가로」, 「세로」 확인란을 모두 선택합니다.

- 가운데 맞춤의 가로는 용지에서 LEFT, CENTER, RIGHT 중 'CENTER'를 의미하고, 가운데 맞춤의 세로는 용지에서 TOP, MIDDLE, BOTTOM에서 'MIDDLE'를 의미합니다.

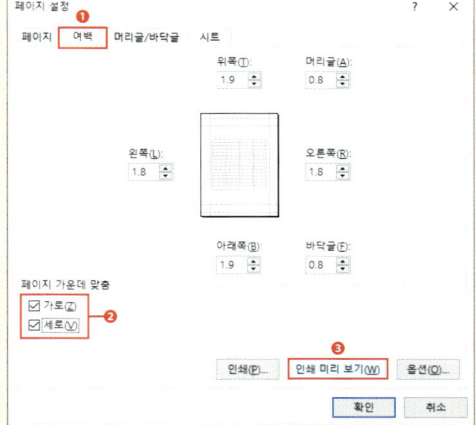

3. [페이지 설정] 대화상자에서 〈인쇄 미리 보기〉를 클릭하면 인쇄 모습을 미리 확인할 수 있습니다(단축키 Ctrl + P).

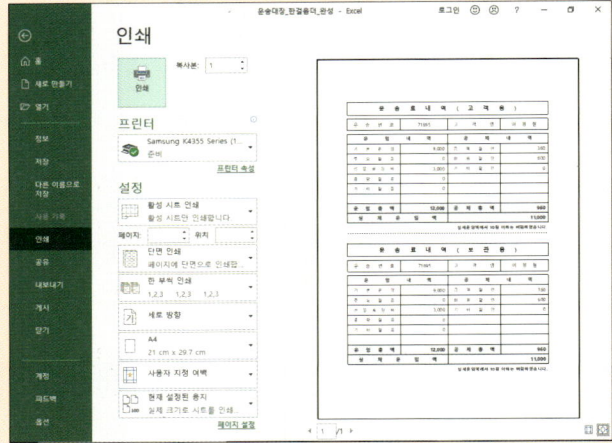

증명서

예제 파일명: 증명서_예제.xlsx

엑셀을 이용하여 현재 회사에 근무하고 있음을 증명하는 재직 증명서 또는 퇴직한 회사의 경력을 증명하는 퇴직 증명서를 발급할 수 있는 문서를 만들 수 있습니다. 워드에서는 사용자가 모든 정보를 직접 찾아서 입력해야 하지만, 엑셀에서는 하나의 워크시트에 사원명부 데이터를 입력해 놓고, 또 다른 워크시트에는 양식으로 사용할 증명서를 미리 만들어 놓습니다. 그리고 양식이 입력된 워크시트에서 주민등록번호를 입력하거나 선택하면, 주민등록번호에 해당하는 각종 정보가 자동으로 입력되도록 할 수 있습니다.

미리보기 | 완성 파일명: 증명서_완성.xlsx

1 증명서 정보 입력하기

증명서는 각 항목에 함수를 포함하는 수식을 사용하여 자동으로 만들어지도록 작업합니다. 그러려면 수식을 간단하게 작성하고자 [사원명부] 워크시트에서 각 항목을 이름으로 정의하고, [증명서] 워크시트에서 몇 가지 항목을 유효성 검사 목록으로 만드는 등 사전 작업이 필요합니다.

이름 상자에서 이름 정의하기

주민등록번호가 입력된 범위를 이름으로 정의하고, 데이터가 입력된 사원 명부 전체를 이름으로 정의합니다.

1. [사원명부] 워크시트에서 [B2:B71] 범위를 선택하고 [이름 상자]에 『주민등록번호』을 입력한 다음 Enter⏎를 누릅니다.

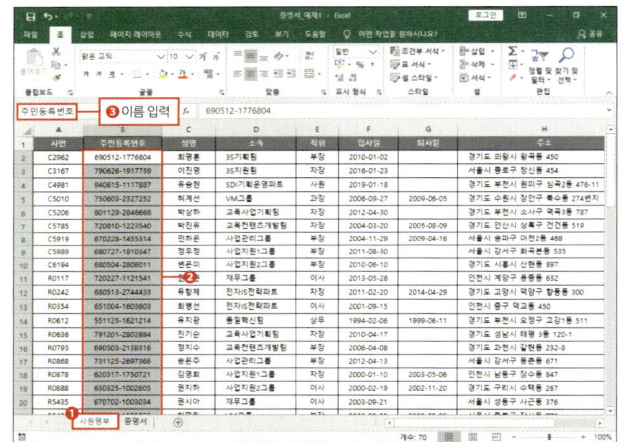

2. [B2:H71] 범위를 선택하고 [이름 상자]에 『명부』를 입력한 다음 Enter⏎를 누릅니다.

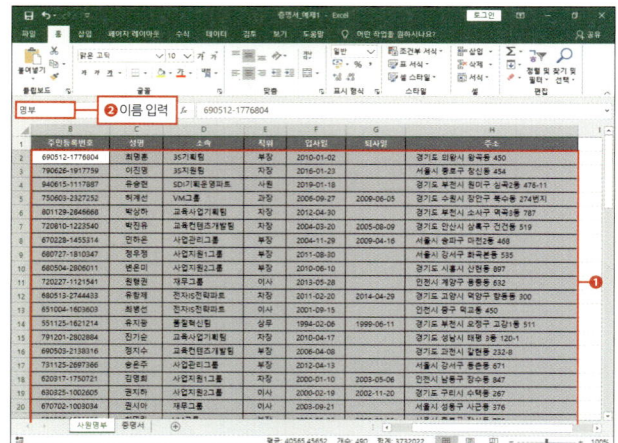

| **Tip & Tech**

데이터가 입력된 마지막 행/열까지 선택

앞서 [B2] 셀에서 [B71] 셀까지 한번에 선택하려면 [B2] 셀에서 Ctrl + Shift + ↓를 누릅니다. 또한, [B2:H71] 범위를 한번에 선택하는 방법은 [B2] 셀에서 Ctrl + Shift + ↓ + →를 누릅니다. 이처럼 셀에서 Ctrl + Shift 와 방향키를 조합하면 데이터가 입력된 마지막 행/열까지 한번에 선택할 수 있습니다.

유효성 검사로 목록 만들기

주민등록번호, 용도, 증명서종류를 유효성 검사 목록으로 만들어서 각각의 데이터를 선택할 수 있게 하거나, 오타를 줄이도록 합니다.

1. 이름으로 정의한 '주민등록번호'를 유효성 검사 목록으로 만들기 위해 [증명서] 워크시트의 [D2] 셀을 선택하고, [데이터] → [데이터 도구] 그룹에서 [데이터 유효성 검사]를 클릭합니다.

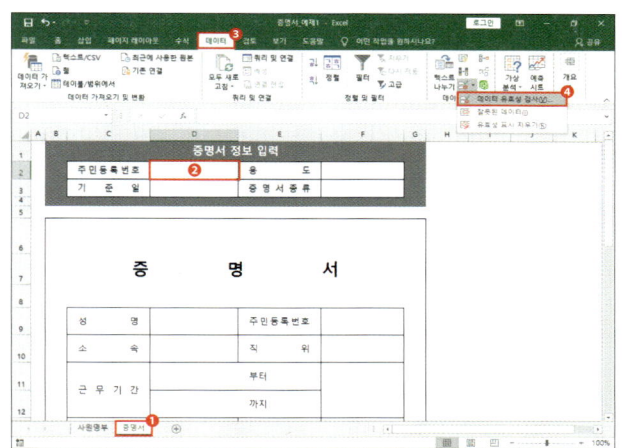

2. [데이터 유효성] 대화상자가 열리면 [설정] 탭에서 '제한 대상'은 「목록」으로 선택하고, '원본'란에 『=주민등록번호』를 입력한 후에 〈확인〉을 클릭합니다.

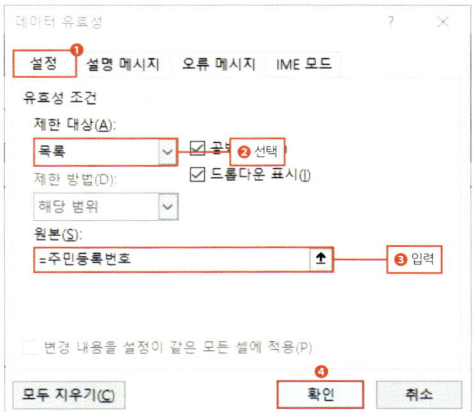

3. 주민등록번호를 입력할 셀을 선택한 후에 목록 단추(▼)를 클릭하여 원하는 주민등록번호를 선택합니다.

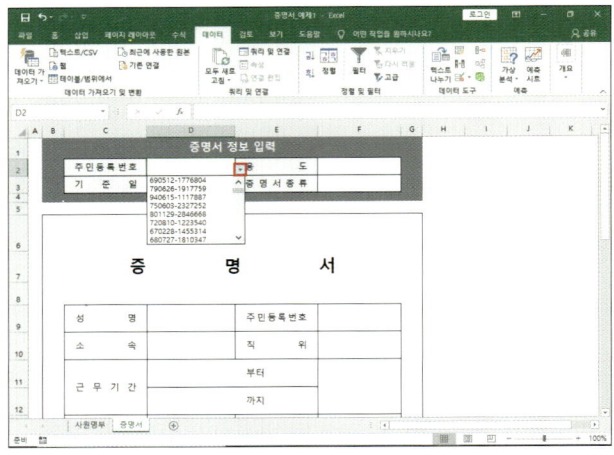

4. 직접 텍스트를 입력하는 유효성 검사 목록을 만들기 위해 [F2] 셀을 선택하고 [데이터] → [데이터 도구] 그룹에서 [데이터 유효성 검사]를 클릭합니다. [데이터 유효성] 대화상자가 열리면 [설정] 탭에서 '제한 대상'은 「목록」으로 선택하고, '원본'란에 『확인용,제출용』을 입력한 후에 〈확인〉을 클릭합니다.

- 데이터 유효성이 설정된 셀에는 "확인용"과 "제출용" 텍스트만 입력할 수 있습니다.

5. 용도를 입력할 셀을 선택한 후에 목록 단추를 클릭하여 원하는 용도를 선택합니다.

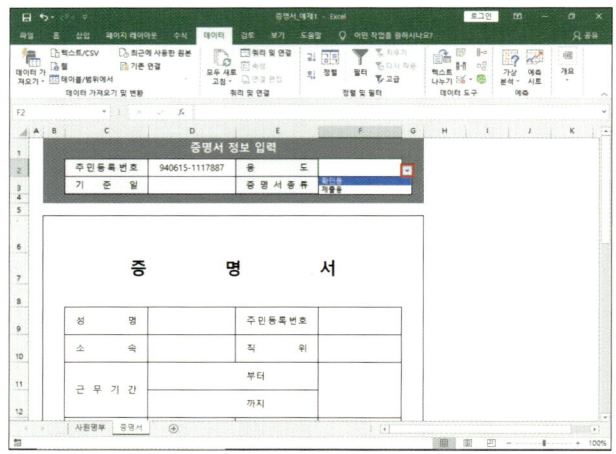

6. 다시 유효성 검사 목록을 만들기 위해 [F3] 셀을 선택하고 [데이터] → [데이터 도구] 그룹에서 [데이터 유효성 검사]를 클릭합니다. [데이터 유효성] 대화상자가 열리면 [설정] 탭에서 '제한 대상'은 「목록」으로 선택하고, '원본'란에 『재직,퇴직』을 입력한 후에 〈확인〉을 클릭합니다.

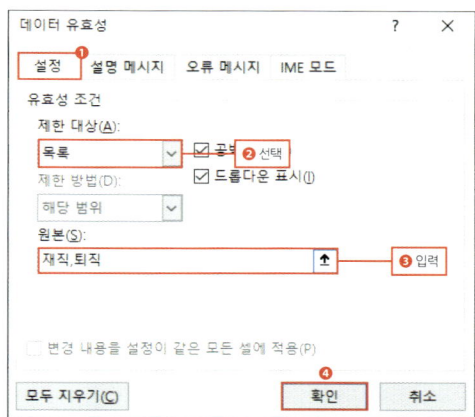

- 데이터 유효성이 설정된 셀에는 "재직"과 "퇴직" 텍스트만 입력할 수 있습니다.

7. 증명서 종류를 입력할 셀을 선택한 후에 목록 단추를 클릭하여 원하는 증명서 종류를 선택합니다.

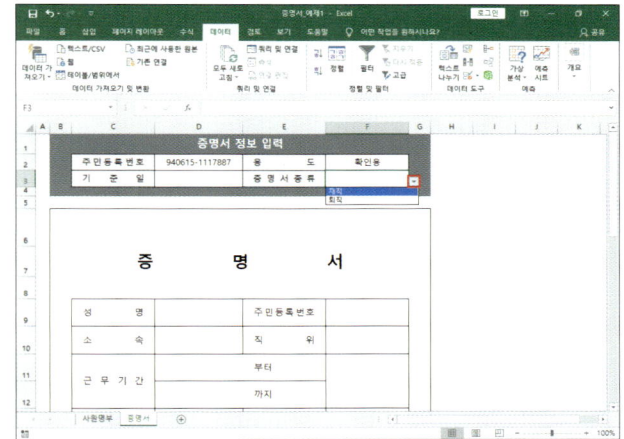

8. 증명서 종류가 제목에 입력되게 하기 위해 [C7] 셀을 선택하고, 『=F3&"증명서"』를 입력합니다.

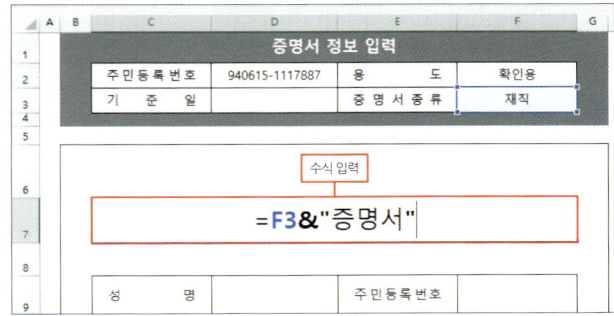

2 찾기 함수로 정보 가져오기

사용자가 선택한 주민등록번호에 해당하는 정보가 자동으로 입력되도록 합니다.

1. [증명서] 워크시트의 [D3] 셀에 증명서 기준일을 입력합니다.

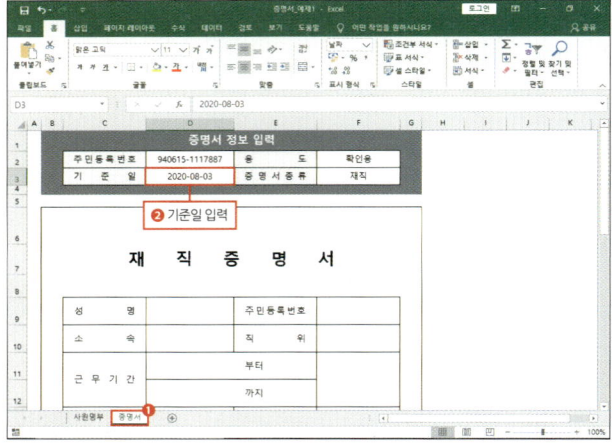

2. 성명이 입력될 [D9] 셀에 『=VLOOKUP(D2,명부,2,FALSE)』를 입력합니다.

• [D2] 셀에 입력된 값(주민등록번호)을 '명부'의 첫 번째 열에서 찾은 다음, 두 번째 열에 입력된 성명을 찾습니다.

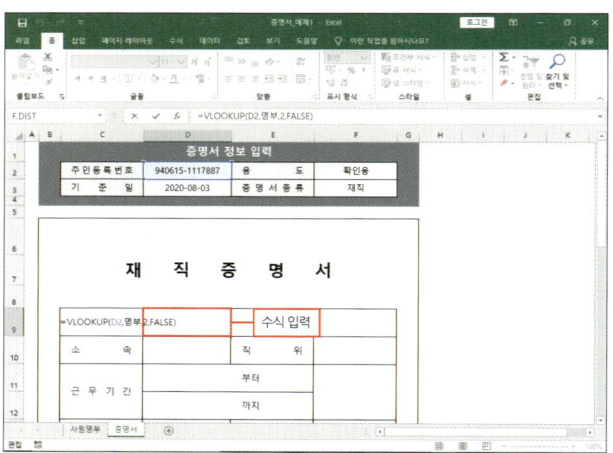

3. 나머지 항목들도 다음 표에 있는 수식을 참고하여 데이터를 입력합니다.

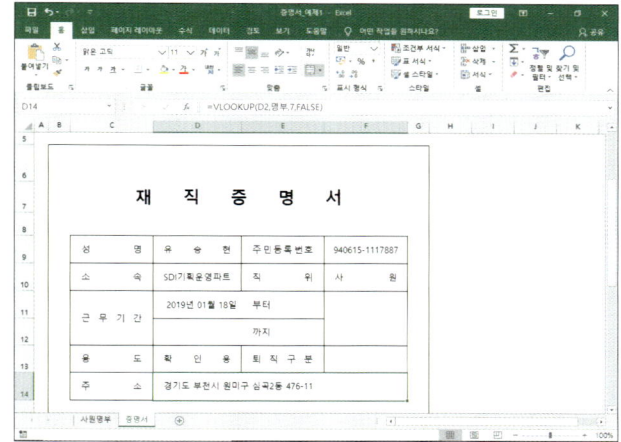

항목	위치	수식
주민등록번호	F9	=D2
소속	D10	=VLOOKUP(D2,명부,3,FALSE)
직위	F10	=VLOOKUP(D2,명부,4,FALSE)
입사일	D11	=VLOOKUP(D2,명부,5,FALSE)
퇴사일	D12	=VLOOKUP(D2,명부,6,FALSE)
용도	D13	=F2
주소	D14	=VLOOKUP(D2,명부,7,FALSE)

[D9] 셀에 입력한 수식

=VLOOKUP(D2,명부,2,FALSE) 또는 =VLOOKUP(D2,명부,2,0)

수식 풀이

=VLOOKUP("940615-1117887",주민등록번호,2,FALSE)

찾는 값인 "940615-1117887"을 주민등록번호 첫 번째 열의 위쪽에서 아래쪽으로 찾습니다(옵션에 FALSE가 입력되어 있으므로 정확하게 일치하는 값을 찾습니다). 첫 번째 열에서 같은 값인 "940615-1117887"을 찾았다면 그 자리에 멈춥니다. 그 위치의 행에서 열 번호로 지정한 2열의 값을 찾습니다.

	A	B	C	D	E
1	사번	주민등록번호	성명	소속	직위
2	C2962	690512-1776804	최명훈	3S기획팀	부장
3	C3167	790626-1917759	이진명	3S지원팀	차장
4	C4981	940615-1117887	유승현	SDI기획운영파트	사원
5	C5010	750603-2327252	허계선	VM그룹	과장
6	C5206	801129-2846668	박상하	교육사업기획팀	차장
7	C5785	720810-1223540	박진유	교육컨텐츠개발팀	차장
8	C5919	670228-1455314	민하온	사업관리그룹	부장

4. [증명서] 워크시트에서 주민등록번호를 입력할 [D2] 셀을 선택하고, 목록 단추를 클릭하여 사용자가 원하는 자료의 주민등록번호를 선택합니다. 주민등록번호에 대한 자료가 변경되는 것을 확인할 수 있습니다.

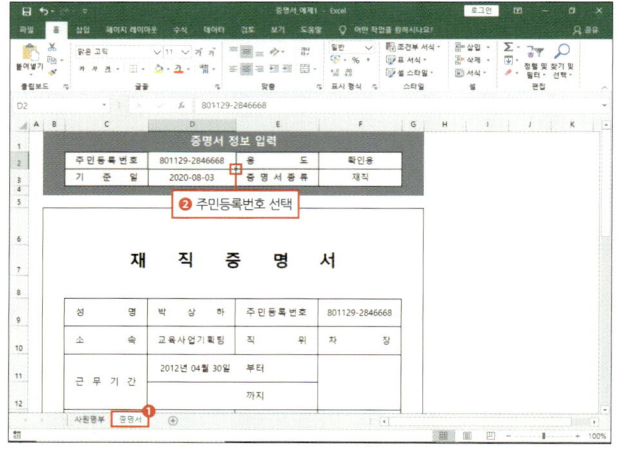

3 근속기간 구하기

근속기간을 구하려면 [증명서] 워크시트의 [D12] 셀에 퇴사일이 입력되어야 합니다. 그런데 재직 중인 사원은 [사원명부] 워크시트에 퇴사일이 입력되어 있지 않으므로 [증명서] 워크시트의 [D12] 셀에 아무것도 표시되지 않습니다. 이러한 문제를 고려하여 근속기간을 구합니다.

1. [증명서] 워크시트에서 퇴사일이 입력되는 [D12] 셀에 있는 수식을 『=IF(VLOOKUP(D2,명부,6,FALSE)="",D3,VLOOKUP(D2,명부,6,FALSE))』으로 수정합니다.

- IF(조건식,참,거짓) 함수의 구조에서
  - 조건식: VLOOKUP 함수의 결과가 빈 문자열("")과 같다면 참(TRUE)으로, 아니면 거짓(FALSE)으로
  - 참(TRUE): [D3] 셀에 입력한 기준일을 입력하고
  - 거짓(FALSE): VLOOKUP 함수의 결과를 입력합니다.

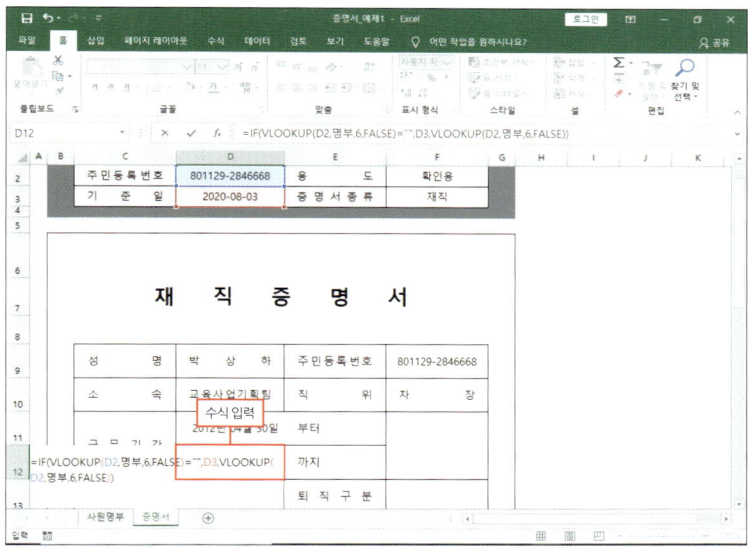

2. 근속기간을 구하는 [F11] 셀에 『="("&DATEDIF(D11,D12,"y")&"년 "&DATEDIF(D11,D12,"ym")&"개월"&")"』을 입력합니다.

- DATEDIF(D11,D12,"y")로 구한 연수와 DATEDIF(D11,D12,"ym")로 구한 월수를 서로 연결하여 근속기간을 몇 년 몇 개월 형태로 구합니다.

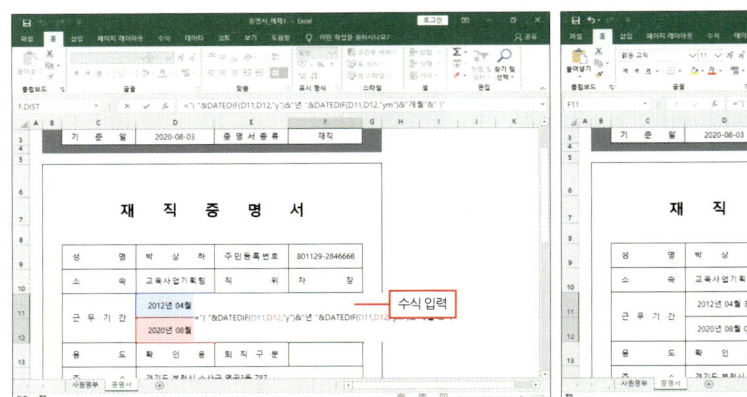 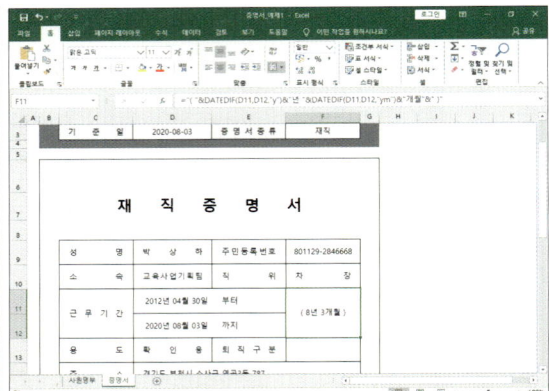

[F11] 셀에 입력한 수식
="("&DATEDIF(D11,D12,"y")&"년 "&DATEDIF(D11,D12,"ym")&"개월"&")"

사용한 함수
DATEDIF(Start_date, End_date, Unit)
시작일로부터 종료일까지 날짜 간격을 구하는 함수로, 인수에 따라 구하는 값이 달라집니다.
- Start_date: 일수를 계산할 시작 일자입니다.
- End_date: 일수를 계산할 종료 일자입니다.
- Unit: "y", "m", "d", "ym", "md" 중 하나를 입력합니다.

Unit 인수	설명
"y"	두 날짜 사이의 경과한 총 연수를 구합니다.
"m"	두 날짜 사이의 경과한 총 월수를 구합니다.
"d"	두 날짜 사이의 경과한 총 일수를 구합니다.
"ym"	두 날짜 사이의 경과한 월수를 구합니다(경과한 연수를 제외합니다).
"md"	두 날짜 사이의 경과한 일수를 구합니다(경과한 월수를 제외합니다).

수식 풀이

DATEDIF(D11,D12,"y")&"년 "

[D11] 셀에 입력된 2012-04-30에서 [D12] 셀에 입력된 2020-08-03까지의 총 연수를 구합니다. 구한 연수와 "년 "을 연결하기 위해 연결 연산자(&)를 사용합니다.

DATEDIF(D11,D12,"ym")&"개월"

[D11] 셀에 입력된 2012-04-30에서 [D12] 셀에 입력된 2020-08-03까지의 경과한 연수를 제외한 월수를 구합니다. 구한 월수와 "개월"을 연결하기 위해 연결 연산자(&)를 사용합니다.

="("&DATEDIF&DATEDIF&")"

"("와 연수를 연결하고, 연수와 구한 월수를 연결하고, 구한 월수와 ")"를 연결합니다.

---

3. 퇴직자와 재직자를 입력하기 위해 [F13] 셀에 『=IF(VLOOKUP(D2,명부,6,FALSE)="","재직","퇴직")』을 입력합니다.

- VLOOKUP 함수의 결과가 빈 문자열("")과 같으면 "재직"을 입력하고, 아니면 "퇴직"을 입력합니다.

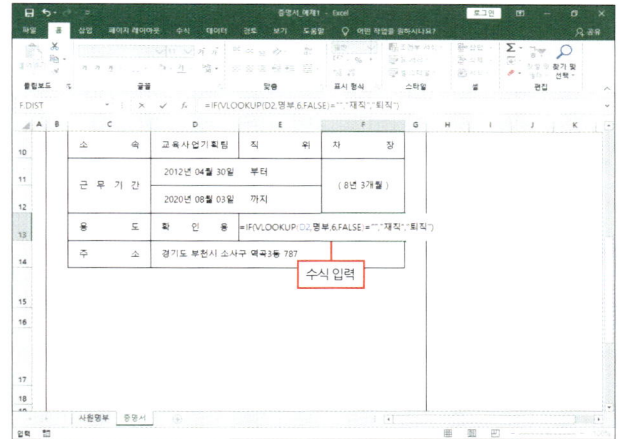

4. [F13] 셀을 선택하고, [표시 형식] 그룹의 대화상자 표시(⌞)를 클릭합니다(단축키 Ctrl + 1). [셀 서식] 대화상자가 열리면 「사용자 지정」 범주를 선택하고, '형식' 란에 『@"자"』를 입력하고 〈확인〉을 누릅니다.

- '@"자"'는 입력된 문자 뒤에 "자"를 표시합니다. 예) 재직자, 퇴직자

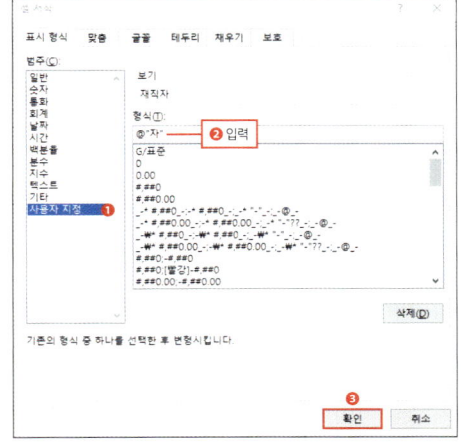

5. 표시 형식으로 "자"가 표시되도록 하였으므로 [F13] 셀에 표시되는 값은 "재직자" 또는 "퇴직자"입니다.

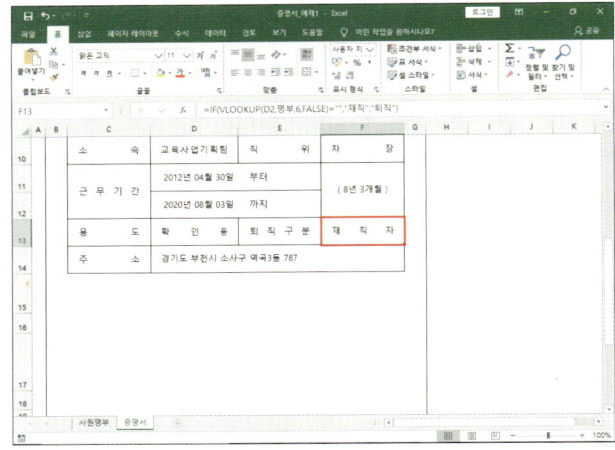

4 증명서 메시지와 기준일 표시하기

어떤 증명서는 때에 따라서 발급하지 못하게 할 수도 있습니다. 예를 들어 재직 증명서는 퇴사일이 있으면 발급할 수 없고, 퇴직 증명서는 퇴사일이 없으면 발급할 수 없어야 합니다. 즉, 퇴직 여부에 따라 증명서 발급의 가능 여부를 확인할 수 있는 메시지를 표시합니다.

1. 메시지가 입력되는 [증명서] 워크시트의 [C16] 셀을 선택하고, 『=IF(F3〈〉F13,"증명서를 발급할 수 없습니다.","위의 내용을 확인합니다.")』을 입력합니다.

- [F3] 셀에 "재직", [F13] 셀에 "퇴직"이 입력되어 있거나, [F3] 셀에 "퇴직", [F13] 셀에 "재직"이 입력되어 있다면 입력된 값이 서로 다르므로 "증명서를 발급할 수 없습니다."라는 메시지가 입력됩니다. 즉, 증명서가 발급되려면 [F3] 셀에 입력된 값과 [F13] 셀에 입력된 값이 같아야 "위의 내용을 확인합니다."가 입력됩니다.

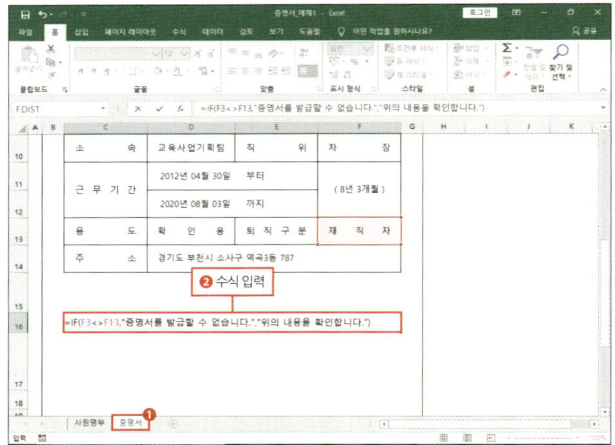

2. 증명서를 발급할 수 없을 때 메시지를 강하게 표시하기 위해, [C16] 셀을 선택한 상태에서 [홈] → [스타일] 그룹의 [조건부 서식]을 클릭하고, [셀 강조 규칙] → [텍스트 포함]을 선택합니다.

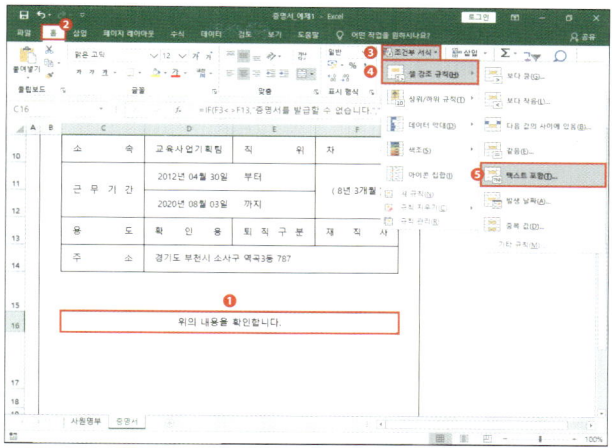

3. [텍스트 포함] 대화상자가 열리면 『없습니다』를 입력하고, '적용할 서식'은 「진한 빨강 텍스트가 있는 연한 빨강 채우기」가 선택되어 있는 상태에서 〈확인〉을 누릅니다.

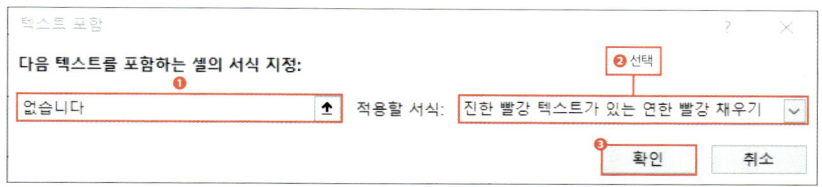

4. 기준일을 입력하는 [C18] 셀을 선택하고, 『=D3』을 입력합니다.

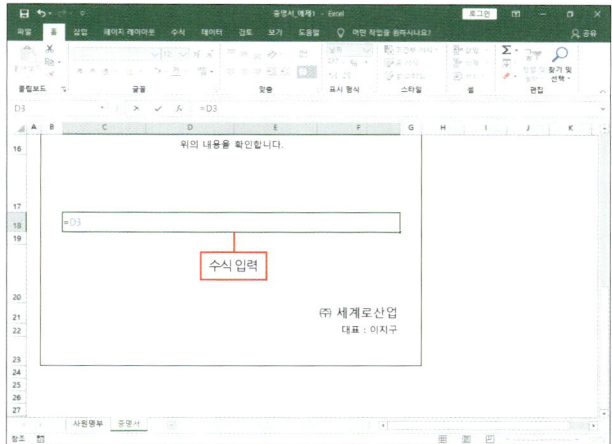

5. [F3] 셀에서 목록 단추를 눌러서 「퇴직」을 선택하여 증명서 메시지를 확인하고, 다시 「재직」을 선택하여 증명서 메시지를 확인합니다.

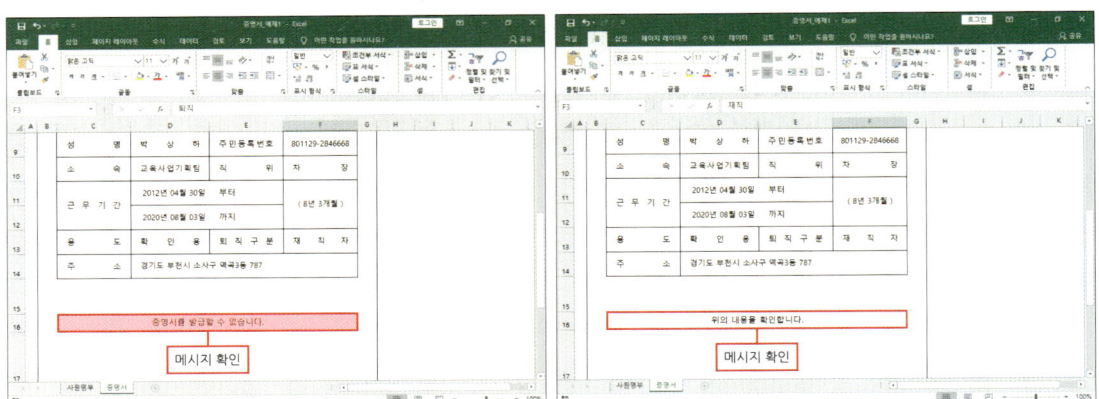

[응용] 한 걸음 더

| 예제 파일명: 증명서_한걸음더_예제.xlsx | 완성 파일명: 증명서_한걸음더_완성.xlsx

[사원명부] 워크시트의 데이터는 신입이나 경력 직원이 들어오면 새로운 정보를 입력하게 됩니다. 그러면 미리 만들어 놓은 '명부' 이름과, '주민등록번호' 이름은 새로운 데이터를 포함하고 있지 않으므로 데이터의 누락이 발생합니다. 그래서 새로운 데이터가 입력되면 자동으로 데이터가 포함되도록 수식을 이용하여 이름을 정의하도록 하겠습니다. 이때 사용하는 수식은 COUNTA 함수와 OFFSET 함수입니다.

수식으로 움직이는 범위 지정하기

1. '주민등록번호' 이름의 참조 대상을 변경하기 위해 [사원명부] 워크시트를 선택하고, [수식] → [정의된 이름] 그룹에서 [이름 관리자 📇]를 클릭합니다. [이름 관리자] 대화상자가 열리면 목록에서 「주민등록번호」를 선택하고, 아래 '참조 대상' 입력란에 『=OFFSET(사원명부!$B$2,0,0,COUNTA(사원명부!$B:$B)-1,1)』을 입력한 다음, 입력 단추(✓)를 클릭합니다.

- [B2] 셀부터 마지막으로 입력된 데이터의 B열 행까지 '주민등록번호' 이름이 지정됩니다.

2. 이어서 '명부' 이름의 참조 대상을 변경하기 위해 [이름 관리자] 대화상자의 목록에서 「명부」를 선택하고, '참조 대상' 입력란에 『=OFFSET(사원명부!$B$2,0,0,COUNTA(사원명부!$B:$B)-1,7)』을 입력한 다음, 입력 단추(✓)를 클릭합니다. 이름 편집이 끝났으면 [이름 관리자] 대화상자에서 〈닫기〉를 누릅니다.

- [B2] 셀부터 마지막으로 입력된 데이터의 H열 행까지 '명부' 이름이 지정됩니다. 즉, [B2] 셀에서 움직이지 않고, 70행 7열의 범위가 '명부' 이름으로 지정됩니다.

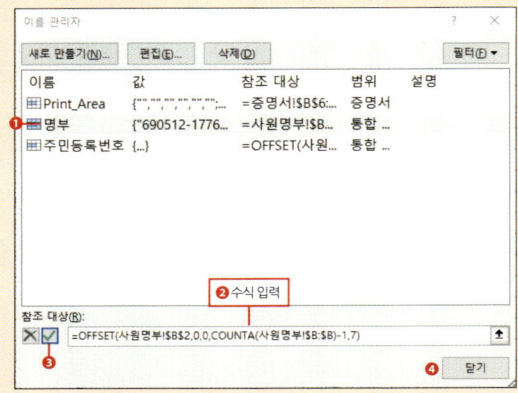

이름 관리 대화상자에 입력한 수식
=OFFSET(사원명부!$B$2,0,0,COUNTA(사원명부!$B:$B)-1,1)

사용한 함수
COUNTA(Value1, [Value2], ...)
범위 안에 데이터가 입력된 셀의 개수를 구합니다.

- Value1 : 개수를 세려는 범위입니다.
- [Value2], … : 개수를 세려는 추가 범위입니다. 생략할 수 있으며 최대 255개까지 지정할 수 있습니다.

OFFSET(Reference, Rows, Cols, [Height], [Width])
지정한 위치의 셀로부터 입력한 행의 수, 입력한 열의 수만큼 이동합니다. 이동된 위치에서 입력한 높이 수와 입력한 너비의 수만큼 범위를 새롭게 지정합니다.

- Reference : 기준이 되는 셀 또는 범위입니다.
- Rows : 행 방향으로 이동할 셀 개수를 입력합니다. 양수는 아래쪽, 음수는 위쪽으로 이동합니다.
- Cols : 열 방향으로 이동할 셀 개수를 입력합니다. 양수는 오른쪽, 음수는 왼쪽으로 이동합니다.
- [Height] : 범위로 지정할 행 방향 셀의 개수입니다. 생략할 수 있습니다.
- [Width] : 범위로 지정할 열 방향 셀의 개수입니다. 생략할 수 있습니다.

예를 들어, OFFSET(B2,2,1,2,3) 함수는 다음 그림처럼 범위를 새로 지정합니다.

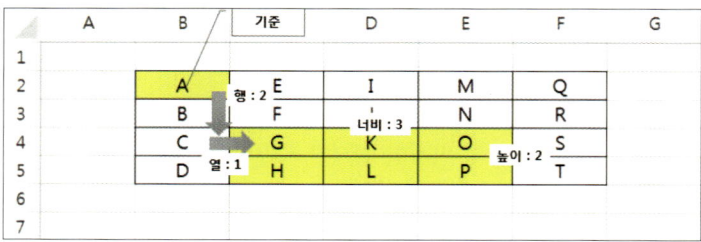

증명서 | **CHAPTER 04** | 99

수식 풀이

COUNTA(사원명부!$B:$B)-1

B열 전체([B1:B1048576])에서 데이터가 입력된 셀의 개수를 구합니다. 이때, 필드명([B1] 셀)의 개수 1을 빼주면, 사원명부에 입력된 사원의 수 70을 정확하게 구합니다.

OFFSET(사원명부!$B$2,0,0,70,1)

[B2] 셀을 기준으로 0행 0열 움직입니다. 이동되지 않았으므로 [B2] 셀에서 70행 1열의 범위가 '주민등록번호' 이름으로 지정됩니다.

자료 입력하고 움직이는 범위 확인하기

1. 새로운 자료를 입력하기 위해 [사원명부] 워크시트를 선택하고, 임의의 자료를 입력합니다.

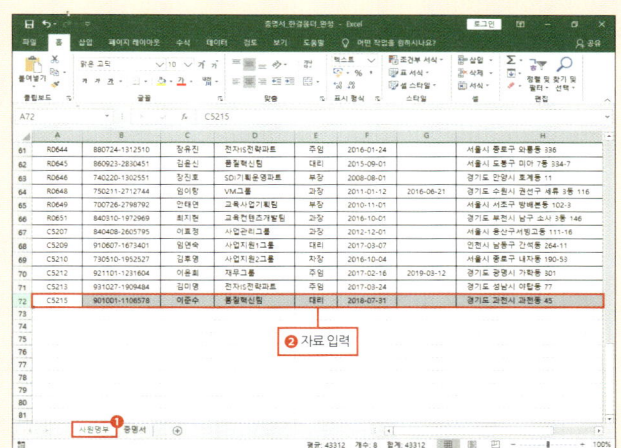

2. [증명서] 워크시트에서 주민등록번호를 입력할 셀을 선택한 후에 목록 단추를 클릭하여 추가한 자료의 주민등록번호를 선택합니다.

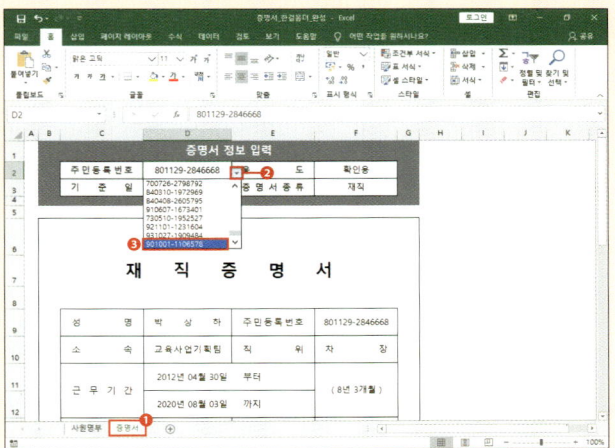

3. 선택한 주민등록번호의 자료가 표시됩니다.

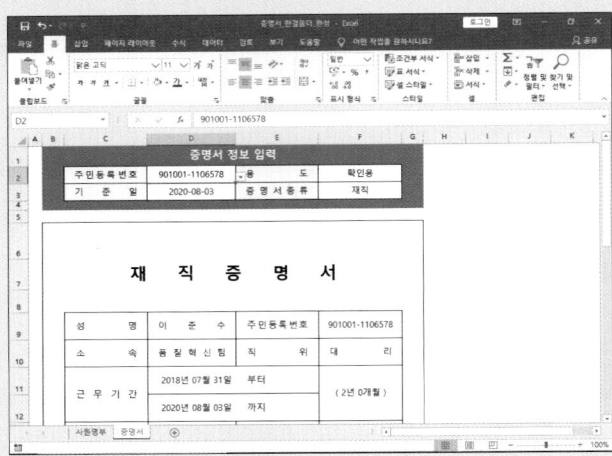

예금출납장

예제 파일명: 예금출납장_예제.xlsx

회계 업무 중에는 은행 계좌별로 입금과 출금을 관리하여 작성하는 예금출납장이 있습니다. 입출금이 발생할 때마다 엑셀에 기록하면 입금과 출금을 정확하게 계산하여 잔액을 구합니다. 그리고 계정과목별 집계가 자동으로 이루어지게 작성할 수 있습니다.

미리보기 | 완성 파일명: 예금출납장_완성.xlsx

예 금 출 납 장

은행명: 전통은행
계좌번호: 1150-23450-123

이월금액: 2,300,000

날짜	계정구분	계정과목	적요	입금	출금	잔액
1/4	수입	매출	㈜난초에서 입금	5,800,000		8,100,000
1/6	부채자본	비상금	적립		2,650,000	5,450,000
1/7	지출	세금	전기세		530,500	4,919,500
1/7	지출	잡비	다과류		74,200	
1/7	지출	복리후생비	건강검진		900,000	
1/8	지출	소모품비	토너구입		81,200	
1/8	지출	접대비	은행방문		12,900	
1/11	수입	이자	대한은행	890,000		
1/12	수입	기타	강연비	1,300,000		
1/12	지출	지불수수료	환전		29,000	
1/13	지출	보험료	건물화재보험료		356,000	
1/15	지출	광고선전비	신문광고		687,000	
1/15	지출	통신비	인터넷사용료		78,000	
1/18	자산	보통예금	예금	870,000		

입출금목록별 집계표

계정목록		입금	출금
자산	현금	-	-
	보통예금	870,000	-
부채자본	비상금	-	2,650,000
	자본금		
	이익잉여금		
수입	매출	5,800,000	-
	이자	890,000	-
	기타	1,300,000	-
지출	급여	-	-
	수당	-	-
	상여금	-	-
	퇴직금	-	-
	세금	-	530,500
	교육비	-	-
	소모품비	-	81,200
	접대비	-	12,900
	통신비	-	78,000
	교통비	-	-
	복리후생비	-	900,000
	광고선전비	-	687,000
	지불수수료	-	29,000
	보험료	-	356,000
	잡비	-	74,200
합계		8,860,000	5,398,800
금월증감		3,461,200	

1 계정구분에 따라 계정과목 다르게 입력하기

이름 상자에서 이름 정의하기

유효성 검사의 목록으로 사용할 계정구분과 계정과목에 이름을 정의합니다. 이처럼 특정 셀이나 범위를 이름으로 정의하면 좀 더 쉽게 이해하고 관리할 수 있습니다.

1. [계정목록] 워크시트에서 [A1:D1] 범위를 선택하고 [이름 상자]에 『구분』을 입력한 다음 Enter를 누릅니다.

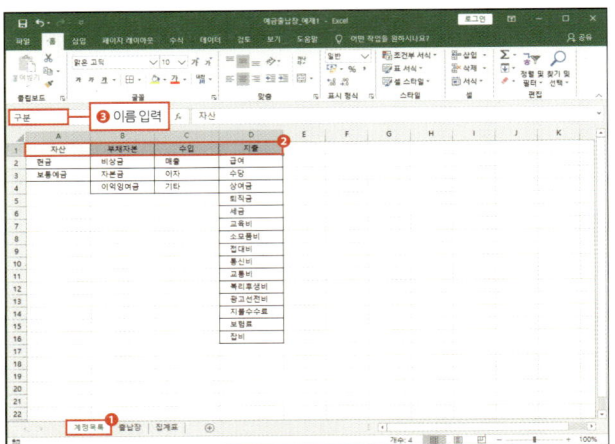

2. 나머지 셀도 다음 표를 참고하여 이름을 정의합니다.

셀 범위	이름	셀 범위	이름
A2:A3	자산	C2:C4	수입
B2:B4	부채자본	D2:D16	지출

유효성 검사로 목록 만들기

1. '계정구분'에 유효성 검사를 만들기 위해 [출납장] 워크시트의 [B6:B30] 범위를 선택하고 [데이터] → [데이터 도구] 그룹에서 [데이터 유효성 검사]를 클릭합니다.

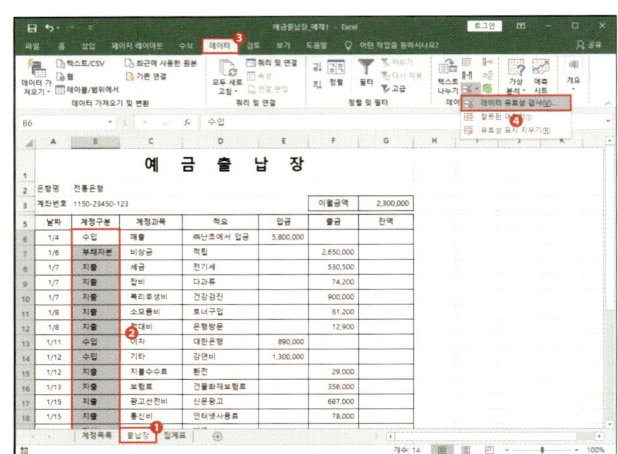

2. [데이터 유효성] 대화상자가 열리면 [설정] 탭에서 '제한 대상'은 「목록」으로 선택하고, '원본'란에 『=구분』을 입력한 후에 〈확인〉을 클릭합니다.

- 계정구분 열에 유효성 검사가 적용되어 이름이 '구분'으로 정의된 범위의 값(자산, 부채자본, 수입, 지출)만 입력할 수 있게 됩니다. 만일 이외의 값을 입력하면 오류가 발생합니다.

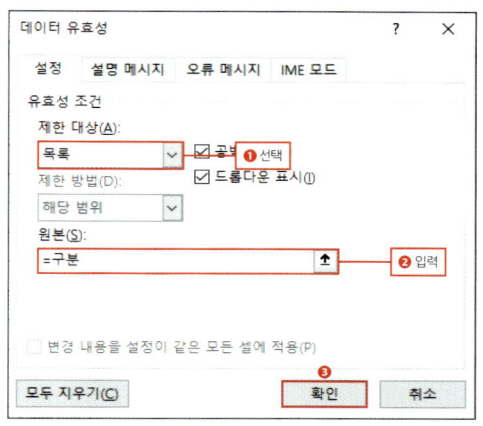

3. '계정과목'에도 유효성 검사를 만들기 위해 [C6:C30] 범위를 선택하고 [데이터] → [데이터 도구] 그룹에서 [데이터 유효성 검사]를 클릭합니다. [데이터 유효성] 대화상자가 열리면 [설정] 탭에서 '제한 대상'은 「목록」으로 선택하고, '원본'란에 『=INDIRECT(B6)』을 입력한 후에 〈확인〉을 클릭합니다.

- [B6] 셀에 입력된 값이 '수입'이므로 '=INDIRECT("수입")'이고, 함수의 실행 결과는 '=수입'이 됩니다. 그러므로 유효성 검사의 목록에는 이름이 '수입'으로 정의된 범위의 값(이자, 기타)만 입력할 수 있게 됩니다.

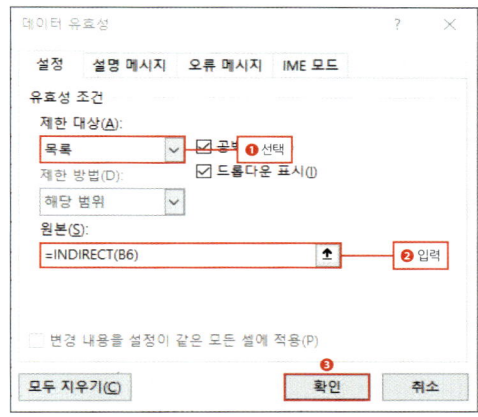

[C6:C30] 범위에 유효성 검사 설정의 원본에 입력한 수식
=INDIRECT(B6)

사용한 함수
INDIRECT(Ref_text, [A1])
INDIRECT 함수는 입력된 텍스트를 범위(이름)로 변환합니다.
- Ref_text: 셀 주소이거나 텍스트입니다.
- [A1]: Ref_test 셀의 텍스트가 어떤 주소 형식인지 지정하는 논리값입니다. FALSE이면 R1C1 스타일이고 TRUE이 거나 생략하면 A1 스타일입니다.

예를 들어, =INDIRECT("A1:B1")은 [A1:B1] 범위를 의미합니다. [A1] 셀과 [B1] 셀에 10이 입력되어 있는 상태에서 =SUM(INDIRECT("A1:B1"))을 입력하면 결괏값으로 '20'을 반환합니다.

수식 풀이
=INDIRECT(B6), =INDIRECT(B7)
[B6] 셀에 '수입'이 입력되면 =INDIRECT("수입")이므로 '수입' 이름으로 지정된 범위를 반환합니다. [B7] 셀에 '부채자본'이 입력되면 =INDIRECT("부채자본")이므로 '부채자본' 이름으로 지정된 범위를 반환합니다.

2 잔액 구하기

1. [출납장] 워크시트에서 [G6] 셀에 『=IF(B6="","",G3+E6-F6)』을 입력합니다.

- [B6] 셀이 비어있으면 공백("")을 입력하고, 비어있지 않으면 [G3] 셀에 입력된 이월금액과 [E6] 셀의 입금을 더하고, [F6] 셀의 출금을 뺍니다. 잔액에서 첫 번째 행에 해당하는 [G6] 셀에는 수입에 이월금액을 더해야 하므로 수식을 단독으로 (이 셀에만) 입력합니다.

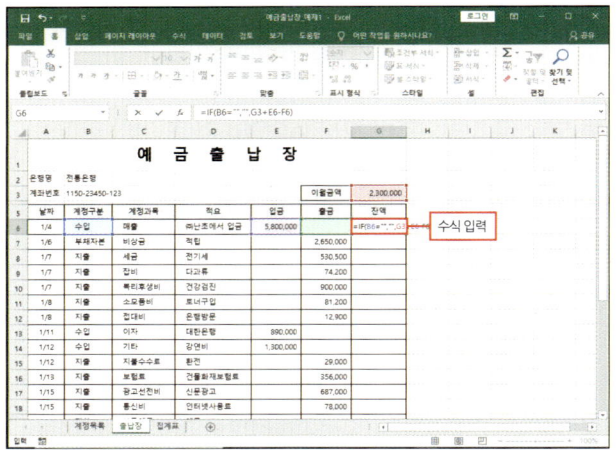

2. [G7:G30] 범위를 선택하고, 『=IF(B7 ="","",G6+E7-F7)』을 입력한 후에 Ctrl + Enter↵ 를 누릅니다.

- [B7] 셀이 비어있으면 공백("")을 입력하고, 비어있지 않으면 [G6] 셀에 입력된 잔액과 [E7] 셀의 입금을 더하고, [F7] 셀의 출금을 뺍니다. [G7:G30] 범위에는 잔액과 수입을 더해야 하므로 같은 수식을 입력합니다.

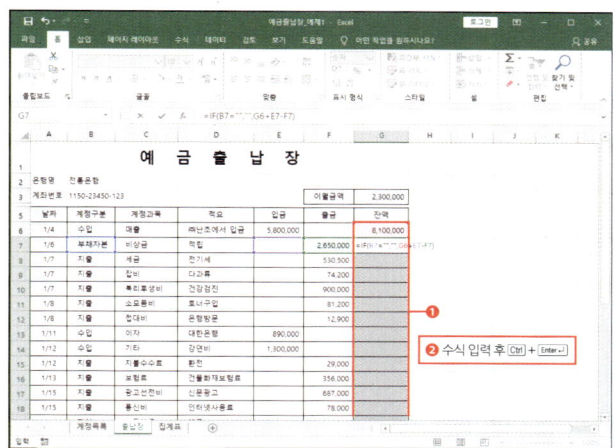

3 수식으로 움직이는 범위 지정하기

입금과 출금을 기록하는 출납장 워크시트의 데이터는 변하게 됩니다. 그래서 새로운 데이터가 입력되면 자동으로 데이터가 포함되도록 수식을 이용하여 이름을 정의하도록 하겠습니다.

1. 계정과목을 이름으로 정의하기 위해 [출납장] 워크시트를 선택합니다. 그리고 [수식] → [정의된 이름] 그룹의 [이름 관리자 📇]를 클릭하고, [이름 관리자] 대화상자의 목록에서 〈새로 만들기〉를 클릭합니다.

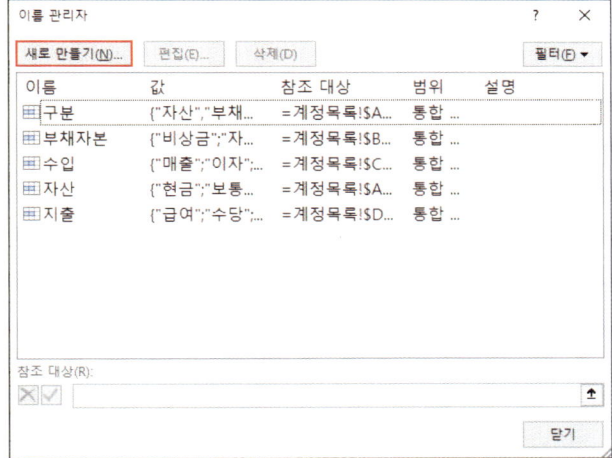

2. [새 이름] 대화상자가 열리면 '이름'란에 『계정과목』을 입력하고, '참조 대상' 입력란에 『=OFFSET(출납장!$C$6,0,0,COUNTA(출납장!$C:$C)-1,1)』을 입력하고, 〈확인〉을 누릅니다.

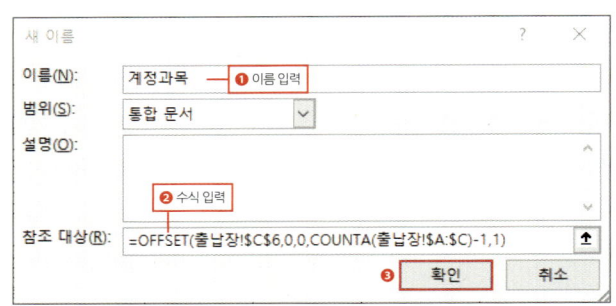

- [C6] 셀부터 마지막으로 입력된 데이터의 C열 행까지 '계정과목' 이름이 지정됩니다.

3. 다시 [이름 관리자] 대화상자에서 〈새로 만들기〉를 클릭합니다. [새 이름] 대화상자에서 '이름'란에 『입금』을 입력하고, '참조 대상' 입력란에 『=OFFSET(출납장!$E$6,0,0,COUNTA(출납장!$C:$C)-1,1)』을 입력하고, 〈확인〉을 누릅니다.

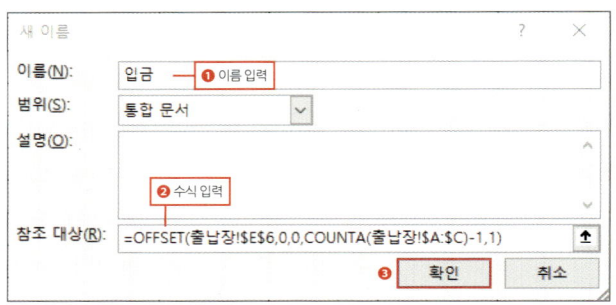

- [E6] 셀부터 마지막으로 입력된 데이터의 E열 행까지 '입금' 이름이 지정됩니다.

4. 다시 [이름 관리자] 대화상자에서 〈새로 만들기〉를 클릭합니다. [새 이름] 대화상자에서 '이름'란에 『출금』을 입력하고, '참조 대상' 입력란에 『=OFFSET(출납장!$F$6,0,0,COUNTA(출납장!$C:$C)-1,1)』을 입력하고, 〈확인〉을 누릅니다. 이름 만들기가 끝났으면 [이름 관리자] 대화상자에서 〈닫기〉를 누릅니다.

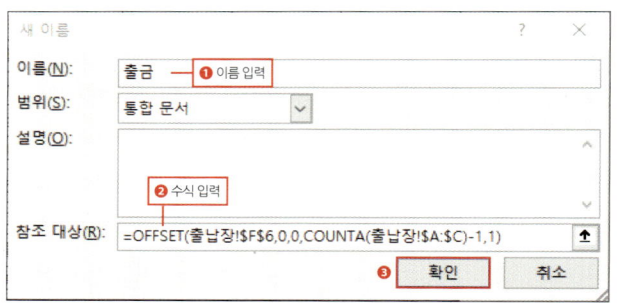

- [F6] 셀부터 마지막으로 입력된 데이터의 F열 행까지 '출금' 이름이 지정됩니다.

이름 관리 대화상자에 입력한 수식
=OFFSET(출납장!$C$6,0,0,COUNTA(출납장!$C:$C)-1,1)

수식 풀이
COUNTA(출납장!$C:$C)-1
C열 전체([C1:C1048576])에서 데이터가 입력된 셀의 개수를 구합니다. 이때, 필드명([C5] 셀)의 개수 1을 빼면, 출납장에 입력된 계정과목의 수 '14'를 정확하게 구할 수 있습니다.

OFFSET(출납장!$C$6,0,0,14,1)
[C6] 셀을 기준으로 0행 0열 움직입니다. 이동하지 않았으므로 [C6] 셀부터 14행 1열의 범위가 '계정과목' 이름으로 지정됩니다.

4 계정과목별로 입금액과 출금액 집계하기

수식을 이용하여 계정과목이 같은 입금의 합계와 출금의 합계를 구합니다.

1. [집계표] 워크시트에서 [D4:D26] 범위를 선택하고, 『=SUMPRODUCT((계정과목=C4)*(입금))』을 입력한 후에 Ctrl + Enter ↵ 를 누릅니다.

- =SUMPRODUCT(("매출"="현금")*(5800000)) '계정과목' 이름으로 정의된 값 중에 첫 번째 값인 '매출'과 [C4] 셀에 입력된 '현금'은 다르므로 FALSE(0)으로 결정됩니다. 그리고 '입금' 이름으로 정의된 값 중에서 첫 번째 값인 5800000을 곱하면 값은 0이 됩니다.
  =SUMPRODUCT(("비상금"="현금")*(0))
  =SUMPRODUCT(("세금"="현금")*(0))
  계속해서 두 번째 값, 세 번째 값… '계정과목'과 '입금' 이름으로 지정한 범위가 끝날 때까지 구한 값의 합계를 구합니다.

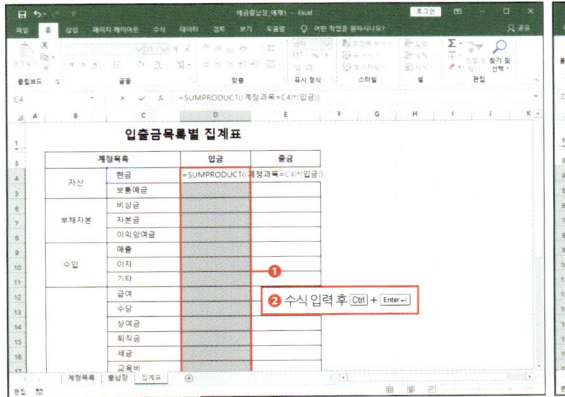

2. [E4:E26] 범위를 선택하고 『=SUMPRODUCT((계정과목=C4)*(출금))』을 입력한 후에 Ctrl + Enter↵ 를 누릅니다.

- =SUMPRODUCT(("매출"="현금")*(0)) '계정과목' 이름으로 정의된 값 중에 첫 번째 값인 '매출'과 [C4] 셀에 입력된 '현금'은 다르므로 FALSE(0)으로 결정됩니다. 그리고, '출금' 이름으로 정의된 값 중에서 첫 번째 값인 0을 곱하면 값은 0이 됩니다.
  =SUMPRODUCT(("비상금"="현금")*(2650000))
  =SUMPRODUCT(("세금"="현금")*(530500))
  계속해서 두 번째 값, 세 번째 값… '계정과목'과 '출금' 이름으로 지정한 범위가 끝날 때까지 구한 값의 합계를 구합니다.

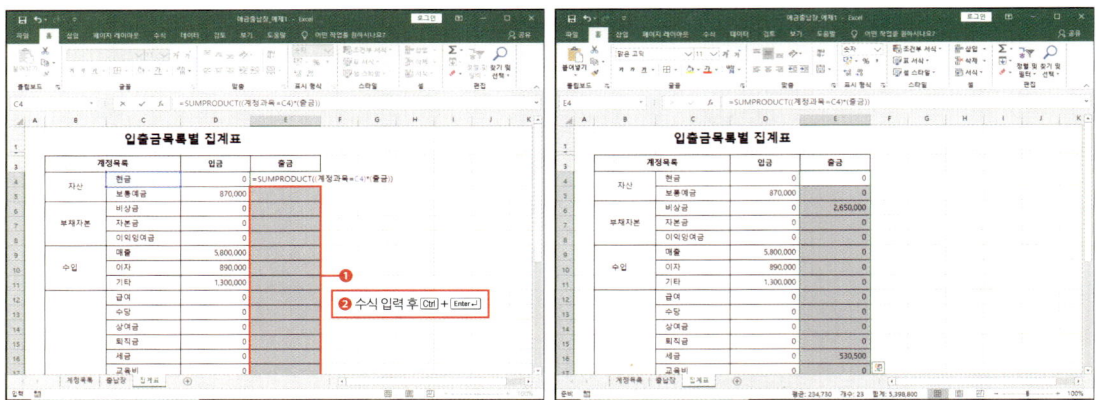

3. 입금과 출금의 합계를 구하기 위해 [D27:E27] 범위를 선택하고, [홈] → [편집] 그룹의 [자동 합계] 아이콘(Σ)을 클릭합니다.

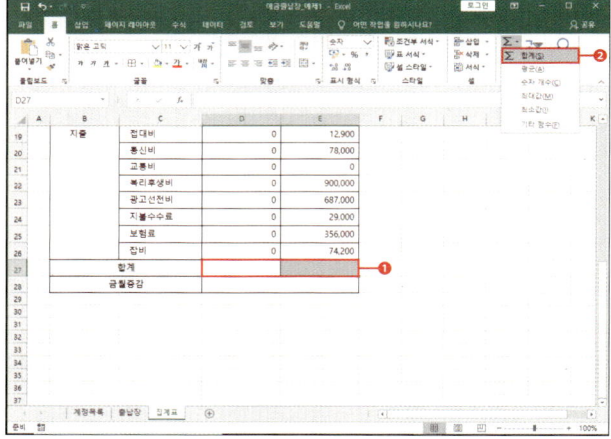

4. 금월증감을 구하기 위해 [D28] 셀을 선택하고, 『=D27-E27』을 입력합니다.

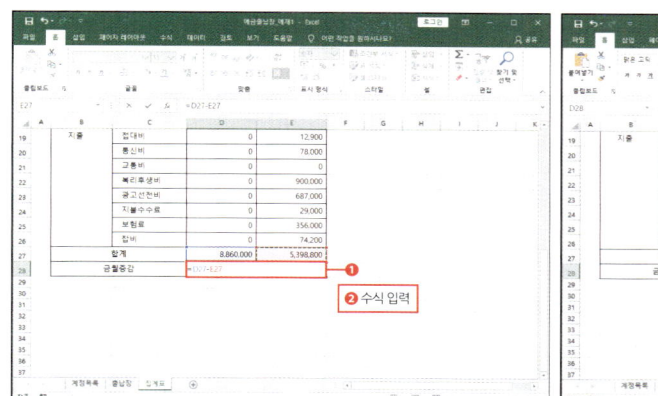 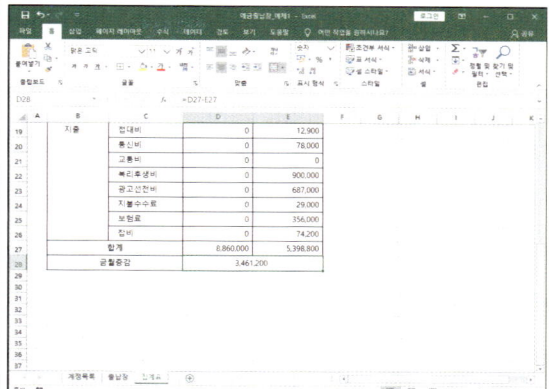

[D4] 셀에 입력한 수식
=SUMPRODUCT((계정과목=C4)*(입금))

[E4] 셀에 입력한 수식
=SUMPRODUCT((계정과목=C4)*(출금))

사용한 함수
SUMPRODUCT((범위1)*(범위2))
두 개 이상의 범위에서 대응하는 셀을 곱하고 이들의 합계를 구합니다.

| 1 | X | 1 | = | 1 |
| 2 | X | 2 | = | 4 | → 14
| 3 | X | 3 | = | 9 |

범위1   범위2

SUMPRODUCT((조건을적용할범위=조건)*(값범위))
조건을 만족하는 같은 행의 값을 곱해서 합계를 구합니다. 조건을 만족하면 TRUE, 만족하지 않으면 FALSE를 반환합니다. 이때, TRUE 값은 1로 계산되고, FALSE 값은 0으로 계산됩니다.

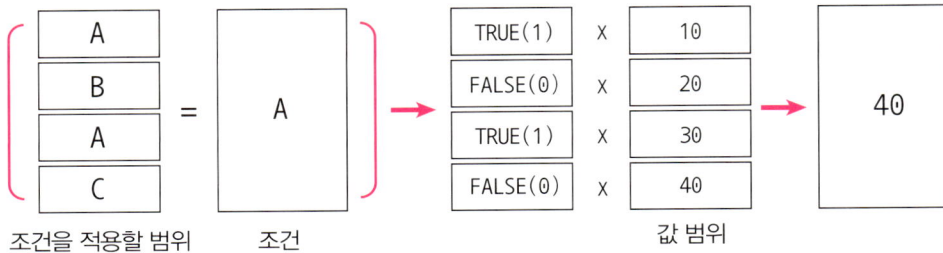

수식 풀이

=SUMPRODUCT((계정과목=C4)*(입금))

'계정과목' 이름으로 정의된 범위의 각 값이 [C4] 셀에 입력된 '현금'과 같으면 TRUE(1), 다르면 FALSE(0)로 결정됩니다. '입금' 이름으로 정의된 범위의 각 값과 TRUE(1) 또는 FALSE(0)와 곱하기 합니다. 이렇게 곱한 값을 모두 더하여 결괏값을 구합니다.

=SUMPRODUCT((계정과목=C4)*(출금))

'계정과목' 이름으로 정의된 범위의 각 값이 [C4] 셀에 입력된 '현금'과 같으면 TRUE(1), 다르면 FALSE(0)로 결정됩니다. '출금' 이름으로 정의된 범위의 각 값과 TRUE(1) 또는 FALSE(0)와 곱하기 합니다. 이렇게 곱한 값을 모두 더하여 결괏값을 구합니다.

5 0의 값을 하이픈(-)으로 지정하기

수식으로 계산된 결괏값 중에, 0의 값을 하이픈(-)으로 표시합니다.

1. [집계표] 워크시트에서 [D4:E28] 범위를 선택하고, [홈] → [표시 형식] 그룹의 대화상자 표시(▣)를 클릭합니다(단축키 Ctrl + 1). [셀 서식] 대화상자가 열리면 [표시 형식] 탭의 '범주'에서 「숫자」를 선택하고, 「1000 단위 구분 기호(,) 사용」을 체크하고, '음수' 상자에서 빨간색 「-1,234」를 선택합니다.

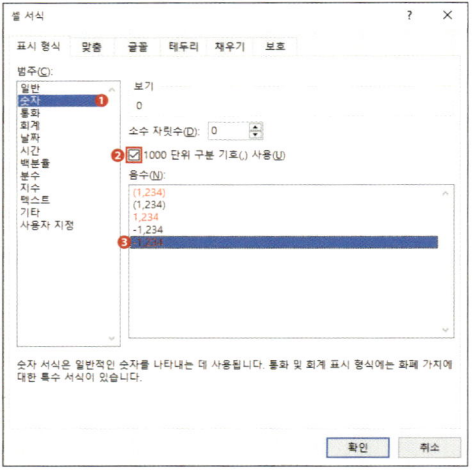

2. 다시 '범주' 상자에서 「사용자 지정」을 선택하고 '형식'란에 입력된 형식(#,##0_ ;[빨강]-#,##0) 끝에
『;-』을 추가로 입력하고 〈확인〉을 누릅니다.

- 표시 형식은 '양수;음수;0의값'의 순서로 표시하는데, 0의 값을 표시할 형식으로 하이픈(-)을 입력하였으므로 셀 값이 0이면 하이픈(-)으로 표시됩니다.

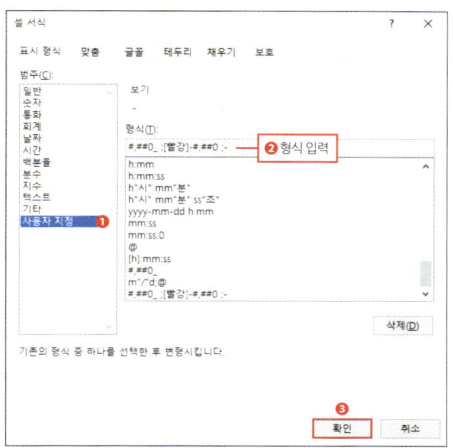 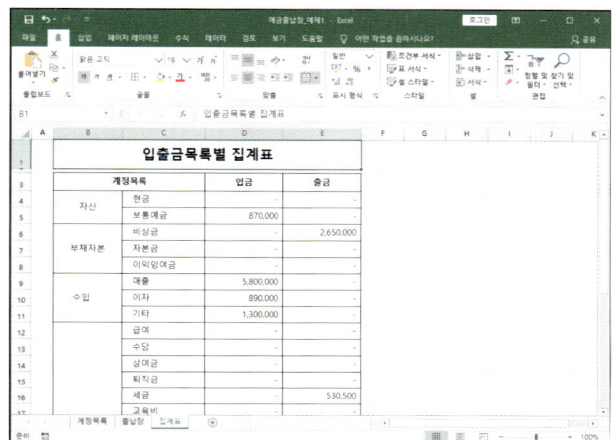

[응용] 이건 어때요?

| 예제 파일명: 예금출납장_이건어때요_예제.xlsx | 완성 파일명: 예금출납장_이건어때요_완성.xlsx

[집계표] 워크시트에서는 SUMPRODUCT 함수를 이용하여 계정과목별 입금의 합계와 출금의 합계를 구했지만, 여기서는 SUMIF 함수를 이용하여 계정과목별 입금의 합계와 출금의 합계를 구하도록 하겠습니다.

1. [집계표] 워크시트의 [D4:D26] 범위를 선택하고 『=SUMIF(계정과목,C4,입금)』을 입력한 후에 Ctrl + Enter↵를 누릅니다.

- [C4] 셀에 입력된 '현금'인 계정과목의 입금에 대한 합계를 구합니다.

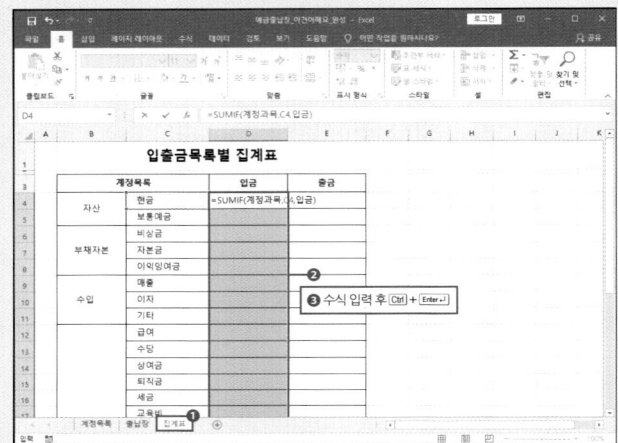

2. [E4:E26] 범위를 선택하고, 『=SUMIF(계정과목,C4,출금)』을 입력한 후에 Ctrl + Enter↵를 누릅니다.

- [C4] 셀에 입력된 '현금'인 계정과목의 출금에 대한 합계를 구합니다.

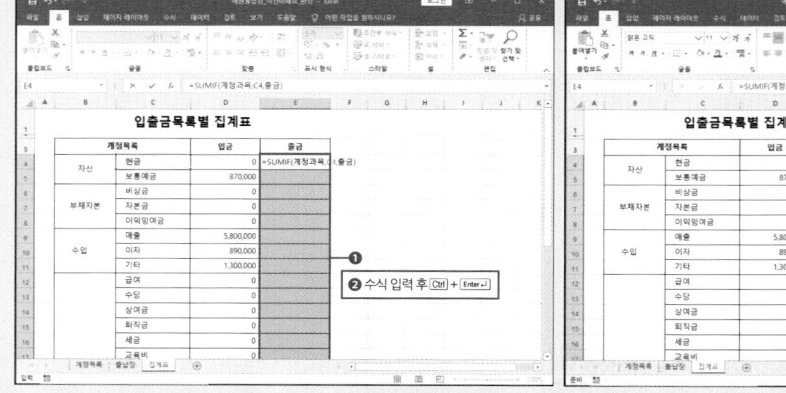

[D4:D26] 범위에 입력한 수식
=SUMIF(계정과목,C4,입금)

사용한 함수
SUMIF(Range,Criteria,Sum_Range)
조건을 만족하는 숫자 값의 합계를 구합니다.

- Range: 조건을 검색할 범위입니다.
- Criteria: 조건을 입력합니다.
- Sum_Range: 합계를 계산할 숫자가 입력된 범위입니다.

수식 풀이
=SUMIF(계정과목,"현금",입금), =SUMIF(계정과목,"=현금",입금)
현금 계정과목의 입금에 대한 합계를 구합니다.

=SUMIF(계정과목,"<>현금",입금)
현금 계정과목을 제외한 입금에 대한 합계를 구합니다.

[응용] 한 걸음 더

| 예제 파일명: 예금출납장_한걸음더_예제.xlsx | 완성 파일명: 예금출납장_한걸음더_완성.xlsx

범위 복사하기

셀에 입력된 값과 수식, 그리고 유효성 검사 등을 복사하여 사용할 수 있습니다.

1. [A30] 행 머리글을 선택하고, 행 머리글 아래에 있는 채우기 핸들에 마우스 포인터를 맞춘 후, 아래쪽으로 끌어서 놓으면 값과 수식 등이 복사되며 행의 높이도 복사됩니다.

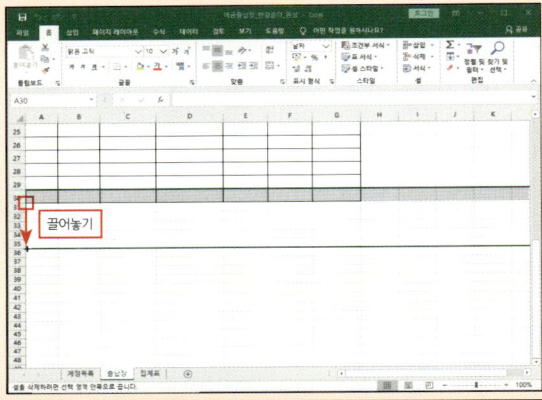

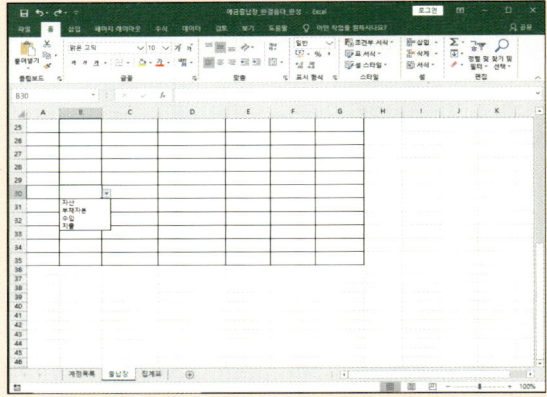
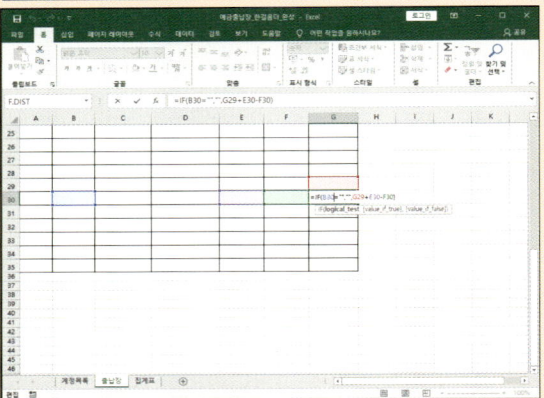

2. 만약 행 머리글이 아니라 셀의 범위를 지정한 후에 채우기 핸들에 마우스 포인터를 맞춘 후, 아래쪽으로 끌어서 놓으면 값과 수식은 복사되지만 높이는 복사되지 않습니다.

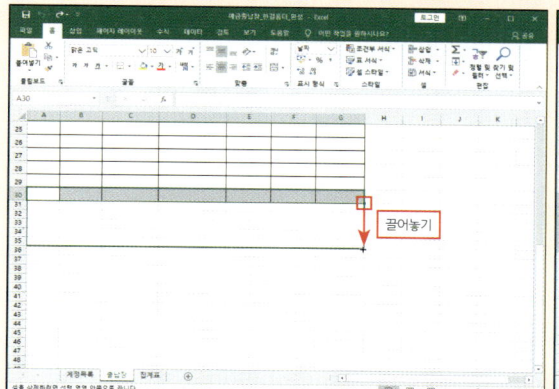 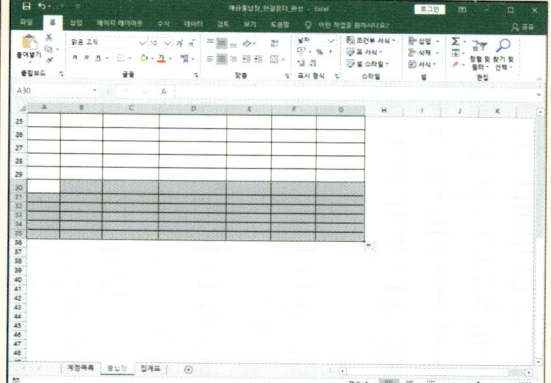

기본을 딛고 작성하는 업무 활용 문서

PART 2

엑셀은 정확하게 입력된 값으로 정확한 수식을 사용한다면, 절대로 거짓된 값을 결과로 반환하지 않습니다. 엑셀을 믿어야 합니다. 예를 들어, 3 더하기 2를 했을 때 결괏값으로 오류가 발생하면, 엑셀을 의심하지 말고 입력된 값이 정확하게 3인지 2인지를 확인한 후에 더하기를 한 수식이 올바르게 입력되어 있는지를 확인해야 합니다.

그리고 엑셀의 성격을 파악해야 합니다. 예를 들어, 숫자가 입력될 때와 문자가 입력될 때 셀에 표시되는 위치, 그리고 셀의 범위를 지정할 때 활성 셀이 어떻게 움직이는지를 알아야 합니다. 즉, 엑셀을 바로 알아야 제대로 엑셀을 사용할 수 있습니다.

기본 개념

1. 워크시트

워크시트 추가하기

통합 문서에 새 워크시트를 추가하려면 시트 탭에서 가장 마지막 시트 오른쪽에 있는 [새 시트 ⊕]를 누릅니다.

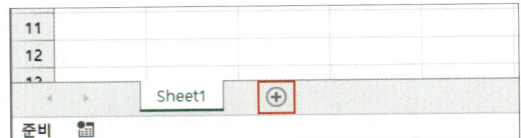

워크시트 이름 변경하기

워크시트의 이름을 변경하려면 시트 탭을 마우스로 더블 클릭합니다. 시트 탭이 편집 상태로 바뀌면 새로운 이름을 입력합니다. 이름에 사용하지 못하는 기호로는 콜론(:), 슬래시(/), 역슬래시(\), 대괄호([ ]), 물음표(?), 별표(*) 등이 있습니다.

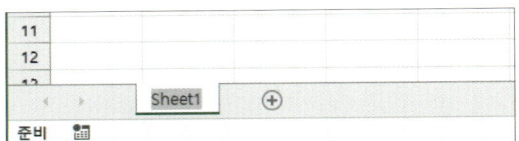

워크시트 탭 색 지정하기

색을 지정하려는 시트 탭에서 마우스 오른쪽 단추를 누른 후, 단축메뉴에서 [탭 색]을 선택합니다. 그리고 원하는 색을 선택합니다.

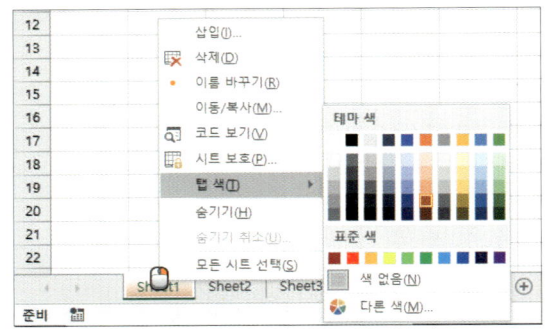

워크시트 숨기기

사용하는 워크시트가 많을 경우 사용하지 않는 워크시트를 숨길 수 있습니다. 숨기려는 시트 탭에서 마우스 오른쪽 단추를 누른 후, 단축메뉴에서 [숨기기]를 선택합니다.

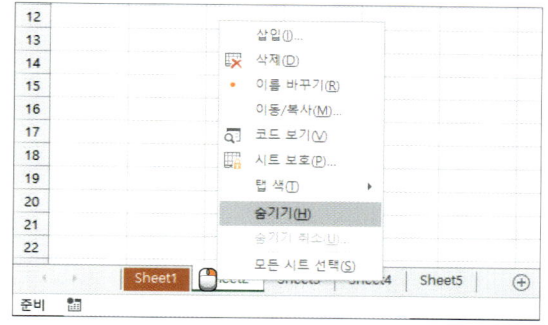

워크시트 삭제하기

삭제하려는 시트 탭에서 마우스 오른쪽 단추를 누른 후, 단축메뉴에서 [삭제]를 선택합니다.

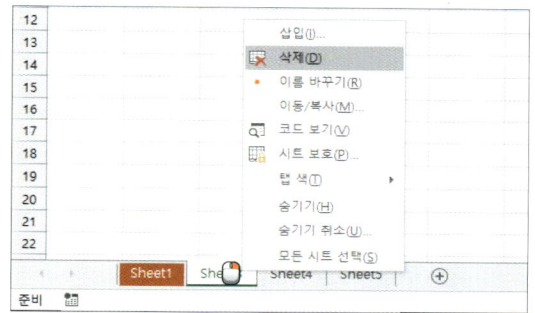

워크시트 이동과 복사하기

이동하려는 워크시트를 선택하고, 원하는 위치로 끌어서 놓습니다. 끌어놓기 할 때, 마우스 포인터는 작은 시트 모양으로 바뀝니다.

복사는 워크시트를 선택하고, Ctrl 를 누른 상태에서 원하는 위치로 끌어서 놓습니다. 끌어놓기 할 때, 마우스 포인터는 '+'가 표시된 작은 시트 모양으로 바뀝니다.

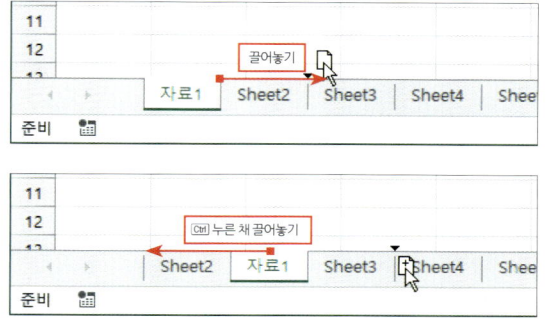

2. 이름 정의하기

워크시트의 셀, 셀 범위, 수식 등에 사용자가 정의하는 고유의 이름을 지정할 수 있습니다. 이름을 정의하여 사용하면 셀 참조나 수식을 보다 쉽게 이해하고 관리할 수 있습니다.

이름 정의 규칙

이름을 정의할 때는 다음과 같은 몇 가지 규칙에 따라야 합니다.

- 이름은 항상 문자, 밑줄(_) 또는 역슬래시(\)로 시작해야 합니다. 즉 숫자로 이름을 시작하면 안 됩니다.
- 이름은 숫자, 문자, 마침표, 밑줄 등을 이용하여 입력합니다.
- 이름은 공백이 포함되면 안 되고, 255개 문자를 넘지 않습니다.
- 영어 대소문자를 구분하지 않습니다.
- 셀 참조와 동일한 형태의 이름은 사용할 수 없습니다(A1, AB10 등).

이름 정의하는 방법

이름 상자에서 이름 정의하기

이름으로 정의하려는 하나의 셀이나 범위를 선택하고, [이름 상자]에 이름을 입력한 후에 Enter↵를 누릅니다.

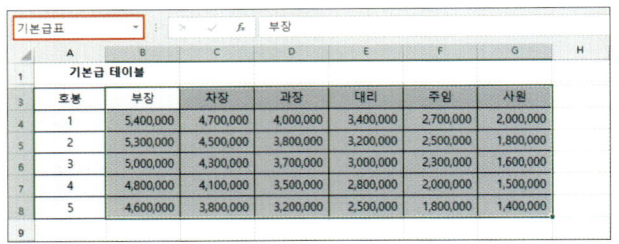

선택영역에서 이름 만들기

범위로 선택한 영역에서 첫 행에 있는 각 필드명을 한꺼번에 이름으로 지정할 수 있습니다. 이때, 필드명이 중복으로 입력되어 있으면 안 됩니다. 숫자부터 시작하는 필드명이 입력되어 있거나, 또는 공백이 필드명 안에 입력되어 있다면 밑줄(_)이 포함되어 이름이 만들어집니다.

범위를 선택한 후에, [수식] → [정의된 이름] 그룹에서 [선택 영역에서 만들기 📋]를 클릭합니다. [선택 영역에서 이름 만들기] 대화상자가 열리면 「첫 행」에 체크하고 〈확인〉을 클릭합니다.

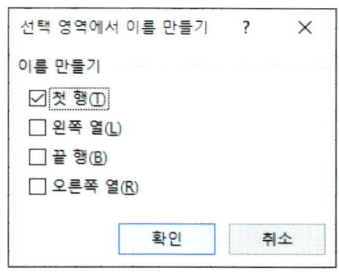

수식으로 이름 정의하기

수식이 실행된 결과를 이름으로 정의하거나, 특별한 값을 이름으로 정의할 때 사용합니다. [수식] → [정의된 이름] 그룹에서 [이름정의]를 클릭하면 [새 이름] 대화상자가 나타납니다.

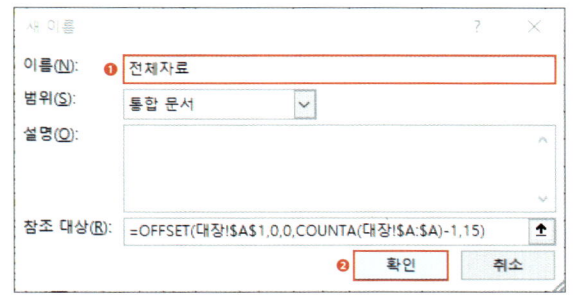

① **이름:** 정의할 이름을 입력합니다.
② **참조 대상:** 수식을 입력하거나, 상수를 입력합니다.

정의된 이름 삭제 및 편집

[이름 관리자] 대화상자에서 이름을 새로 만들거나, 기존에 만든 이름을 삭제 또는 편집할 수 있습니다. [수식] → [정의된 이름] 그룹에서 [이름 관리자]를 클릭하면 [이름 관리자] 대화상자가 나타납니다.

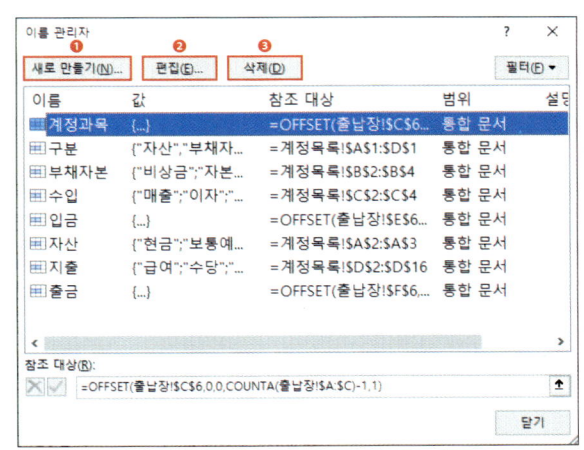

① **새로 만들기:** 이름을 새로 만들 수 있는 [새 이름] 대화상자가 나타납니다.
② **편집:** 만들어진 이름의 참조 및 해당 이름도 편집할 수 있습니다.
③ **삭제:** 만들어진 이름을 삭제합니다.

3. 데이터 유효성 검사

데이터 유효성 검사는 데이터가 유효한지를 검사하는 기능으로, 사용자가 셀에 입력하는 데이터 또는 값 유형을 제어할 수 있습니다. 예를 들어, 특정한 범위의 날짜로 제한하거나, 목록을 사용하여 선택 항목을 제한하거나, 특정한 값만 입력할 수 있게 함으로써 사용자가 입력한 데이터의 오류를 줄일 수 있습니다.

유효성 검사를 실행하려면 워크시트에서 유효성 검사를 설정할 범위를 선택하고, [데이터] → [데이터 도구] 그룹에서 [데이터 유효성 검사]를 클릭합니다. 그러면 [데이터 유효성] 대화상자가 나타납니다.

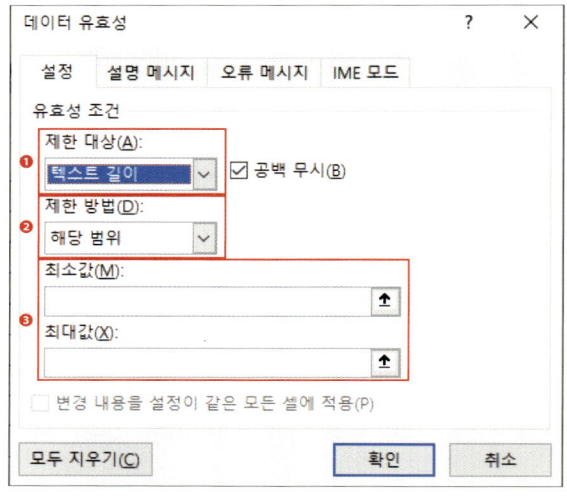

① **제한 대상:** '정수', '소수점', '목록', '날짜' 등을 선택하여 입력되는 값을 제한할 수 있습니다.

② **제한 방법:** '제한 대상' 선택에 따라 '해당범위', '제외범위', '=', '〈〉', '〉', '〈', '〉=', '〈='로 설정할 수 있으며, 또는 비활성화됩니다.

③ **값 지정 범위:** 제한 대상과 제한 방법에 따라 최소값, 최대값을 입력하거나, 원본 또는 수식 등을 입력할 수 있습니다.

값의 범위로 입력값 제한하기

예를 들어, 지정한 범위 안에 입력할 수 있는 값을 0에서 100까지로 제한한다면, '제한 대상'으로「정수」를 선택하고, '제한 방법'을「해당범위」로 선택한 후에 최소값에『0』, 최대값에『100』을 입력합니다.

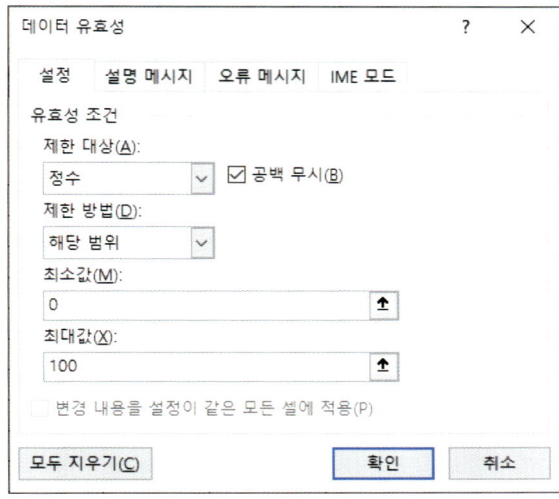

목록으로 입력값 제한하기

범위 안에 입력할 수 있는 값을 특정 목록으로 제한하려면 '제한 대상'에「목록」을 선택하고 '원본'란에 목록으로 생성할 데이터를 직접 입력하거나, 범위를 지정할 수 있습니다. 데이터를 직접 입력하려면 목록으로 입력할 데이터와 데이터 사이를 ,(쉼표)로 구분하고, 범위로 지정하려면 =(등호)로 시작하는 참조 주소를 입력하거나, 정의된 이름을 입력합니다.

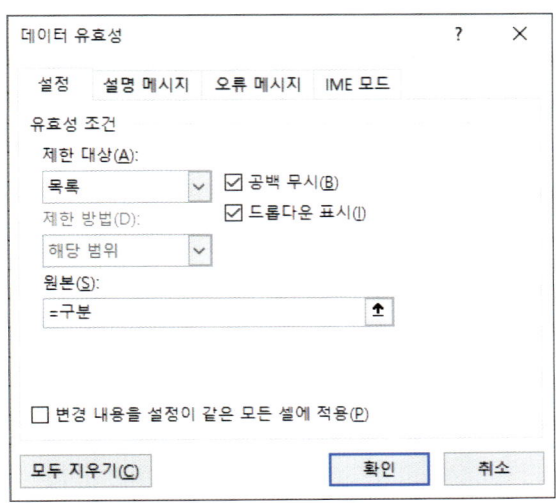

수식으로 입력값 제한하기

범위 안에 입력할 수 있는 값을 수식으로 제한하려면 '제한 대상'에 「사용자 지정」을 선택하고 '수식'란에 사용자가 원하는 수식을 입력합니다. 그러면 수식이 참일 때만 데이터를 입력할 수 있습니다.

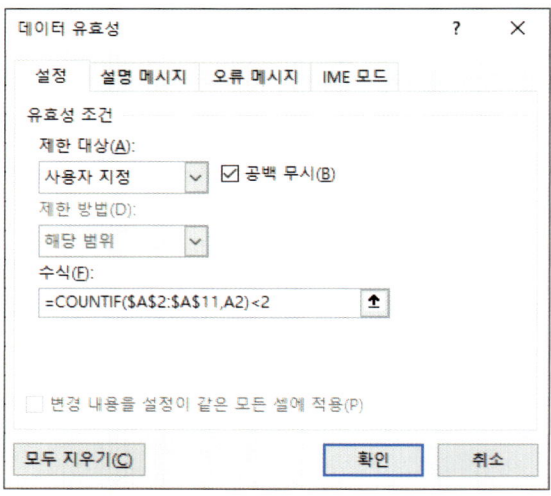

4. 유효성 검사를 이용한 잘못된 데이터 검사

이미 입력되어 있는 데이터에 유효성 검사의 조건을 설정하여, 잘못된 데이터가 있는지 검사할 수 있습니다. 유효성 검사를 설정할 범위를 선택하고 [데이터] → [데이터 도구] 그룹에서 [데이터 유효성 검사]를 클릭한 후에, [데이터 유효성] 대화상자에서 유효성 조건을 설정하고 〈확인〉을 클릭합니다.

이어서 [데이터] → [데이터 도구] 그룹에서 [데이터 유효성 검사] → [잘못된 데이터]를 선택합니다. 그러면 유효성 조건과 맞지 않는 데이터는 빨간색 원으로 표시되어 나타납니다.

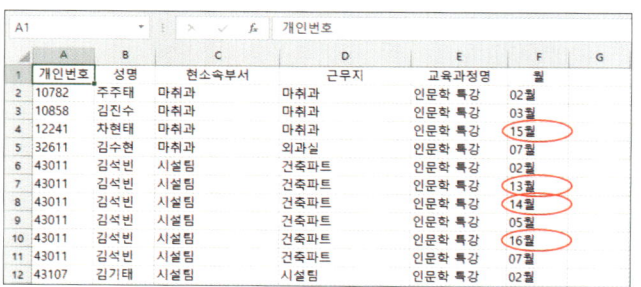

5. 조건부 서식

조건부 서식은 셀에 입력된 내용이 지정한 조건에 만족하면, 셀 서식을 개별적이며 자동으로 적용하는 것입니다. 조건부 서식 중에는 이미 서식이 만들어져 있는 [셀 강조 규칙], [상위/하위 규칙], [데이터 막대], [색조], [아이콘 집합] 유형이 있습니다.

조건부 서식을 지정할 셀 범위를 선택하고, [홈] → [스타일] 그룹의 [조건부 서식]을 클릭합니다.

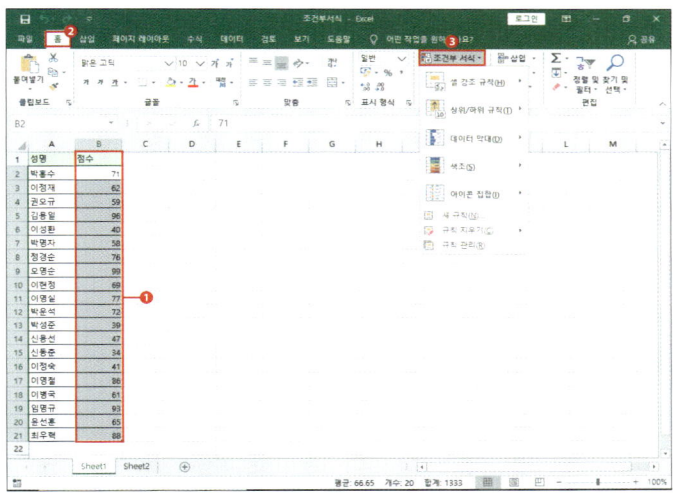

셀 강조 규칙

특정 값보다 작은 값이 있는 셀, 두 값 사이의 값이 있는 셀, 특정 텍스트 문자열이 있는 셀, 날짜가 있는 셀, 중복되는 값이 있는 셀 등을 강조합니다.

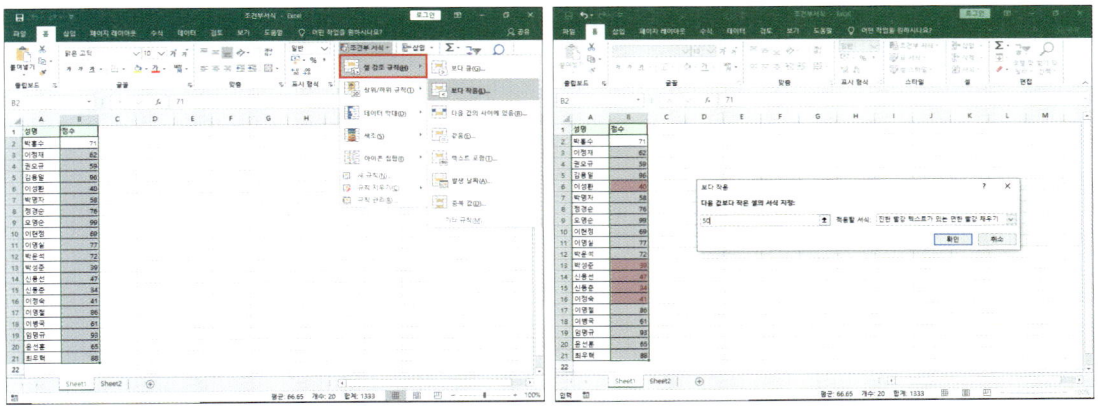

상위/하위 규칙

상위 10개 항목, 하위 30% 항목, 평균 초과 등을 강조합니다.

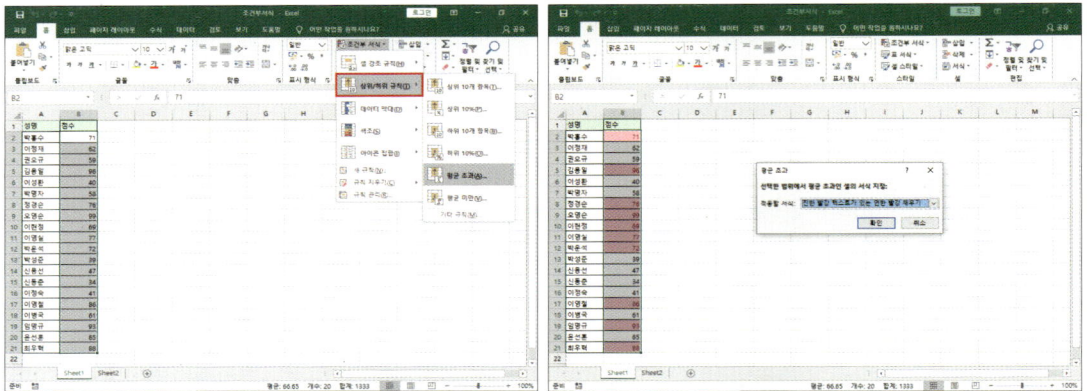

데이터 막대

셀 값에 비례하는 그래프 막대가 표시됩니다.

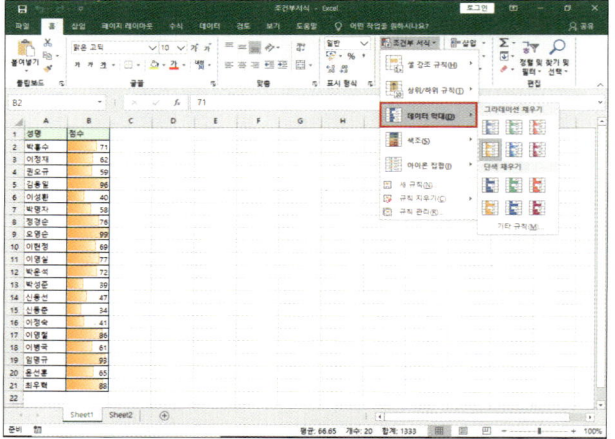

색조

셀 값에 비례하는 배경색이 그러데이션으로 나타납니다.

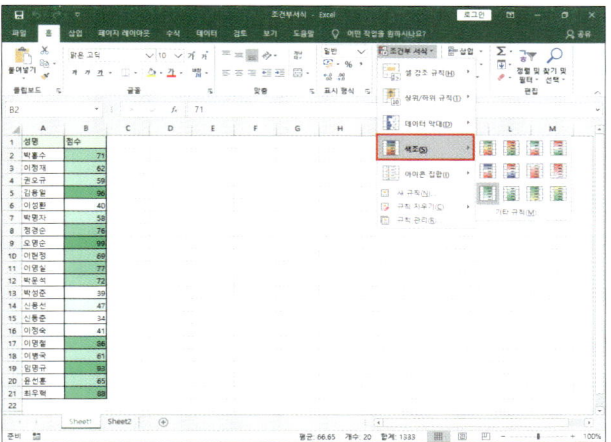

아이콘 집합

셀에 직접 아이콘을 표시하는 것으로, 아이콘은 셀 값에 따라 다릅니다.

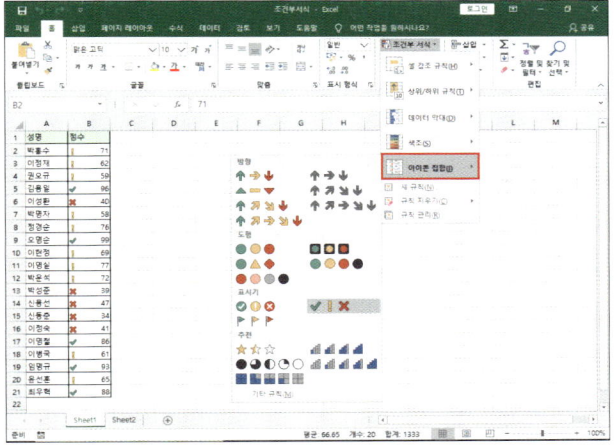

6. 수식을 사용하는 조건부 서식 지정

조건부 서식에는 사용자가 원하는 규칙을 만들어서 서식을 적용할 수 있습니다. 그중에서 사용자가 작성한 수식으로 조건부 서식을 지정할 수 있는데, 이때 입력하는 수식은 활성 셀을 기준으로 입력합니다. 서식이 지정되는 규칙은 수식에 대한 결과가 참(TRUE)이면 조건부 서식이 적용되고, 거짓(FALSE)이면 조건부 서식이 적용되지 않습니다.

먼저, 조건부 서식을 지정할 셀 범위를 선택하고, [홈] → [스타일] 그룹에서 [조건부 서식] → [새 규칙]을 선택합니다. [새 서식 규칙] 대화상자가 열리면 「수식을 사용하여 서식을 지정할 셀 결정」을 선택하고, '규칙 설명 편집' 상자에서 수식과 서식을 지정합니다.

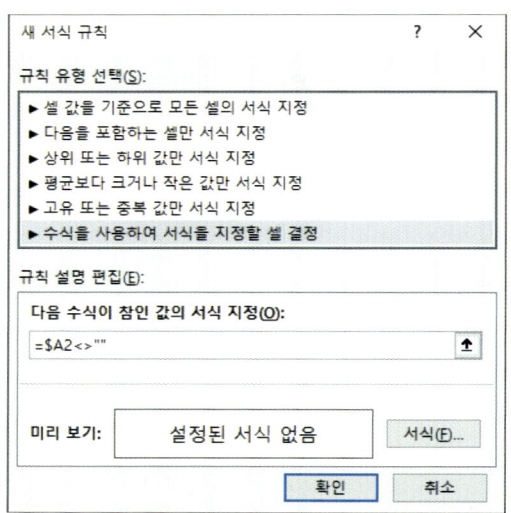

[조건부 서식의 수식 사용 예]

수식	설명
=$A2=""	각 행의 A열에 있는 셀의 값이 비어있다면
=$C2="여자"	각 행의 C열에 있는 셀의 값이 "여자"이면
=ISTEXT(A1)	각 셀의 값이 텍스트이면
=WEEKDAY(B2)=7	각 셀의 값이 7(토요일)이면

7. 엑셀의 오류 값

셀에 수식을 입력했을 때, 결과가 '#'으로 시작하는 오류를 반환할 때가 있습니다. 이 오류 표시를 제거하려면 수식을 수정하거나 수식에 사용한 참조를 수정해야 합니다.

오류

열의 너비가 좁아서 발생하거나, 숫자나 시간의 값이 음수로 표현되면 발생합니다. 예를 들어, 퇴근시간(9:00)에서 출근시간(18:00)을 계산하면 음수 시간이 발생합니다. 시간은 음수가 없으므로 오류가 발생합니다.

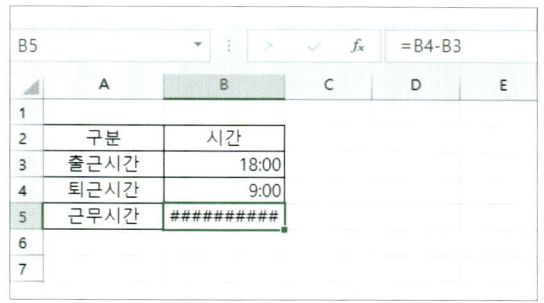

#DIV/0! 오류

0으로 나누는 수식을 만들면 발생하는 오류입니다. 빈 셀도 0으로 간주하므로 데이터를 입력하지 않은 상태에서 자주 발생하는 오류입니다. 예를 들어, 개당 단가를 구하기 위해 '금액/수량'으로 계산할 때, E 제품과 F 제품의 개당 단가를 각각 0 또는 비어있는 셀로 나누면 '#DIV/0!' 오류가 발생합니다.

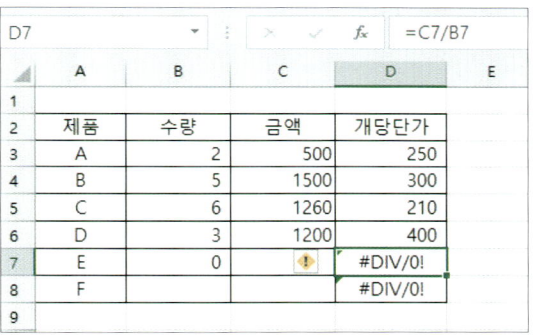

#NAME? 오류

엑셀에서 정의하지 않은 이름을 수식에 사용하거나, 텍스트를 입력할 때 ""(큰따옴표)로 감싸지 않았을 때 발생합니다. 예를 들어, 평균 금액이 90점 이상이면 "합격"이고, 아니면 "불합격"을 입력하고자 수식을 『=IF(A3>=90,"합격",불합격)』으로 입력하였을 때, 불합격이 나오는 결과에 '#NAME?' 오류가 발생합니다. 불합격 텍스트를 ""(큰따옴표)로 감싸지 않았기 때문입니다.

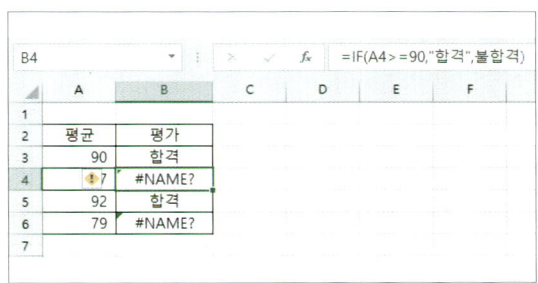

#N/A 오류

수식이나 함수에 사용할 수 없는 값을 입력하거나, 찾는 함수(VLOOKUP, HOOKUP, INDEX 등)에서 찾으려는 데이터를 찾지 못할 때 발생하는 오류입니다. 예를 들어, 일일 거래내역에 입력된 상품코드로, 상품테이블에 상품코드를 찾는 함수를 사용할 경우, 상품테이블에 없는 상품코드와 공백으로 함수를 사용하면 #N/A 오류가 발생합니다.

#NULL! 오류

수식이 교차하지 않는 두 개의 범위에 대해 교차 연산을 수행할 때 발생합니다. 예를 들어, [C11] 셀에 입력된 수식 『=SUM(A2:B6 D4:E8)』은 교차영역의 합계를 구하는 함수입니다. 그런데 [A2:B6]과 [D4:E8] 영역이 교차하는 영역이 없으므로 오류가 발생합니다.

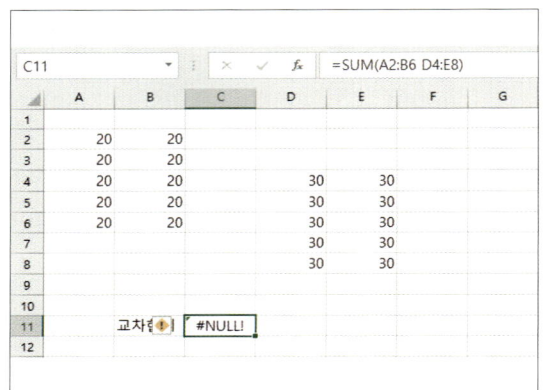

#NUM! 오류

숫자 값과 관련하여 문제가 있을 때 발생하는 오류로, 숫자가 입력되어야 하는 곳에 숫자가 입력되지 않았거나, 계산할 수 없는 숫자를 입력할 때 발생합니다. 예를 들어, 양의 제곱근을 구하는 함수인데 음수가 입력되었다면 #NUM! 오류가 발생합니다.

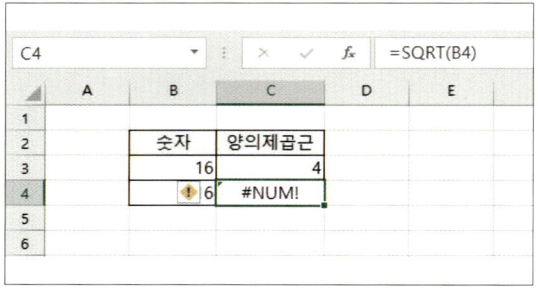

#REF 오류

수식이 참조하는 셀이 유효하지 않을 때 오류가 발생합니다. 예를 들어, '수량 * 단가 = 금액'을 계산하는 수식에서 C열을 삭제하면, 금액을 계산하던 단가 셀이 없어지므로 '#REF' 오류가 발생합니다.

#VALUE! 오류

수식에 잘못된 형식의 인수나 피연산자를 사용할 때 발생합니다. 숫자가 필요한 자리에 문자가 입력되었을 때 발생합니다. 예를 들어, [C5] 셀에 금액을 계산하기 위해 수식 『=B5*C2』을 입력한 후에 채우기를 하면 '#VALUE!' 오류가 발생합니다. [C2] 셀이 C3, C4, C5로 변하면서 문자 값으로 계산하기 때문입니다.

8. 이동 옵션

엑셀에서는 원하는 형식의 셀들만 선택할 수 있습니다. 예를 들어 수식이 있는 셀만 선택하거나, 화면에 보이는 셀만 선택할 수 있습니다. 만약 선택한 옵션에 해당하는 셀이 없다면 "해당하는 셀이 없습니다"라는 메시지가 나타납니다.

조건부 서식이 적용된 셀 선택하기

조건부 서식이 적용된 셀을 선택하려면 [홈] → [편집] 그룹의 [찾기 및 선택] → [이동 옵션]을 선택하고, [이동 옵션] 대화상자가 열리면 「조건부 서식」 옵션을 선택하고 〈확인〉을 누릅니다.

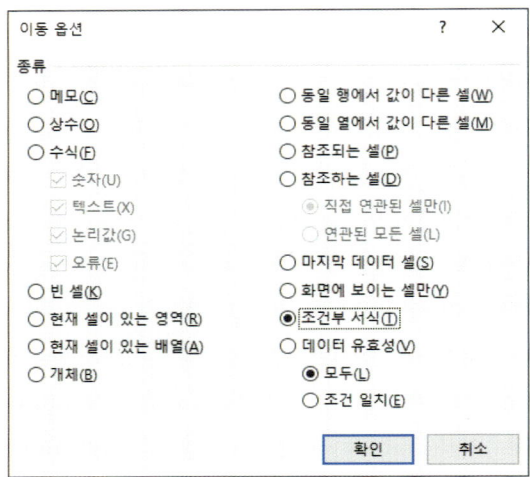

수식이 입력된 셀 선택하기

수식이 입력된 셀 중에서 결괏값이 텍스트인 것을 선택하려면 [홈] → [편집] 그룹의 [찾기 및 선택] → [이동 옵션]을 선택합니다. [이동 옵션] 대화상자가 열리면 「수식」 옵션을 선택하고, 「텍스트」를 제외한 「숫자」, 「논리값」, 「오류」의 체크를 해제합니다. 그리고 〈확인〉을 누릅니다.

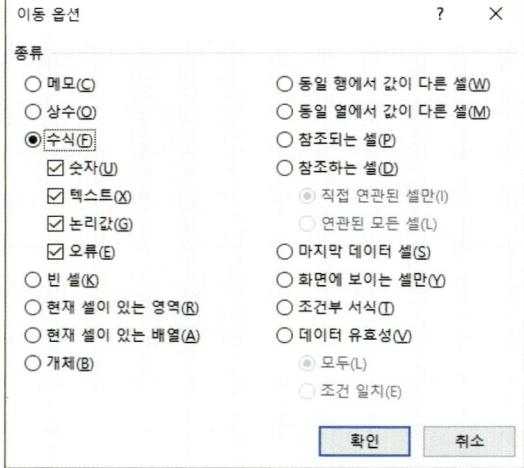

9. 서식 복사

한 셀에 적용된 서식을 다른 셀이나 범위에 복사하여 사용할 수 있습니다. 먼저, 복사하고자 하는 서식이 적용된 셀이나 범위를 선택합니다. 그리고 [홈] → [클립보드] 그룹의 [서식 복사]를 선택합니다(마우스 포인터 모양이 빗자루 모양으로 바뀌는 것을 확인할 수 있습니다).

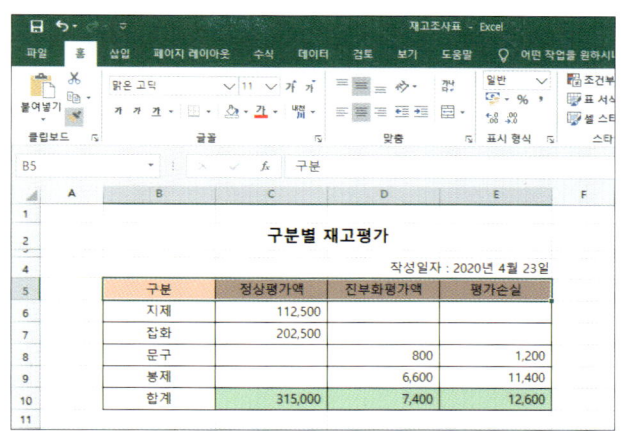

이어서 서식을 적용하고자 하는 셀이나 범위를 선택하면 복사된 서식이 적용됩니다.

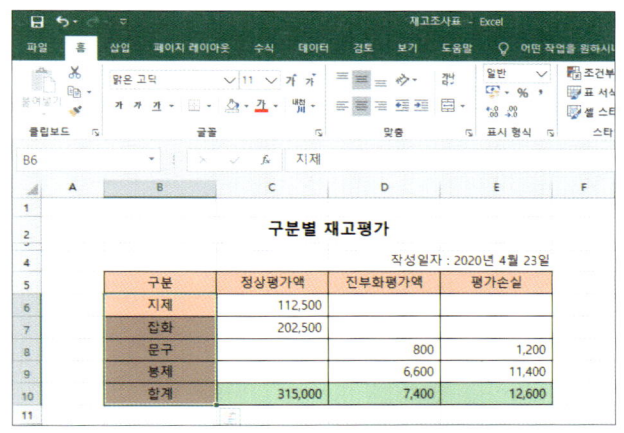

10. 데이터 삭제하기

입력된 데이터를 삭제하기 위해 Delete 를 누르면 데이터는 삭제되지만 셀에 설정된 서식 등은 삭제되지 않습니다. 세부적으로 서식, 내용 등을 삭제하고 싶다면, [홈] → [편집] 그룹의 [지우기]를 클릭하여 펼쳐지는 메뉴 중에서 선택합니다.

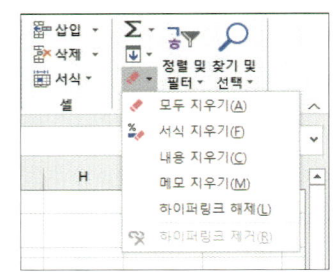

① **모두 지우기:** 셀의 내용과 서식, 메모까지 모두 삭제됩니다.
② **서식 지우기:** 셀의 서식을 삭제하고 일반 서식으로 지정합니다. 내용과 수식은 유지합니다.
③ **내용 지우기:** 내용을 지우고 서식을 유지합니다.
④ **메모 지우기:** 셀에 첨부된 메모를 삭제합니다.
⑤ **하이퍼링크 해제:** 셀에 포함된 하이퍼링크를 해제합니다.

11. 인쇄 미리보기와 인쇄 백스테이지

워크시트는 페이지 단위로 구분되어 있지 않으므로 인쇄하기 전에 인쇄 미리보기를 실행하여 인쇄 모양을 확인해야 합니다. 인쇄 모양을 확인하려면 [파일] → [인쇄]를 선택합니다.

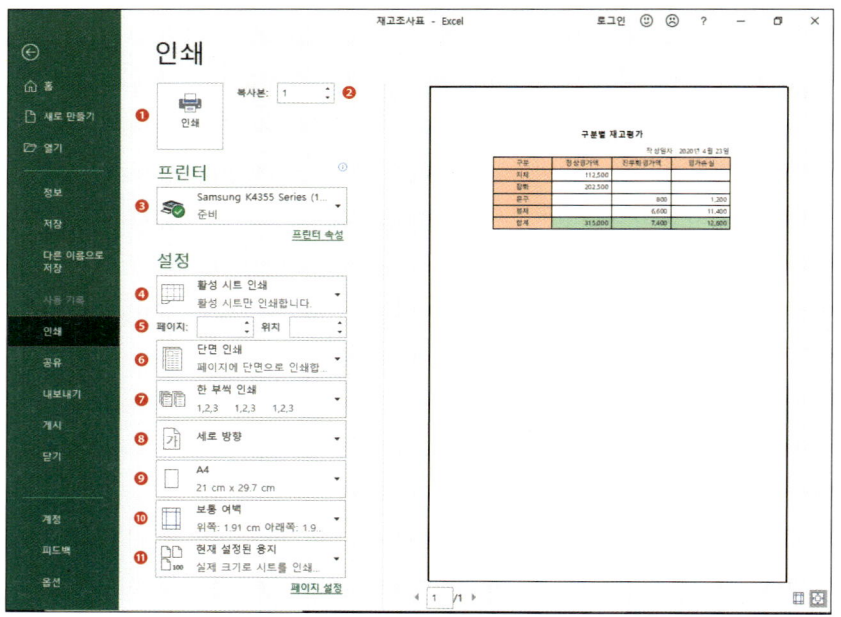

① **인쇄:** 문서를 바로 인쇄합니다.
② **복사본:** 인쇄 매수를 지정합니다.
③ **프린터:** 인쇄할 프린터를 선택합니다.
④ **인쇄 대상:** 인쇄할 대상을 지정합니다.
- 활성 시트 인쇄: 활성 워크시트 또는 선택한 워크시트를 인쇄합니다.
- 전체 통합 문서 인쇄: 통합 문서에 있는 모든 시트(차트 시트 포함)를 인쇄합니다.
- 선택 영역 인쇄: 선택한 범위를 입쇄합니다.
- 선택한 표 인쇄: 표를 선택하면 활성화되고, 해당 표만 인쇄합니다.
- 선택한 차트 인쇄: 차트를 선택하면 활성화되고, 해당 차트만 인쇄합니다.

⑤ **페이지:** 일부 페이지만 인쇄할 경우 '페이지'에는 시작 페이지, '위치'에는 끝 페이지 번호를 입력합니다.
⑥ **단면 인쇄:** 용지 한쪽 면에만 인쇄하거나 앞뒷면에 인쇄할 수 있도록 지정합니다.
⑦ **인쇄 순서:** 여러 페이지를 여러 장 인쇄할 경우 인쇄 순서를 지정합니다.
⑧ **용지 방향:** 용지 방향을 가로, 세로 중 선택합니다.
⑨ **용지 크기:** 용지 크기를 선택합니다.
⑩ **여백:** 용지 여백을 지정합니다.
⑪ **인쇄 배율:** 인쇄 배율을 지정합니다.
- 현재 설정된 용지: 실제 크기로 시트를 인쇄합니다.
- 한 페이지에 시트 맞추기: 한 페이지에 모두 들어가도록 인쇄물을 조정합니다.
- 한 페이지에 모든 열 맞추기: 한 페이지의 너비가 맞도록 인쇄물을 조정합니다.
- 한 페이지에 모든 행 맞추기: 한 페이지의 높이가 맞도록 인쇄물을 조정합니다.
- 사용자 지정 배율 옵션: [페이지 설정] 대화상자에서 '확대/축소 배율'을 직접 입력하여 조정합니다.

12. 페이지 여백 조정하기

페이지 여백은 워크시트 데이터와 인쇄될 페이지 가장자리 사이의 공간입니다. 자주 사용되는 네 가지 여백 설정(마지막 사용자 지정 설정, 기본, 넓게, 좁게) 중에서 선택하여 사용하거나, 사용자가 직접 여백을 지정하여 사용할 수 있습니다.

[페이지 레이아웃] → [페이지 설정] 그룹에서 [여백] → [사용자 지정 여백]을 선택합니다. [페이지 설정] 대화상자의 [여백] 탭에서 숫자를 직접 입력합니다.

① **가로:** 가운데(Center)에 맞추어서 인쇄합니다.
② **세로:** 가운데(Middle)에 맞추어서 인쇄합니다.

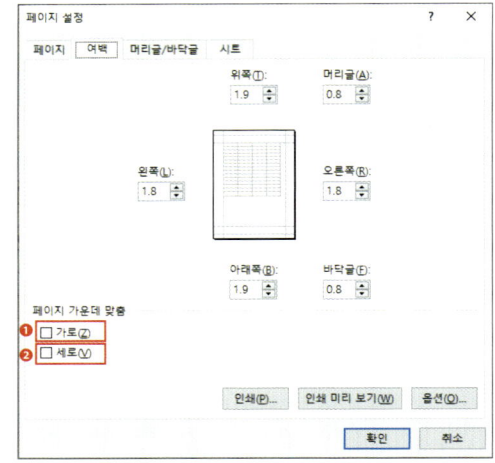

13. 행과 열 제목을 페이지마다 인쇄하기

데이터를 인쇄하면 두 번째 페이지부터는 제목 행이나 제목 열이 인쇄되지 않아서 데이터를 정확하게 알아보지 못할 수도 있습니다. 이럴 때, 페이지마다 제목 행과 제목 열을 인쇄하고 싶다면 [페이지 레이아웃] → [페이지 설정] 그룹의 [인쇄 제목]을 선택합니다.

[페이지 설정] 대화상자의 [시트] 탭을 선택하고, '반복할 행' 입력란을 클릭한 후에 반복 인쇄할 행을 선택합니다. 또 '반복할 열' 입력란을 클릭한 후에 반복 인쇄할 열을 선택합니다.

14. 페이지 나누기 미리보기

[보기] → [통합 문서 보기] 그룹에서 [페이지 나누기 미리 보기]를 선택합니다. 워크시트의 인쇄할 영역은 하얗게 표시되고, 인쇄하지 않는 부분은 회색으로 표시됩니다. 페이지 구분선은 파란색 점선으로 표시되는데, 이 점선을 마우스로 끌어서 페이지 나누는 위치를 조정할 수 있습니다.

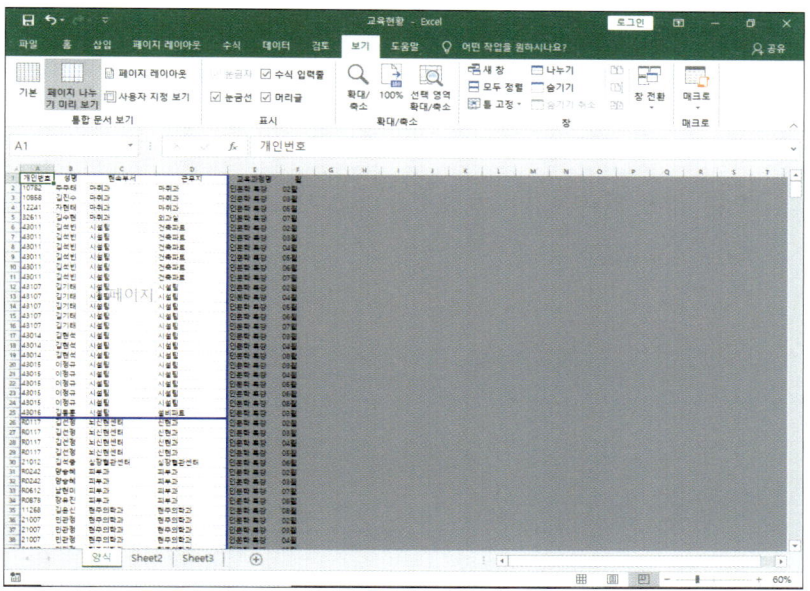

CHAPTER 02

재고조사

예제 파일명: 재고조사_예제.xlsx

재고조사는 회사의 이익을 확정하기 위한 중요한 자료입니다. 엑셀에 재고조사한 정상적인 제품과 비정상적인 제품을 구분하여 수량을 입력합니다. 그리고 정상적인 제품에는 정상 단가를, 비정상적인 제품에는 진부화 단가를 적용한 금액을 자동 계산하도록 하며, 그에 따르는 평가 손실 등을 자동으로 구할 수 있도록 합니다.

미리보기 | 완성 파일명: 재고조사_완성.xlsx

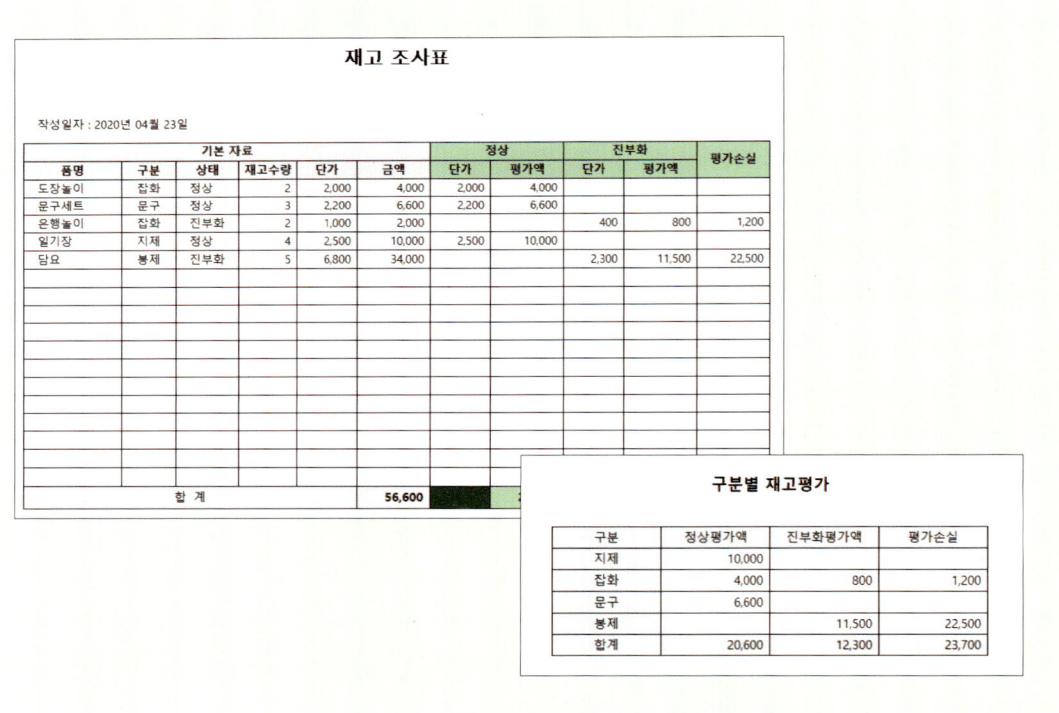

1 유효성 검사 지정하기

선택 영역에서 이름 정의하기

선택한 셀 범위에서 첫 행에 있는 각 필드명을 이름으로 정의하는 방법입니다.

1. [품명내역] 워크시트의 [B4] 셀을 선택하고, 키보드의 Ctrl + *, 또는 Ctrl + Shift + 8을 눌러서 데이터 범위를 선택합니다. [수식] 탭의 [정의된 이름] 그룹에서 [선택 영역에서 만들기]를 클릭합니다.

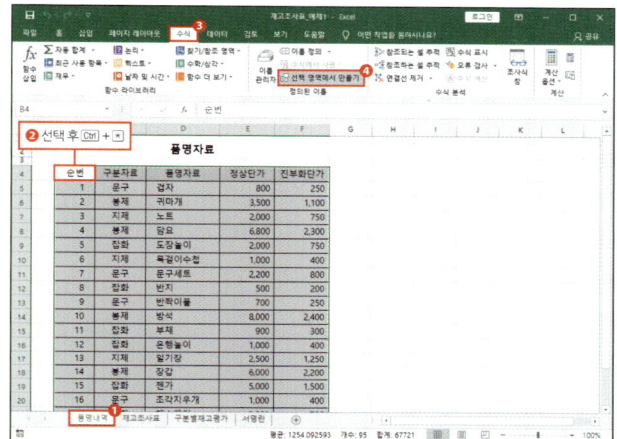

2. [선택 영역에서 이름 만들기] 대화상자가 열리면 「첫 행」이 체크된 상태에서 〈확인〉을 클릭합니다.

• 수식 입력줄 왼쪽에 [이름 상자]를 열어서 이름으로 정의된 내용을 확인합니다.

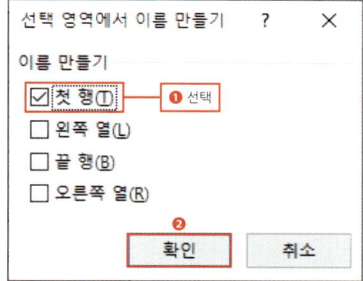

유효성 검사로 목록 만들기

1. '품명'에 유효성 검사를 만들기 위해 [재고조사표] 워크시트의 [B10:B26] 범위를 선택하고, [데이터] 탭의 [데이터 도구] 그룹에서 [데이터 유효성 검사]를 클릭합니다.
[데이터 유효성] 대화상자가 열리면 [설정] 탭에서 '제한 대상'은 「목록」으로 선택하고, '원본' 입력란에 『=품명자료』를 입력한 후에 〈확인〉을 클릭합니다.

• 이름이 '품명자료'로 정의된 셀 범위의 데이터만 입력할 수 있습니다.

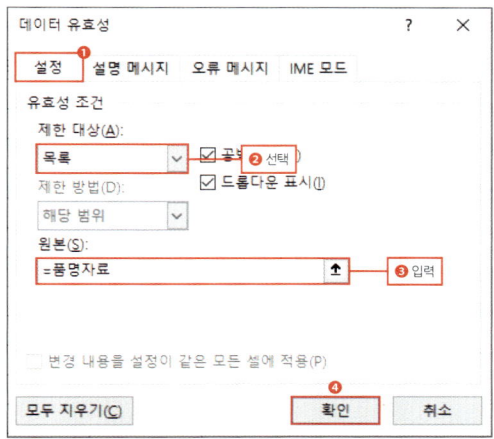

2. '상태'에 유효성 검사를 만들기 위해 [D10:D26] 범위를 선택하고, [데이터]탭의 [데이터 도구] 그룹에서 [데이터 유효성 검사]를 클릭합니다.

[데이터 유효성] 대화상자가 열리면 [설정] 탭에서 '제한 대상'은 「목록」으로 선택하고, 원본 입력란에 『정상,진부화』를 입력한 후에 〈확인〉을 클릭합니다.

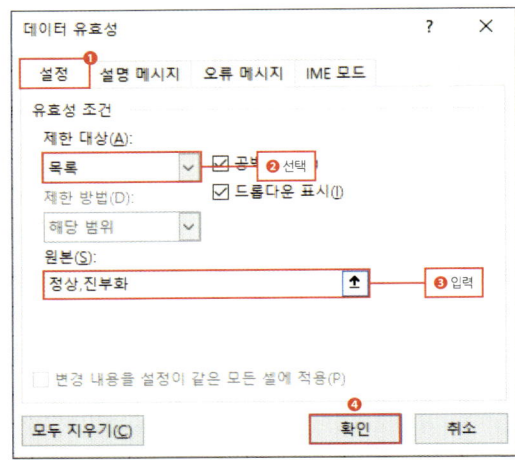

- 쉼표로 구분한 데이터만 입력할 수 있습니다. 즉, "정상" 또는 "진부화"만 입력할 수 있습니다.

3. '재고수량'에 유효성 검사를 만들기 위해 [재고조사표] 워크시트의 [E10:E26] 범위를 선택하고, [데이터] 탭의 [데이터 도구] 그룹에서 [데이터 유효성 검사]를 클릭합니다.

[데이터 유효성] 대화상자가 열리면 [설정] 탭에서 '제한 대상'은 「정수」, '제한 방법'은 「해당 범위」가 선택된 상태에서, 최소값 입력란에 『0』을 최대값 입력란에 『100』을 입력한 후에 〈확인〉을 클릭합니다.

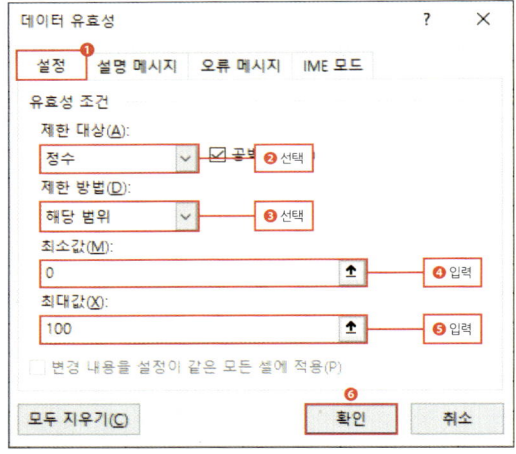

- 지정한 셀 범위에는 0부터 100까지의 정수만 입력할 수 있습니다.

2 구분 구하기

1. [재고조사표] 워크시트의 [C10:C26] 범위를 선택하고, 『=LOOKUP(B10,품명자료,구분자료)』을 입력한 후에 Ctrl + Enter↵ 를 누릅니다.

- [B10] 셀에 입력된 값을 '품명자료'에서 찾은 다음, 같은 행에 있는 '구분자료'의 값을 구합니다.

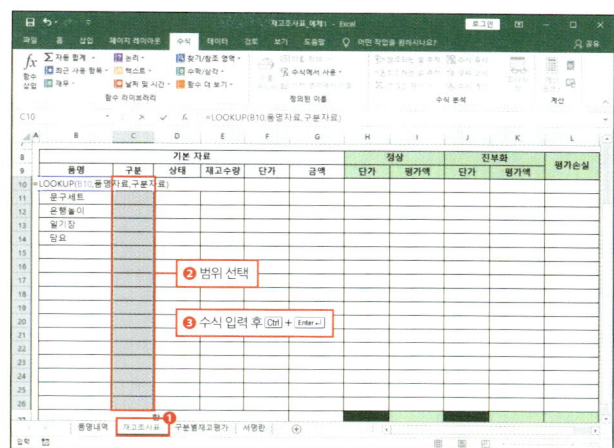

Tip & Tech

#N/A 오류가 발생하는 이유

오류가 발생하는 이유는 품명에 입력값이 없는데, LOOKUP 함수를 실행했기 때문입니다. 즉, 찾는 값 " "(공백)을 '품명자료'에서 찾게 되는데, 이때 공백이 '품명자료'에 없어서 오류가 발행하는 것입니다.

---

2. #N/A 오류를 해결하기 위해 다시 [C10:C26] 범위를 선택하고, 수식을 『=IF(B10="","",LOOKUP(B10,품명자료,구분자료))』으로 변경한 후 Ctrl + Enter↵ 를 누르면 #N/A 오류가 없어집니다. '품명' 열에서 데이터 유효성 목록 단추를 눌러서 품명을 선택하면, '구분' 열에 데이터가 입력되는 것을 확인할 수 있습니다.

- [B10] 셀이 " "(공백)이면, " "(공백)을 입력하고, 아니면 LOOKUP 함수를 실행합니다.

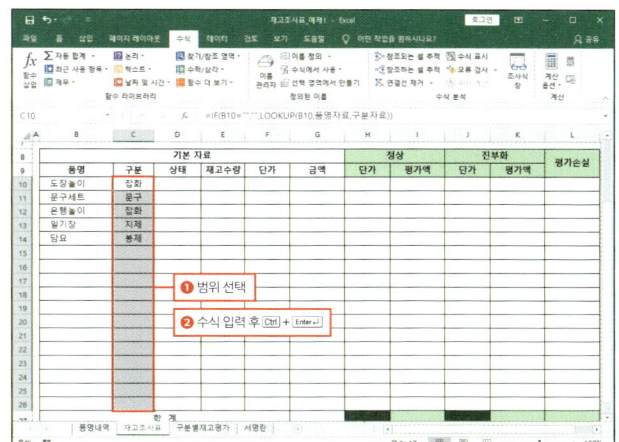

[C10:C26] 범위에 입력한 수식
=IF(B10="","",LOOKUP(B10,품명자료,구분자료))

사용한 함수
LOOKUP(Lookup_value, Lookup_vector, [Result_vector])
LOOKUP 함수는 검색 범위에서 찾는 값을 찾고, 결과 범위의 같은 위치에서 값을 가져오는 함수입니다.

- Lookup_value: 찾는 값을 입력합니다.
- Lookup_vector: 찾는 값을 검색할 범위입니다.
- Result_vector: 결과를 가져올 범위입니다.

LOOKUP 함수를 사용할 때 주의할 점은 **찾는 범위의 데이터는 반드시 오름차순으로 정렬되어 있어야 합니다.** 오름차순 정렬이 되어있지 않으면 정확한 값을 가져오지 못합니다. 예를 들어, "= LOOKUP("수박",과일,가격)"은 [A1:B1] 범위를 의미합니다. "수박"을 '과일' 범위에서 찾습니다. 그리고 '가격' 범위에서 같은 행에 위치한 "15,000"을 결괏값으로 반환합니다.

수박	과일 범위		가격 범위
	귤	....	2,500
	사과	....	12,300
	수박	....	15,000
	오렌지	....	2,000
	참외	....	8,800

3 단가 및 금액 구하기

1. 기본 자료의 '단가'를 구하기 위해 [F10:F26] 범위를 선택하고, 『=IF(B10="",0,LOOKUP(B10,품명자료,정상단가))』를 입력한 후에 Ctrl + Enter↵를 누릅니다.

- [B10] 셀에 입력값이 없으면 0을 입력하고, 아니면 LOOKUP 함수를 실행합니다.

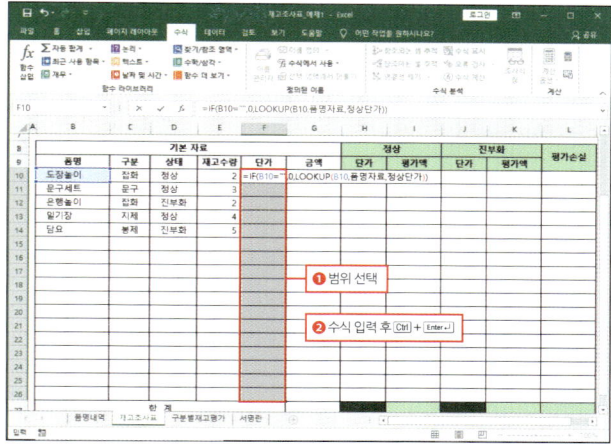

2. 기본 자료의 '금액'를 구하기 위해 [G10:G26] 범위를 선택하고, 『=E10*F10』을 입력한 후에 Ctrl + Enter↵를 누릅니다. '상태'와 '재고수량'을 임의로 입력해서 단가가 정상으로 입력되는지 확인합니다.

- [E10] 셀의 재고수량과 [F10] 셀의 단가를 곱하여 금액을 구합니다.

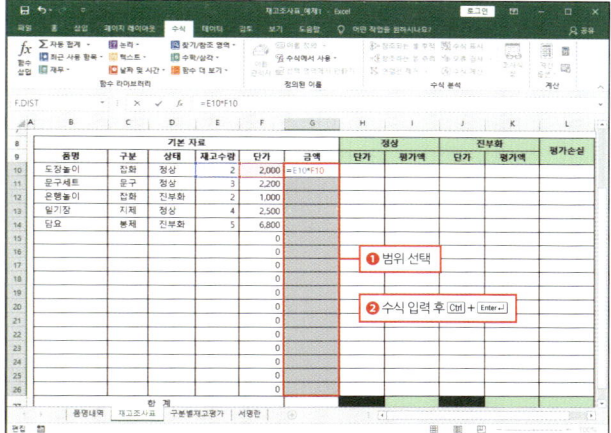

3. 정상의 '단가'를 구하기 위해 [H10:H26] 범위를 선택하고, 『=IF(D10="정상",LOOKUP(B10,품명자료,정상단가),0)』를 입력한 후에 Ctrl + Enter↵를 누릅니다.

- 기본 자료의 '상태'([D10])에 입력된 값이 "정상"이면 LOOKUP 함수를 실행하여 정상 단가를 입력하고, 아니면 0을 입력합니다.

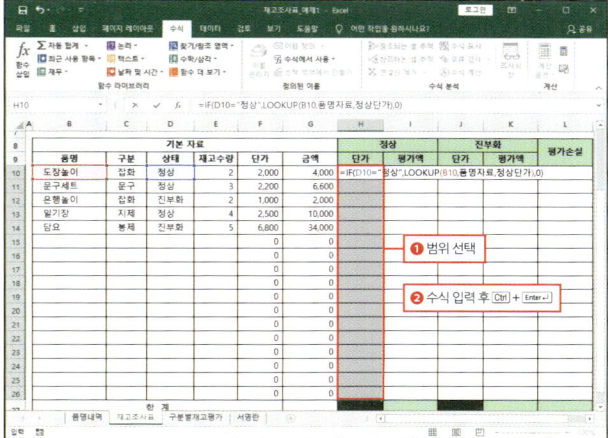

4. 정상의 '평가액'를 구하기 위해 [I10:I26] 범위를 선택하고, 『=E10*H10』을 입력한 후에 Ctrl + Enter↵를 누릅니다.

- [E10] 셀의 재고수량과 [H10] 셀의 단가를 곱하여 금액을 구합니다.

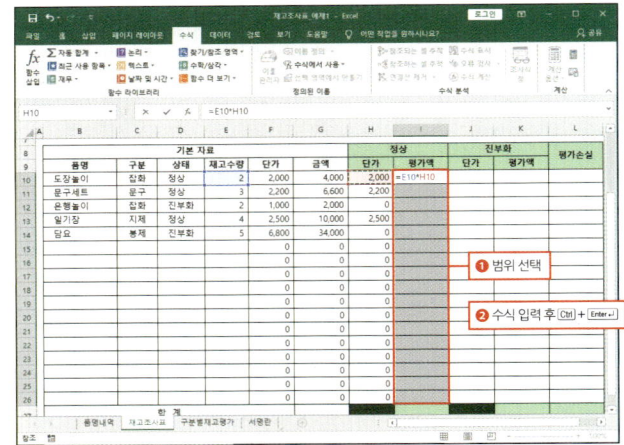

5. 진부화의 '단가'를 구하기 위해 [J10:J26] 범위를 선택하고, 『=IF(D10="진부화",LOOKUP(B10,품명자료,진부화단가),0)』를 입력한 후에 Ctrl + Enter↵를 누릅니다.

- 기본 자료의 '상태'([D10])에서 입력된 값이 "진부화"이면 LOOKUP 함수를 실행하여 진부화 단가를 입력하고, 아니면 0을 입력합니다.

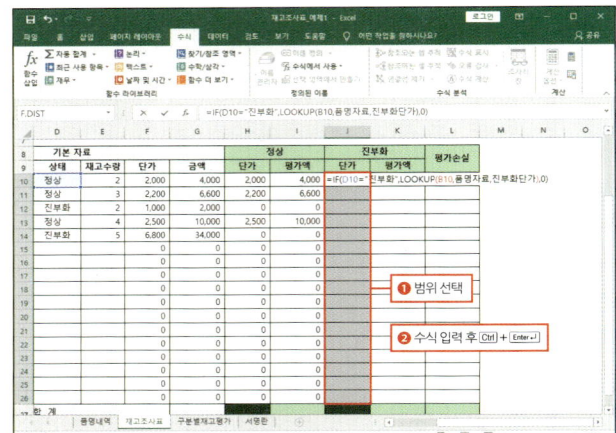

6. 진부화의 '평가액'를 구하기 위해 [K10:K26] 범위를 선택하고, 『=E10*J10』을 입력한 후에 Ctrl + Enter↵를 누릅니다.

- [E10] 셀의 재고수량과 [J10] 셀의 단가를 곱하여 금액을 구합니다.

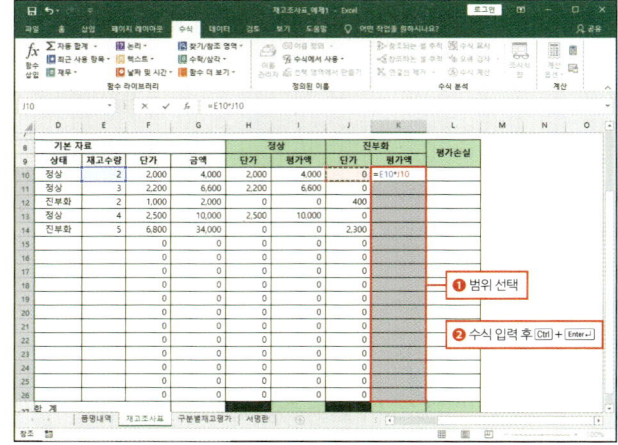

4 평가손실과 합계 구하기

재고 상태가 정상이면 평가손실은 0이고, 재고 상태가 진부화이면 정상가일 때의 평가액에서 진부화 평가액을 차감한 금액입니다.

1. 평가손실을 구하기 위해 [L10:L26] 범위를 선택하고, 『=IF(D10="정상",0, G10-K10)』을 입력한 후에 Ctrl + Enter↵ 를 누릅니다.

- [D10] 셀의 값이 "정상"이면 평가손실은 0을 입력하고, 아니면 기본 자료 금액인 [G10] 셀의 값에서 진부화 평가액인 [K10] 셀의 값을 차감하여 입력합니다.

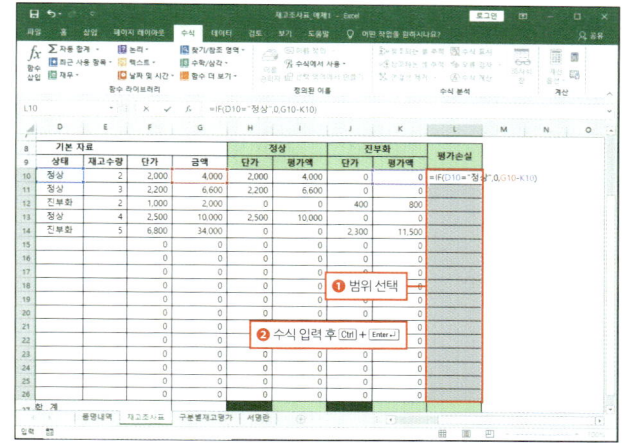

2. '합계'를 구하기 위해 [G27] 셀을 선택하고, Ctrl 를 누른 상태에서 [I27] 셀, [K27:L27] 셀을 선택합니다. 그리고 [홈] → [편집] 그룹의 [자동 합계] → [합계]를 선택합니다.

- 기본 자료 금액에 대한 합계, 정상 평가액에 대한 합계, 진부화 평가액에 대한 합계, 평가 손실에 대한 합계를 구합니다.

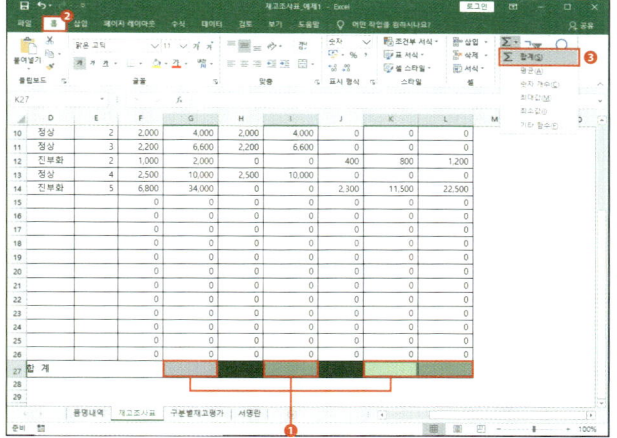

5 작성일자 입력하기

1. [재고조사표] 워크시트에서 [B6] 셀을 선택하고, 『="작성일자 : "&TEXT(TODAY( ), "yyyy년 mm월 dd일")』를 입력합니다.

- 연결 연산자(&)를 이용하여 "작성일자 : " 텍스트와 TEXT 함수의 결과를 연결합니다.
- TEXT(값,"표시 형식") 함수는 입력한 값을 지정한 표시 형식으로 변환합니다. 즉, TODAY( )로 입력된 현재 날짜가 큰따옴표("") 안의 표시 형식으로 변환하여 입력됩니다.

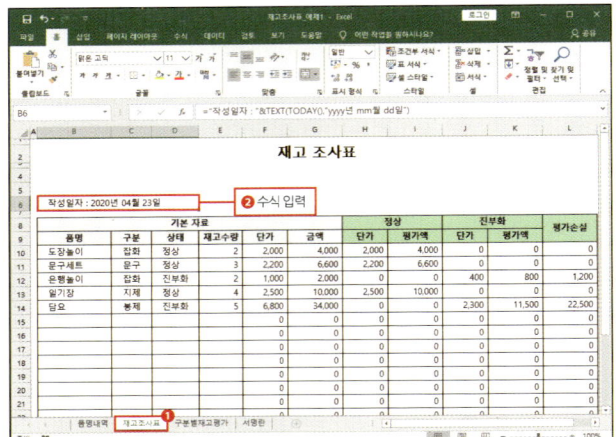

[B6] 셀에 입력한 수식

="작성일자 : "&TEXT(TODAY( ),"yyyy년 mm월 dd일")

사용한 수식

TODAY( )
TODAY 함수는 사용 중인 컴퓨터에 설정된 오늘의 날짜를 구합니다. TODAY 함수는 괄호 안에 입력되는 인수가 없습니다.

6 0 값을 보이지 않게 지정하기

조건부 서식을 이용하여 셀 값이 0이면 글꼴을 흰색으로 지정합니다. 즉, 0 값이 보이지 않게 처리합니다.

1. [F10:L26] 범위를 선택하고, [홈] → [스타일] 그룹에서 [조건부 서식] → [새 규칙]을 선택합니다.

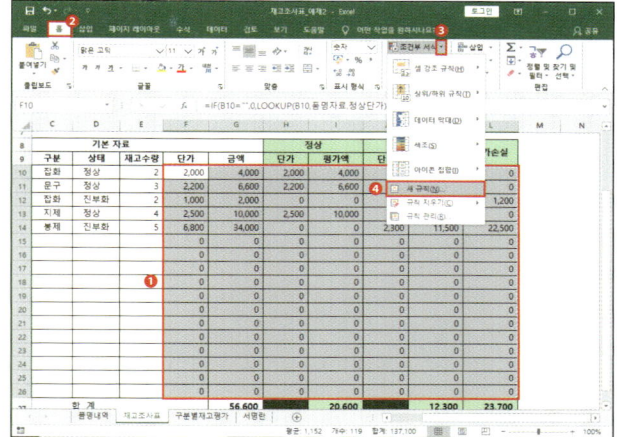

2. [새 서식 규칙] 대화상자가 열리면「다음을 포함하는 셀만 서식 지정」유형을 선택한 후에, '규칙 설명 편집' 상자에서「셀 값」,「=」을 지정하고, 『0』을 입력합니다. 이어서 '미리보기' 오른쪽에 〈서식〉을 누릅니다.

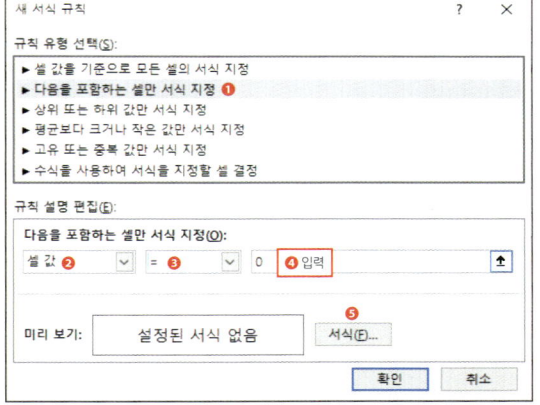

3. [셀 서식] 대화상자가 열리면 [글꼴] 탭의 색을 클릭하여 「흰색」을 선택한 후에 〈확인〉을 누릅니다. [새 서식 규칙] 대화상자에서도 〈확인〉을 누르면 결과를 확인할 수 있습니다.

- 지정한 [F10:L26] 범위에 입력된 값이 0이면 글꼴 색이 흰색으로 지정됩니다.

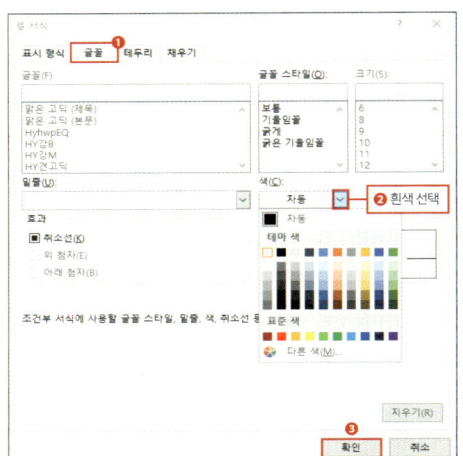
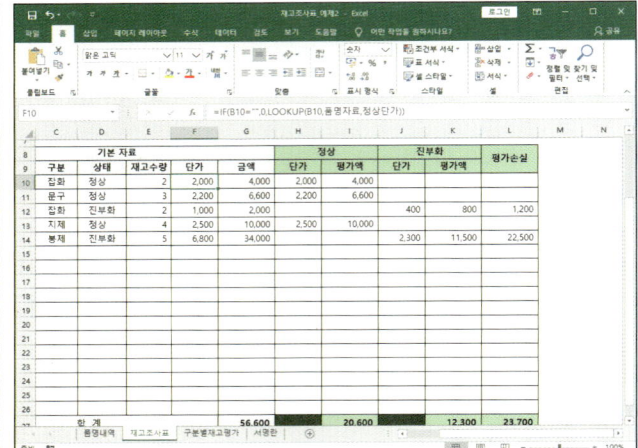

7 구분별 재고평가 구하기

이름 상자에서 이름 정의하기

1. [재고조사표] 워크시트에서 [C10:C26] 범위를 선택하고 [이름 상자]에 『구분』을 입력한 다음 Enter 를 누릅니다.

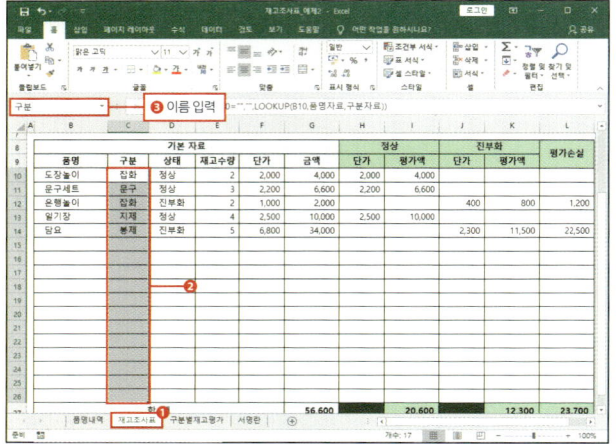

2. [I10:I26] 범위를 선택하고 [이름 상자]에 『정상』을 입력한 다음 Enter 를 누릅니다.

3. [K10:K26] 범위를 선택하고 [이름 상자]에 『진부화』를 입력한 다음 Enter 를 누릅니다.

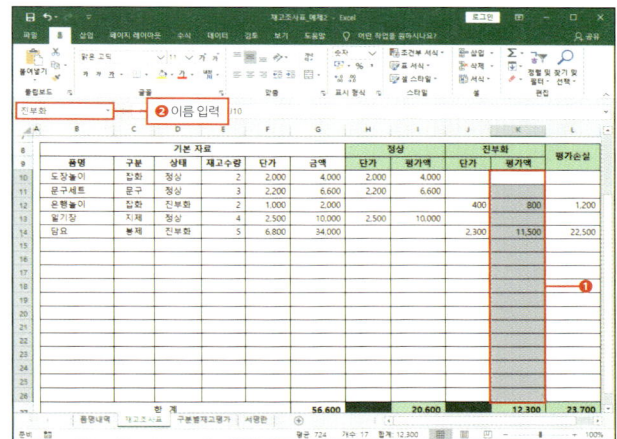

4. [L10:L26] 범위를 선택하고, [이름 상자]에 『평가손실』을 입력한 다음 Enter 를 누릅니다.

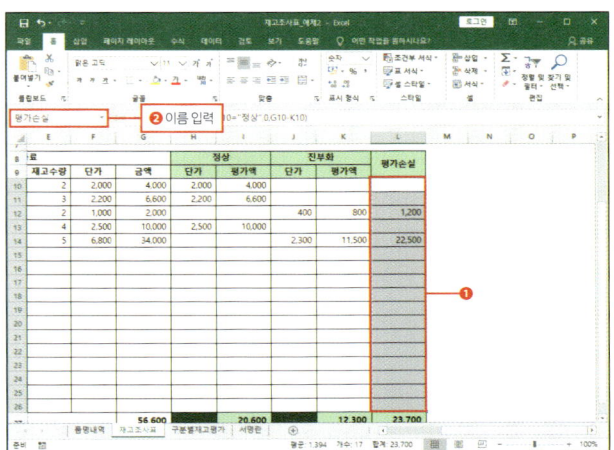

구분별 합계하기

지제, 잡화, 문구, 봉제별로 정상 평가액의 합계, 진부화 평가액의 합계 평가손실의 합계를 구합니다.

1. 구분별 정상 평가액을 구하기 위해, [구분별재고평가] 워크시트의 [C6:C9] 범위를 선택하고 『=SUMIF(구분,B6,정상)』을 입력한 후에 Ctrl + Enter↵를 누릅니다.

- [B6] 셀에 입력된 구분(지제)에 해당하는 정상 평가액 합계를 구합니다.

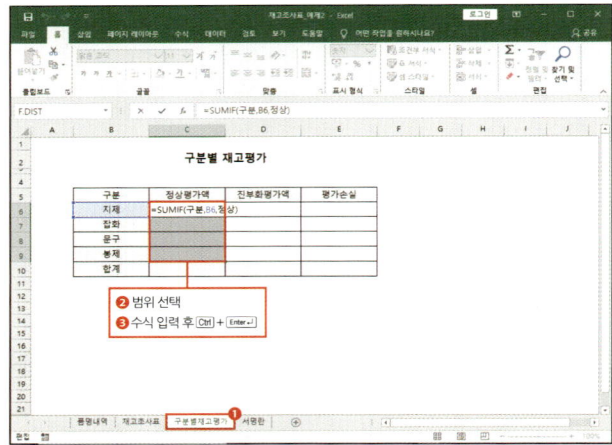

2. 구분별 진부화 평가액을 구하기 위해, [D6:D9] 범위를 선택하고 『=SUMIF(구분,B6,진부화)』를 입력한 후에 Ctrl + Enter↵를 누릅니다.

- [B6] 셀에 입력된 구분(지제)에 해당하는 진부화 평가액 합계를 구합니다.

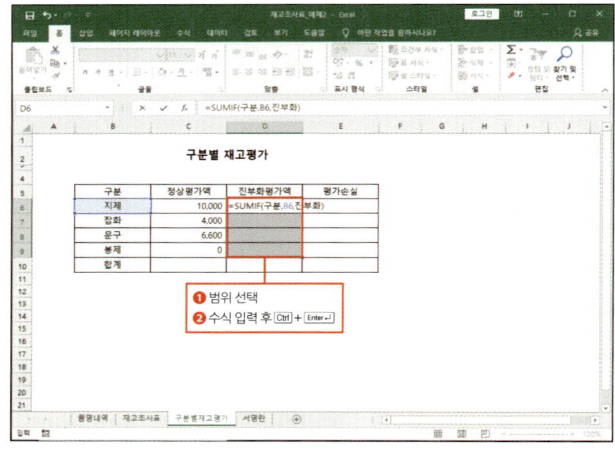

3. 구분별 평가손실을 구하기 위해, [E6:E9] 범위를 선택하고, 『=SUMIF(구분,B6,평가손실)』을 입력한 후에 Ctrl + Enter↵를 누릅니다.

- [B6] 셀에 입력된 구분(지제)에 해당하는 평가손실 합계를 구합니다.

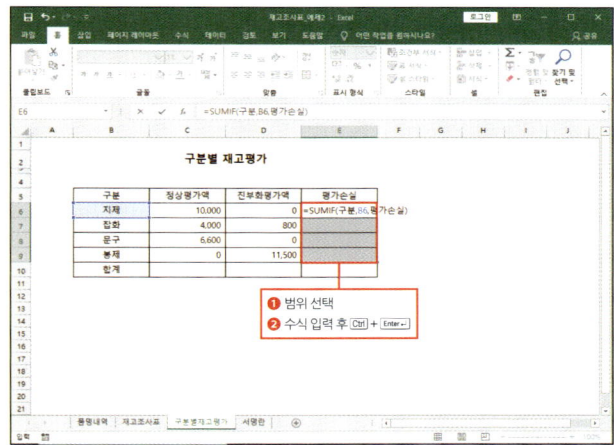

4. 합계를 구하기 위해 [C10:E10] 범위를 선택하고, [홈] → [편집] 그룹의 [자동 합계] → [합계]를 선택합니다.

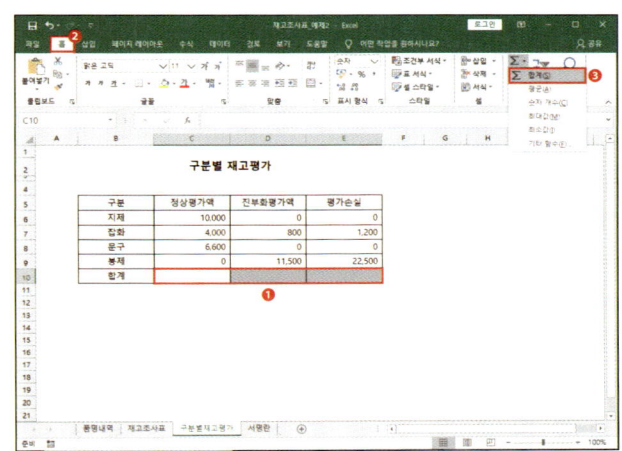

=SUMIF(구분,"지제",정상)
'정상'은 합계를 구할 범위로 '구분' 범위에서 "지제" 값을 만족하는 행과 같은 행에 있는 값만 합계를 구합니다.

사용한 함수

SUMIF(Range,Criteria,Sum_range)
조건을 만족하는 숫자 값의 합계를 구합니다.
- Range: 조건을 검색할 범위입니다.
- Criteria: 조건을 입력합니다.
- Sum_Range: 합계를 계산할 숫자가 입력된 범위입니다.

0 값을 보이지 않게 지정하기

수식으로 계산된 결괏값 중, 0 값을 보이지 않게 지정합니다.

1. [구분별재고평가] 워크시트에서 [C6:E9] 범위를 선택하고 [홈] → [표시 형식] 그룹의 대화상자 표시(□)를 클릭합니다(단축키 Ctrl + 1). [셀 서식] 대화상자가 열리면 [표시 형식] 탭의 '범주'란에서 「사용자 지정」을 선택한 후에 '형식'란에 『#,##0_ ;;』을 입력하고 〈확인〉을 누릅니다.

- 표시 형식은 '양수;음수;0의값'의 순서로 표시되므로, 음수와 0의 값이 입력될 구역을 구분하기 위해 『;;』을 입력합니다. 음수와 0이 입력될 구역에 아무것도 입력하지 않았으므로 음수와 0은 값이 입력되어 있어도 표지되지 않습니다.

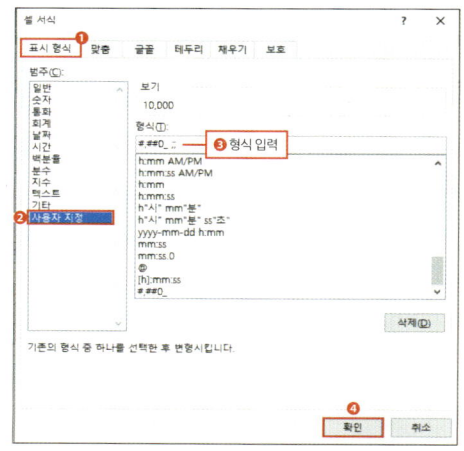
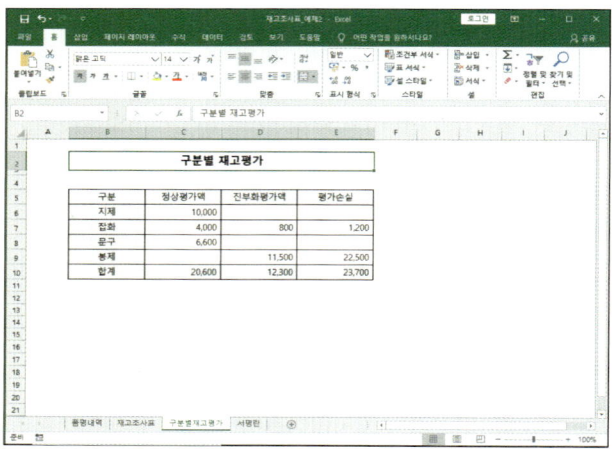

[응용] 이건 어때요?

| 예제 파일명: 재고조사_이건어때요_예제.xlsx
| 완성 파일명: 재고조사_이건어때요_완성.xlsx

[재고조사표] 워크시트에서는 연결 연산자(&)를 이용하여 텍스트와 함수를 연결했지만, 여기서는 CONCATENATE 함수를 이용하여 텍스트와 함수를 연결하도록 하겠습니다.

1. [B6] 셀을 선택하고, 『=CONCATENATE("작성일자 : ",TEXT(TODAY( ),"yyyy년 mm월 dd일"))』를 입력합니다.

- CONCATENATE 함수로 "작성일자 : " 텍스트와 TEXT 함수의 결과를 묶어서 입력됩니다.

[B6] 셀에 입력한 수식

=CONCATENATE("작성일자 : ",TEXT(TODAY( ),"yyyy년 mm월 dd일"))

사용한 함수

CONCATENATE(Text1, [Text2], …)
인수로 입력된 여러 텍스트를 모두 연결하여 하나의 텍스트를 구합니다.

- Text1 : Text1, Text2, …은 하나로 연결할 텍스트들입니다. 255개까지 지정할 수 있습니다.

예를 들어 수식 『=CONCATENATE("A01","-","010")』은 결과로 "A01-010"을 구합니다.

[응용] 한 걸음 더

| 예제 파일명: 재고조사_한걸음더_예제.xlsx　　　| 완성 파일명: 재고조사_한걸음더_완성.xlsx

서명란 만들기

1. [서명란] 워크시트에서 [B2:B4] 범위를 선택하고, [홈] → [맞춤] 그룹에서 대화상자 표시(📎)를 클릭합니다(단축키 Ctrl + 1). [셀 서식] 대화상자 [맞춤] 탭의 '방향' 상자에서 세로 방향을 선택('텍스트'를 클릭하면 검은색 바탕으로 변한다)하고, '텍스트 맞춤'에서 세로는 「균등 분할(들여쓰기)」을 선택한 후에 '들여쓰기'란에 『1』을 입력합니다. '텍스트 조정'에서 「셀 병합」을 체크한 후에 〈확인〉을 누릅니다.

2. 병합된 셀에 『서명』을 입력합니다.

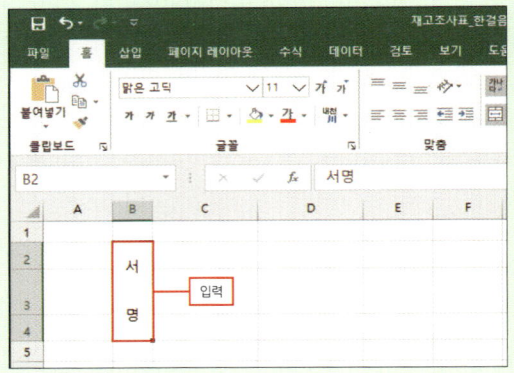

3. [C2] 셀에 『검품자』, [D2] 셀에 『책임자』를 입력하고, [C2:D2] 범위를 선택하고, [맞춤] 그룹에서 [가운데 맞춤]을 클릭합니다.

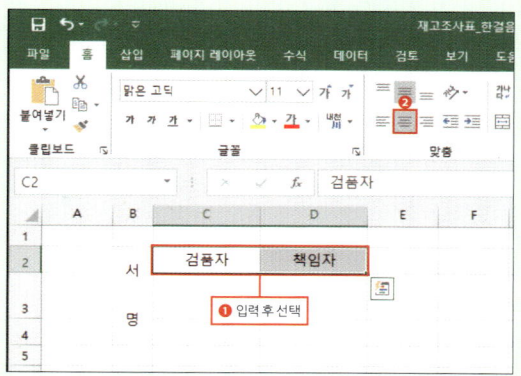

4. [C4:D4] 범위를 선택하고, 『'/』을 입력한 후에 Ctrl + Enter를 누릅니다. 그리고 [맞춤] 그룹에서 [가운데 맞춤]을 클릭합니다.

- 엑셀에서 슬래시(/)는 기본 메뉴 키로 지정되어 있습니다. 따라서 슬래시(/)만 입력하면 셀에 슬래시가 입력되지 않고 해당 메뉴에 속한 키 팁들이 표시됩니다. 셀에 슬래시(/) 문자를 입력하려면 앞에 문자 접두어(')를 붙여서 『'/』으로 입력해야 합니다.

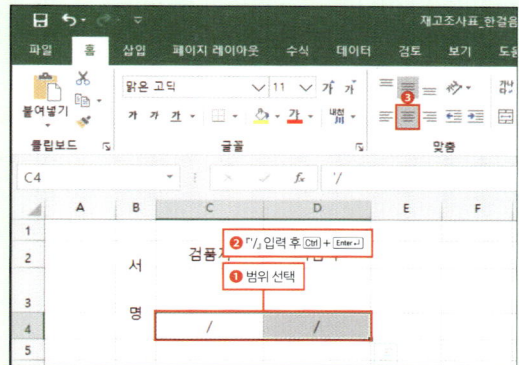

5. [B2:D4] 범위를 선택하고, [글꼴] 그룹에서 [테두리]의 목록을 클릭하여 [모든 테두리]를 선택합니다.

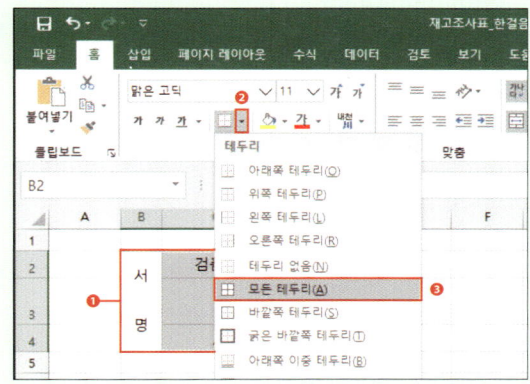

6. 셀 채우기를 지정하기 위해 [B2] 셀을 선택하고, Ctrl를 누른 상태에서 [C2:D2] 범위를 선택합니다. [글꼴] 그룹에서 [채우기 색]의 목록을 클릭하여, 흐린 회색을 선택합니다.

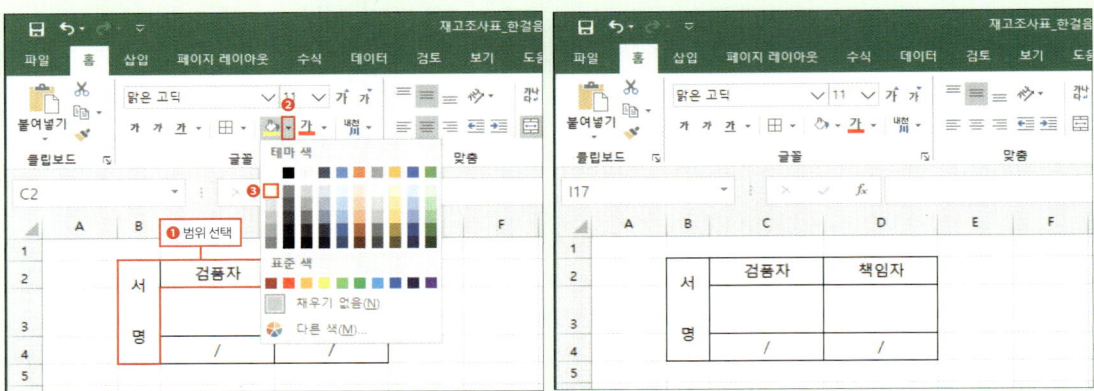

그림으로 복사해서 붙여넣기

1. [서명란] 워크시트에서 [B2:D4] 범위를 선택하고, [홈] → [클립보드] 그룹에서 [복사]를 선택합니다(단축키 Ctrl + C).
[재고조사표] 워크시트를 선택하고, [홈] → [클립보드] → [붙여넣기] 목록을 클릭하고 '기타 붙여넣기 옵션'에서 「그림」을 선택합니다.

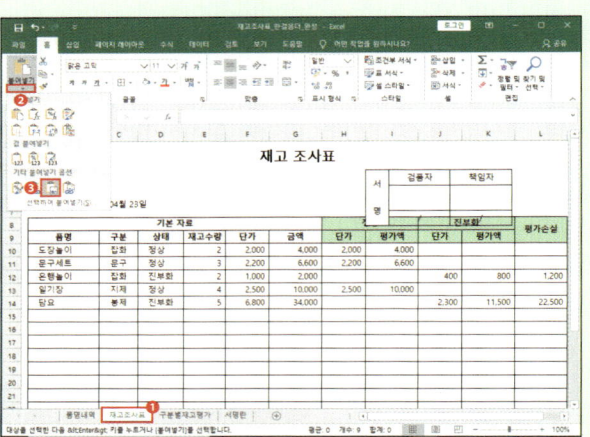

2. 복사한 서명란이 그림으로 삽입되면, 마우스로 끌어서 위치를 지정하고 크기를 조절합니다.

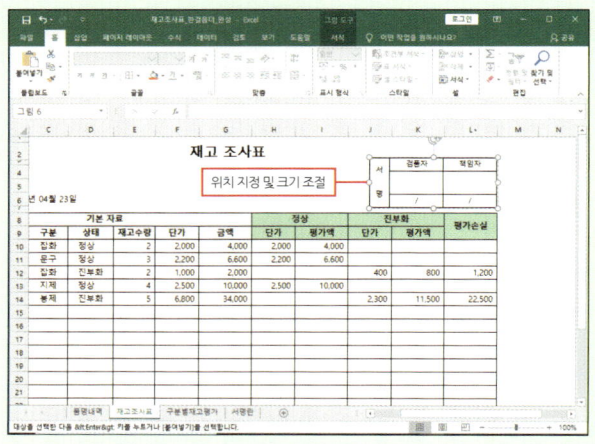

출석부

예제 파일명:
출석부_예제.xlsx

출석부는 훈련받기 위해 입실하는 시간과 퇴실하는 시간을 매일 기록해서 훈련받는 시간을 계산하도록 합니다. 그리고 훈련이 끝나면 실제 훈련받은 총 시간을 계산하고, 그 시간으로 수료 여부를 판단할 수 있도록 합니다. 시간을 계산하는 작업은 생각보다 까다로우므로 시간의 규칙과 서식을 꼼꼼히 챙기면서 작성해야 합니다.

미리보기 | 완성 파일명: 출석부_완성.xlsx

번호	ID	성명		8월 3일 (월)		8월 4일 (화)		8월 5일 (수)		8월 6일 (목)		8월 7일 (금)	소정훈련시간	실제훈련시간	수료여부
1	B2390	김명지	입실	9:30	입실	9:30	입실	9:30	입실	10:00	입실	9:30	35:00	33:30	수료
			퇴실	17:30	퇴실	17:30	퇴실	17:30	퇴실	17:30	퇴실	16:30			
			훈련시간	7:00	훈련시간	7:00	훈련시간	7:00	훈련시간	6:30	훈련시간	6:00			
2	A3420	민요진	입실	9:30	입실	9:30	입실	9:30	입실	9:30	입실	9:30	35:00	35:00	수료
			퇴실	17:30	퇴실	17:30	퇴실	17:30	퇴실	17:30	퇴실	17:30			
			훈련시간	7:00	훈련시간	7:00	훈련시간	7:00	훈련시간	7:00	훈련시간	7:00			
3	C2139	조현원	입실	9:30	입실	9:30	입실	9:30	입실	11:30	입실	9:30	35:00	25:30	미수료
			퇴실	17:30	퇴실	16:30	퇴실	16:30	퇴실	16:30	퇴실	13:00			
			훈련시간	7:00	훈련시간	6:00	훈련시간	6:00	훈련시간	4:00	훈련시간	2:30			
4	A3210	송현진	입실	9:30	입실	9:30	입실	10:00	입실	10:00	입실	10:00	35:00	33:30	수료
			퇴실	17:30	퇴실	17:30	퇴실	17:30	퇴실	17:30	퇴실	17:30			
			훈련시간	7:00	훈련시간	7:00	훈련시간	6:30	훈련시간	6:30	훈련시간	6:30			
5	B2320	황경원	입실	9:30	입실	9:30	입실	10:00	입실	9:50	입실	9:30	35:00	33:10	수료
			퇴실	17:30	퇴실	16:30	퇴실	17:30	퇴실	17:30	퇴실	17:30			
			훈련시간	7:00	훈련시간	6:00	훈련시간	6:30	훈련시간	6:40	훈련시간	7:00			
6	A3410	김희원	입실	9:30	입실	9:30	입실	9:30	입실	9:30	입실	9:30	35:00	35:00	수료
			퇴실	17:30	퇴실	17:30	퇴실	17:30	퇴실	17:30	퇴실	17:30			
			훈련시간	7:00	훈련시간	7:00	훈련시간	7:00	훈련시간	7:00	훈련시간	7:00			
7	C1290	정슬미	입실	9:30	입실	10:00	입실	9:30	입실	10:15	입실	9:30	35:00	33:45	수료
			퇴실	17:30	퇴실	17:30	퇴실	17:30	퇴실	17:30	퇴실	17:30			
			훈련시간	7:00	훈련시간	6:30	훈련시간	7:00	훈련시간	6:15	훈련시간	7:00			
8	C2190	박경희	입실	9:30	입실	10:10	입실	9:30	입실	9:30	입실	9:30	35:00	34:20	수료
			퇴실	17:30	퇴실	17:30	퇴실	17:30	퇴실	17:30	퇴실	17:30			
			훈련시간	7:00	훈련시간	6:20	훈련시간	7:00	훈련시간	7:00	훈련시간	7:00			
9	B3209	최수빈	입실	9:30	입실	9:30	입실	9:30	입실	9:30	입실	9:30	35:00	30:30	수료
			퇴실	17:30	퇴실	13:00	퇴실	17:30	퇴실	17:30	퇴실	17:30			
			훈련시간	7:00	훈련시간	2:30	훈련시간	7:00	훈련시간	7:00	훈련시간	7:00			
10			입실		입실		입실		입실		입실				
			퇴실		퇴실		퇴실		퇴실		퇴실				
			훈련시간		훈련시간		훈련시간		훈련시간		훈련시간				

훈련기간 2020년 8월 3일 ~ 2020년 8월 7일
훈련시간 9시 30분 ~ 17시 30분
훈련과정명 엑셀활용

1 날짜 및 시간 입력하기

1. [B1] 셀을 선택하고 훈련 시작일을 입력합니다. [B2] 셀을 선택하고 훈련 시작 시간을 입력합니다.

- 날짜를 입력할 때는 슬래시(/)나 하이픈(-)을 구분 기호로 사용하여 '년/월/일' 형식으로 입력하거나 '년-월-일' 형식으로 입력합니다.
- 시간을 입력할 때는 콜론(:)을 구분 기호로 사용하여 '시:분:초' 형식으로 입력합니다.

2. 훈련일 수를 입력하는 [D1] 셀을 선택하여 『5』를 입력합니다. 숫자 뒤에 "일"을 입력하기 위해, [D1] 셀을 선택하고, 마우스 오른쪽 단추를 누른 후 [셀 서식] 메뉴를 선택합니다.

[셀 서식] 대화상자가 열리면 [표시 형식] 탭을 선택하고 '범주'란의 「사용자 지정」을 선택한 후에 '형식'란에서 『G/표준"일"』을 입력하고 〈확인〉을 누릅니다.

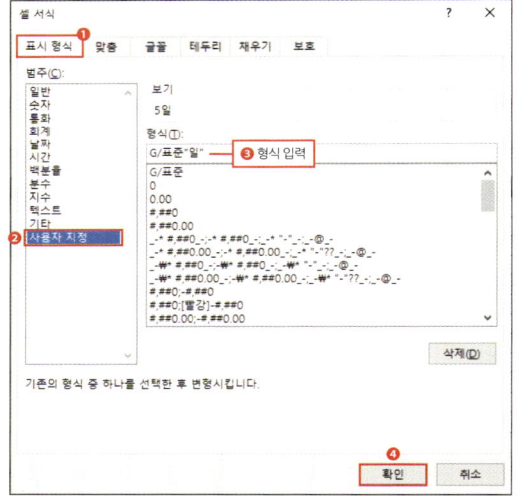

3. 하루 훈련시간을 입력하는 [D2] 셀을 선택하여 『7』을 입력합니다. 숫자 뒤에 "시간"을 입력하기 위해, [D2] 셀을 선택하고 마우스 오른쪽 단추를 누른 후 [셀 서식] 메뉴를 선택합니다.

[셀 서식] 대화상자가 열리면 [표시 형식] 탭을 선택하고 '범주'란의 「사용자 지정」을 선택한 후에 '형식'란에서 『G/표준"시간"』을 입력하고 〈확인〉을 누릅니다.

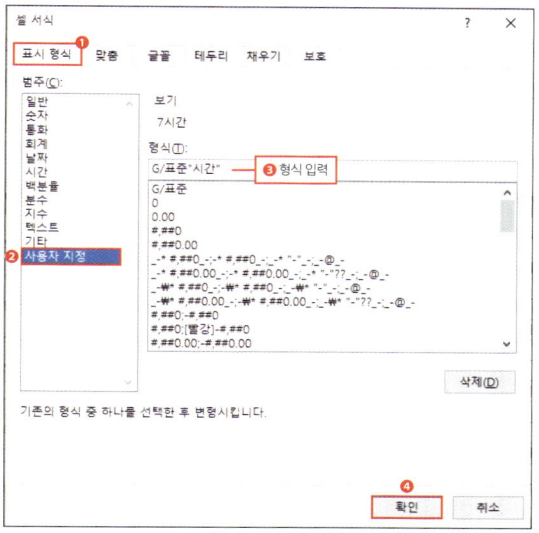

2 훈련기간 및 시간 구하기

입력한 훈련 시작일과 훈련 일수를 이용하여 훈련 기간을 구하고, 훈련 시작 시간과 하루 훈련시간을 이용하여 훈련시간을 구합니다.

1. 훈련 시작일과 훈련 종료일을 입력하기 위해 [B6] 셀에 『=B1&" ~ "&B1+D1-1』을 입력하고 Enter ↵ 를 누릅니다.

- 수식에 입력된 'B1'은 훈련 시작일이고, 'B1+D1-1'은 훈련 종료일로 '훈련 시작일 + 훈련일 수 − 1'을 계산하여 구합니다. 그런데 연결 연산자(&)를 사용하는 모든 값은 기본값으로 나타나므로 계산의 결과가 날짜가 아닌 숫자로 나타납니다.

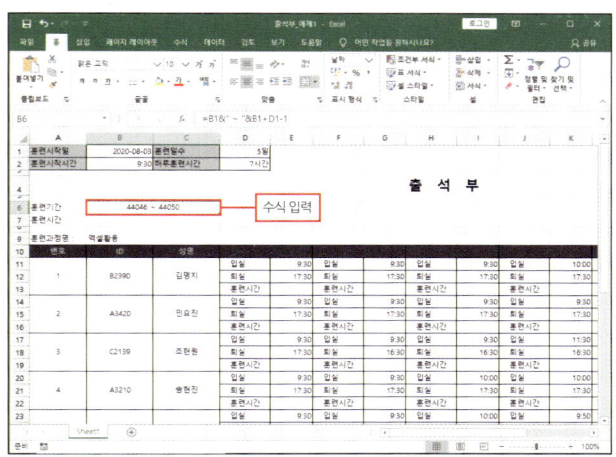

2. [B6] 셀에 입력된 수식을 『=TEXT(B1, "yyyy년 m월 d일")&" ~ "&TEXT(B1+D1-1, "yyyy년 m월 d일")』으로 변경합니다.

- 기본값으로 나타나는 숫자를 날짜로 표시하기 위해 TEXT 함수를 이용합니다.

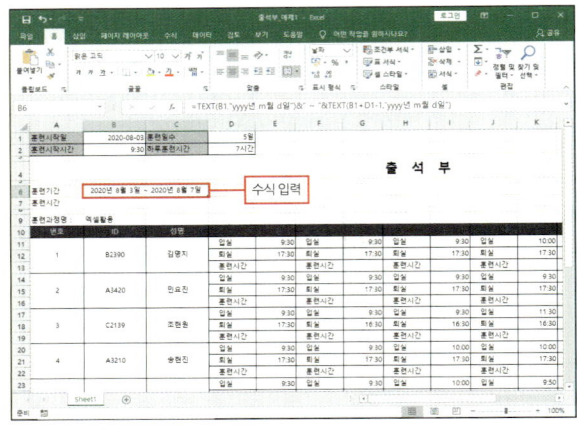

3. 훈련 시작 시간과 훈련 끝나는 시간을 입력하기 위해 [B7] 셀에 『=TEXT(B2,"h시 m분")&" ~ "&TEXT(B2+TIME(D2+1,0,0),"h시 m분")』을 입력합니다.

- 『TEXT(B2,"h시 m분")』는 훈련 시작 시간을 'h시 m분'으로 표시합니다.
- 『TEXT(B2+TIME(D2+1,0,0),"h시 m분")』은 '훈련 시작 시간 + 훈련시간 + 1'을 계산하여 훈련 종료 시간을 구하고, 결과는 'h시 m분'으로 표시합니다. 즉, [B2] 셀에 입력된 9:30과 TIME(7+1,0,0)의 결괏값인 8:00을 더하면 훈련 종료 시간을 구할 수 있습니다(하루 훈련시간은 7시간이지만 점심시간 1시간을 더하여 훈련 끝나는 시간을 맞춥니다).

[B7] 셀에 입력한 수식
=TEXT(B2,"h시 m분")&" ~ "&TEXT(B2+TIME(D2+1,0,0),"h시 m분")

사용한 함수
TIME(Hour,Minute,Second)
시, 분, 초로 입력한 3개의 숫자를 시간을 뜻하는 소수로 나타냅니다.

- Hour: 시로 사용할 숫자입니다.
- Minute: 분으로 사용할 숫자입니다.
- Second: 초로 사용할 숫자입니다.

예를 들어, 6:00부터 3시간 동안 운동을 하면, 운동이 끝나는 시간은 9:00입니다. 그런데 엑셀로 계산하면 6:00이 입력됩니다. 이유는 6:00에 해당하는 값 0.25와 3시간을 의미하는 3을 합하면, '0.25 + 3 = 3.25', 즉 3일 6:00입니다. 정수 3은 3일을 의미하므로, 3을 3시간의 값으로 변경하기 위해 TIME 함수를 사용해야 합니다. '0.25 + TIME(3,0,0)'는 0.25 + 0.125이므로, 결괏값은 0.375이고 이를 시간으로 표시하면 9:00의 결과를 구할 수 있습니다.

3   훈련 일자 입력하기

선택한 훈련 시작일을 기준으로 각각의 훈련 일자를 입력하고, 각 개인의 훈련시간이 자동으로 입력되도록 합니다.

1. [D10] 셀을 선택하고 『=B1』을 입력합니다.

- [B1] 셀에 입력된 값이 [D10] 셀에 입력됩니다.

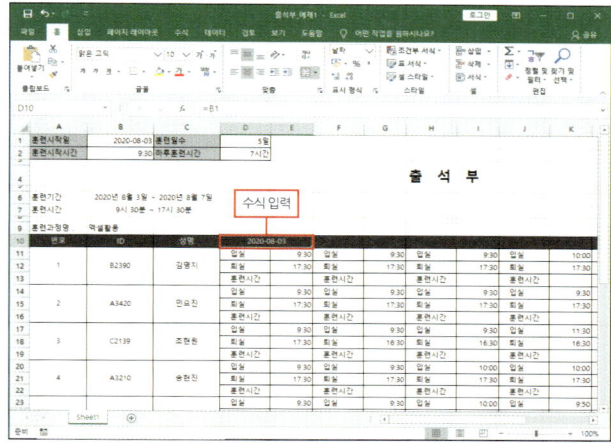

2. [F10:L10] 범위를 선택하고, 『=D10+1』을 입력한 후에 Ctrl + Enter⏎를 누릅니다.

- [F10] 셀에는 『D10+1』, [H10] 셀에는 『F10+1』, [J10] 셀에는 『H10+1』, [L10] 셀에는 『J10+1』의 수식이 입력됩니다. 즉, 앞에 입력된 값보다 1의 큰 값을 입력하는 수식입니다.
- 엑셀에서 하루는 숫자 1을 의미합니다. 그래서 입력된 날짜가 하루씩 증가하는 것입니다.

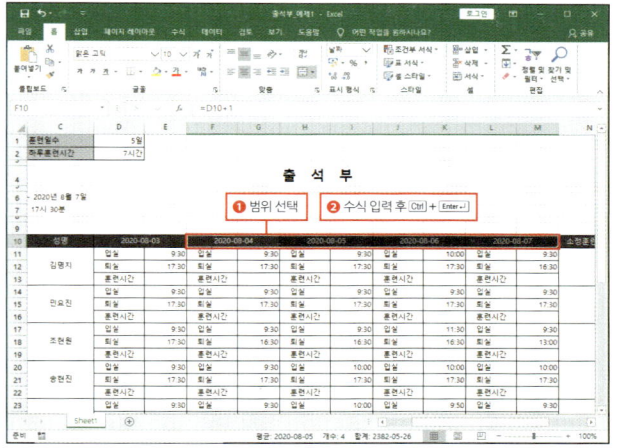

3. 해당 날짜에 요일도 표시하기 위해 [D10:L10] 범위를 선택하고, 마우스 오른쪽 단추를 누른 후 [셀 서식] 메뉴를 선택합니다. [셀 서식] 대화상자가 열리면 [표시 형식] 탭에서 '범주'란의 「사용자 지정」을 선택한 후에 '형식'란에 『m"월" d"일" (aaa)』를 입력하고 〈확인〉을 누릅니다.

- 날짜 오른쪽에 한 글자 요일이 표시됩니다.

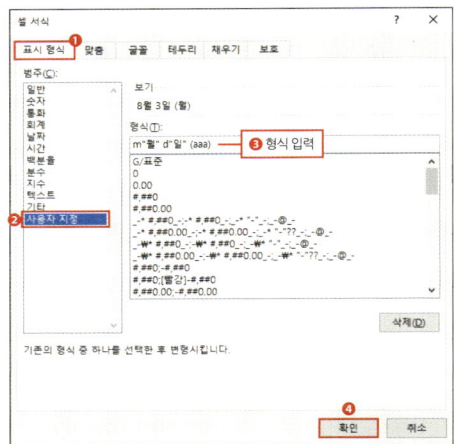 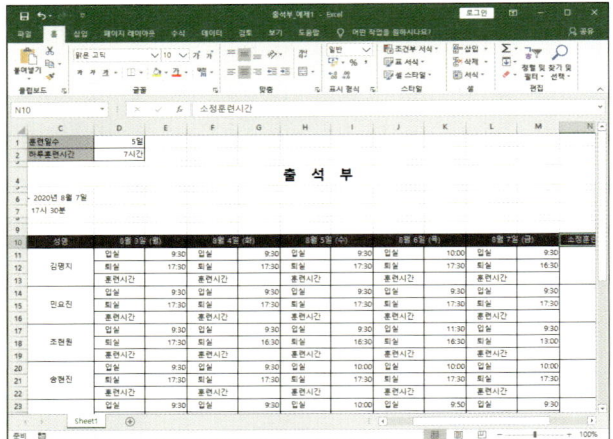

4 훈련시간 구하기

1. 개인별 일자별 훈련시간을 구하는 모든 셀을 선택합니다. [M40] 셀을 선택하고, Ctrl를 누른 상태에서 [K40], [I40], [G40], [E40], [M37], [K37], [I37], [G37], [E37], [M34], [K34], [I34], [G34], [E34], [M31], [K31], [I31], [G31], [E31], [M28], [K28], [I28], [G28], [E28], [M25], [K25], [I25], [G25], [E25], [M22], [K22], [I22], [G22], [E22], [M19], [K19], [I19], [G19], [E19], [M16], [K16], [I16], [G16], [E16], [M13], [K13], [I13], [G13], [E13]을 선택합니다.

- [E13] 셀을 활성(ACTIVATE) 셀로 지정하고자 위의 순서대로 선택합니다.
- 떨어져 있는 여러 셀을 선택하면 마지막으로 선택한 셀이 활성 셀이 됩니다.

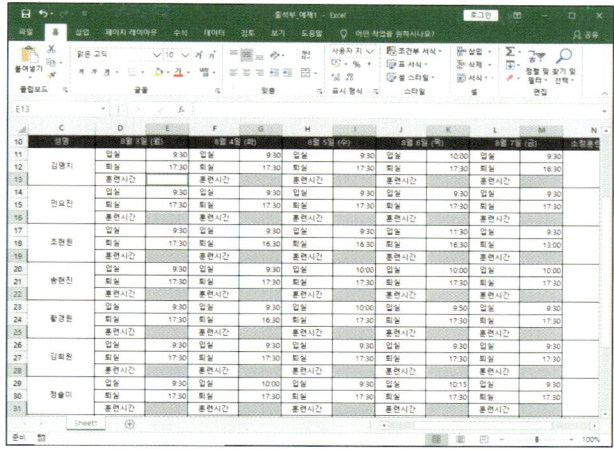

2. 활성 셀이 [E13] 셀이므로 이를 기준으로 『=IF($C11="","",E12-E11-TIME(1,0,0))』 수식을 입력한 후에 Ctrl + Enter↵를 누릅니다.

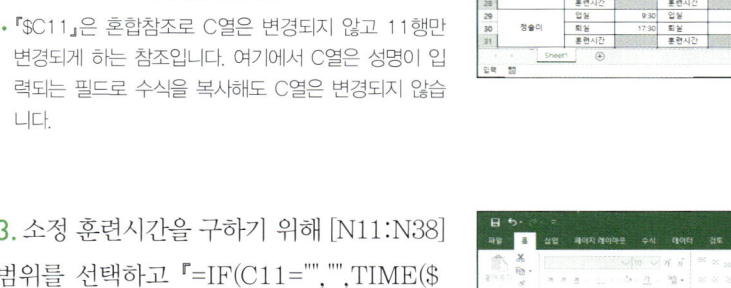

- IF 함수의 구조는 IF(조건식,참,거짓)입니다. 『$C11=""』 식은 성명이 공백("")이면, 공백("")을 입력하고, 공백이 아니면, 『E12-E11-TIME(1,0,0)』 식을 계산합니다. 이 식은 '퇴실시간 - 입실시간 - 점심시간'으로 '17:30 - 9:30 - 1:00'의 결괏값을 입력합니다.

- 『$C11』은 혼합참조로 C열은 변경되지 않고 11행만 변경되게 하는 참조입니다. 여기에서 C열은 성명이 입력되는 필드로 수식을 복사해도 C열은 변경되지 않습니다.

3. 소정 훈련시간을 구하기 위해 [N11:N38] 범위를 선택하고 『=IF(C11="","",TIME($D$2,0,0)*$D$1)』을 입력한 후에 Ctrl + Enter↵를 누릅니다.

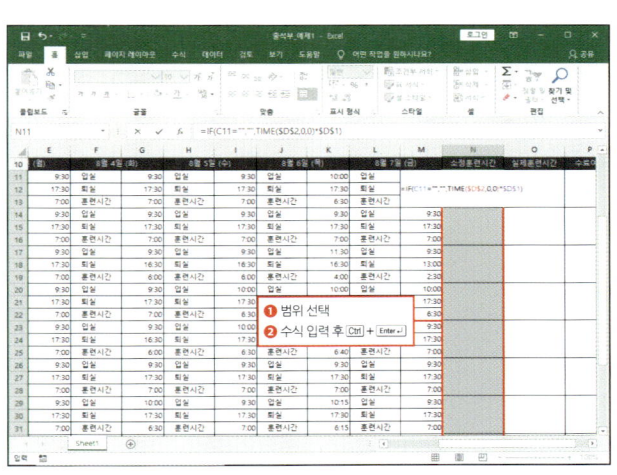

- TIME 함수를 이용하여 [D2] 셀에 입력된 7을 7시간으로 변경한 후 [D1] 셀에 입력된 5와 곱한 결과가 입력됩니다. 즉, 35시간에 해당하는 숫자 값 1.458333333이 입력됩니다.

4. 범위가 선택된 상태에서 마우스 오른쪽 단추를 누른 후 [셀 서식] 메뉴를 선택합니다. [셀 서식] 대화상자가 열리면 [표시 형식] 탭에서 '범주'란의 「사용자 지정」을 선택한 후, '형식'란에 『[h]:mm』을 입력하고 〈확인〉을 누릅니다.

- 35시간에 해당하는 숫자 값 1.45833333이 35:00으로 입력됩니다.

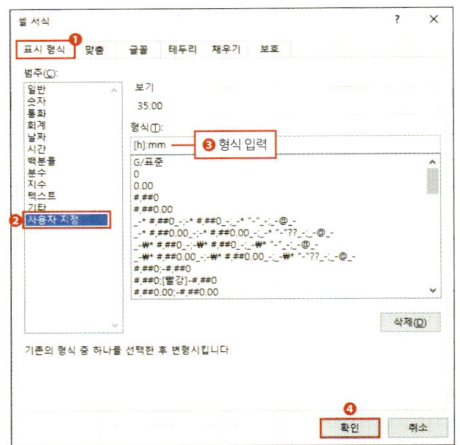
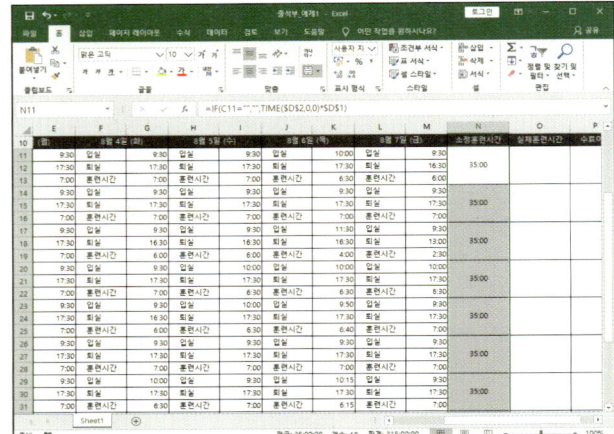

5. 실제 훈련시간을 구하기 위해 [O11:O38] 범위를 선택하고, 『=IF(C11="","",SUM(E13,G13,I13,K13,M13))』을 입력한 후에 Ctrl + Enter↵를 누릅니다.

- 개인별 일자별 훈련시간의 합이 숫자 값으로 입력됩니다.

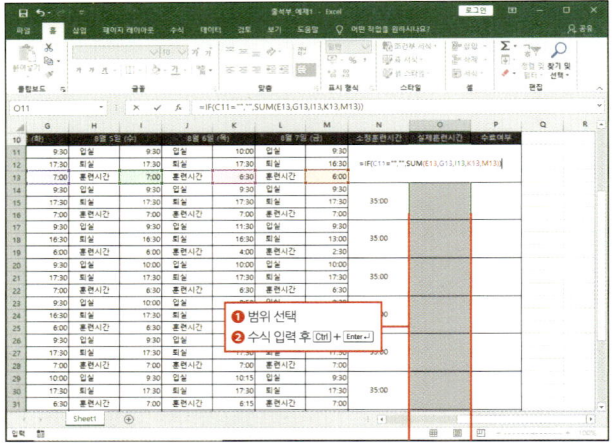

6. 이어서 범위가 선택된 상태에서 마우스 오른쪽 단추를 누른 후 [셀 서식] 메뉴를 선택합니다. [셀 서식] 대화 상자가 열리면 [표시 형식] 탭에서 '범주'란의 「사용자 지정」을 선택한 후, '형식'란에 『[h]:mm』을 입력합니다.

- 훈련시간 숫자 값이 시간으로 입력됩니다.

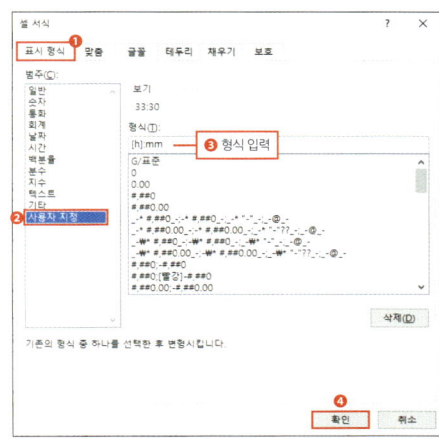
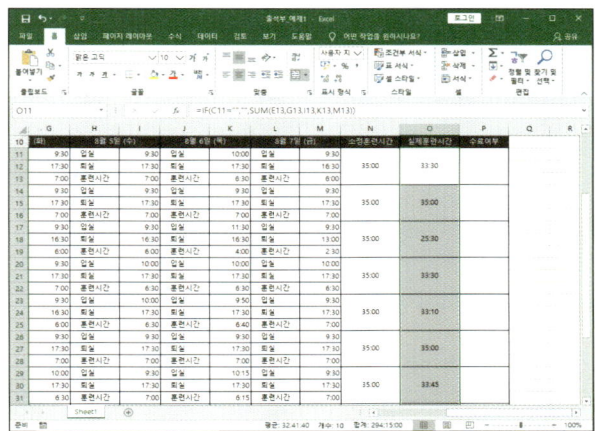

5 수료 여부 구하기

수료는 실제 훈련시간이 소정 훈련시간의 80% 이상이면 되고, 그렇지 않으면 미수료가 됩니다. 이러한 수식을 입력하여 자동으로 수료 여부를 구하도록 합니다.

1. 수료 여부를 구하기 위해 [P11:P38] 범위를 선택하고, 『=IF(C11="","",IF(O11/N11)>=0.8,"수료","미수료"))』를 입력한 후에 Ctrl + Enter↵를 누릅니다.

- 중첩으로 사용한 IF 함수로 'IF(조건식,참,IF(조건식,참,거짓))'입니다
- 『C11=""』의 결과가 'FALSE'이면, 중첩된 IF 함수를 실행합니다. 실제 훈련시간을 소정 훈련시간으로 나눈 값이 0.8보다 크거나 같으면 "수료"이고, 아니면 "미수료"를 입력합니다.

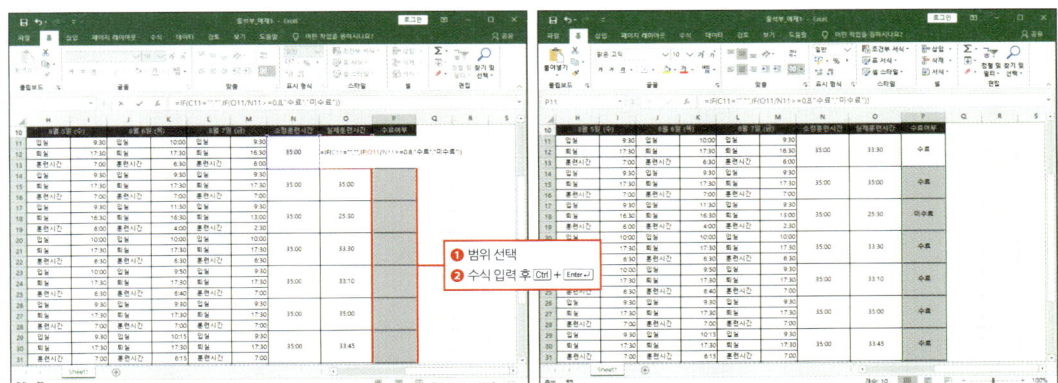

6   조건부 서식으로 색 지정하기

각 개인의 훈련시간이 입력된 셀을 구분하고, 수료 대상자와 미수료 대상자를 구분하기 위해 채우기 색을 지정합니다.

1. 훈련시간에 채우기 색을 지정하기 위해 [D11:M40] 범위를 선택하고, [홈] → [스타일] 그룹의 [조건부 서식] → [새 규칙]을 선택합니다.

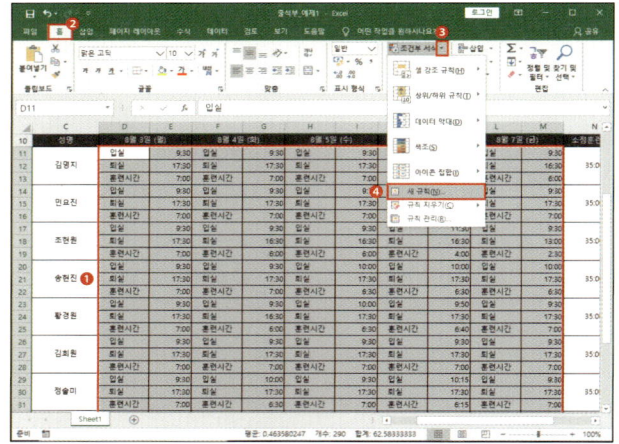

2. [새 서식 규칙] 대화상자가 열리면 「수식을 사용하여 서식을 지정할 셀 결정」 유형을 선택한 후에, '규칙 설명 편집'란에 『=MOD(ROW( )−1,3)=0』을 입력합니다. 이어서 〈서식〉을 클릭하면 [셀 서식] 대화상자가 열리는데, [채우기] 탭에서 「흐린 회색」을 선택한 후에 〈확인〉을 누릅니다.

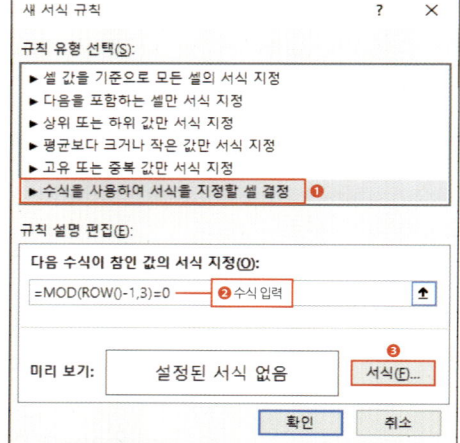

- 『=MOD(ROW( )−1,3)=0』 수식에서, 첫 번째 셀인 [D11]을 기준으로 설명하면 ROW( ) 함수의 결과는 11이고 −1을 하므로 결과는 10입니다. 그리고 『MOD(10,3)』의 결과는 1이고, 1 = 0과 같지 않으므로 '거짓'입니다. 즉, 채우기 색이 지정되지 않습니다.

3. 다시 [새 서식 규칙] 대화상자에서 〈확인〉을 누르면 결과를 확인할 수 있습니다.

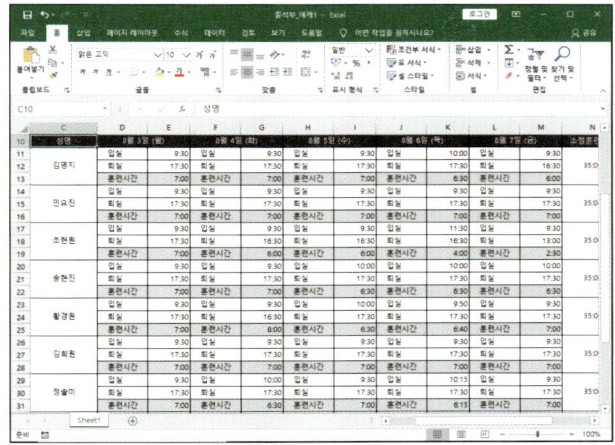

조건부 서식에 입력한 수식

=MOD(ROW( )-1,3)=0

사용한 함수

MOD(Number,Divisor)

나눗셈의 결과에서 나머지를 구합니다..

— Number: 나눗셈을 할 피제수입니다.
— Divisor: 나누고자 하는 제수입니다.

예를 들어, 『=MOD(13,5)』 식은 13을 5로 나누면 나머지 3을 구합니다.

---

4. 미수료 대상자의 'ID'와 '이름'을 표시하기 위해 [B11:C38] 범위를 선택하고, [홈] → [스타일] 그룹의 [조건부 서식] → [새 규칙]을 선택합니다. [새 서식 규칙] 대화상자가 열리면 「수식을 사용하여 서식을 지정할 셀 결정」 유형을 선택한 후에, '규칙 설명 편집'란에 『=$P11="미수료"』를 입력합니다. 이어서 〈서식〉을 클릭하면 [셀 서식] 대화상자가 열리는데, [글꼴] 탭의 색을 클릭하여 「흰색」을 선택하고, [채우기] 탭에서 「진한 회색」을 선택한 후에 〈확인〉을 누릅니다.

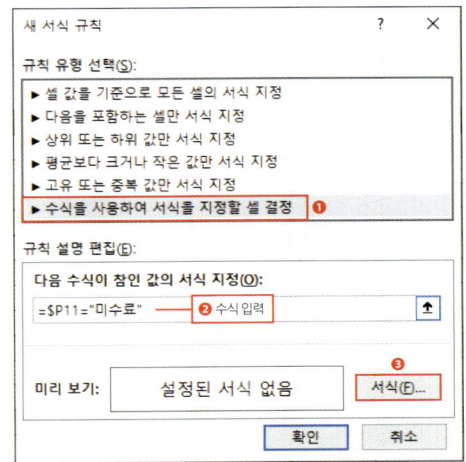

• 지정한 [$P11] 셀에 입력된 값이 "미수료"이면 흰색 글꼴과 진한 회색 채우기로 지정됩니다.

5. 다시 [새 서식 규칙] 대화상자에서 〈확인〉을 누르면 결과를 확인할 수 있습니다.

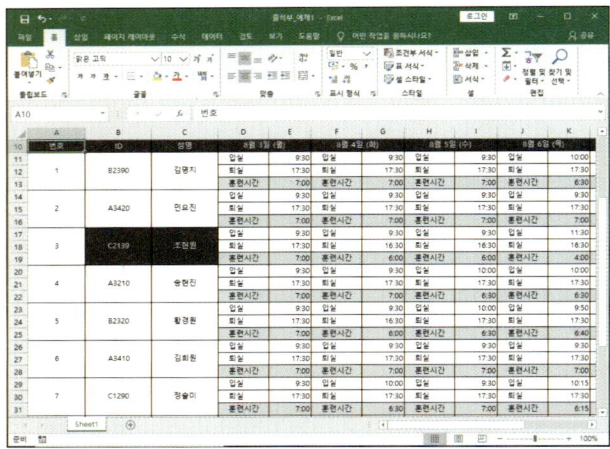

[응용] 이건 어때요?

| 예제 파일명: 출석부_이건어때요_예제.xlsx | 완성 파일명: 출석부_이건어때요_완성.xlsx

훈련시간에 채우기 색을 지정하는 조건부 서식을 다른 수식을 입력해도 같은 결과를 얻을 수 있습니다.

1. 훈련시간에 채우기 색을 지정하기 위해 [D11:M40] 범위를 선택하고, [홈] → [스타일] 그룹의 [조건부 서식] → [새 규칙]을 선택합니다.

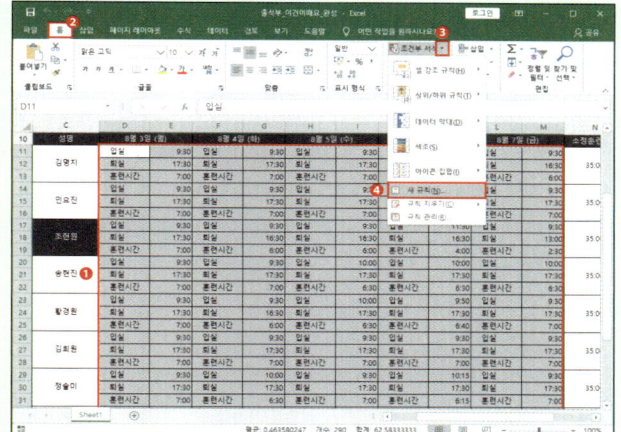

2. [새 서식 규칙] 대화상자가 열리면 「수식을 사용하여 서식을 지정할 셀 결정」 유형을 선택한 후에, '규칙 설명 편집'란에 『=$D11="훈련시간"』을 입력합니다. 이어서 〈서식〉을 클릭하면 [셀 서식] 대화상자가 열리는데, [채우기] 탭에서 「흐린 회색」을 선택한 후에 〈확인〉을 누릅니다.

- 『=$D11="훈련시간"』 수식에서, 첫 번째 셀인 [D11]을 기준으로 설명하면 [D11] 셀에 입력된 값은 '입실'이므로, '입실' = "훈련시간"이 같지 않으므로 거짓입니다.
- 『$D11』은 혼합참조로 D열은 고정이고 11행만 변경되면서 조건부 서식의 수식을 적용합니다. 즉, 행이 바뀌면 11행을 12, 13행 등으로 변경되지만, D열은 열이 바뀌어도 변경되지 않습니다.

3. 다시 [새 서식 규칙] 대화상자에서 〈확인〉을 누르면 결과를 확인할 수 있습니다.

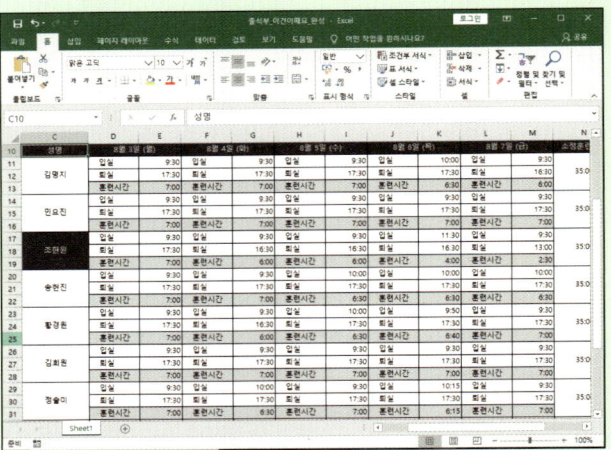

[응용] 한 걸음 더

| 예제 파일명: 출석부_한걸음더_예제.xlsx | 완성 파일명: 출석부_한걸음더_완성.xlsx

완성된 출석부를 한 페이지에 맞추어서 인쇄하기 위해 화면의 보기를 변경하여 조정합니다.

1. [페이지 레이아웃] → [페이지 설정] 그룹의 [용지방향] → [가로]를 클릭합니다.

2. [보기] → [통합 문서 보기] 그룹에서 [페이지 나누기 미리 보기]를 클릭합니다.

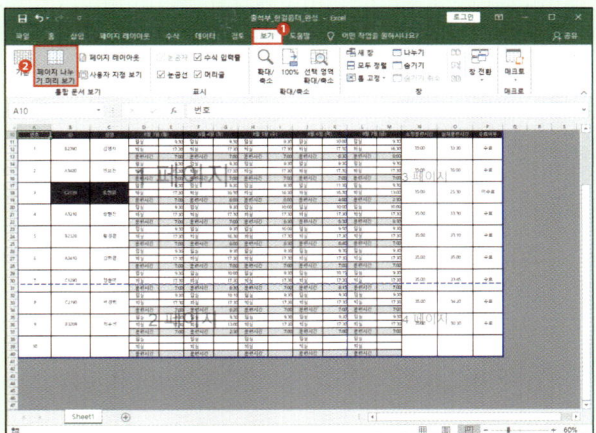

3. 파랑색 점선을 오른쪽의 실선까지 마우스로 끌어서 놓습니다.

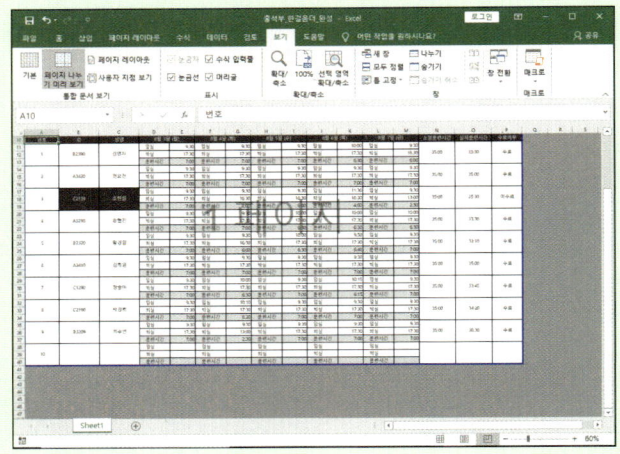

4. 인쇄하지 않을 1행부터 3행은, 위쪽 파랑색 실선을 3행까지 마우스로 끌어 놓아서 인쇄되지 않도록 지정합니다.

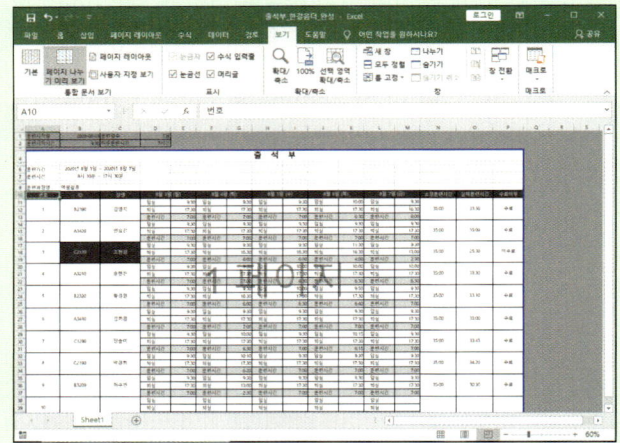

5. [페이지 레이아웃] → [페이지 설정] 그룹의 대화상자 표시(□)를 클릭합니다. [페이지 설정] 대화상자가 열리면 [여백] 탭에서 '페이지 가운데 맞춤'란의 「가로」를 체크합니다.

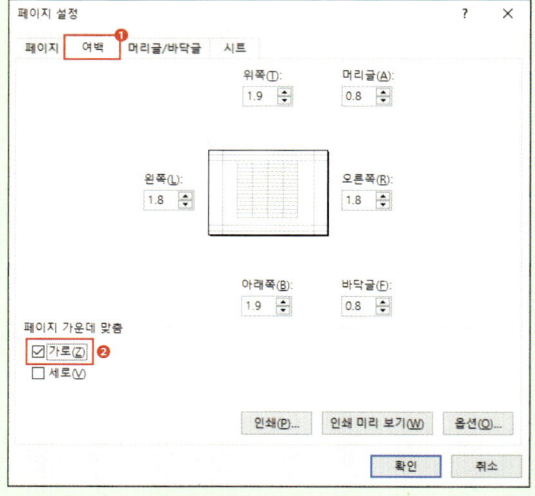

교육평가 CHAPTER 04

교육평가

예제 파일명:
교육평가_예제.xlsx

교육평가 작업은 대부분 개인별 총점과 평균을 구하는 것입니다. 이런 작업을 기본으로 평균 점수에 해당하는 구간의 인원을 구하고 백분율도 구합니다. 그리고 평균 점수를 기준으로 상위 하위에 해당하는 점수와 이름을 구합니다.

미리보기 | 완성 파일명: 교육평가_완성.xlsx

중간관리자 교육 평가

수험번호	소속본부/실	성명	경영직무	인재개발	리더십	IT	어학	인문학	총점	평균
10012	고객지원본부	김정	87	84	88	80	65	90	494	82.3
10014	기획조정실	신정연	90	82	40	60	50	85	407	67.8
10016	감사위원회	이의준	60	56	50	60	80	78	384	64
10018	기획조정실	이은숙	54	80	70	80	87	84	455	75.8
10021	에너지본부	이정화	90	80	80	90	90	82	512	85.3
10023	고객지원본부	남궁형욱	52	60	85	60	60	56	373	62.2
10025	고객지원본부	허계선	95	85	98	78	54	80	490	81.7
10027	기획조정실	박상하	85	78	95	90	90	80	518	86.3
10029	네트워크사업본부	박진유	98	78	40	60	52	60	388	64.7
10030	네트워크사업본부	민하온	95	95	100	90	95	85	560	93.3
10032	네트워크사업본부	정우정	78	75	46	85	85	78	447	74.5
10037	감사위원회	변은미	95	90	85	90	75	85	510	85
10045	에너지본부	원형권	90	54	75	80	50	90	439	73.2
10045	영업개발본부	이주연	89	90	78	95	60	60	472	78.7
10047	에너지본부	민상기	55	59	85	80				
10050	인력개발실	유봉규	70	46	70	60				
10051	인력개발실	박정화	70	85	78	60				
10058	재무지원실	온석찬	60	50	80	78				
10060	재무지원실	문소영	75	78	95	98				
10069	패션사업본부	유수경	56	80	70	60				
10070	패션사업본부	조병민	95	98	88	91				
10077	패션사업본부	이정인	65	67	40	60				
10078	고객지원본부	이해인	75	70	50	85				
10083	감사위원회	조성수	85	89	70	78				
10087	감사위원회	진기순	75	55	80	60				
10096	기획조정실	정지수	80	81	87	84				
10102	에너지본부	송은주	40	90	90	82				
10126	고객지원본부	김영희	80	60	60	56				

교육평가 분석

■ 평균 구간별 빈도수

구간	빈도수	백분율
60점 미만	2	4%
60점 이상 ~ 70점 미만	12	24%
70점 이상 ~ 80점 미만	19	38%
80점 이상 ~ 90점 미만	14	28%
90점 이상	3	6%

■ 상위 3등까지 평균점수

등수	1등	2등	3등
평균점수	93.3	92.2	91
성명	민하온	조병민	안아라

■ 하위 3등까지 평균점수

등수	1등	2등	3등
평균점수	57.7	59.5	62.2
성명	이재령	이정인	남궁형욱

1. 총점과 평균 구하기

1. 총점을 구하기 위해 [평가데이터] 워크시트의 [J4:J53] 범위를 선택하고, [홈] → [편집] 그룹의 [자동 합계] → [합계]를 선택합니다.

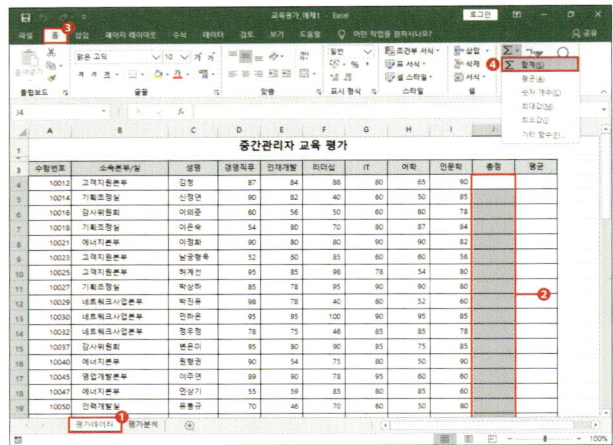

2. 평균을 구하기 위해 [K4:K53] 범위를 선택하고, 『=AVERAGE(D4:I4)』를 입력한 후에 Ctrl + Enter ↵ 를 누릅니다.

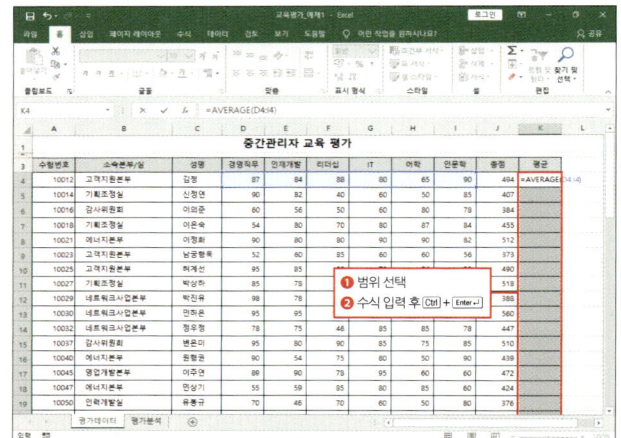

3. 함수를 이용한 소수점 첫째 자리까지 표시하기 위해 [K4:K53] 범위를 선택한 상태에서 수식 입력줄에 입력된 수식을 『=ROUND(AVERAGE(D4:I4),1)』으로 변경하고 Ctrl + Enter ↵ 를 누릅니다.

- AVEERAGE 함수로 평균을 구하고, 그 값을 소수 첫째 자릿수에 반올림하기 위해 ROUND 함수를 이용합니다.

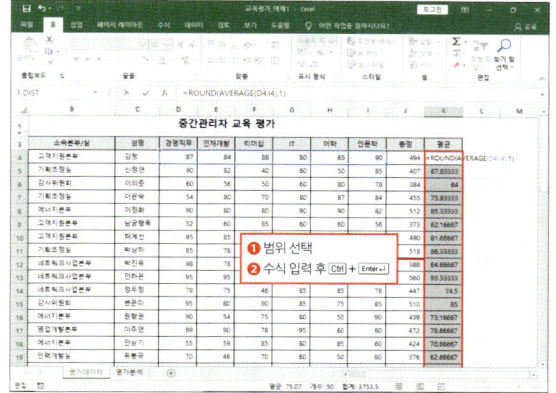

[K4:K53] 범위에 입력한 수식
=ROUND(AVERAGE(D4:I4),1)

사용한 함수
ROUND(Number,Num_digits)
숫자에 입력된 값을 반올림하여 자릿수로 지정된 값을 구합니다.

– Number : 반올림할 숫자가 입력되는 자리입니다.
– Num_digits : 반올림할 자릿수를 입력합니다. 양수이면 소수점을 기준으로 오른쪽을 의미하고, 음수이면 왼쪽을 의미합니다.

예를 들어, 숫자에 입력된 값이 9473.3457이면 각 경우에 따른 결과는 다음과 같습니다.

수식	결과
ROUND(9473.3457,3)	9473.346
ROUND(9473.3457,0)	9473
ROUND(9473.3457,-1)	9470

자릿수가 양수이면 소수점 자리를 의미하고 자릿수가 음수이면 1의 자리, 10의 자리, 100의 자리 등을 의미합니다.

이와 비슷한 함수로 다음과 같은 함수도 있습니다.

ROUNDDOWN(Number,Num_digits)
숫자에 입력된 값을 버림하여 자릿수로 지정된 값을 구합니다.

ROUNDUP(Number,Num_digits)
숫자에 입력된 값을 올림하여 자릿수로 지정된 값을 구합니다.

2 구간별 빈도수 구하기

다양한 함수를 이용하여 평가 데이터를 분석하여 자동으로 입력되도록 합니다.

1. [평가데이터] 워크시트의 [A3] 셀을 선택하고, 키보드의 Ctrl + * 또는 Ctrl + Shift + 8을 눌러서 데이터 범위를 선택합니다. 그리고 [수식] → [정의된 이름] 그룹에서 [선택 영역에서 만들기]를 클릭합니다.

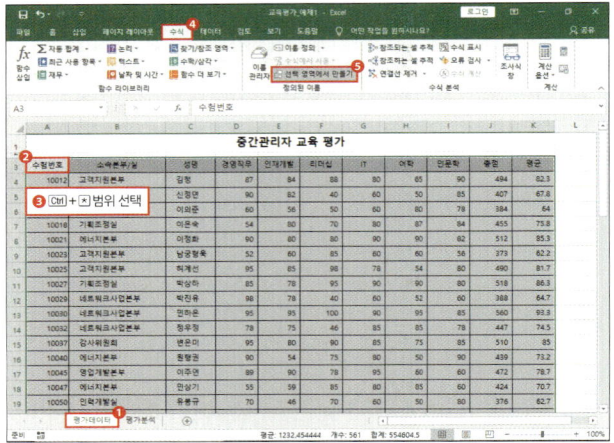

2. [선택 영역에서 이름 만들기] 대화상자가 열리면 「첫 행」만 체크된 상태에서 〈확인〉을 클릭합니다.

3. 빈도수를 구하기 위한 계급 구간의 값은 [평가분석] 워크시트의 [E5] 셀에 『59.99』, [E6] 셀에 『69.99』, [E7] 셀에 『79.99』, [E8] 셀에 『89.99』, [E9] 셀에 『100』을 입력합니다.

- 계급 구간의 값은 <=59.99, 60~69.99, 70~79.99, 80~89.99, 90~100으로 구분됩니다.

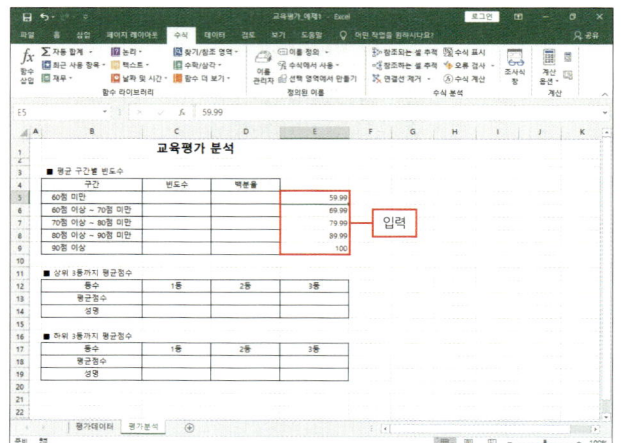

4. 빈도수를 구하는 [C5:C9] 셀에 『=FREQUENCY(평균,E5:E9)』을 입력하고 Ctrl + Shift + Enter 를 누릅니다. 그러면, {=FREQUENCY(평균,E5:E9)} 수식이 입력됩니다.

- '평균'은 데이터의 범위이고, [E5:E9] 범위에 입력한 계급 구간에 해당하는 빈도수를 구합니다.

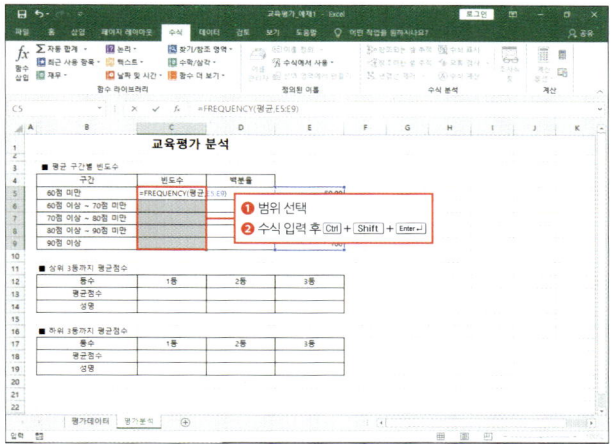

Tip & Tech

배열수식이란?

배열은 여러 값의 집합을 뜻하는 것으로, 집합에 대해 계산하려면 반드시 Ctrl + Shift + Enter 를 눌러야 합니다. 그러면 엑셀은 수식을 중괄호 { }로 감싸고, 집합에 대한 계산을 합니다. 즉, 수식에서 처음과 마지막에 중괄호 { }는 배열 함수 또는 배열수식을 표시하는 기호입니다.

값 입력, 일반 함수, 수식 등을 한번에 입력하기 위해 사용하는 단축키 Ctrl + Enter 와 혼동하지 말기 바랍니다.

5. 빈도수의 백분율을 구하는 [D5:D9] 셀에 『=FREQUENCY(평균,E5:E9)/COUNT(평균)』을 입력하고 Ctrl + Shift + Enter 를 누릅니다. 그러면 {=FREQUENCY(평균,E5:E9)/COUNT(평균)} 수식이 입력됩니다.

- 빈도수의 값을 '평균' 범위에서 숫자가 입력된 셀의 개수로 나눕니다.

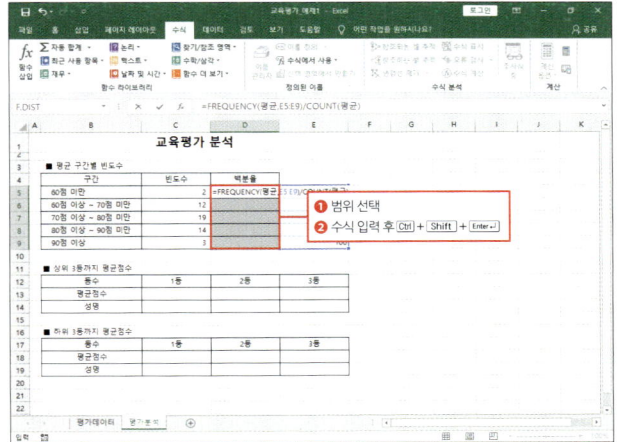

6. [E5:E9] 범위를 선택하고, 마우스 오른쪽 단추를 누른 후 [셀 서식] 메뉴를 선택합니다. [셀 서식] 대화 상자가 열리면 [표시 형식] 탭의 '범주'란에서「사용자 지정」을 선택한 후에 '형식'란에『;;』을 입력하고 〈확인〉을 누릅니다.

- 표시 형식은 '양수;음수;0의값'의 순서로 표시되는데, 서식코드 없이『;;』을 입력하였으므로, 아무것도 표시되지 않습니다. 즉, 계급 구간이 입력된 [E5:E9] 범위의 값을 보이지 않게 처리합니다.

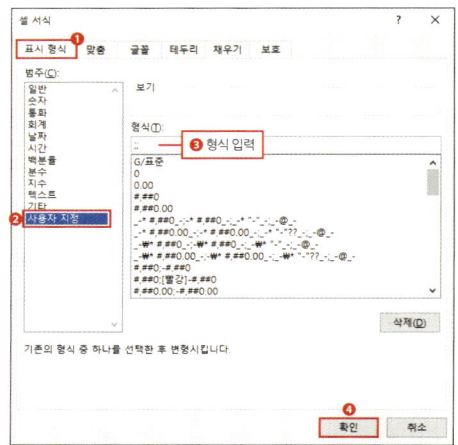 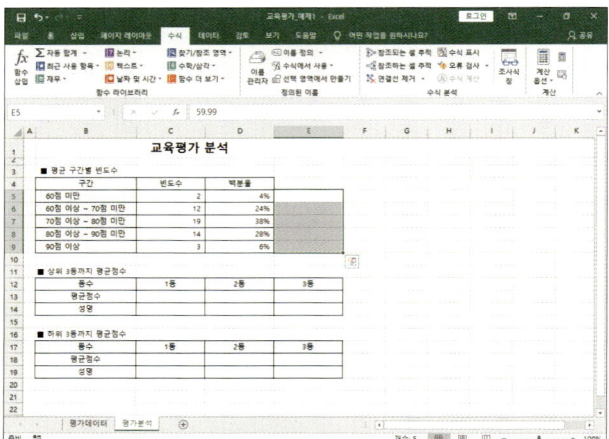

[D5] 셀에 입력한 수식
{=FREQUENCY(평균,E5:E9)/COUNT(평균)}

사용한 함수
FREQUENCY(Data_array,Bins_array)
지정한 간격에 따라 데이터 범위에서 값의 발생 빈도를 계산합니다. 계산 결과는 세로 배열의 형태로 구합니다. FREQUENCY 함수를 입력할 때는 수식이 입력될 전체 셀을 범위로 지정하고 수식을 입력한 후에 [Ctrl] + [Shift] + [Enter↵]를 누릅니다. FREQUENCY 함수는 전체 셀을 배열수식으로 입력하기 때문에 셀 범위를 '절대참조'로 입력하지 않더라도 그 참조 영역은 변하지 않습니다.
– Data_array : 빈도수를 계산할 데이터가 들어 있는 셀 범위를 지정합니다.
– Bins_array : 값을 분류할 간격이 들어 있는 셀 범위를 지정합니다.

COUNT(Value1,[Value2],...)
범위 안에 숫자가 입력된 셀의 개수를 구합니다.

수식 풀이

{=FREQUENCY(평균,E5:E9)

평균
82.3
67.8
64.0
75.8
85.3
62.2
81.7
86.3
64.7
93.3
….
….
66
68.3
77.7

E5:E9
59.99
69.99
79.99
89.99
100

수식을 입력한 셀
{=FREQUENCY(평균,E5:E9)}
{=FREQUENCY(평균,E5:E9)}
{=FREQUENCY(평균,E5:E9)}
{=FREQUENCY(평균,E5:E9)}
{=FREQUENCY(평균,E5:E9)}

- 평균 범위에서 59.99보다 작거나 같은 값의 개수
- 평균 범위에서 69.99보다 작거나 같은 값의 개수
- 평균 범위에서 79.99보다 작거나 같은 값의 개수
- 평균 범위에서 89.99보다 작거나 같은 값의 개수
- 평균 범위에서 99.99보다 작거나 같은 값의 개수

COUNT(평균)

'평균'으로 이름 정의된 범위에서 숫자가 입력된 셀의 개수를 구합니다.

3   상위 3등, 하위 3등 구하기

1. 평균 점수가 높은 순으로 1~3등을 구하기 위해 [C13:E13] 범위를 선택하고, 『=LARGE(평균,C12)』를 입력한 후에 Ctrl + Enter↵를 누릅니다.

- [C12] 셀에 "1"이 입력되어 있으므로, 평균 범위에서 가장 큰 값을 구합니다.

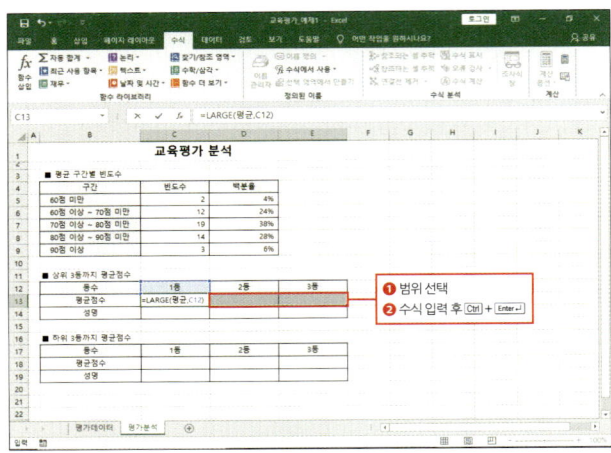

[C13] 셀에 입력한 수식
=LARGE(평균,C12)

사용한 함수
LARGE(Array,K)
범위에서 순번에 해당하는 큰 값을 구합니다.
- Array : 데이터가 입력된 범위입니다.
- K : 범위에서 구하려는 숫자입니다.

예를 들어, 『=LARGE(평균,3)』 식은 평균 범위에서 3번째로 큰 값을 구합니다.

---

2. 평균 점수 상위 1~3등의 성명을 구하기 위해 [C14:E14] 범위를 선택하고, 『=INDEX(성명,MATCH(C13,평균,0),1)』을 입력한 후에 Ctrl + Enter↵를 누릅니다.

- 『MATCH(C13,평균,0)』 식은 'MATCH(찾는값,범위,0)'의 형식으로, [C13] 셀에 입력한 "93.3"을 '평균' 범위에서 정확하게 찾으면 "10"을 구합니다. 즉 "93.3"은 평균 범위에서 10번째에 위치합니다.
- 『INDEX(성명,MATCH(C13,평균,0),1)』 식은 INDEX(범위,행번호,열번호)의 형식으로, '성명' 범위에서 10행 1열에 입력된 "민하은"을 찾아옵니다.

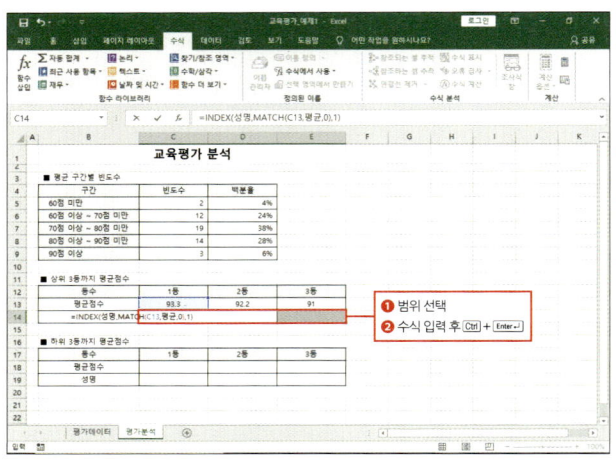

3. 평균 점수가 낮은 순으로 1~3등을 구하기 위해 [C18:E18] 범위를 선택하고, 『=SMALL(평균,C17)』을 입력한 후에 Ctrl + Enter↵를 누릅니다.

- [C17] 셀에 "1"이 입력되어 있으므로, 평균 범위에서 가장 작은 값을 구합니다.

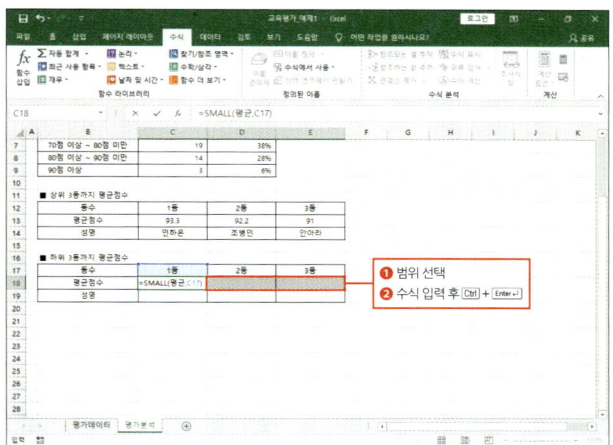

[C18] 셀에 입력한 수식
=SMALL(평균,C17)

사용한 함수
SMALL(Array,K)

범위에서 순번에 해당하는 작은 값을 구합니다.

- Array: 데이터가 입력된 범위입니다.
- K: 범위에서 구하려는 숫자입니다.

예를 들어, 『=SMALL(평균,2)』식은 평균 범위에서 2번째로 작은 값을 구합니다.

4. 평균 점수 하위 1~3등의 성명을 구하기 위해 [C19:E19] 범위를 선택하고, 『=INDEX(성명, MATCH(C18,평균,0),1)』을 입력한 후에 Ctrl + Enter를 누릅니다.

- 『MATCH(C18,평균,0)』 식은 [C18] 셀에 입력된 "57.7"을 '평균' 범위에서 정확하게 찾으면 "39"를 구합니다.
- 『INDEX(성명,MATCH(C18,평균,0),1)』 식은 '성명' 범위에서 39행 1열에 입력된 "이재령"을 찾아옵니다.

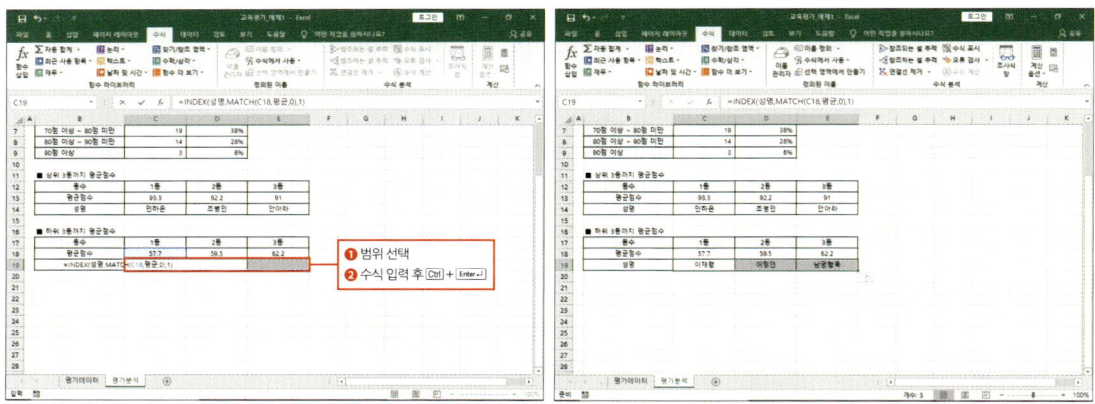

교육평가 CHAPTER 04

[응용] 한 걸음 더

| 예제 파일명: 교육평가_한걸음더_예제.xlsx　　　　| 완성 파일명: 교육평가_한걸음더_완성.xlsx

작성해 놓은 서식과 수식을 다른 사람이 임의로 변경하지 못하게 하려면 셀 잠금 설정과 워크시트를 보호해야 합니다.

셀 잠금과 시트 보호 설정하기

1. [평가분석] 워크시트에서 왼쪽 위 모서리에 있는 [모두 선택] 단추(▲)를 클릭해서 모든 셀을 선택합니다. 그리고 [홈] → [셀] 그룹의 [🔲 서식]에서 [🔒 셀 잠금]을 클릭합니다.

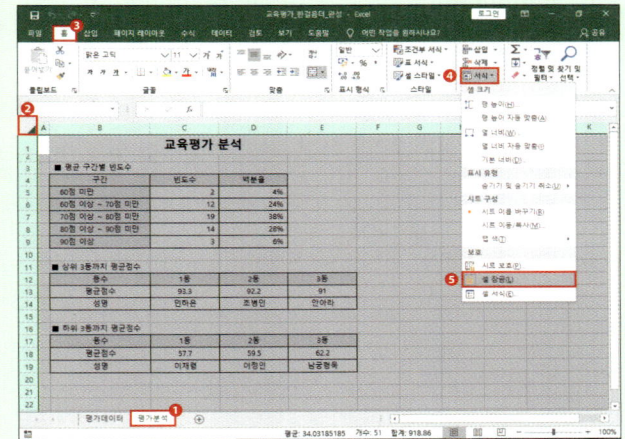

- 엑셀의 처음 상태는 모든 셀이 '셀 잠금'으로 설정된 상태입니다. 이 과정을 통해 모든 셀의 '셀 잠금' 상태를 해제합니다.

Tip & Tech

"보호되지 않은 수식" 메시지가 나타나는 이유

셀 잠금을 해제하면 수식이 포함된 셀의 왼쪽 위에 녹색 삼각형이 표시됩니다. 해당 셀을 선택고 노란색 느낌표를 선택하면 다음 그림과 같은 메뉴가 나옵니다.

기본적으로 모든 셀은 실수로 변경되거나 무단으로 변경되는 것을 방지하고자 잠겨 있습니다. 이때 수식이 포함된 셀은 잠기지 않습니다. 수식이 포함된 셀을 보호하면 셀을 변경할 수 없으며 오류를 방지할 수 있습니다. 그러나 셀을 잠그는 것은 첫 단계에 불과하므로 통합 문서를 보호하려면 암호 설정과 같은 추가 작업을 수행해야 합니다.

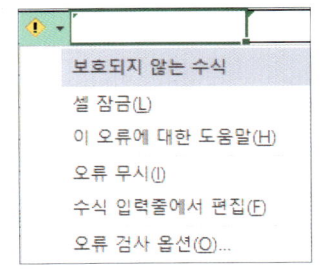

2. [C5:D9] 범위를 선택하고 Ctrl를 누른 상태에서 [C13:E14] 범위와 [C18:E19] 범위를 선택한 다음, [홈] → [셀] 그룹의 [서식]에서 [셀 잠금]을 클릭합니다.

• 지정한 범위만 '셀 잠금'이 설정됩니다.

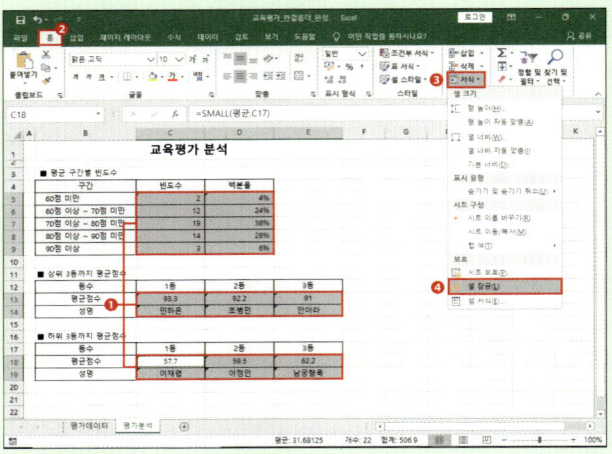

3. 임의의 셀을 선택하고 [홈] → [셀] 그룹의 [서식]에서 [🔒 시트 보호]를 클릭합니다.

• 시트 보호는 셀 잠금으로 설정된 셀만 보호합니다.

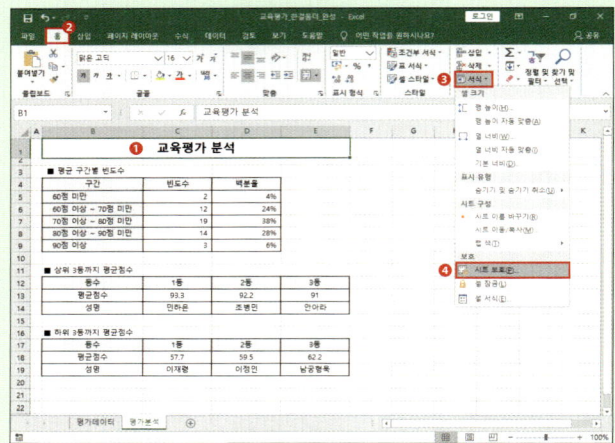

4. [시트 보호] 대화상자가 열리면 '시트 보호 해제 암호' 입력란에 암호를 입력하고 〈확인〉을 누릅니다. 다시 [암호 확인] 대화상자가 열리면 조금 전에 입력한 해제 암호를 입력하고 〈확인〉을 누릅니다.

• 시트 보호가 설정되면, 리본 메뉴의 아이콘들이 비활성화됩니다.

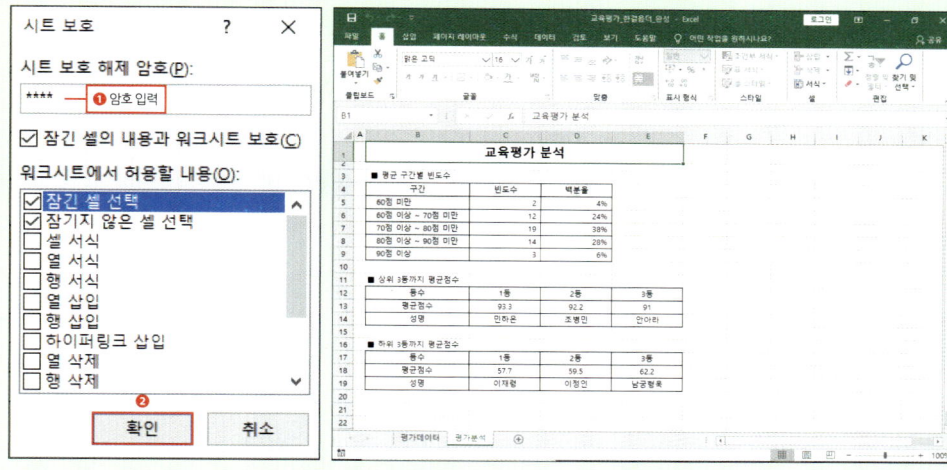

5. 시트 보호가 설정된 셀에 데이터를 입력하면 경고 창이 나타납니다.

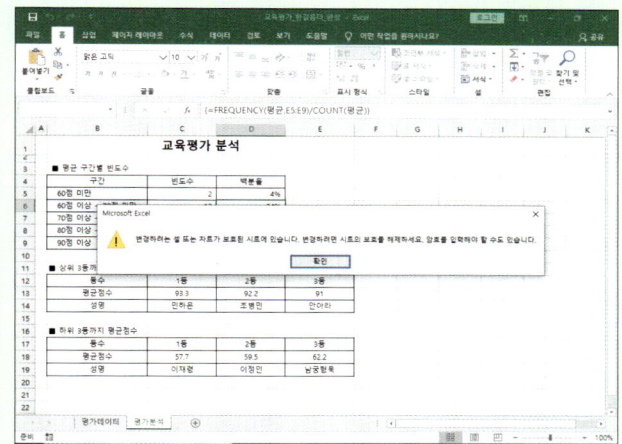

시트 보호 해제하기

1. [평가분석] 워크시트에서 임의의 셀을 선택한 상태하고, [홈] → [셀] 그룹의 [서식]에서 [시트 보호 해제]를 클릭합니다.

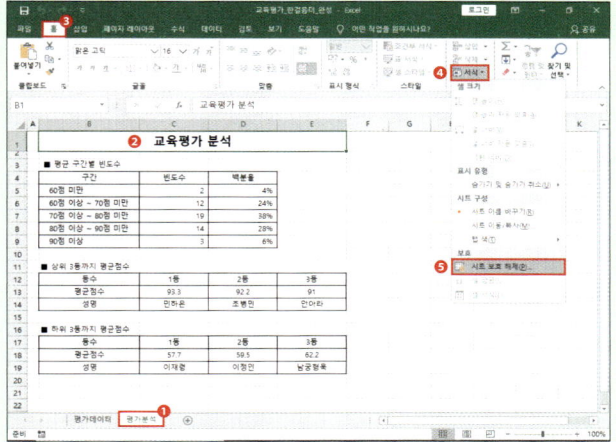

2. [시트 보호 해제] 대화상자가 열리면 암호를 입력하고 〈확인〉을 누릅니다.

- 시트 보호가 해제되면, 리본 메뉴의 아이콘들이 활성화됩니다.

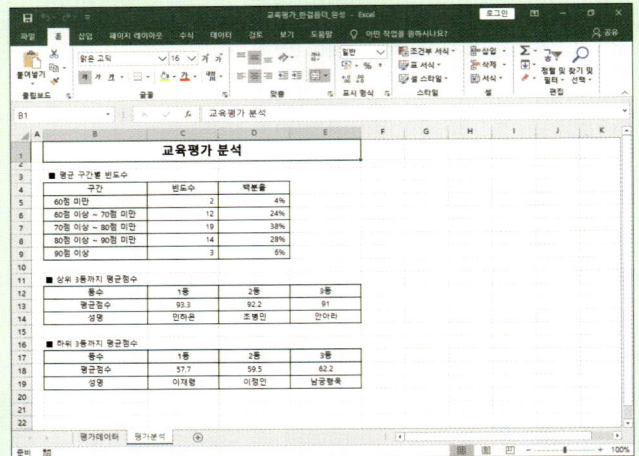

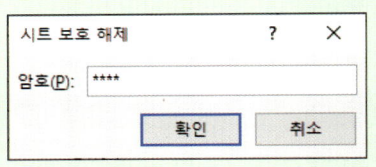

CHAPTER 05

입출고대장

예제 파일명:
입출고대장_예제.xlsx

제품에 대한 입고, 출고, 반품이 발생하면, 그에 대한 내역을 [거래내역] 워크시트에 입력합니다. 그러면 [품목자료] 워크시트에서는 각 제품에 대한 입고량, 출고량, 반품량을 집계하여 사용자가 재고 파악을 쉽게 할 수 있게 하며, 또한 [금액집계] 워크시트에서는 각 제품에 대한 월별 입고, 출고, 반품 금액의 집계도 자동으로 계산하도록 처리합니다.

미리보기 | 완성 파일명: 입출고대장_완성.xlsx

1   거래구분 유효성 검사 만들기

1. [거래내역] 워크시트에서 [B4:B65] 범위를 선택하고, [데이터] → [데이터 도구] 그룹에서 [데이터 유효성 검사]를 클릭합니다.

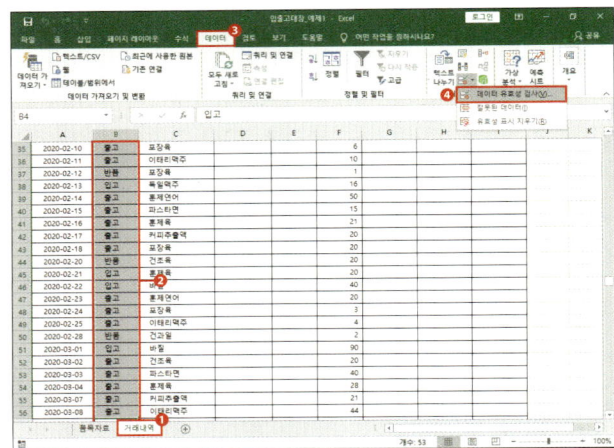

2. [데이터 유효성] 대화상자가 열리면 [설정] 탭에서 '제한 대상'은 「목록」으로 선택하고, '원본'란에 『입고,출고,반품』을 입력한 후에 〈확인〉을 클릭합니다.

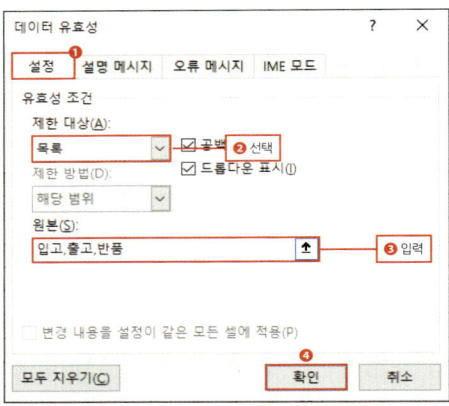

2 제품명 유효성 검사 만들기

1. 제품 수를 구하기 위해 [품목자료] 워크시트를 선택하고, [I3] 셀에 『=COUNTA(B:B)-2』를 입력합니다.

- B열 전체([B1:B1048576])에서 데이터가 입력된 셀의 개수를 구합니다.
- 이때, 제목이 입력된 [B1] 셀과 제품이 입력된 [B5] 셀의 개수 2를 빼주면, 품목자료 시트에 입력된 제품의 수를 구합니다.

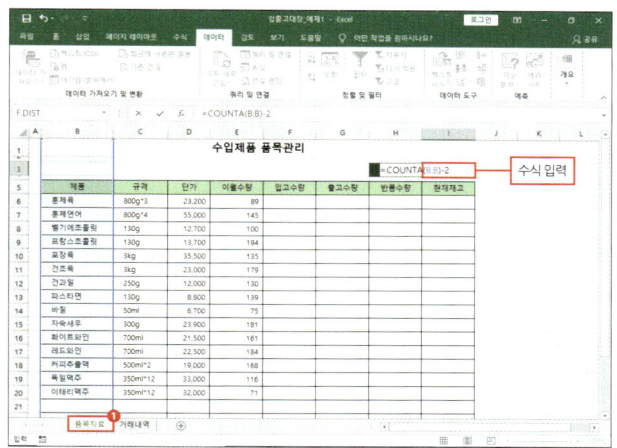

2. [수식] → [정의된 이름] 그룹의 [이름 관리자]를 클릭하고, [이름 관리자] 대화상자가 열리면 〈새로 만들기〉를 클릭합니다.

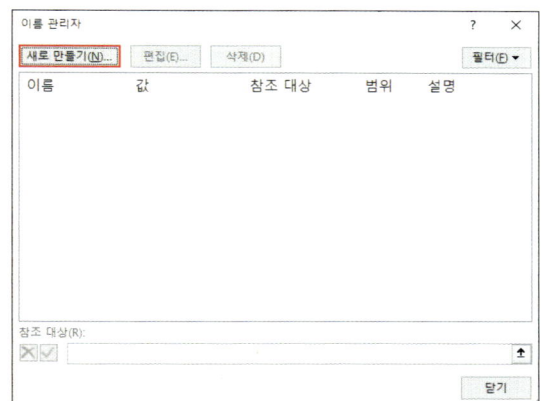

3. [새 이름] 대화상자가 열리면 '이름'란에 『제품』을 입력하고, '참조 대상' 입력란에 『=OFFSET(품목자료!$B$6,0,0,품목자료!$I$3,1)』을 입력하고 〈확인〉을 누릅니다. 그리고 [이름 관리자] 대화상자에서 〈닫기〉를 누릅니다.

- [B6] 셀부터 마지막으로 입력된 데이터의 B열 행까지 '제품' 이름이 지정됩니다.

4. [거래내역] 워크시트의 [C4:C65] 범위를 선택하고, [데이터] → [데이터 도구] 그룹에서 [데이터 유효성 검사]를 클릭합니다.

[데이터 유효성] 대화상자가 열리면 [설정] 탭에서 '제한 대상'은 「목록」으로 선택하고, '원본'란에 『=제품』을 입력한 후에 〈확인〉을 클릭합니다.

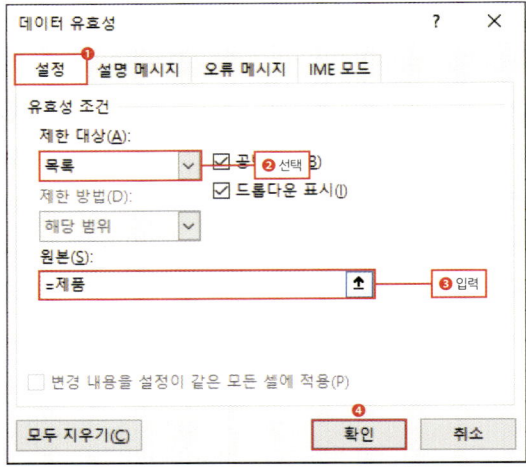

3 규격과 단가 구하기

입력한 제품명에 해당하는 규격과 단가가 자동으로 입력되도록 합니다.

1. [품목자료] 워크시트를 선택하고, [수식] → [정의된 이름] 그룹의 [이름 관리자]를 클릭합니다. [이름 관리자] 대화상자가 열리면 〈새로 만들기〉를 클릭합니다.

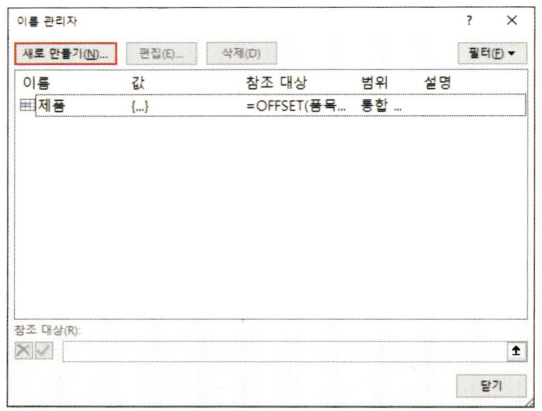

2. [새 이름] 대화상자가 열리면 '이름'란에 『품목표』를 입력하고, '참조 대상' 입력란에 『=OFFSET(품목자료!$B$6,0,0,품목자료!$I$3,3)』을 입력하고 〈확인〉을 누릅니다. 그리고 [이름 관리자] 대화상자에서 〈닫기〉를 누릅니다.

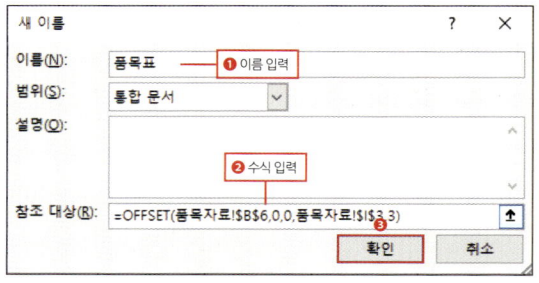

- [B6] 셀부터 마지막으로 입력된 데이터의 D열 행까지 '품목표' 이름이 지정됩니다.

3. 규격을 구하기 위해, [거래내역] 워크시트에서 [D4:D65] 범위를 선택하고, 『=VLOOKUP(C4,품목표,2,0)』을 입력한 후에 Ctrl + Enter↵를 누릅니다.

- [C4] 셀에 입력된 값을 품목표 범위의 첫 열에서 찾아서, 같은 행의 2열의 값을 입력합니다.

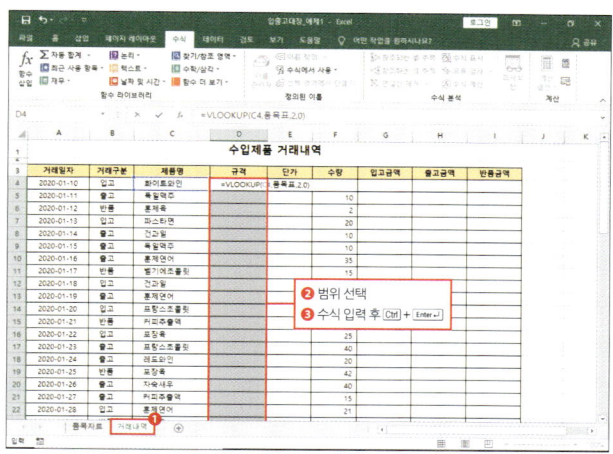

4. 앞의 수식은 C 열에 제품명이 비어 있으면 #N/A 오류가 발생합니다. 오류를 처리하기 위해 [D4:D65] 범위가 선택된 상태에서 수식 입력줄에 입력된 수식을 『=IFERROR(VLOOKUP(C4,품목표, 2,0),"")』으로 변경하고 Ctrl + Enter↵를 누릅니다.

- VLOOKUP 함수로 규격을 구하고, 만약 규격을 구하지 못하고 오류가 발행하면, IFERROR 함수에서 지정한 공백으로 값을 입력합니다.

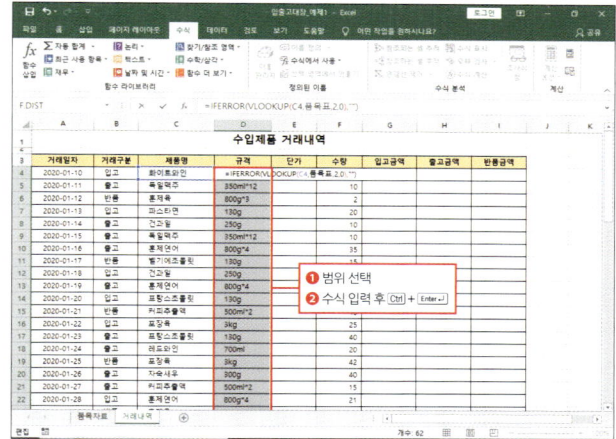

5. 단가를 구하기 위해, [E4:E65] 범위를 선택하고, 『=IFERROR(VLOOKUP(C4,품목표,3,0),0)』를 입력한 후에 Ctrl + Enter↵를 누릅니다.

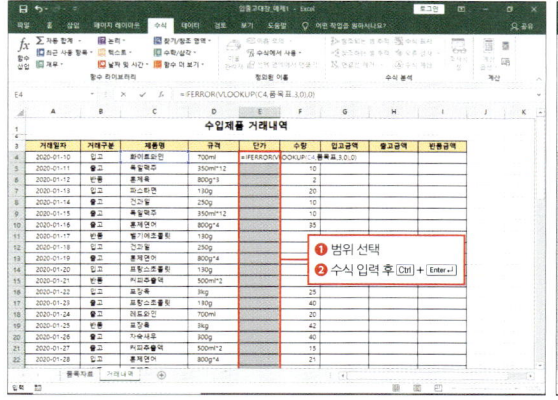 

[D4] 셀에 입력한 수식
=IFERROR(VLOOKUP(C4,품목표,2,0),"")

사용한 함수
IFERROR(Value,Value_if_error)
Value의 결과가 오류이면, 오류값 대신에 주어진 Value_if_error로 입력합니다.

– Value: 오류 여부를 검사하고자 하는 데이터 혹은 수식을 입력합니다.
– Value_if_error: 값이 오류일 때 표시할 값을 입력합니다.

예를 들어 『=IFERROR(345/0,0)』 식은 345를 0으로 나누면 오류가 발생합니다. 그러면 오류값 대신에 0으로 바꾸어 입력하므로, 셀에 입력되는 결과는 0이 표시됩니다.

4 입고, 출고, 반품 금액 구하기

거래구분에 따라 입고금액, 출고금액, 반품금액이 자동으로 입력되도록 합니다.

1. [거래내역] 워크시트에서 [G4:G65] 범위를 선택하고, 『=IF(B4="입고",E4*F4,0)』을 입력한 후에 Ctrl + Enter↵를 누릅니다.

2. [H4:H65] 범위를 선택하고, 『=IF(B4="출고",E4*F4,0)』을 입력한 후에 Ctrl + Enter↵를 누릅니다.

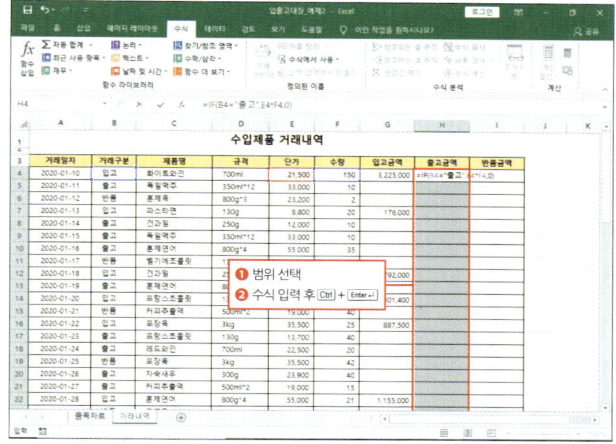

3. [I4:I65] 범위를 선택하고, 『=IF(B4="반품",E4*F4,0)』을 입력한 후에 Ctrl + Enter↵를 누릅니다.

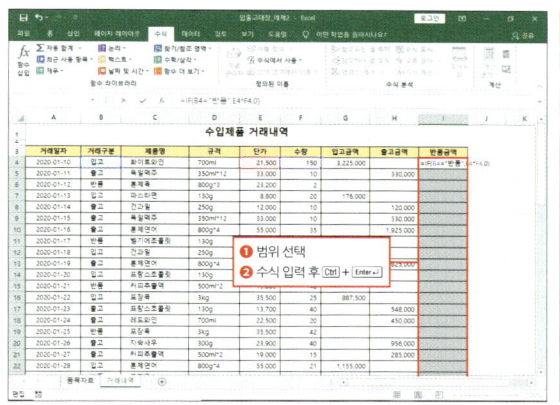
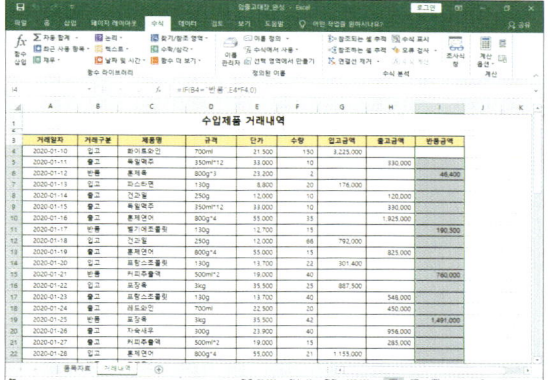

5 제품별 수량 집계하기

제품을 효율적으로 관리하려면 각 제품의 재고수량을 정확하게 파악하고 있어야 합니다. 정확한 재고수량을 파악하기 위해, 거래내역 시트의 입고, 출고, 반품의 수량을 입력과 동시에 품목자료 시트에 집계되도록 합니다. 품목자료 시트에는 기본 자료인 규격과 단가와 이월 수량이 입력되어 있으므로 제품에 대한 정보와 함께 재고수량을 한눈에 파악할 수 있습니다.

변경되는 이름 정의하기

1. [거래내역] 워크시트를 선택하고, [수식] → [정의된 이름] 그룹의 [이름 관리자]를 클릭하고, [이름 관리자] 대화상자가 열리면 〈새로 만들기〉를 클릭합니다.

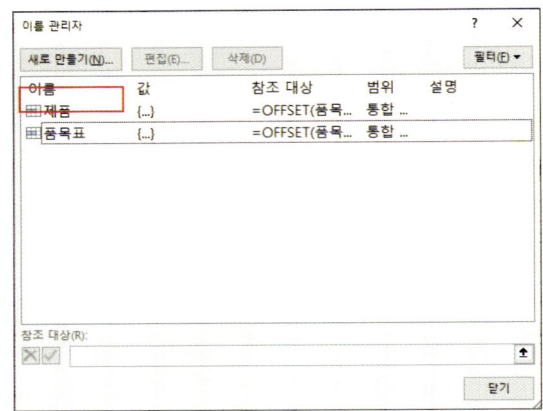

2. [새 이름] 대화상자가 열리면 '이름'란에 『거래구분』을 입력하고, '참조 대상' 입력란에 『=OFFSET(거래내역!$B$4,0,0,COUNTA(거래내역!$A:$A)-2,1)』을 입력하고 〈확인〉을 누릅니다.

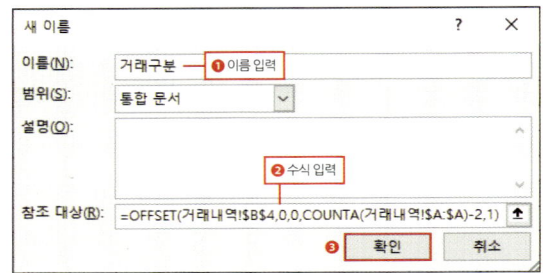

- 『COUNTA(거래내역!$A:$A)-2』는 A열 전체([A1:A1048576])에서 데이터가 입력된 셀의 개수를 구합니다. 이때, 제목이 입력된 [A1] 셀과 '거래일자'가 입력된 [A3] 셀의 개수 2를 차감합니다.
- OFFSET 함수는 [B4] 셀부터 움직이지 않고, COUNTA 함수로 구한 값의 행에 1열의 크기로 이름이 지정됩니다.

3. 다시 [이름 관리자] 대화상자에서 〈새로 만들기〉를 클릭합니다. [새 이름] 대화상자가 열리면 '이름'란에 『제품명』을 입력하고, '참조 대상' 입력란에 『=OFFSET(거래내역!$C$4,0,0,COUNTA(거래내역!$A:$A)-2,1)』을 입력하고 〈확인〉을 누릅니다.

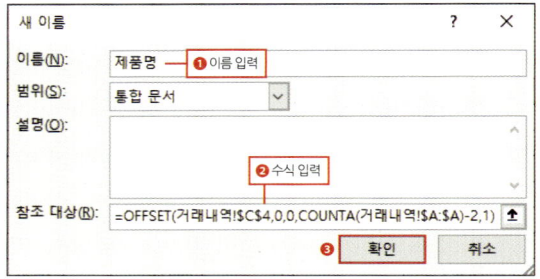

- [C4] 셀부터 움직이지 않고, COUNTA 함수로 구한 값의 행에 1열의 크기로 이름이 지정됩니다.

4. 다시 [이름 관리자] 대화상자에서 〈새로 만들기〉를 클릭합니다. [새 이름] 대화상자가 열리면 '이름' 란에 『수량』을 입력하고, '참조 대상' 입력란에 『=OFFSET(거래내역!$F$4,0,0,COUNTA(거래내역!$A:$A)-2,1)』을 입력하고 〈확인〉을 누릅니다.

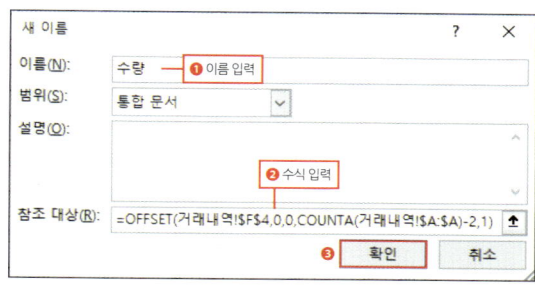

- [F4] 셀부터 움직이지 않고, COUNTA 함수로 구한 값의 행에 1 열의 크기로 이름이 지정됩니다.

5. 이름 만들기가 끝났으면 [이름 관리자] 대화상자에서 〈닫기〉를 누릅니다.

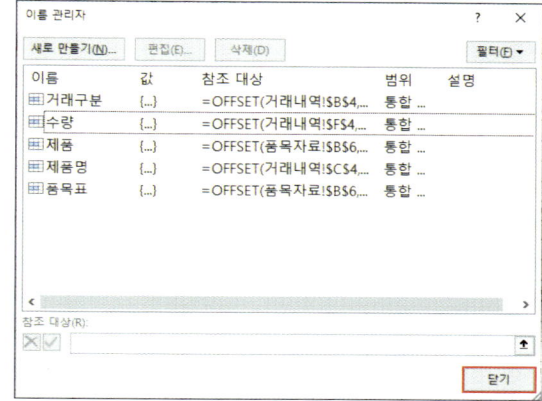

입고수량, 출고수량, 반품수량, 현재재고 구하기

1. 입고수량 입력을 위해 [품목자료] 워크시트에서 [F6:F25] 범위를 선택하고, 『=SUMIFS(수량,제품명, B6,거래구분,"입고")』를 입력한 후에 Ctrl + Enter 를 누릅니다.

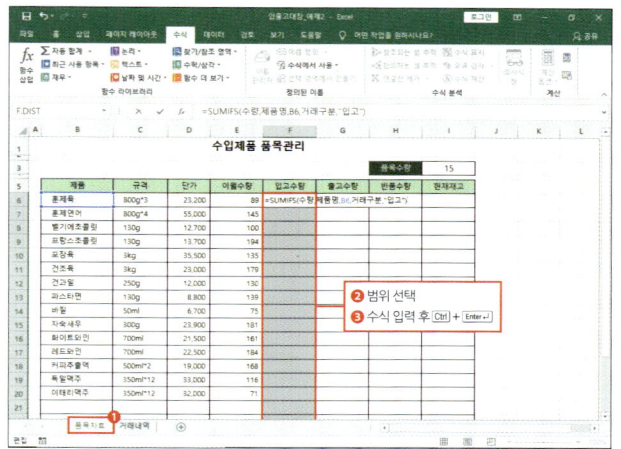

- 제품명 범위에 "훈제육"이 입력되어 있고, 거래구분 범위에 "입고"가 입력되어 있는, 두 조건을 만족하는 수량의 합을 구합니다.

2. 출고수량 입력을 위해 [G6:G25] 범위를 선택하고, 『=SUMIFS(수량,제품명, B6,거래구분,"출고")』를 입력한 후에 Ctrl + Enter↵를 누릅니다.

- 제품명 범위에 "훈제육"이 입력되어 있고, 거래구분 범위에 "출고"가 입력되어 있는, 두 조건을 만족하는 수량의 합을 구합니다.

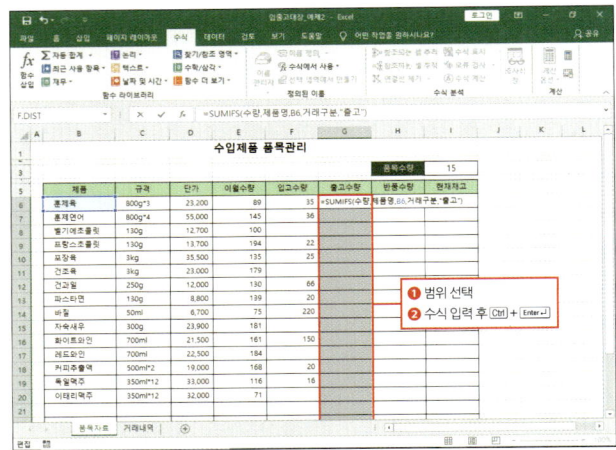

3. 반품수량 입력을 위해 [H6:H25] 범위를 선택하고, 『=SUMIFS(수량,제품명, B6,거래구분,"반품")』를 입력한 후에 Ctrl + Enter↵를 누릅니다.

- 제품명 범위에 "훈제육"이 입력되어 있고, 거래구분 범위에 "반품"이 입력되어 있는, 두 조건을 만족하는 수량의 합을 구합니다.

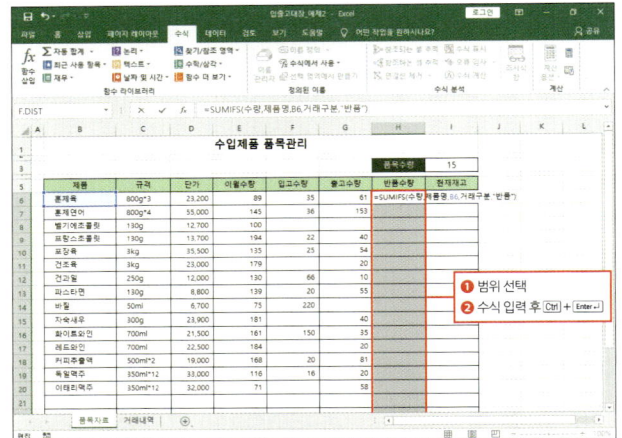

4. 현재재고 입력을 위해 [I6:I25] 범위를 선택하고, 『=E6+F6-G6+H6』를 입력한 후에 Ctrl + Enter↵를 누릅니다.

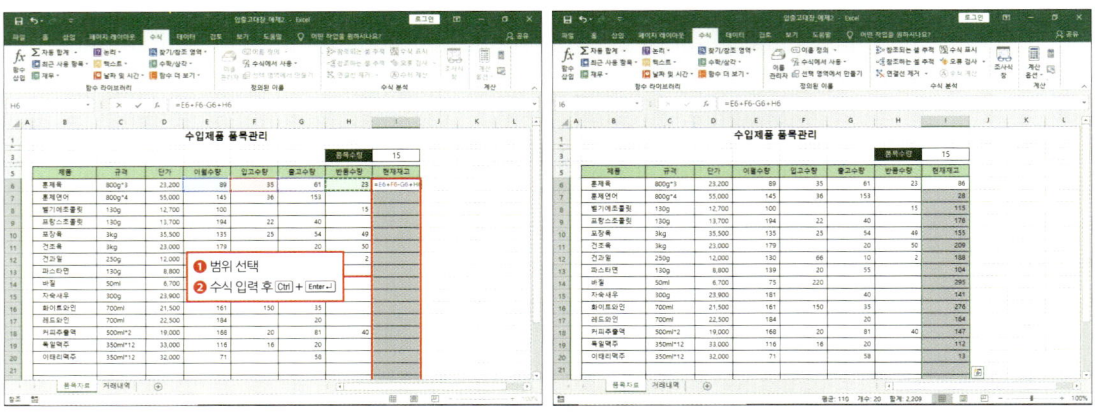

[F6:F25] 범위에 입력한 수식
=SUMIFS(수량,제품명, B6,거래구분,"입고")

사용한 함수

SUMIFS(Sum_Range,Criteria_range1,Criteria1, Criteria_range2,Criteria2…)
여러 가지 조건을 동시에 만족하는 숫자값의 합계를 구합니다.

- Sum_Range: 합계를 계산할 숫자가 입력된 범위입니다.
- Criteria_range1: 첫 번째 조건을 검색할 범위입니다.
- Criteria1: 첫 번째 조건을 입력합니다.
- Criteria_range2: 두 번째 조건을 검색할 범위입니다.
- Criteria2: 두 번째 조건을 입력합니다.

예를들어, 『=SUMIFS(금액,지역,"서울",성별,"남자")』 지역 범위에 '서울'이 입력되어 있고, 성별 범위에 '남자'가 입력되어 있는, 두 조건을 만족하는 금액 범위에 입력된 금액의 합을 구합니다.

지역 범위	성별 범위	금액 범위
서울	남자	100
대구	여자	200
서울	여자	150
인천	남자	100
부산	남자	250
광주	여자	100
서울	남자	120

즉, 결괏값은 220입니다.

[응용] 이건 어때요?

| 예제 파일명: 입출고대장_이건어때요_예제.xlsx
| 완성 파일명: 입출고대장_이건어때요_완성.xlsx

앞서 [거래내역] 워크시트에서 제품명에 해당하는 규격과 단가를 자동으로 입력하기 위해 IFERROR 함수를 사용하였습니다. 하지만 IFERROR 함수는 엑셀 2007 버전에서 처음 소개되었기 때문에, 2003 이하 버전에서는 사용할 수 없습니다. 엑셀 2003 버전에서 제품명에 해당하는 규격과 단가를 자동으로 입력하기 원한다면 ISERROR 함수를 사용합니다.

1. 규격을 구하기 위해, [거래내역] 워크시트의 [D4:D65] 범위를 선택하고, 『=IF(ISERROR(VLOOKUP(C4,품목표,2,0)),"",VLOOKUP(C4,품목표,2,0))』를 입력한 후에 Ctrl + Enter↵를 누릅니다.

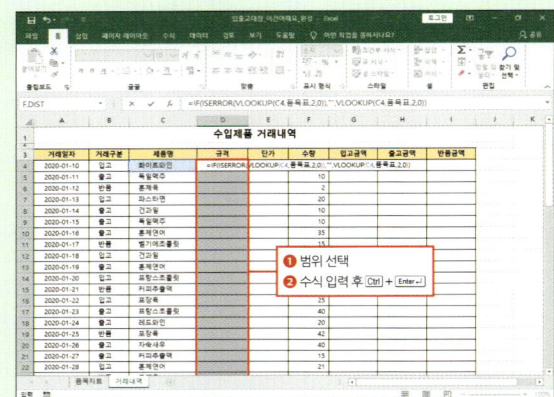

- IF 함수의 조건식인 『ISERROR(VLOOKUP(C4,품목표,2,0)』는 VLOOKUP 함수를 실행하여 오류가 발생하면 TRUE, 발생하지 않으면 FALSE가 결정됩니다. 따라서 조건이 TRUE이면 공백("")을 입력하고, FALSE이면 VLOOKUP 함수를 실행하여 규격을 구합니다.

2. 단가를 구하기 위해, [E4:E65] 범위를 선택하고, 『=IF(ISERROR(VLOOKUP(C4,품목표,3,0)),0,VLOOKUP(C4,품목표,3,0))』를 입력한 후에 Ctrl + Enter↵를 누릅니다.

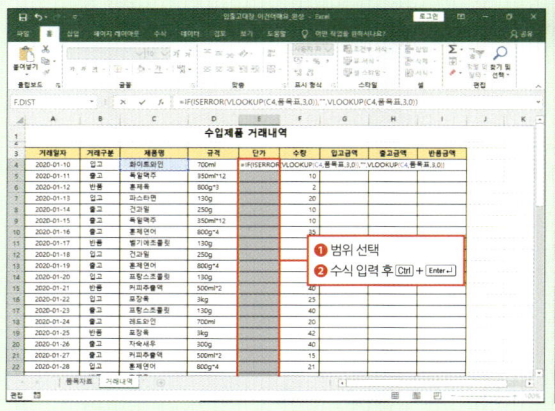
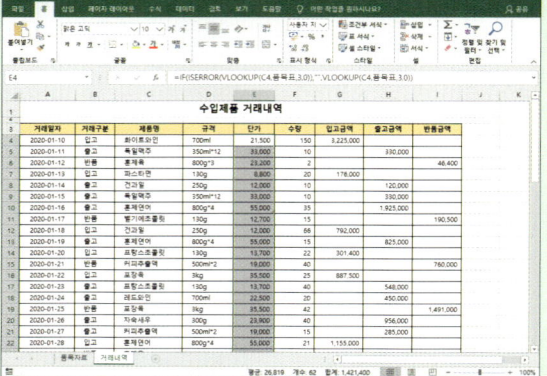

[D4:D65] 범위에 입력한 수식
=IF(ISERROR(VLOOKUP(C4,품목표,2,0)),"", VLOOKUP(C4,품목표,2,0))

사용한 함수
ISERROR(Value)

Value가 오류이면 TRUE, 아니면 FALSE가 입력됩니다.

- Value: 오류 여부를 검사하는 값입니다.

예를 들어 『=ISERROR(5/0)』 식은 5를 0으로 나누면 오류가 발생하므로 TRUE 값이 입력되지만, 『=ISERROR(5/1)』 식은 5를 1로 나누면 오류가 발생하지 않으므로 FALSE 값이 입력됩니다.

[응용] 한 걸음 더

| 예제 파일명: 입출고대장_한걸음더_예제.xlsx　　　| 완성 파일명: 입출고대장_한걸음더_완성.xlsx

제품은 계절과 관계없이 거래가 일어나는 경우도 있지만, 계절에 영향을 받아 거래가 일어나는 경우도 있습니다. 이럴 경우 제품의 월별 거래를 파악하고 있다면, 제품에 대한 생산 수량 등을 조정하여 원활한 거래가 이루어지도록 할 수 있습니다. 여기서는 거래내역 시트의 입고, 출고, 반품의 금액을 입력과 동시에 금액집계 시트에 집계되도록 합니다.

변경되는 이름 정의하기

1. [거래내역] 워크시트를 선택하고, [수식] → [정의된 이름] 그룹의 [이름 관리자]를 클릭합니다. [이름 관리자] 대화상자가 열리면 〈새로 만들기〉를 클릭합니다.

2. [새 이름] 대화상자가 열리면 '이름'란에 『거래일자』를 입력하고, '참조 대상'란에 『=OFFSET(거래내역!$A$4,0,0,COUNTA(거래내역!$A:$A)-2,1)』을 입력하고 〈확인〉을 누릅니다.

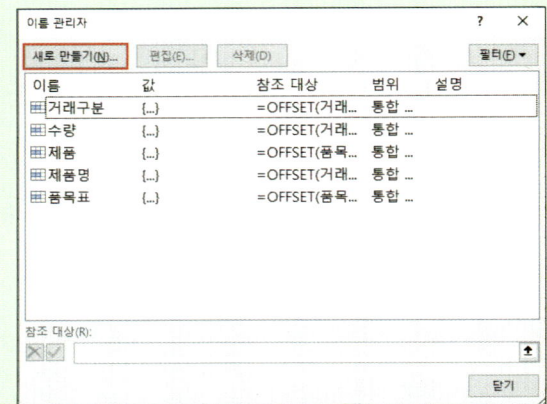

- 『COUNTA(거래내역!$A:$A)-2』는 A열 전체([A1:A1048576])에서 데이터가 입력된 셀의 개수를 구합니다. 이때, 제목이 입력된 [A1] 셀과 '거래일자'가 입력된 [A3] 셀의 개수 2를 차감합니다.
- OFFSET 함수는 [A4] 셀부터 움직이지 않고, COUNTA로 구한 값의 행에 1열의 크기로 이름이 지정됩니다.

3. 다시 [이름 관리자] 대화상자에서 〈새로 만들기〉를 클릭합니다. [새 이름] 대화상자가 열리면 '이름'란에 『입고금액』을 입력하고, '참조 대상'란에 『=OFFSET(거래내역!$G$4,0,0,COUNTA(거래내역!$A:$A)-2,1)』을 입력하고, 〈확인〉을 누릅니다.

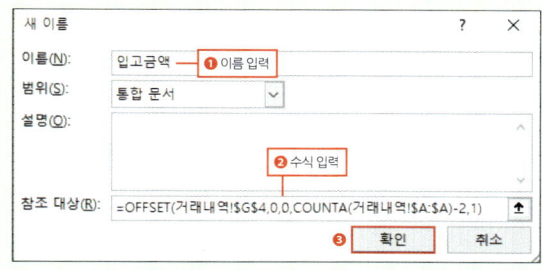

- [G4] 셀부터 움직이지 않고, COUNTA로 구한 값의 행에 1열의 크기로 이름이 지정됩니다.

4. 다시 [이름 관리자] 대화상자에서 〈새로 만들기〉를 클릭합니다. [새 이름] 대화상자가 열리면 '이름'란에 『출고금액』을 입력하고, '참조 대상'란에 『=OFFSET(거래내역!$H$4,0,0,COUNTA(거래내역!$A:$A)-2,1)』을 입력하고, 〈확인〉을 누릅니다.

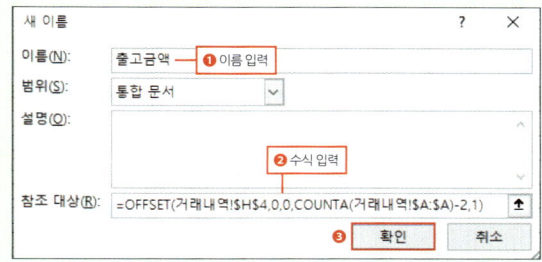

- [H4] 셀부터 움직이지 않고, COUNTA로 구한 값의 행에 1열의 크기로 이름이 지정됩니다.

5. 다시 [이름 관리자] 대화상자에서 〈새로 만들기〉를 클릭합니다. [새 이름] 대화상자가 열리면 '이름'란에 『반품금액』을 입력하고, '참조 대상'란에 『=OFFSET(거래내역!$I$4,0,0,COUNTA(거래내역!$A:$A)-2,1)』을 입력하고, 〈확인〉을 누릅니다.

- [I4] 셀부터 움직이지 않고, COUNTA로 구한 값의 행에 1열의 크기로 이름이 지정됩니다.

6. 이름 만들기가 끝났으면 [이름 관리자] 대화상자에서 〈닫기〉를 누릅니다.

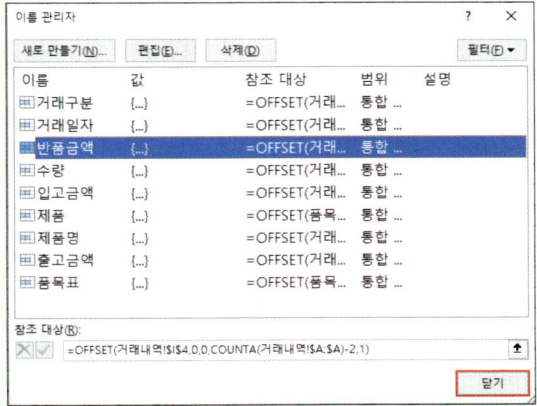

선택 제품의 월별 거래금액 구하기

1. [금액집계] 워크시트에서 [B2] 셀을 선택하고, [데이터] → [데이터 도구] 그룹에서 [데이터 유효성 검사]를 클릭합니다. [데이터 유효성] 대화상자의 [설정] 탭에서 '제한 대상'은 「목록」으로 선택하고, '원본'란에 『=제품』을 입력한 후에 〈확인〉을 클릭합니다.

- '제품'으로 이름 정의된 범위가 목록으로 지정됩니다.

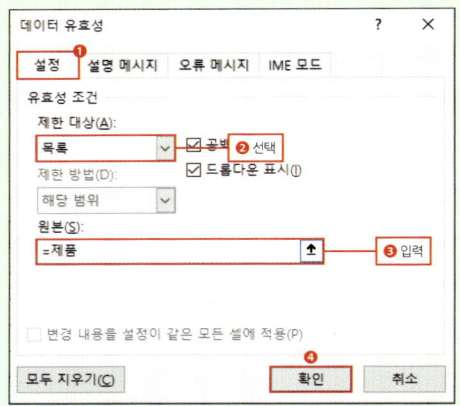

2. [B2] 셀의 목록 단추를 클릭하여 「파스타면」을 선택합니다.

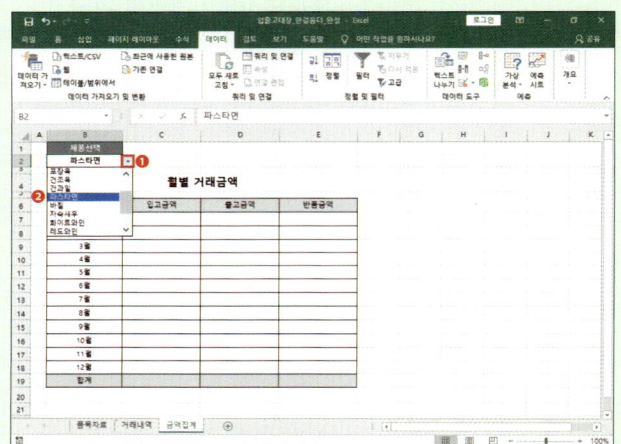

3. [C7] 셀을 선택하고, 『=SUM((제품명=$B$2)*(MONTH(거래일자)=B7)*(입고금액))』을 입력하고 Ctrl + Shift + Enter↵ 를 누릅니다.

- Ctrl + Shift + Enter↵ 를 누르면 배열수식으로 입력되고, 수식 앞뒤에 중괄호({ })가 자동으로 입력됩니다.

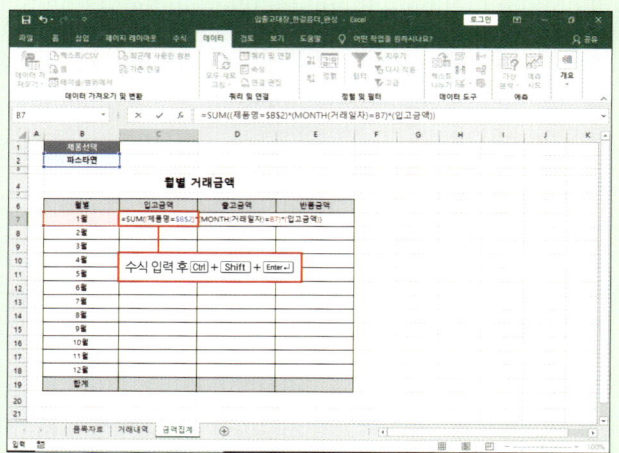

Tip & Tech

배열수식의 조건

배열(Array)은 여러 값의 집합을 뜻합니다. 배열수식은 배열인수라고 부르는 두 개 이상의 값 집합에 의해 계산이 수행됩니다. 배열 인수는 각각 행과 열의 개수가 같아야 합니다. 배열수식을 입력한 다음 반드시 Ctrl + Shift + Enter⏎를 누릅니다.

배열수식에서 AND 연산은 곱하기 기호(*), OR 연산은 더하기 기호(+)를 사용합니다. 배열수식의 조건결과는 TRUE, FALSE로 결정됩니다. 조건결과(TRUE/FALSE)와 곱하기(*)나 더하기(+)를 하면 TRUE는 1, FALSE는 0으로 처리되어 계산됩니다.

4. 이어서 [C7] 셀을 선택한 다음 채우기 핸들을 [C18] 셀까지 마우스로 끌어 놓아서 수식을 복사합니다.

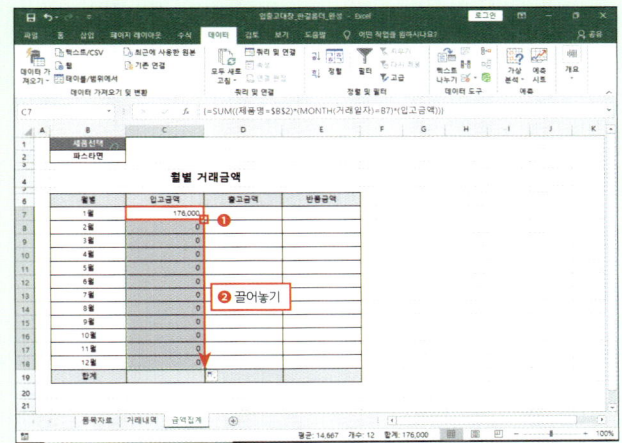

5. [D7] 셀을 선택하고, 『=SUM((제품명=$B$2)*(MONTH(거래일자)=B7)*(출고금액))』을 입력하고 Ctrl + Shift + Enter⏎를 누릅니다.

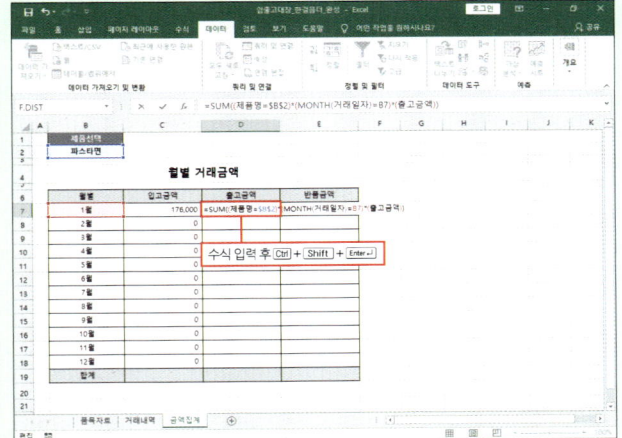

6. [D7] 셀을 선택한 다음 채우기 핸들을 [D18] 셀까지 마우스로 끌어 놓아서 수식을 복사합니다.

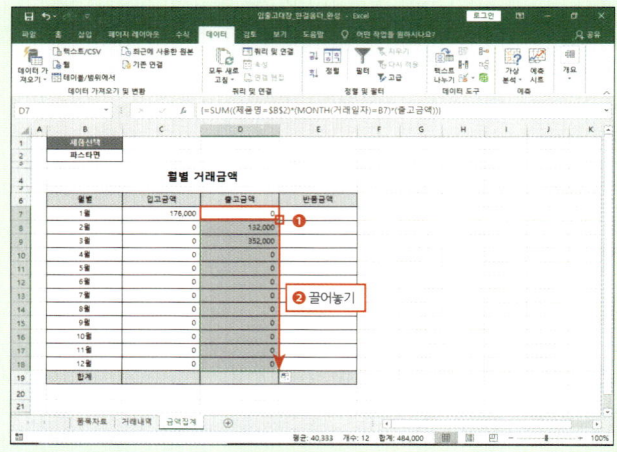

7. [E7] 셀을 선택하고, 『=SUM((제품명=$B$2)*(MONTH(거래일자)=B7)*(반품금액))』을 입력하고 Ctrl + Shift + Enter↵ 를 누릅니다.

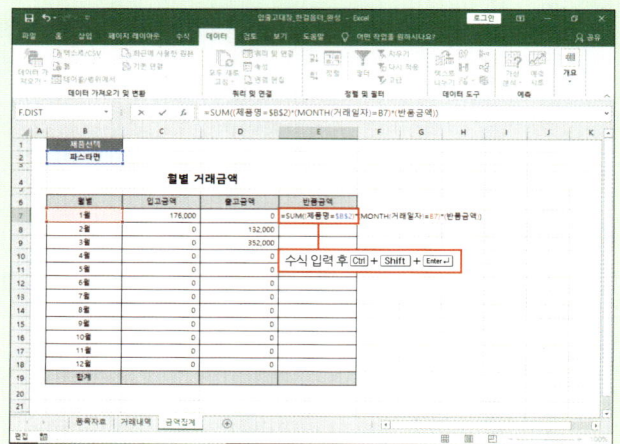

8. [E7] 셀을 선택한 다음 채우기 핸들을 [E18] 셀까지 마우스로 끌어 놓아서 수식을 복사합니다.

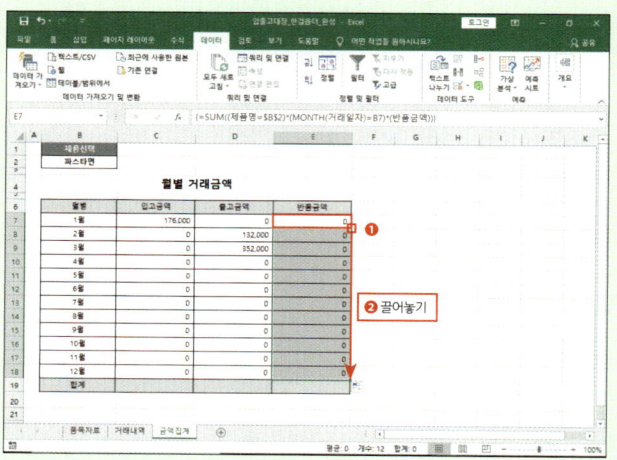

9. [C19:E19] 범위를 선택하고, [홈] → [편집] 그룹의 [자동 합계] → [합계]를 클릭합니다.

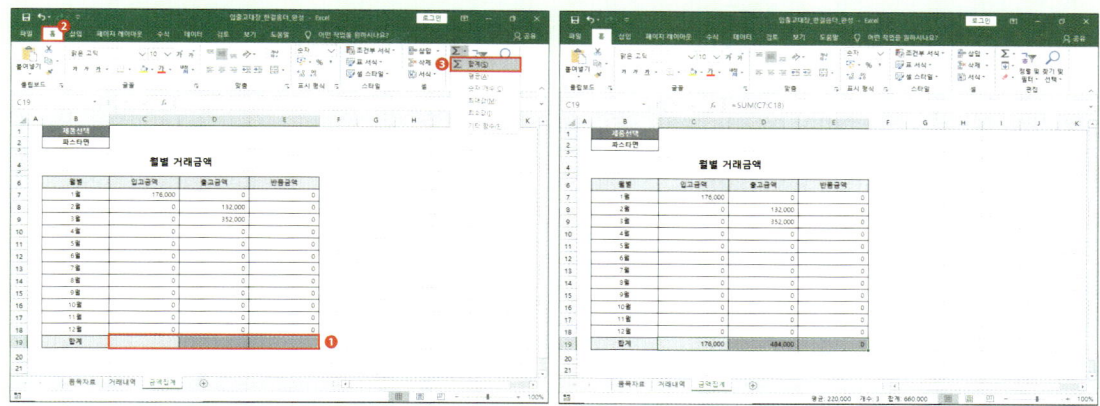

> **Tip & Tech**
>
> **표시 형식 활용**
>
> 셀에 입력된 데이터를 실제 입력한 대로 표시하지 않고 표시 형식을 다르게 지정함으로써, 사용자 편의를 높이는 동시에 수식에 유용하게 사용할 수 있습니다. 예를 들어, [B7:B18] 범위에 입력된 실제 데이터는 '1월~12월'이 아니고, '1~12'입니다. 그런데도 셀에 '1월~12월'로 표시되는 이유는 셀 서식 중 사용자 지정 표시 형식을 『G/표준"월"』로 입력했기 때문입니다. 따라서 사용자는 "월"이라는 텍스트가 포함된 형식으로 볼 수 있어서 편리하고, 실제 데이터는 숫자로만 이루어져 있어서 (MONTH(거래일자)=B7) 수식의 결괏값을 정확하게 구할 수 있습니다.

> **[C7] 셀에 입력한 수식**
>
> {=SUM((제품명=$B$2)*(MONTH(거래일자)=B7)*(입고금액))}
>
> **수식 풀이**
>
> 제품명의 제품과 거래일자 월의 두 가지 조건을 만족할 때 입고금액의 합계를 구하는 배열수식입니다. SUM 함수를 이용하여 배열수식의 결괏값을 구하는데, 식의 형태는 『=SUM((제품명조건)*(거래일자조건)*(입고금액))』입니다.
>
> - 제품명조건: (제품명=$B$2)
>
> 제품명이 [B2] 셀과 같은 때 TRUE, 같지 않으면 FALSE를 구합니다.
>
> - 거래일자조건: (MONTH(거래일자)=B7)
>
> MONTH 함수로 거래일자의 월을 구한 값과 [B7] 셀의 값이 같으면 TRUE, 같지 않으면 FALSE를 구합니다.
>
> - 입고금액: 입고금액이 입력됩니다.

{=SUM((제품명=$B$2)*(MONTH(거래일자)=B7)*(입고금액))}

제품명	$B$2 값	제품명=$B$2	MONTH(거래일자)	B7 값	MONTH(거래일자)=B7	입고금액	조건*입고금액
화이트와인	파스타면	FALSE(0)	1	1	TRUE(1)	3225000	0
독일맥주	파스타면	FALSE(0)	1	1	TRUE(1)	0	0
훈제육	파스타면	FALSE(0)	1	1	TRUE(1)	0	0
파스타면	파스타면	TRUE(1)	1	1	TRUE(1)	176000	176000
건과일	파스타면	FALSE(0)	1	1	TRUE(1)	0	0
…		…	..	…	…	…	…

[D7] 셀에 입력한 수식

수식 풀이

{=SUM((제품명=$B$2)*(MONTH(거래일자)=B7)*(출고금액))}

제품명의 제품과 거래일자 월의 두 가지 조건을 만족할 때 출고금액의 합계를 구하는 배열수식입니다

SUM 함수를 이용하여 배열수식의 결괏값을 구하는데, 식의 형태는 『=SUM((제품명조건)*(거래일자조건)*(출고금액))』 입니다.

- 제품명조건: (제품명=$B$2)

제품명이 [B2] 셀과 같을 때 TRUE, 같지 않으면 FALSE를 구합니다.

- 거래일자조건: (MONTH(거래일자)=B7)

MONTH 함수로 거래일자의 월을 구한 값과 [B7] 셀의 값이 같으면 TRUE, 같지 않으면 FALSE를 구합니다.

- 출고금액: 출고금액이 입력됩니다.

[E7] 셀에 입력한 수식

수식 풀이

{=SUM((제품명=$B$2)*(MONTH(거래일자)=B7)*(반품금액))}

제품명의 제품과 거래일자 월의 두 가지 조건을 만족할 때 반품금액의 합계를 구하는 배열수식입니다.

SUM 함수를 이용하여 배열수식의 결괏값을 구하는데, 식의 형태는 『=SUM((제품명조건)*(거래일자조건)*(반품금액))』 입니다.

- 제품명조건: (제품명=$B$2)

제품명이 [B2] 셀과 같은 때 TRUE, 같지 않으면 FALSE를 구합니다.

- 거래일자조건: (MONTH(거래일자)=B7)

MONTH 함수로 거래일자의 월을 구한 값과 [B7] 셀의 값이 같으면 TRUE, 같지 않으면 FALSE를 구합니다.

- 반품금액: 반품금액이 입력됩니다.

표 형식으로 이루어진 데이터는 한눈에 파악하기가 어렵습니다. 하지만 이러한 데이터를 차트로 작성하면 부가적인 설명이 없어도 데이터를 쉽게 이해할 수 있습니다. 엑셀에는 똑똑한 차트 기능이 있습니다. 기본적인 차트를 작성할 수 있을 뿐만 아니라, 데이터의 편집이나 엑셀의 기능을 차트와 접목하여 한 단계 업그레이드된 응용 차트를 작성할 수 있습니다. 예를 들어, 유효성 검사와 차트 기능을 같이 사용하여 움직이는 차트를 작성할 수 있으며, 차트 작성 범위에 데이터를 추가하여 차별화된 비교 차트를 작성할 수 있습니다.

CHAPTER 01 기본 개념

차트는 숫자로 표현되는 값을 시각적으로 나타냅니다. 데이터를 차트로 적절하게 표현하면 사용자가 숫자를 비롯한 데이터의 의미를 빠르고 쉽게 이해할 수 있습니다. 엑셀에서 차트는 표시되는 위치에 따라 크게 두 가지로 나눌 수 있습니다.

- **내장 차트**: 워크시트 위의 그리기 레이어에 표시되는 차트
- **차트 시트**: 차트 시트에 표시되는 차트

1. 차트의 종류

숫자 데이터가 가지는 의미를 정확하게 전달하고 싶다면 목적에 맞는 최적의 차트를 선택할 수 있어야 합니다. 엑셀에서 제공하는 차트의 종류를 알아봅시다.

세로 막대형 차트

가장 일반적으로 사용되는 차트로 복수 데이터를 비교해서 보고자 할 때 가장 적합합니다. 시간적인 부분이 포함된 차트를 작성한다면 짧은 기간을 표현하기에 적합합니다.

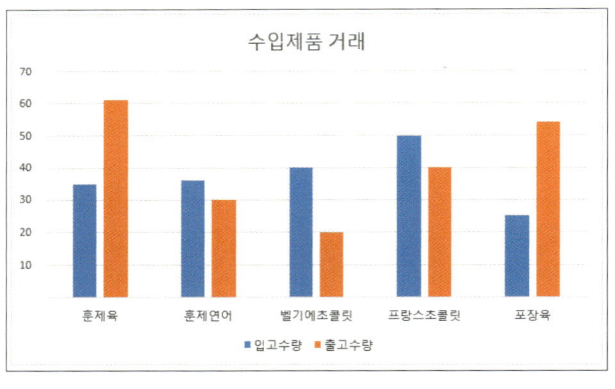

가로 막대형 차트

세로 막대를 가로 막대로 표현한 것으로, 세로 막대형처럼 복수 데이터를 비교해서 보고자 할 때 적합하지만, 시간적인 부분이 포함된 차트로 작성하기에는 적합하지 않습니다.

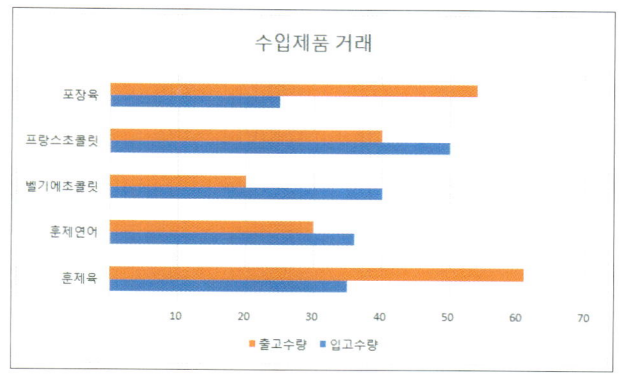

꺾은선형 차트

막대형 차트처럼 복수 데이터를 비교해서 보고자 할 때 적합하지만, 수치의 의미보다는 추이를 나타내고자 할 때 적합합니다. 긴 기간의 시간적인 부분이 포함된 차트를 작성하기에 적합한 차트입니다.

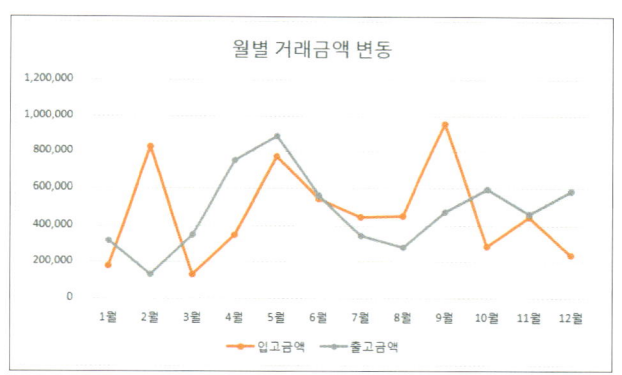

원형 및 도넛형 차트

전체에 대한 비율이나 관계를 나타낼 때 적합합니다. 원형 차트는 한 데이터 계열만 가지고 사용자 중심 요소를 강조해서 표현한다면, 도넛형 차트는 여러 개의 데이터 계열을 가질 수 있으며, 가운데에도 내용을 추가할 수 있습니다.

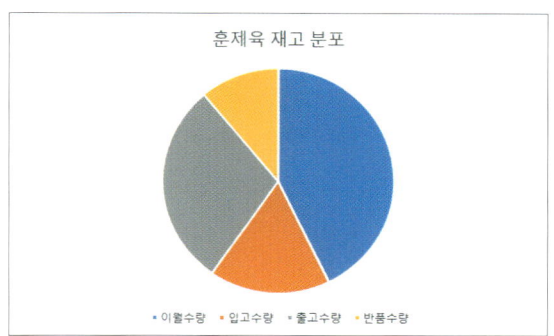
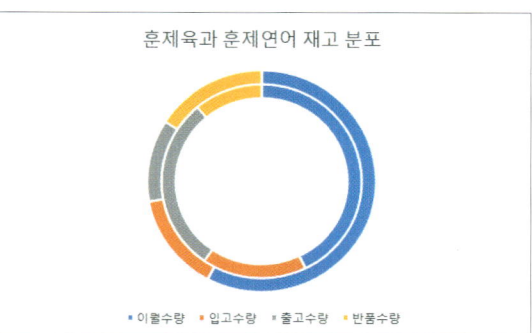

영역형 차트

꺾은선형 차트를 색칠한 것처럼 보이지만, 세로 막대형처럼 복수 데이터를 비교해서 보고자 할 때 적합합니다. 수치와 추이의 의미를 하나로 보여줄 수 있는 차트입니다.

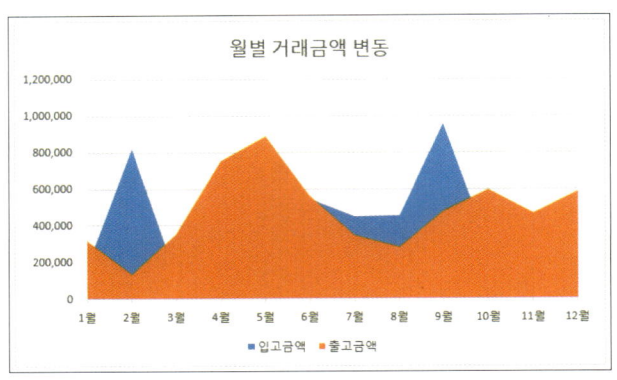

분산형 차트

데이터 계열의 수치 데이터들의 상관관계를 보여주거나, 두 수치의 그룹을 비교하고자 할 때 적합한 차트입니다.

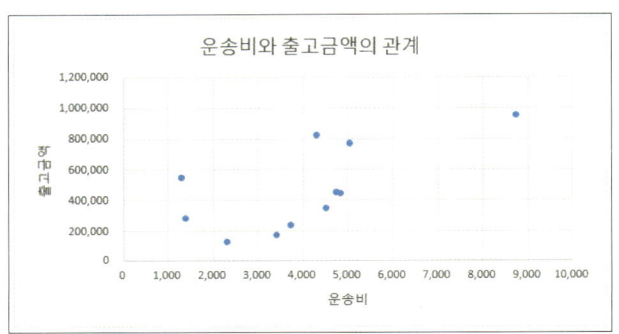

방사형 차트

중심에서 퍼져 나오는 축을 가지며, 같은 계열에 있는 값들은 모두 선으로 연결합니다. 많은 데이터 계열의 집계를 비교할 때 적합한 차트입니다.

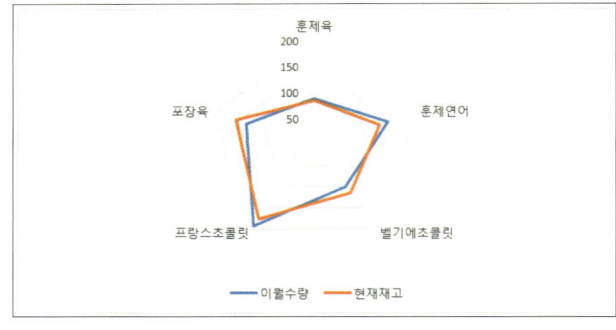

주식형

주식의 거래량, 최고가, 최저가, 개시가, 종가 등을 비교하여 주가의 동향을 파악하거나, 실험자료에 대한 데이터 분석에서도 사용하는 차트입니다.

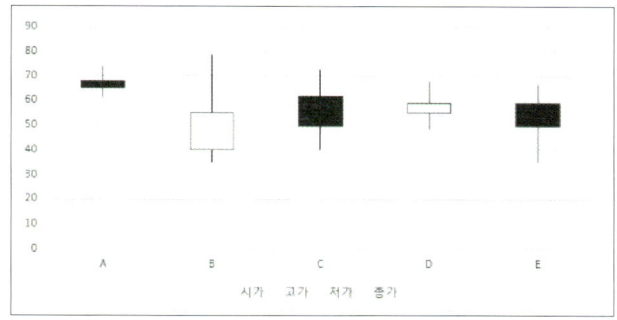

표면형

두 데이터 집합에서 최적의 조합을 찾고자 할 때 사용하는 차트입니다.

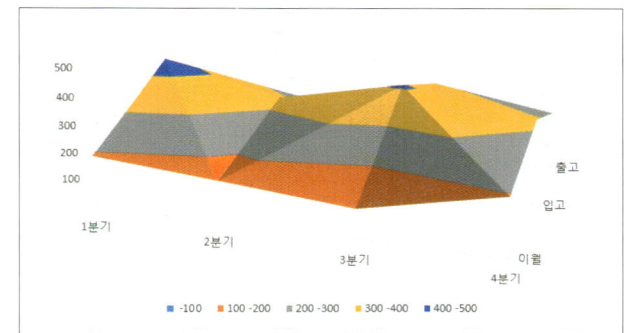

거품형

세 가지 기준으로 분포 상황을 볼륨으로 표현하여 파악할 때 사용하는 차트입니다.

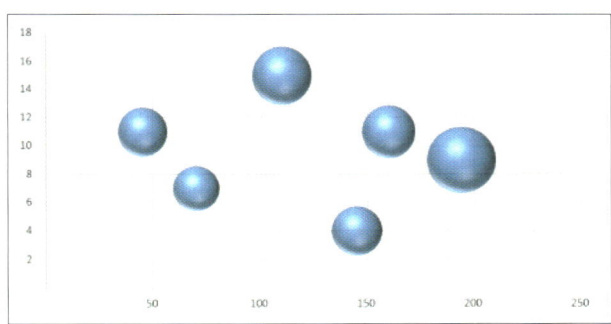

혼합형 차트

두 개 이상의 차트 종류를 혼합하는 것으로, 사용하는 데이터 계열의 수치의 차이가 클 때 적합한 차트입니다.

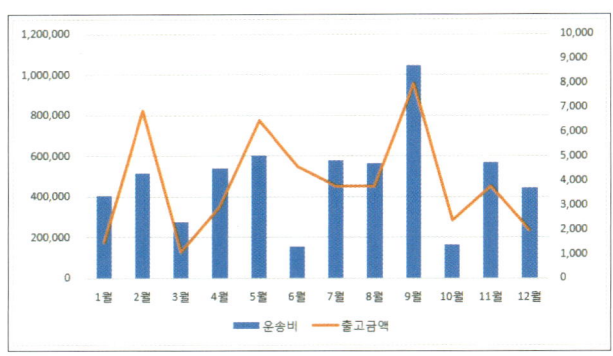

2. 차트의 구성요소

차트는 다양한 요소로 구성되어 있으며, 각 요소를 삭제하거나 추가 또는 편집하여 또 다른 모습의 차트를 만들어 낼 수 있습니다.

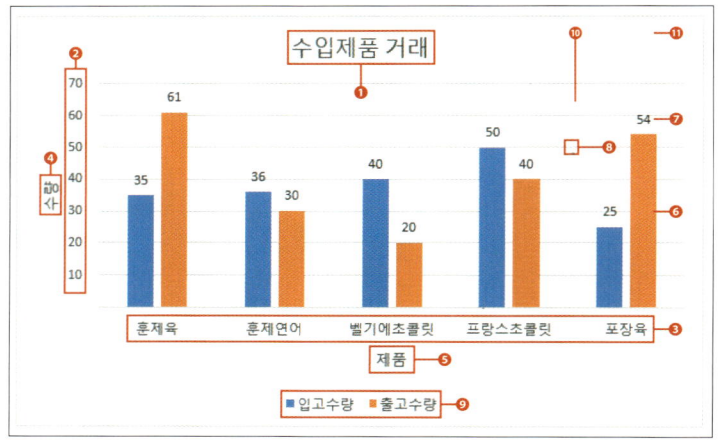

① **차트 제목**: 차트의 제목을 표시합니다.

② **Y축(값 축)**: 데이터 계열의 값을 비교할 수 있는 기준 값이며, 최소값, 최대값, 주 단위 등의 간격을 지정할 수 있습니다.

③ **X축 (항목 축)**: 항목의 이름이 입력됩니다.

④ **값 축 제목**: 값 축의 제목을 표시합니다.

⑤ **항목 축 제목:** 항목 축의 제목을 표시합니다.
⑥ **데이터 계열:** 데이터 값을 계열별로 나누어 표시합니다.
⑦ **데이터 레이블:** 각 데이터 계열에 값이나 항목을 표시합니다.
⑧ **눈금선:** 값 축의 주 단위 선을 표시합니다. 보조 단위 선은 선택에 따라 표시합니다.
⑨ **범례:** 데이터 계열의 이름을 표시합니다.
⑩ **그림 영역:** 데이터 막대를 표시하는 영역입니다.
⑪ **차트 영역 :** 차트의 모든 구성 요소를 포함하는 영역입니다.

3. 차트 만들기

먼저 차트를 만들기 위한 데이터를 범위로 선택하고, [삽입] → [차트] 그룹에서 차트 종류를 선택하면, 선택한 차트의 하위 그룹으로 차트 종류가 표시됩니다.

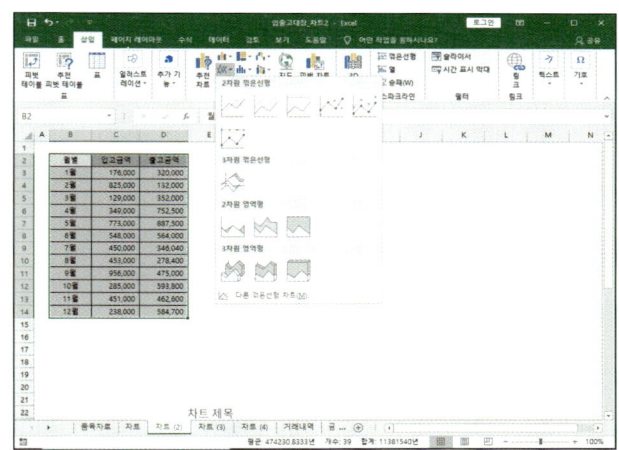

차트 목록에서 원하는 차트를 선택하면 워크시트에 차트가 삽입됩니다. 차트의 테두리를 마우스 왼쪽 단추로 누른 상태에서 원하는 위치로 이동하거나, 테두리에 있는 크기 조절 핸들을 끌어서 차트 크기를 조정할 수 있습니다.

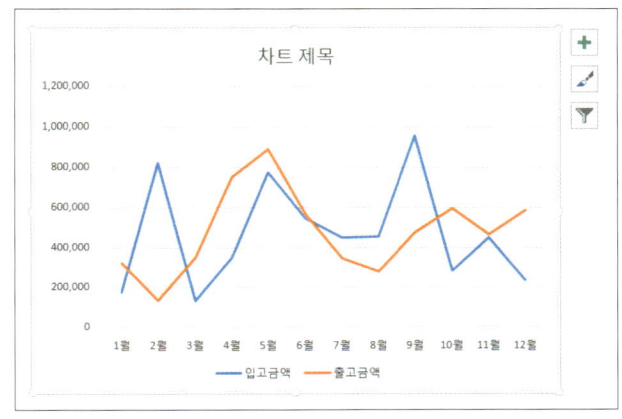

다양한 도구와 명령 등을 사용하여 원하는 모습의 차트와 구성 요소 등을 변경합니다.

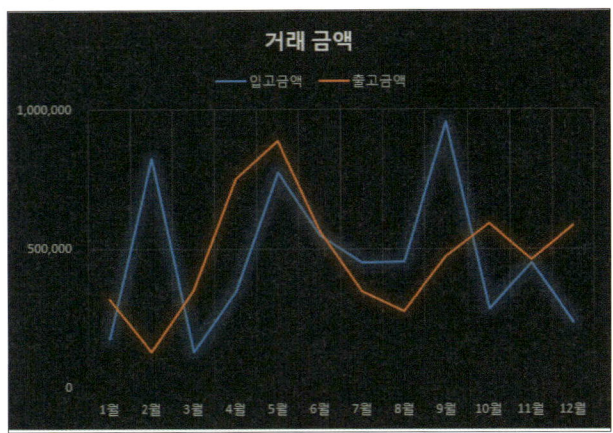

추천 차트

엑셀은 데이터에 적당한 몇 가지의 차트를 추천합니다. [삽입] → [차트] 그룹에서 [추천 차트]를 선택합니다.

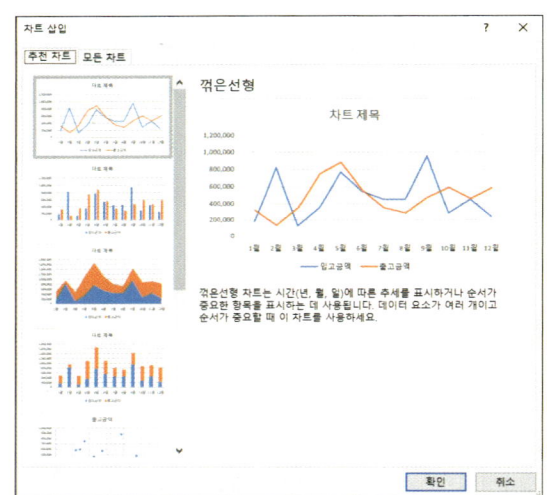

차트 사용자 지정 아이콘 사용하기

차트를 선택하면 차트 오른쪽에 세 개의 아이콘이 표시되고, 이 아이콘을 누르면 다양한 옵션이 표시됩니다.

- **차트 요소(➕)**: 차트의 특정 요소를 숨기거나 표시할 때 사용합니다. 각 항목에 대한 추가 항목을 확장하여 표시할 수 있습니다.

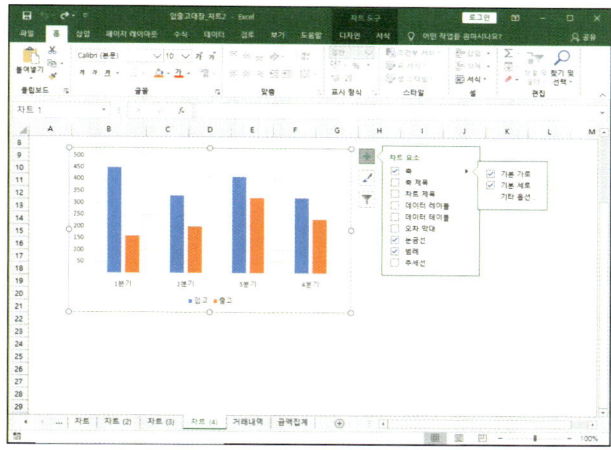

- **차트 스타일(🖌)**: 지정된 스타일을 선택하거나, 색 및 테두리 등을 변경할 수 있습니다.

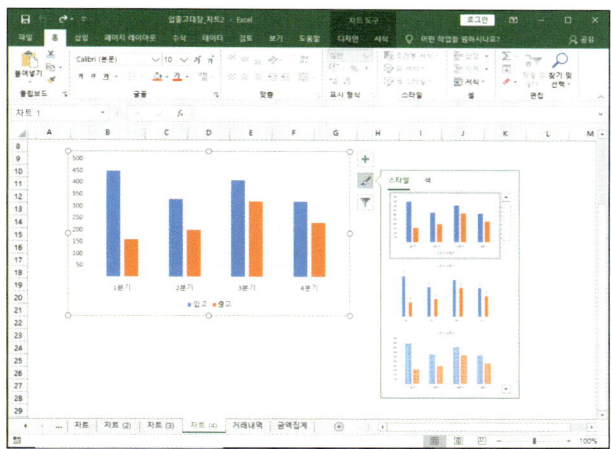

- **차트 필터(▼)**: 데이터 계열이나 데이터 계열의 특정 요소를 숨기거나 표시할 수 있습니다.

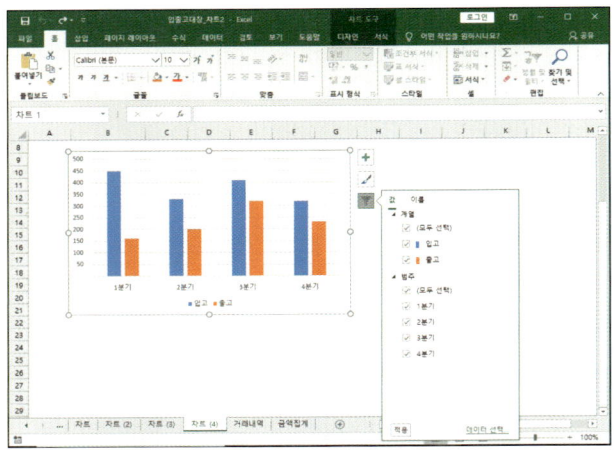

행과 열 바꾸기

사용자의 필요에 따라 두 개의 데이터 요소(입고/출고)를 가지는 네 개의 데이터 집단(분기)으로 표시되는 차트, 또는 정반대로도 표시하는 네 개의 데이터 요소(분기)를 가지는 두 개의 데이터 집단(입고/출고)으로 표시되는 차트를 작성할 수 있습니다.

차트를 선택하고 [차트 도구] → [디자인] → [데이터] 그룹의 [행/열 전환 ⇄]을 선택합니다.

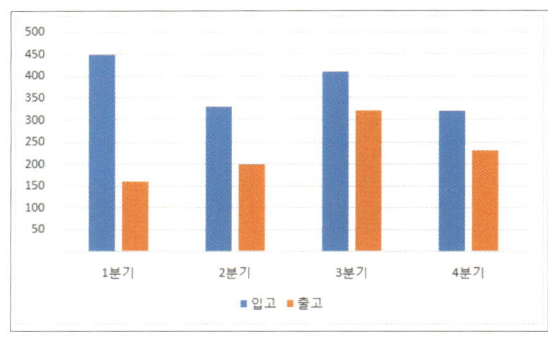
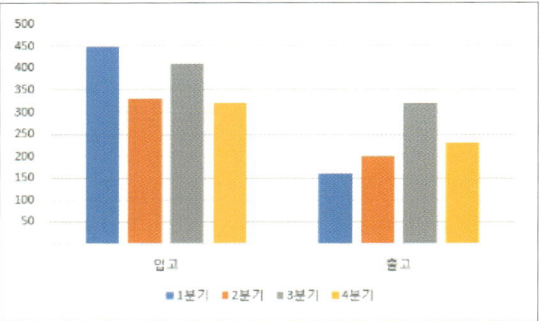

데이터 선택

작성된 차트의 데이터를 추가하거나 편집, 삭제 할 수 있습니다. 차트를 선택하고 [차트 도구] → [디자인] → [데이터] 그룹의 [데이터 선택]을 선택합니다.

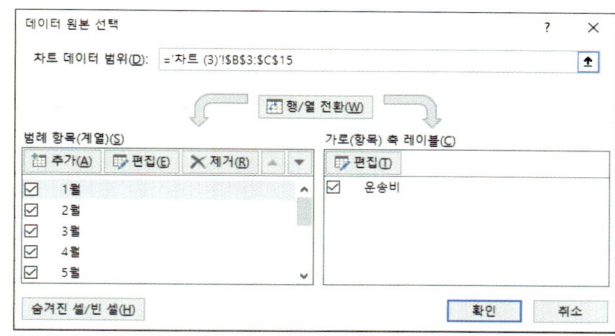

차트 종류 변경하기

처음에 작성한 차트를 다른 종류의 차트로 변경할 수 있습니다. 차트를 선택하고, [차트 도구] → [디자인] → [종류] 그룹의 [차트 종류 변경]을 선택합니다.

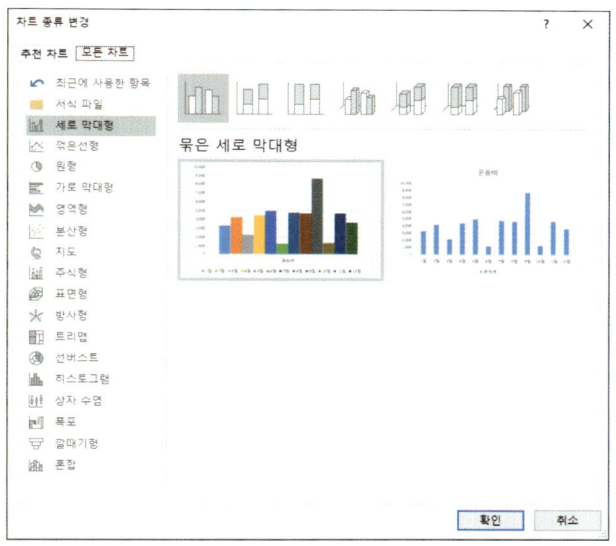

그림은 꺾은선형 차트를 묶은 세로 막대형 차트로 변경한 결과입니다.

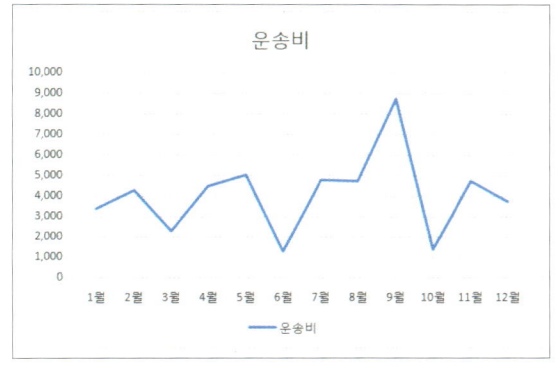
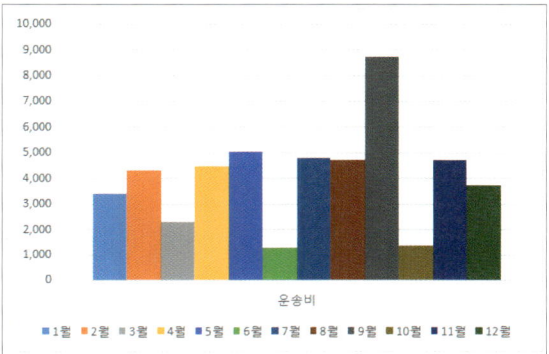

차트 요소 선택하기

차트는 하나하나의 요소를 선택하여 다양한 차트로 편집할 수 있습니다.

- **마우스로 선택:** 마우스로 차트의 요소를 클릭합니다.
- **키보드로 선택:** 차트를 선택한 상태에서 방향키를 이용하여 차트의 요소를 선택할 수 있습니다.
- **차트 요소 목록에서 선택:** 차트를 선택한 상태에서, [차트 도구] → [서식] → [현재 선택 영역] 그룹에서 펼침목록을 클릭하여 차트 요소를 선택합니다.

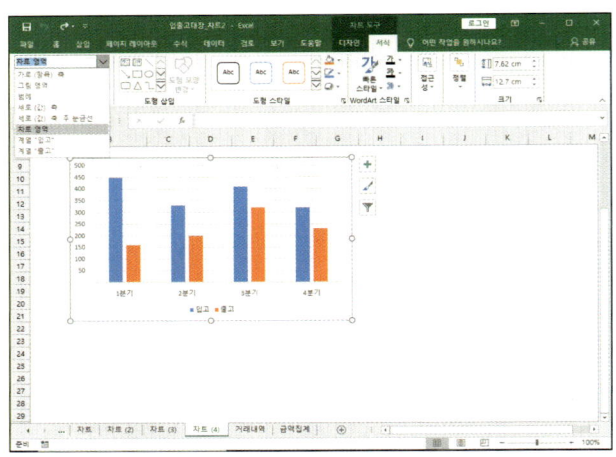

차트 요소를 서식 작업 창에서 수정하기

차트 요소를 선택하고 서식 작업 창을 사용하여 해당 요소의 서식이나 옵션을 지정할 수 있습니다. 서식 작업 창은 엑셀 2013 버전부터 지원하는 기능으로 이전 버전의 엑셀에서 고급 서식 옵션이 복잡한 대화 상자 속에 숨겨져 있던 단점을 보완하고자 등장하였습니다. 또한, 어떤 요소의 서식을 수정하다가 다른 요소를 선택하면 작업 창의 내용이 곧바로 해당 요소의 서식 옵션으로 변경되어서 기존 대화상자보다 편리하게 이용할 수 있습니다.

서식 작업 창은 기본으로 워크시트 오른쪽에 나타납니다. 서식 작업 창을 표시하는 방법은 다음 세 가지가 있습니다.

① 차트 요소를 더블 클릭합니다.

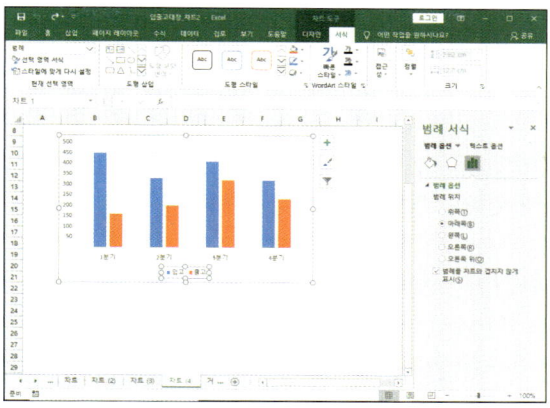

② 차트 요소에서 마우스 오른쪽 단추를 누른 후, 단축메뉴에서 [○○○ 서식]을 선택합니다.

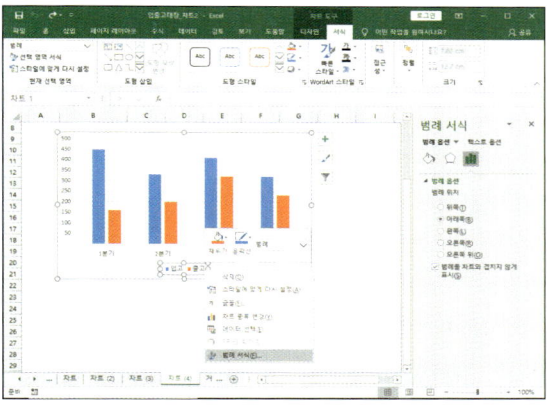

③ 차트 요소를 선택하고 [차트 도구] → [서식] → [현재 선택 영역] 그룹에서 [선택 영역 서식]을 선택합니다.

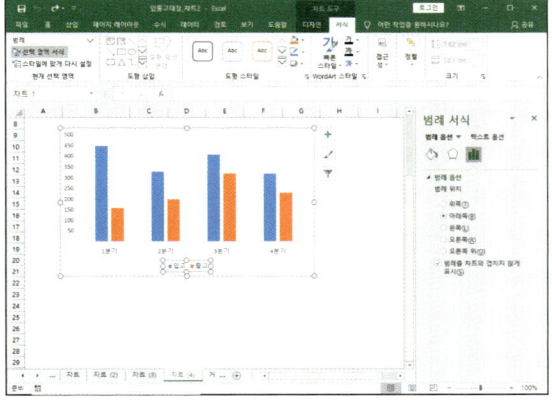

CHAPTER 02

결식자료

예제 파일명: 결식자료_예제.xlsx

혼합형 차트는 두 종류 이상의 차트를 사용하여 작성하는 것으로, 데이터 값의 차이가 크거나 특정 계열의 값을 강조할 때 작성합니다. 여기서는 세로 막대형과 꺾은선형을 혼합한 차트를 작성하였으며, 평균 계열 값과 남자, 여자 계열 값을 구분하기 위해 작성한 차트입니다.

미리보기 | 완성 파일명: 결식자료_완성.xlsx

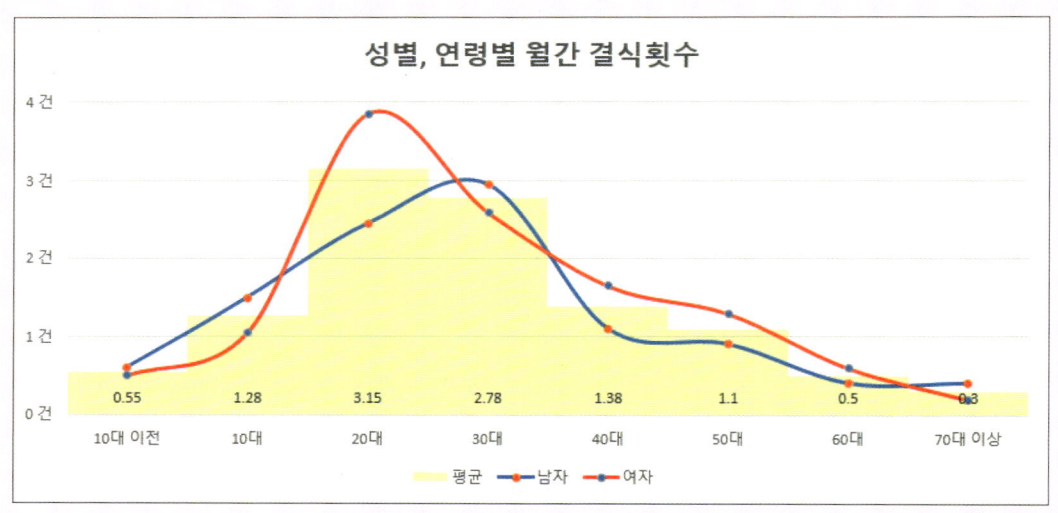

1 입력 자료로 세로 막대형 차트 만들기

1. [결식차트] 워크시트에서 [A3:I6] 범위를 선택합니다. 그리고 [삽입] → [차트] 그룹에서 [세로 막대형]을 선택하고 '2차원 세로 막대형'에서 [묶은 세로 막대형]을 클릭합니다.

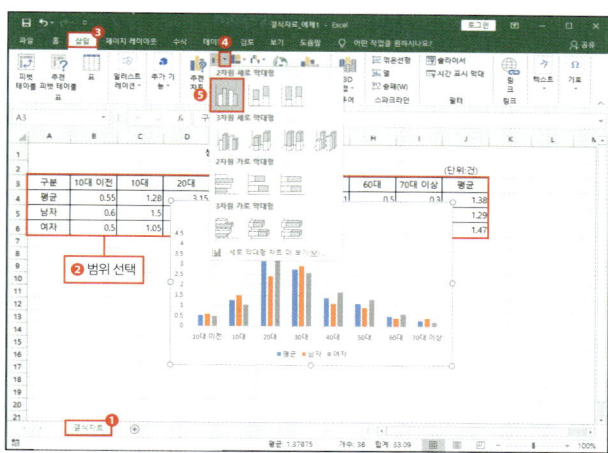

Tip & Tech

차트 범위 선택

차트를 작성려면 행과 열의 제목이 있는 데이터를 선택해야 합니다. 차트를 작성하는 표의 범위는 모든 데이터를 범위로 선택하거나, 특정한 열이나 행을 선택할 때는 Ctrl 를 누른 상태에서 데이터 범위를 지정합니다.

데이터 범위와 차트구성

작성된 차트에서 각각의 막대는 하나의 데이터 요소(하나의 셀에 입력된 값)를 표시합니다. 가로는 항목 축으로 각 데이터 요소의 항목(10대 이전, 10대, 20대…)을 나타내며, 세로는 값 축으로 결식횟수의 단위를 나타냅니다. 그리고 데이터 계열은 범례로 구분할 수 있습니다.

2. 워크시트에 삽입된 차트를 선택하고 끌어서 위치를 조정합니다. 그리고 차트 테두리에 있는 조절점을 끌어서 차트 크기를 조절합니다.

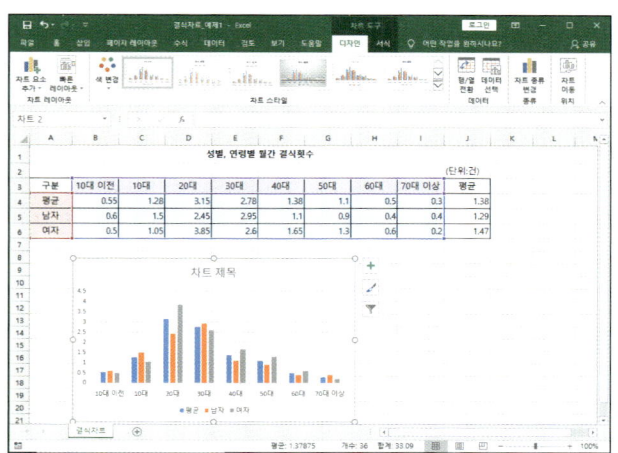

2 데이터 계열의 차트 종류 변경하기

1. '남자' 데이터 계열을 선택하고, [차트 도구] → [디자인] → [종류] 그룹에서 [차트 종류 변경]을 클릭합니다.

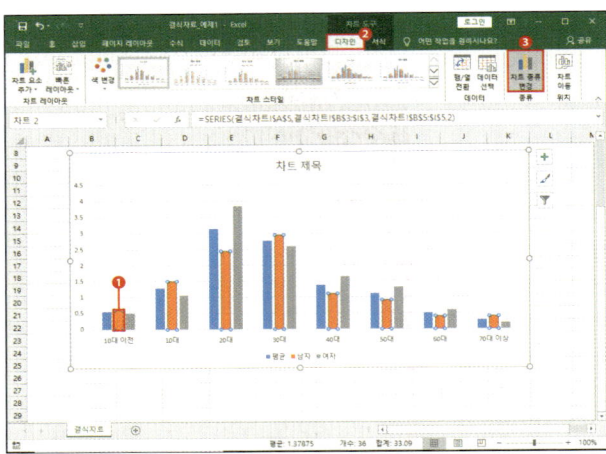

- [차트 종류 변경] 대화상자는 엑셀 2013 버전에서 처음으로 소개됩니다. 엑셀 2013에서는 남자 데이터 계열을 선택하지 않아도 차트 종류를 변경할 수 있지만, 엑셀 2010 이하 버전에서는 남자 데이터 계열을 선택한 후에 차트 종류 변경을 해야 합니다.

2. [차트 종류 변경] 대화상자가 열리면 [모든 차트] 탭을 선택하고 왼쪽 메뉴 중 [혼합]을 선택합니다. 데이터 계열에 대한 차트 종류와 축을 선택하는 상자에서 '남자' 데이터 계열의 차트 종류 펼침목록을 클릭하여 [표식이 있는 꺾은선형]을 선택합니다. 그리고 '남자' 데이터 계열에서 오른쪽에 있는 「보조 축」을 체크합니다.

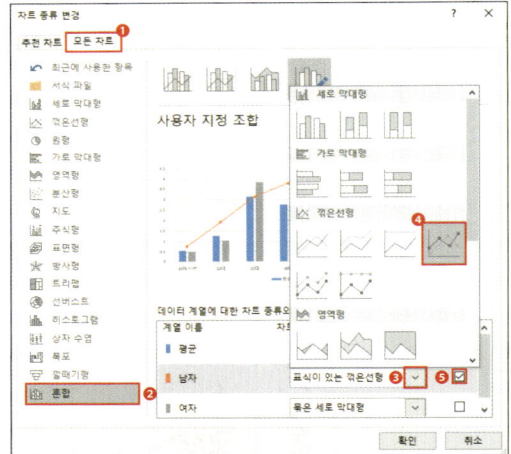

- 「보조 축」을 체크하면 '남자' 데이터 계열의 표식이 '가로(항목) 축'의 가운데에 위치합니다.

3. 이어서, 여자 데이터 계열의 차트 종류 펼침목록을 클릭하여 [표식이 있는 꺾은선형]을 선택하고, 오른쪽에 「보조 축」을 체크하고 [차트 종류 변경] 대화상자의 〈확인〉을 클릭합니다.

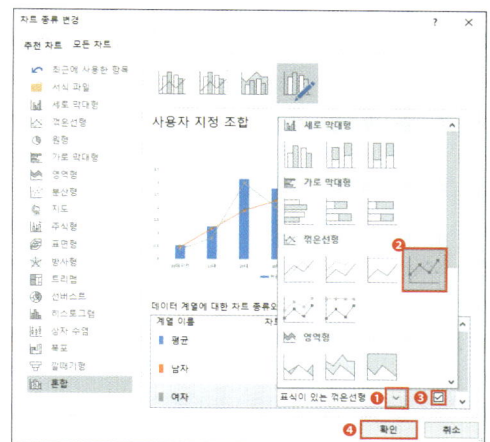
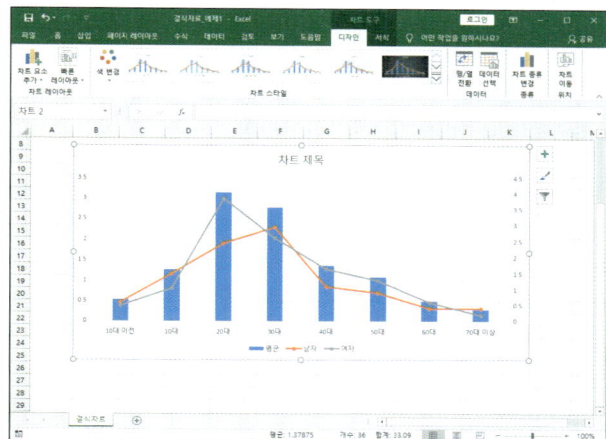

3 축 서식 지정하기

1. 차트 왼쪽에 있는 '기본 축'을 선택하고 [차트 도구] → [서식] → [현재 선택 영역] 그룹에서 [선택 영역 서식]을 클릭합니다.

- 시트 오른쪽에 '축 서식' 작업 창이 나타납니다.
- '기본 축'을 선택한 후에 마우스 오른쪽 단추를 누른 다음 [축 서식] 메뉴를 선택해도 됩니다.

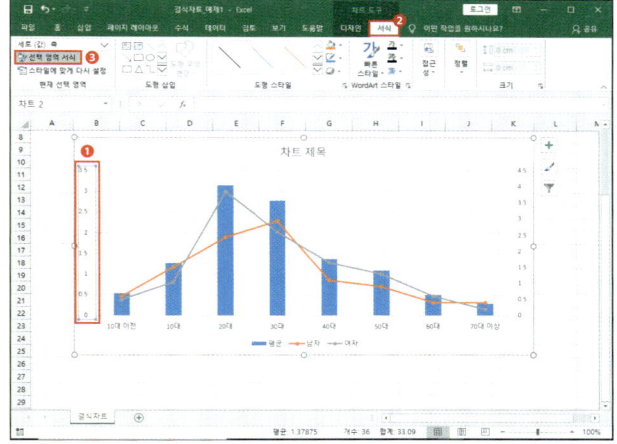

2. [축 서식] 작업 창의 [축 옵션]에서 '최대값' 경계는 『4』로 입력하고 '기본' 단위는 『1』로 입력합니다.

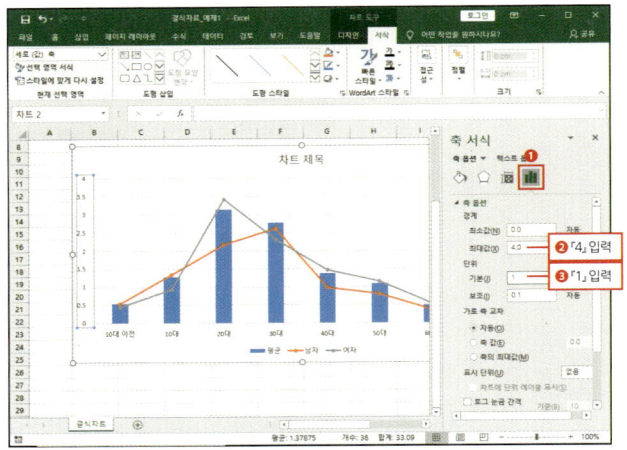

3. 이어서 [축 서식] 작업창 아래에 [표시 형식]에서 '범주'란에 「사용자 지정」, '형식'란에 「G/표준」이 선택된 상태에서 '서식 코드'란에 『G/표준"건"』을 입력하고 〈추가〉를 누릅니다.

- '세로(값) 축'에 입력되는 숫자 뒤에 "건"이 입력됩니다.

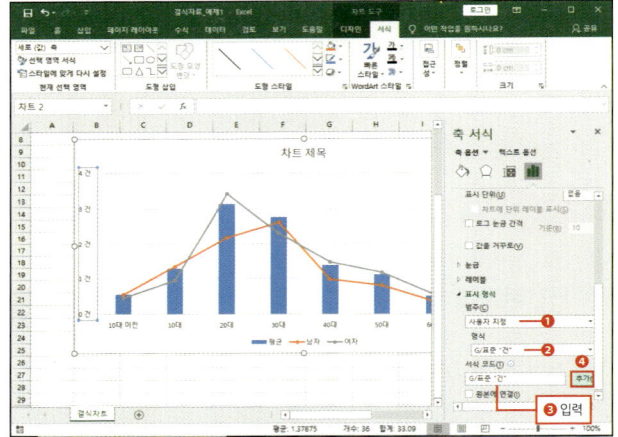

4. 이어서 차트에서 오른쪽에 있는 '보조 축'을 선택하고, [축 서식] 작업 창의 [축 옵션]에서 '최대값' 경계는 『4』로 입력하고, '기본' 단위는 『1』로 입력합니다.

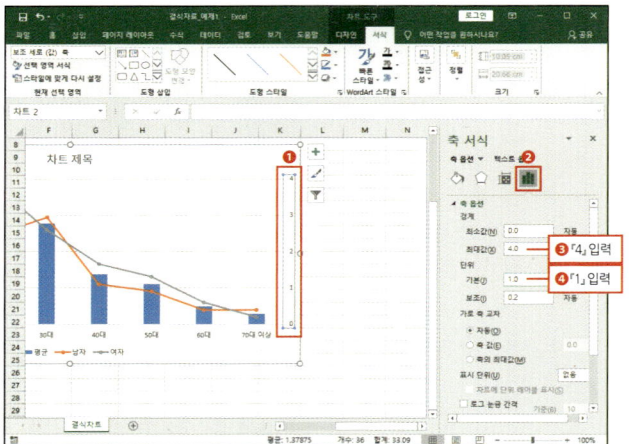

5. 차트에서 보조 축을 표시하지 않기 위해 차트 오른쪽 위에 있는 [차트 요소] 단추(+)를 클릭합니다. 차트 요소 목록이 열리면 '축' 하위 항목에서 「보조 세로」를 클릭하여 체크를 해제합니다.

- 기본 세로축과 보조 세로축의 최대값이 같으므로 중복 축처럼 보이는 보조 세로축을 보이지 않게 처리한 것입니다.

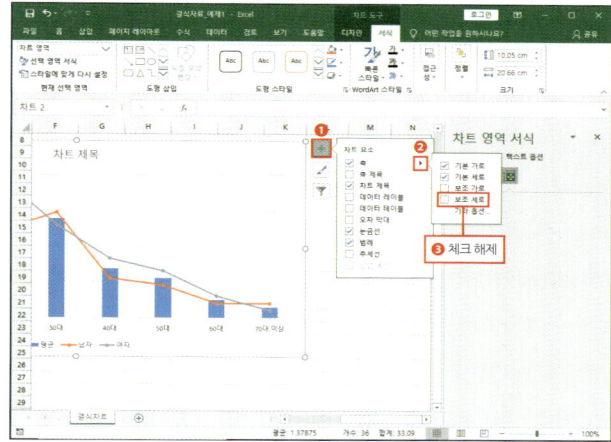

4 세로 막대 꾸미기

1. 차트에서 '평균' 데이터 계열을 선택하고 시트 오른쪽에 나타나는 [데이터 계열 서식] 작업 창에서 [계열 옵션]의 '간격 너비'를 「0%」로 지정합니다.

- 평균 데이터 계열의 막대가 간격 없이 붙어서 표시됩니다.

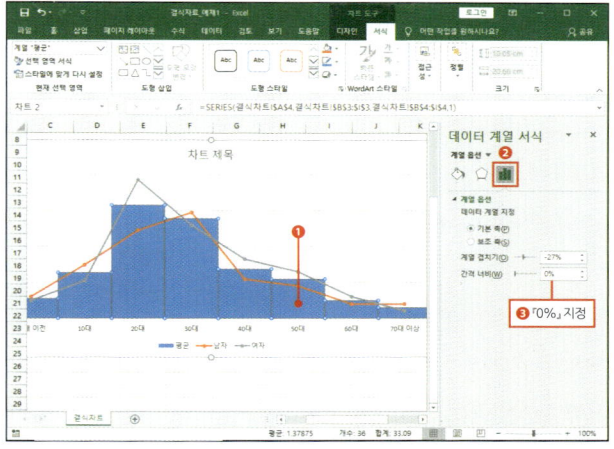

2. 이어서 [데이터 계열 서식] 작업 창의 [채우기 및 선 🎨]을 클릭하고 [채우기]의 「단색 채우기」를 클릭합니다. 그리고 '색' 아이콘을 클릭하여 「노랑」을 선택하고, 투명도를 『70%』로 조절합니다.

- 투명도 처리가 되면 눈금선이 보입니다.

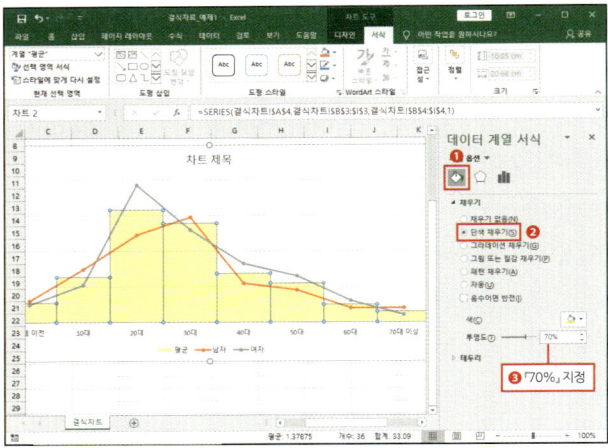

3. 데이터 레이블을 표시하기 위해 차트 오른쪽 위에 있는 [차트 요소] 단추를 클릭합니다. 차트 요소 목록이 열리면 '데이터 레이블' 하위 항목에서 「축에 가깝게」를 클릭합니다.

- [차트 도구] → [디자인] → [차트 레이아웃] 그룹에서 [차트 요소 추가] → [데이터 레이블] → [축에 가깝게]를 클릭해도 됩니다.

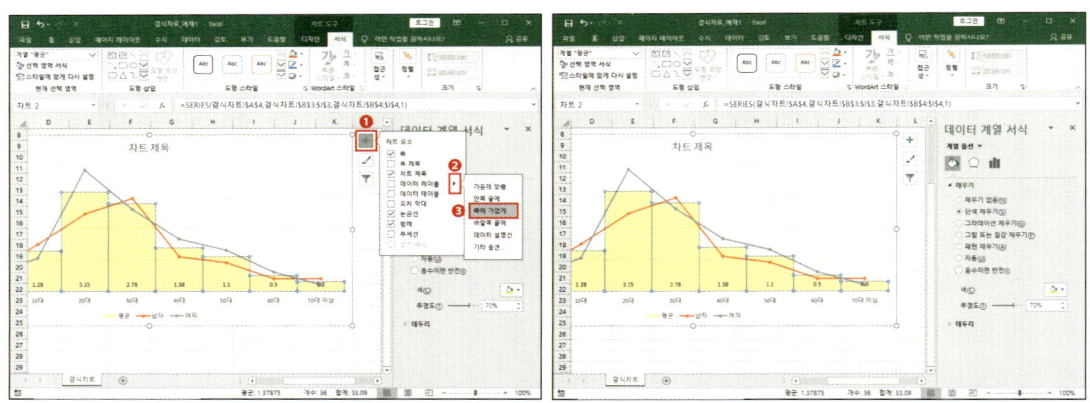

5 　 꺾은선 꾸미기

1. '남자' 데이터 계열을 선택하고 시트 오른쪽 [데이터 계열 서식] 작업 창에서 [채우기 및 선]을 클릭합니다. [선] 옵션에서 「실선」을 클릭하고 '색'을 클릭하여 「파랑」을 선택합다.

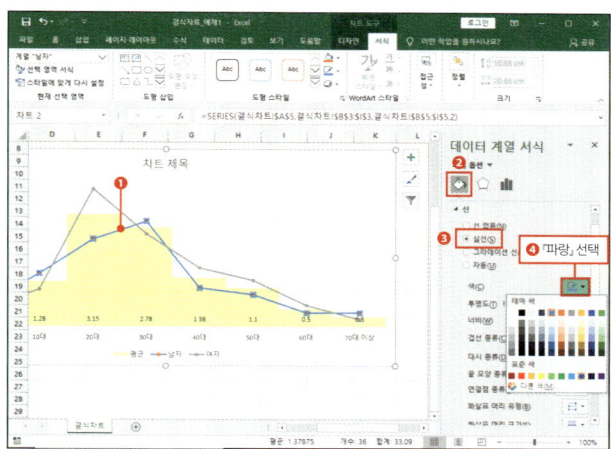

2. 이어서 작업 창 맨 아래 「완만한 선」 옵션을 체크합니다.

• 꺾은 선이 곡선으로 처리됩니다.

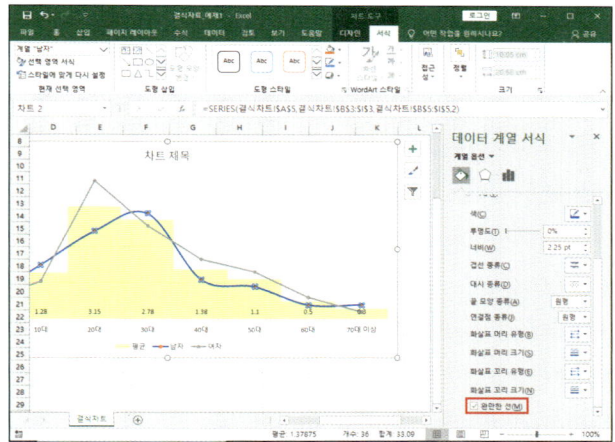

3. [데이터 계열 서식] 작업 창의 [채우기 및 선] 아이콘 아래 [표식]을 클릭하고, [채우기] 옵션에서 「단색 채우기」를 선택합니다. 그리고 '색'을 클릭하여 「빨강」을 선택합니다.

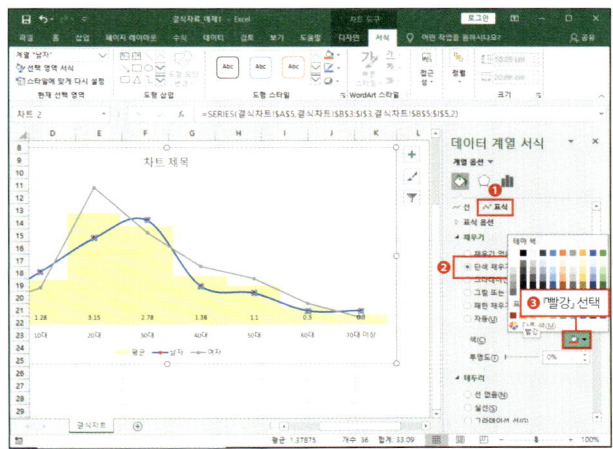

4. '여자' 데이터 계열을 선택하고, [데이터 계열 서식] 작업 창의 [채우기 및 선]을 클릭합니다. [선] 옵션에서 「실선」을 선택하고, '색'을 클릭하여 「빨강」을 선택합니다.

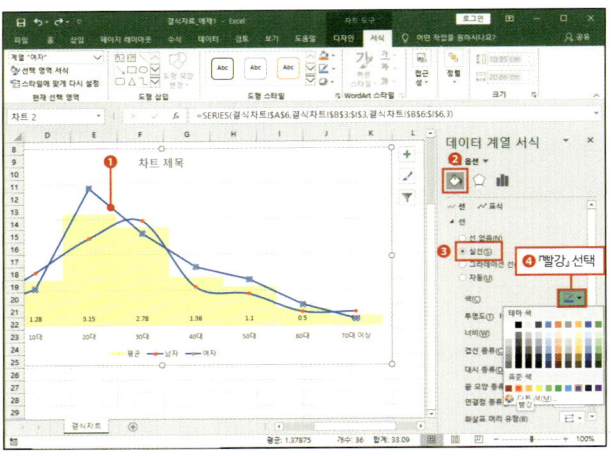

5. 이어서 작업 창 맨 아래 「완만한 선」 옵션을 체크합니다.

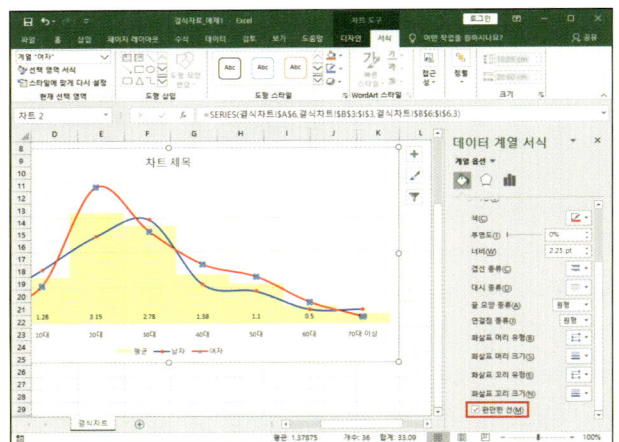

6. [데이터 계열 서식] 작업 창의 [채우기 및 선] 아이콘 아래 [표식]을 클릭하고, [채우기] 옵션에서 「단색 채우기」를 선택합니다. 그리고 '색'을 클릭하여 「파랑」을 선택합니다.

• 추가로 표식의 형식과 크기, 테두리 등을 변경할 수 있습니다.

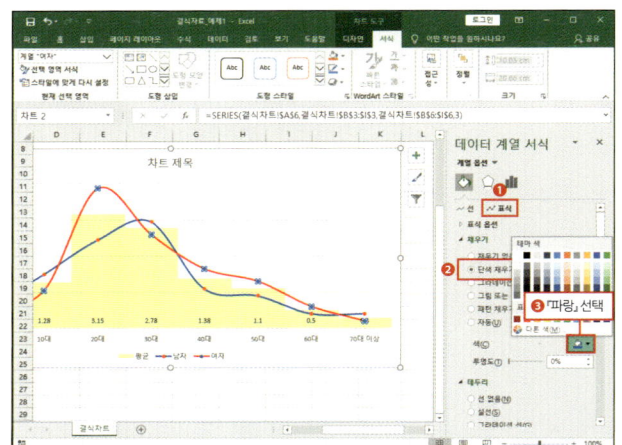

6 차트 제목 입력하기

1. 차트 제목 상자 안쪽을 클릭하고 『성별, 연령별 월간 결식 횟수』를 입력하고 Esc 를 누릅니다.

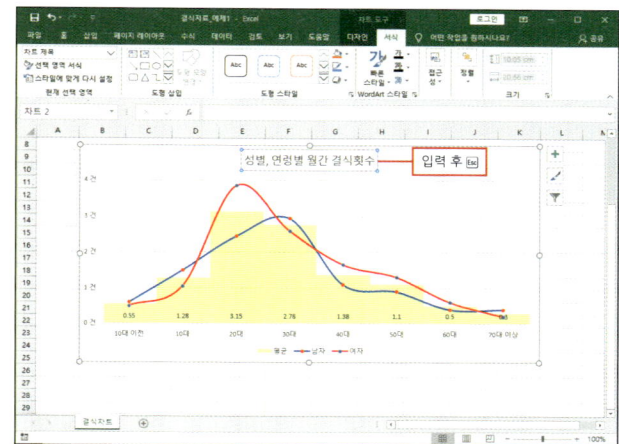

- 제목 상자의 테두리가 실선이면 제목 상자가 선택된 상태입니다. 이때 제목 상자를 한 번 더 클릭하여 테두리가 점선으로 바뀌고 커서가 깜박이면 텍스트를 편집할 수 있는 상태입니다.

2. [홈] → [글꼴] 그룹의 [굵게]를 클릭하고, 글꼴 크기를 『16』으로 지정합니다.

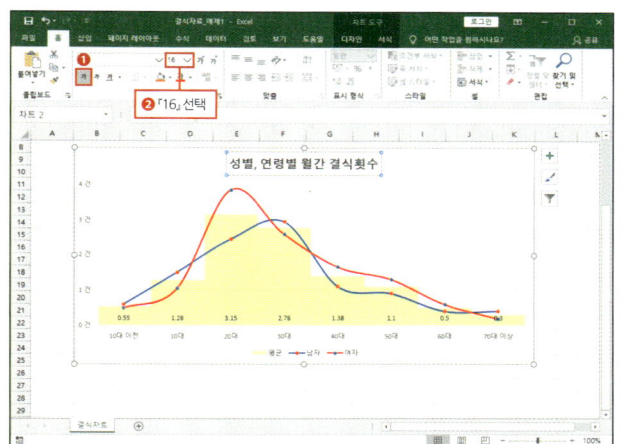

[응용] 한 걸음 더

| 예제 파일명: 결식자료_한걸음더_예제.xlsx | 완성 파일명: 결식자료_한걸음더_완성.xlsx

차트가 표시되는 위치에 따라 차트 시트와 내장 차트로 구분합니다. 차트가 차트 시트에 입력되면 차트 시트입니다. 내장 차트는 기본적으로 워크시트에 표시되는 차트로, 데이터와 차트를 함께 인쇄하거나, 또는 차트만 인쇄할 수 있습니다. 데이터와 차트를 함께 인쇄하는 것은 워크시트를 인쇄하는 방법과 같습니다.

내장 차트 인쇄하기

1. 내장 차트만 인쇄하려면 내장 차트를 선택하고 [파일] → [인쇄]를 선택합니다.

- 인쇄 화면의 설정에 「선택한 차트 인쇄」가 지정된 것을 확인 할 수 있습니다.

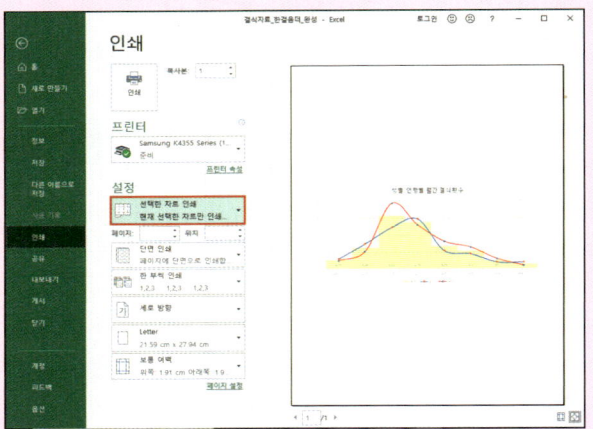

내장 차트 인쇄하지 않기

워크시트를 인쇄할 때 차트를 제외한 데이터만 인쇄할 수 있습니다.

1. 차트를 선택하고 [차트 도구] → [서식] → [현재 선택 영역] 그룹에서 [선택 영역 서식]을 클릭합니다.

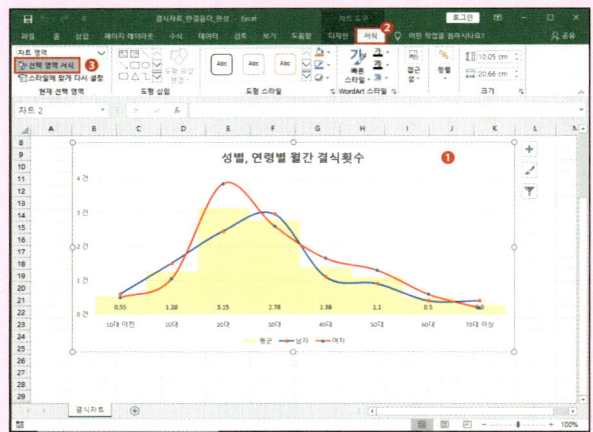

2. [차트 영역 서식] 작업 창의 [차트 옵션]에서 [크기 및 속성]을 클릭하고, [속성]에서 「개체 인쇄」의 체크를 해제합니다.

- 「개체 인쇄」의 체크를 해제하고 인쇄하면 차트는 인쇄되지 않습니다.

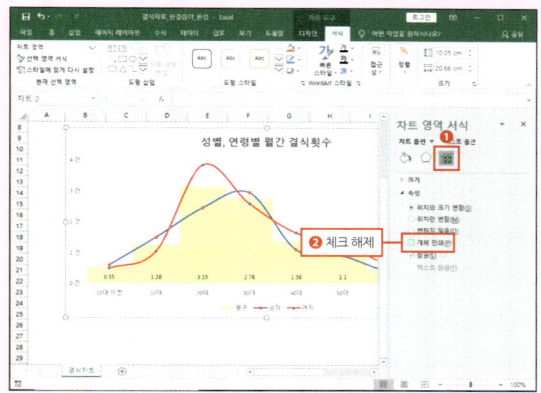

차트 시트로 이동하기

1. 내장 차트를 선택하고 [차트 도구] → [디자인] → [위치] 그룹에서 [차트 이동]을 클릭합니다.

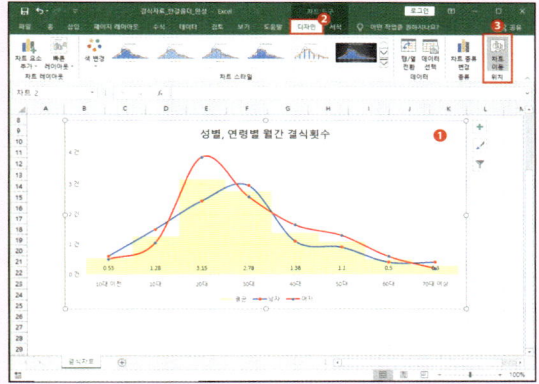

2. [차트 이동] 대화상자가 열리면 「새 시트」를 선택하고, 입력란에 『차트』를 입력한 후에 〈확인〉을 누릅니다.

- 차트 시트의 이름이 '차트'로 지정됩니다.

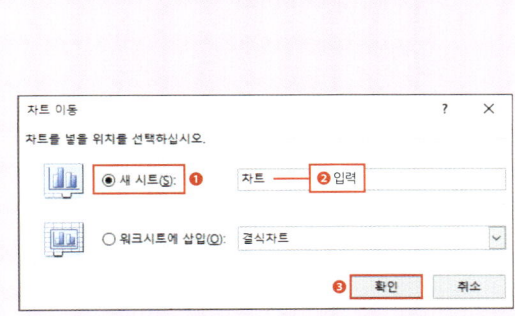
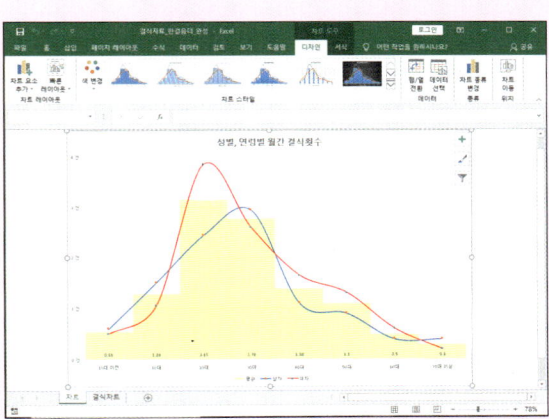

PART 3 눈이 즐거운 차트 문서

CHAPTER

간트 차트

예제 파일명:
간트차트_예제.xlsx

간트 차트는 헨리 간트(Henry L. Gantt)가 고안한 차트로 일정과 시간 관리가 필요한 업무를 차트로 나타내는 데 효과적인 차트입니다. 엑셀에서는 간트 차트를 제공하지 않지만, 누적 가로 막대형 차트를 활용하면 간단하게 간트 차트를 만들 수 있습니다.

미리보기 | 완성 파일명: 간트차트_완성.xlsx

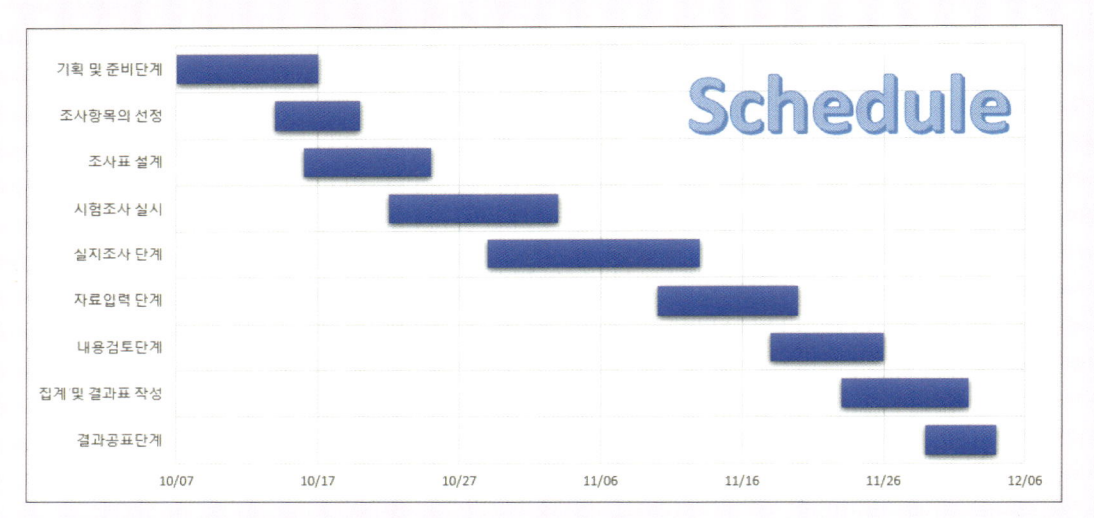

간트 차트   CHAPTER 03   235

1 누적 가로 막대형 차트 만들기

1. [일정] 워크시트의 [B3:D12] 범위를 선택합니다. 그리고 [삽입] → [차트] 그룹에서 [가로 막대형]을 클릭하고, '2차원 가로 막대형'에서 [누적 가로 막대형]을 클릭합니다.

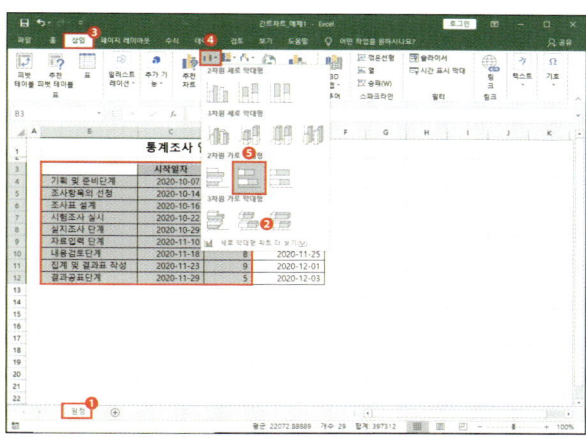

- B열에는 작업에 대한 내용, C열에는 작업의 시작일자, D열에는 기간이 입력되어 있습니다. [B3] 열에 머리글을 입력하면 B열과 C열이 함께 항목 축으로 사용됩니다. B열만 항목 축으로 사용하기 위해 [B3] 열에 머리글을 입력하지 않습니다.

2. 차트가 삽입되면 차트의 테두리를 끌어서 위치와 크기를 조정합니다.

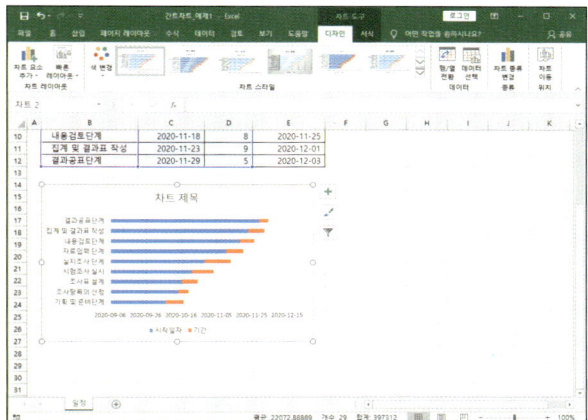

2 축 서식 변경하기

1. '세로(항목) 축'을 선택하고 [차트 도구] → [서식] → [현재 선택 영역] 그룹에서 [선택 영역 서식]을 클릭합니다.

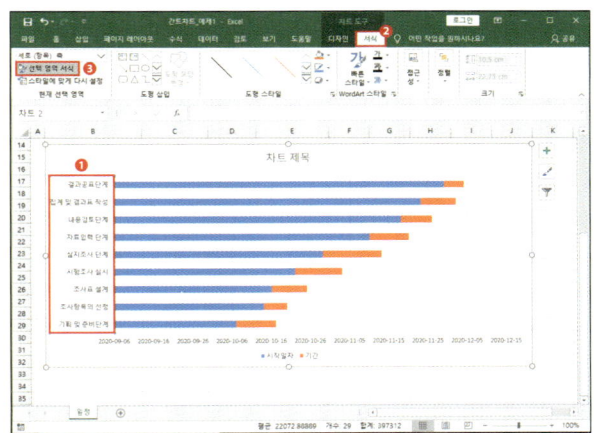

- 시트 오른쪽에 '축 서식' 작업 창이 나타납니다.
- 세로(항목) 축'을 선택하고 마우스 오른쪽 단추를 누른 다음 [축 서식] 메뉴를 선택해도 됩니다.

2. [축 서식] 작업 창의 [축 옵션]에서 「항목을 거꾸로」를 체크하고, '가로 축 교차'에서 「최대 항목」을 선택합니다.

- 위에서부터 아래 방향으로 작업 순서를 변경하여 표시하고, 위로 올라간 날짜가 아래에 표시됩니다.

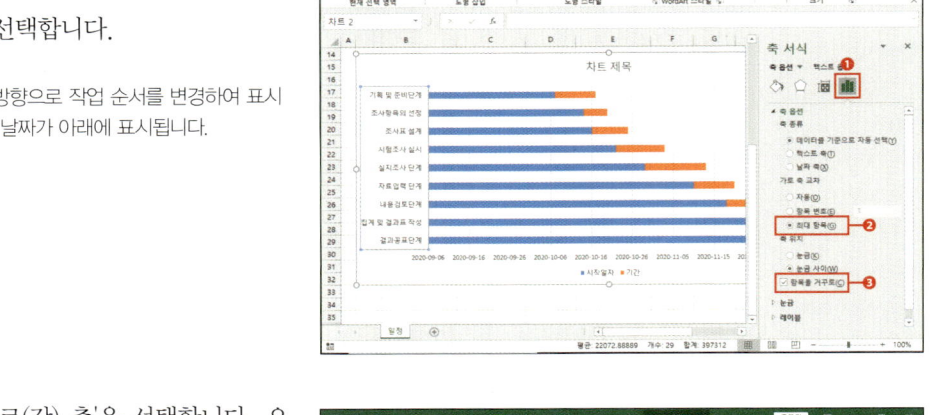

3. 차트에서 '가로(값) 축'을 선택합니다. 오른쪽 작업 창이 '가로(값) 축'에 대한 [축 서식]으로 변경되면, [축 옵션] 경계에서 최소값은 『2020-10-7』으로 입력하고, 최대값은 『2020-12-6』으로 입력합니다.

- 2020-10-7에 대한 날짜 일련번호는 44111이고, 2020-12-6에 대한 날짜 일련번호는 44171입니다. 특정 날짜의 일련번호를 확인하려면 셀에 날짜를 입력하고, [홈] → [표시형식] 그룹에서 펼침목록을 클릭하여 「일반」을 선택합니다.

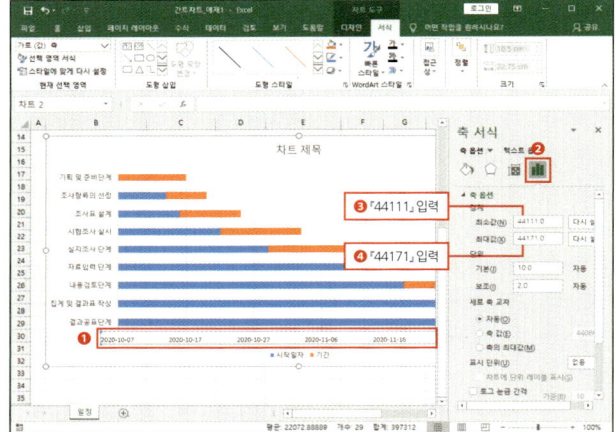

4. 이어서 단위에서 '주'는 『10』을 입력하고, '보조'에 『1』을 입력합니다.

- '10'은 10일을 의미하고, '1'은 1일을 의미합니다.

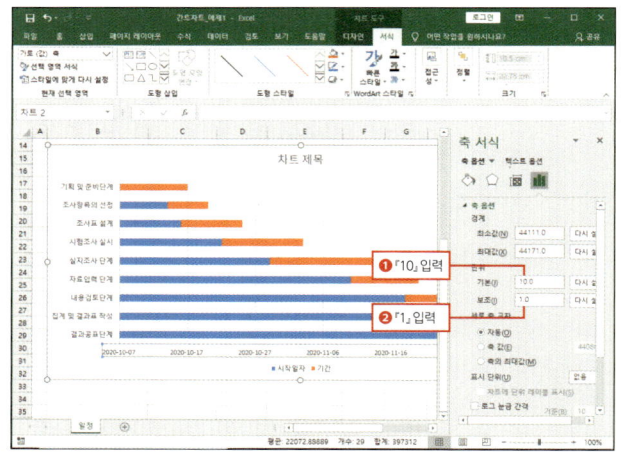

5. 이어서 작업 창의 스크롤을 아래로 내려 보면 [표시 형식] 영역이 있습니다. 여기서 '서식 코드'란에 『mm/dd』를 입력하고 〈추가〉를 누릅니다.

- "2020-10-07"로 입력된 날짜 데이터가 "10/07"로 변경됩니다.

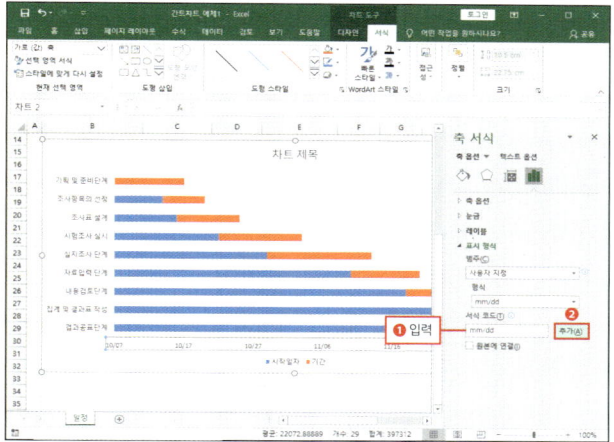

3 계열 변경하기

1. 차트에서 '시작일자' 데이터 계열을 선택합니다. 시트 오른쪽 작업 창이 [데이터 계열 서식]으로 변경되면, [계열 옵션]에서 '계열 겹치기'를 『100%』로 지정합니다.

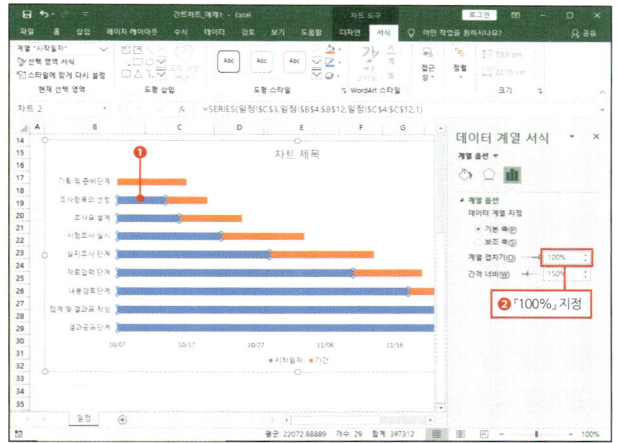

2. 이어서 [채우기 및 선 ◇]을 클릭합니다. '채우기'에서 「채우기 없음」과 '테두리'에서 「선 없음」을 선택합니다.

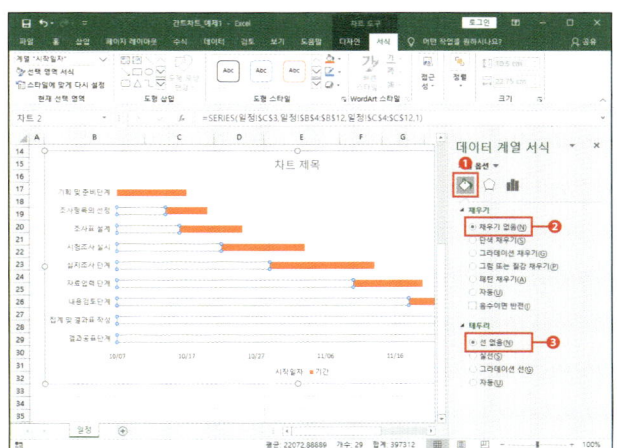

3. 차트에서 '기간' 데이터 계열을 선택하고, [데이터 계열 서식] 작업 창의 [계열 옵션]에서 '간격 너비'를 『60%』로 지정합니다.

- '기간' 데이터 계열의 막대가 두꺼워집니다.

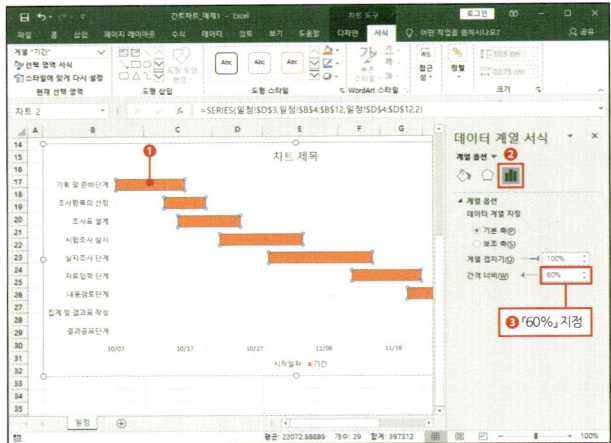

4. [차트 도구] → [서식] → [도형 스타일] 그룹에서 [자세히 ▼]를 클릭하여 도형 스타일 갤러리를 펼친 후, 「강한 효과 - 파랑, 강조 1」을 선택합니다.

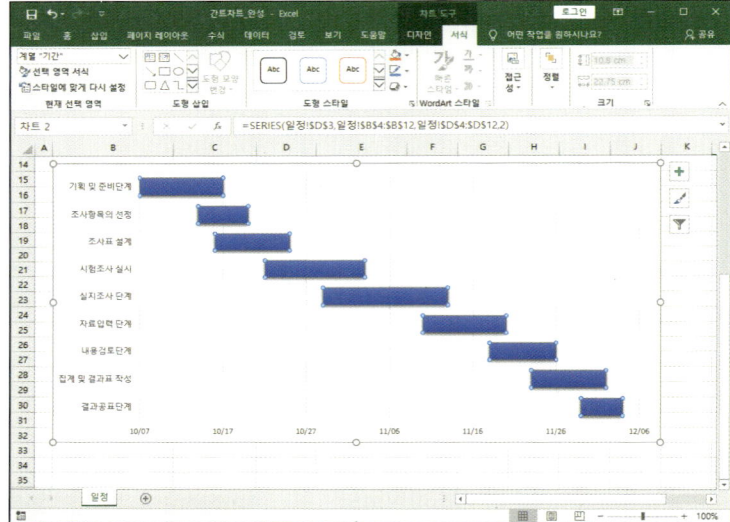

4 레이아웃 변경하기

1. 차트 제목과 범례를 표시하지 않기 위해 차트 오른쪽 위에 있는 차트 요소(➕)를 클릭하고, 「차트 제목」과 「범례」를 클릭하여 체크를 해제합니다. 그리고 눈금선을 표시하기 위해 '눈금선'에서 하위 항목을 클릭하여 「기본 주 가로」와 「기본 부 세로」를 클릭합니다.

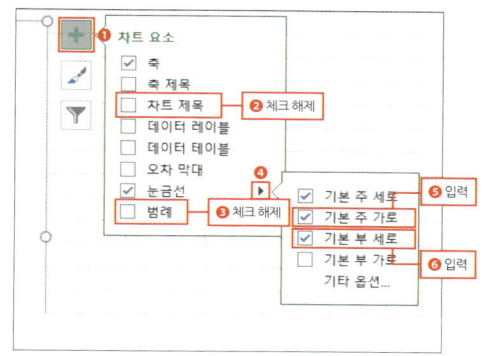

2. 차트에서 '가로(값) 축 보조 눈금선'을 선택하고, [차트 도구] → [서식] → [현재 선택 영역] 그룹에서 [선택 영역 서식]을 클릭합니다. 시트 오른쪽에 [보조 눈금선 서식] 작업 창이 열리면 [부 눈금선 옵션]의 [채우기 및 선]을 클릭하고, 선의 '대시 종류' 목록 단추를 클릭하여 「파선」을 선택합니다.

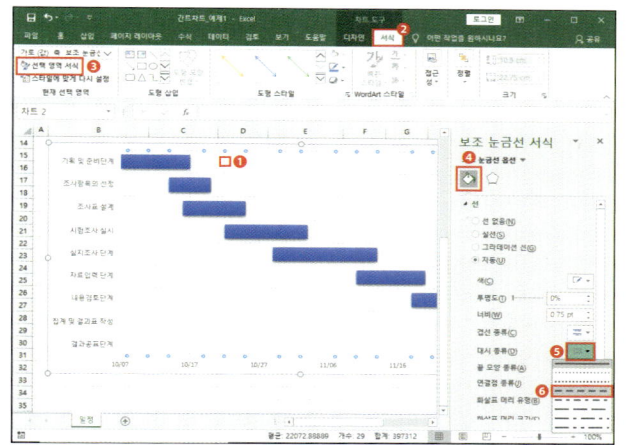

Tip & Tech

차트 요소 선택

차트에서 특정 요소를 선택하기 어려우면 차트를 선택하고 [차트 도구] → [서식] → [현재 선택 영역] 그룹에서 임의의 개체가 선택된 목록 버튼을 누릅니다. 그러면 차트의 모든 구성요소가 목록으로 나오는데, 그중 원하는 요소(실습에서는 '가로(값) 축 보조 눈금선')를 선택합니다.

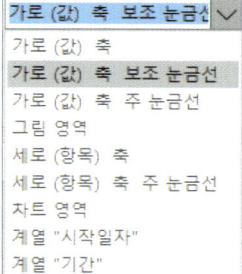

5　WordArt 입력하기

차트 제목에 WordArt를 사용하면 텍스트에 특수효과를 적용하여 더욱 돋보이게 만들 수 있습니다.

1. 차트를 선택하고 [삽입] → [텍스트] 그룹의 [WordArt]를 클릭합니다. WordArt 갤러리가 열리면 「무늬 채우기 – 파랑, 강조 1, 50%, 진한 그림자 – 강조 1」 스타일을 선택합니다.

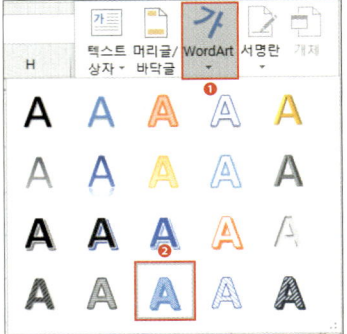

2. 차트에 WordArt가 삽입되면 『Schedule』을 입력하고 Esc를 눌러서 입력을 마친 다음, 테두리를 마우스로 끌어서 위치를 조정합니다.

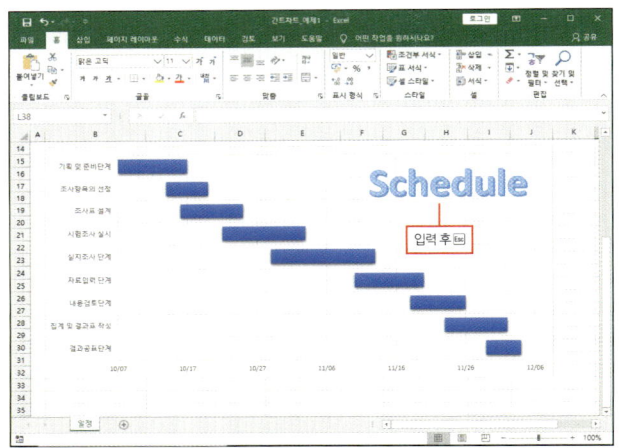

간트 차트 CHAPTER 03   241

[응용] 한 걸음 더

| 예제 파일명: 간트차트_한걸음더_예제.xlsx　　　　　　| 완성 파일명: 간트차트_한걸음더_완성.xlsx

엑셀의 계산은 정확한 수학 계산을 합니다. 앞에서 작성한 간트 차트의 표를 보면, 시작일자는 '2020-10-07'이고 기간은 '10'입니다. 그럼 종료일자는 '2020-10-17'이어야 하는데, '2020-10-16'으로 입력되어 있습니다. 생활의 계산을 하기 위해 '2020-10-17'의 값에 -1을 해준 것입니다. 차트는 어떨까요? '2020-10-16'까지 막대가 그려지면 좋겠지만, 막대는 '2020-10-17'까지 표기되어 있습니다. 여기서는 '2020-10-16'까지 표기되는, 즉 생활의 계산이 적용되는 간트 차트를 작성해보겠습니다.

데이터 편집하기

1. D열의 머리글을 선택하고, 마우스 오른쪽 단추를 눌러서 [복사]를 선택합니다. 다시 D열에서 마우스 오른쪽 단추를 눌러서 [복사한 셀 삽입]을 선택합니다.

- D열과 같은 값이 E열에 복사되어 나타납니다. E열은 차트에서 '기간' 계열로 사용됩니다.

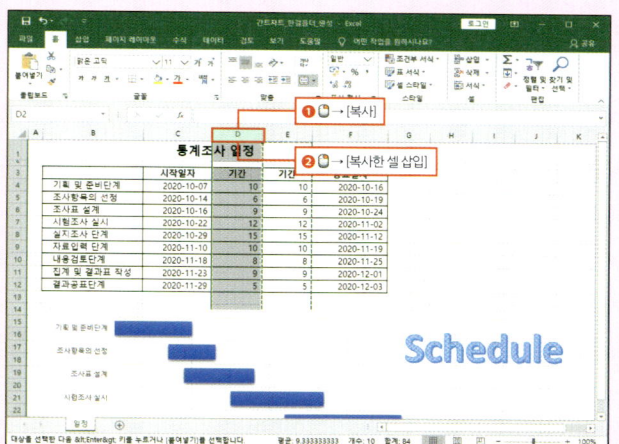

2. 차트에서 사용하는 '기간' 계열의 [E4:E12] 범위를 선택하고 Delete 를 누릅니다. 데이터가 지워지면 범위가 그대로 선택된 상태에서 『=D4-1』을 입력하고 Ctrl + Enter ↵ 를 누릅니다.

- 차트에서 E열 값이 막대 길이의 종료일자에 맞추기 위해, 기존에 입력된 기간(D열)에서 -1을 합니다. 그러면, 2020-10-17까지 그려진 막대가 2020-10-16까지 그려집니다.

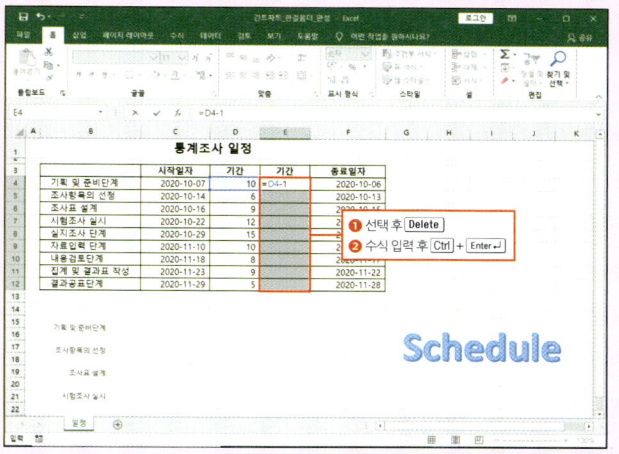

3. 종료일자를 수정하기 위해 [F4:F12] 범위를 선택하고 Delete 를 누릅니다. 데이터가 지워지면 범위가 그대로 선택된 상태에서 『=C4+E4』를 입력하고 Ctrl + Enter 를 누릅니다.

- 기존에 입력된 종료일자가 수정된 값에 따라 변경되므로, 시작일자와 새로 입력된 기간을 더합니다.

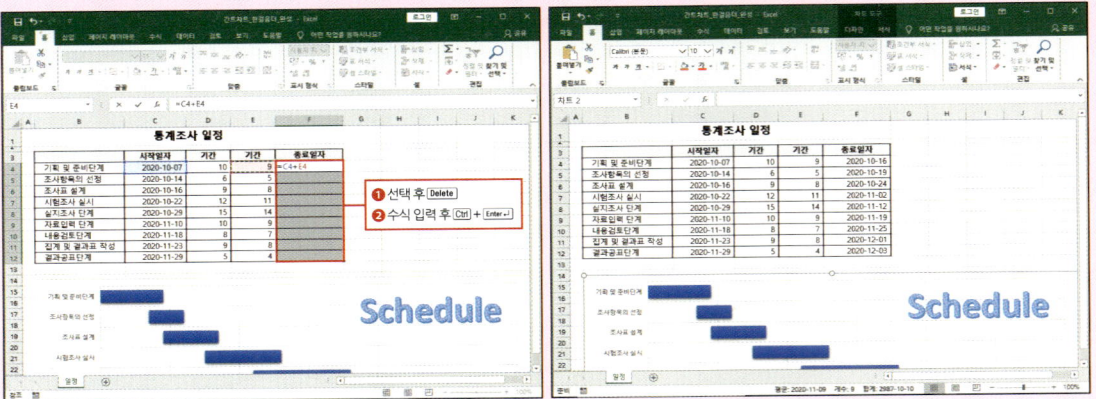

숨기기 지정하기

표에 작성된 '기간' 자료를 숨기기 처리합니다.

1. 차트를 선택하고 [차트 도구] → [디자인] → [데이터] 그룹에서 [데이터 선택]을 클릭합니다.

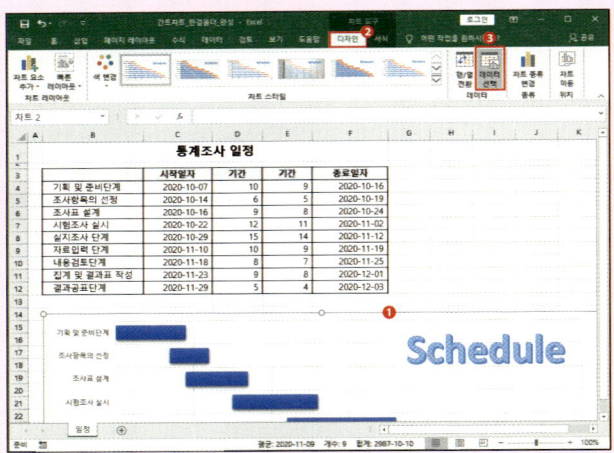

2. [데이터 원본 선택] 대화상자가 열리면 〈숨겨진 셀/빈 셀〉을 클릭하고, 이어서 [숨겨진 셀/빈 셀 설정] 대화상자가 열리면 「숨겨진 행 및 열에 데이터 표시」에 체크하고 〈확인〉을 누릅니다. 다시 [데이터 원본 선택] 대화상자에서 〈확인〉을 누릅니다.

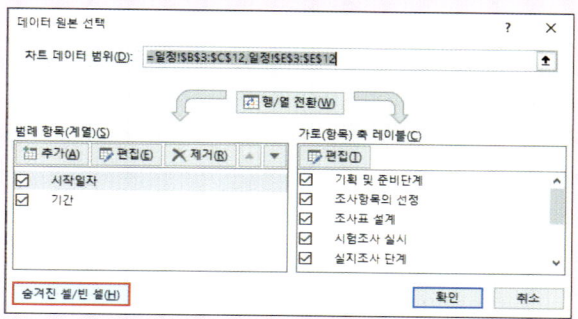
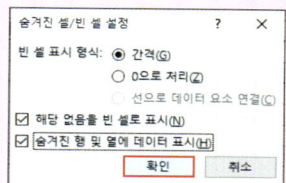

3. E열 머리글을 마우스 오른쪽 단추로 누른 다음, [숨기기]를 선택합니다.

- 만일 [숨겨진 셀/빈 셀 설정] 대화상자에서 「숨겨진 행 및 열에 데이터 표시」를 체크하지 않으면, 차트는 표시되지 않습니다.

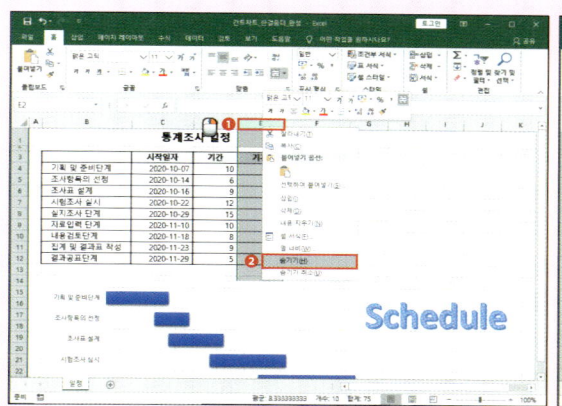
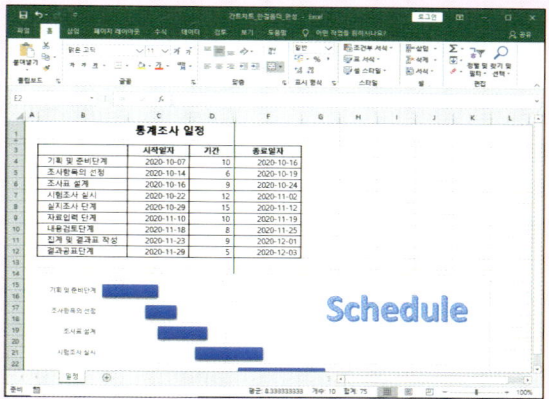

CHAPTER 04 시스템 운영 차트

예제 파일명: 시스템운영차트_예제.xlsx

원형 또는 도넛형 차트는 전체에 대한 비율을 나타내고자 할 때 사용합니다. 원형 차트는 하나의 데이터 계열에 대한 데이터 요소를 사용하며, 도넛형 차트는 하나의 데이터 계열 또는 두 개 이상의 데이터 계열 대한 데이터 요소를 사용할 때도 유용합니다(단, 너무 많은 데이터 계열은 해석이 어렵습니다). 하지만 데이터 요소가 5~6개 이상을 넘으면 차트를 해석하기 어렵습니다.

여기서 사용되는 예제는 합계 계열에 대한 데이터 요소의 비율과 사용자가 선택하는 계열에 대한 데이터 요소의 비율을 비교해서 볼 수 있도록 작성하는 도넛형 차트입니다.

미리보기 | 완성 파일명: 시스템운영차트_완성.xlsx

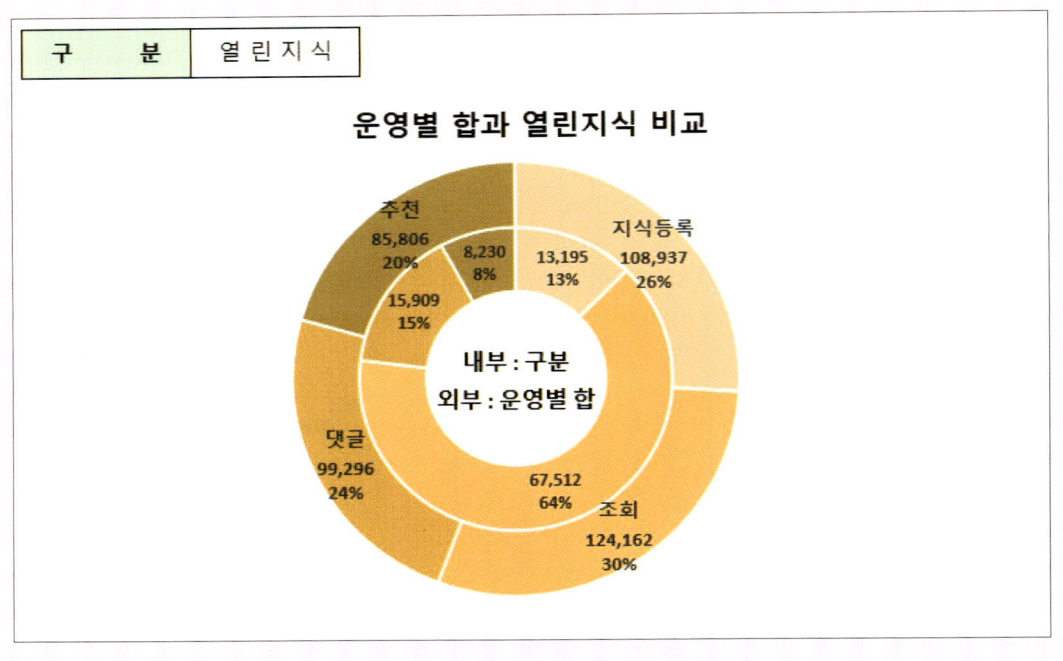

1 유효성 검사로 선택 만들기

1. [시스템차트] 워크시트의 [B5:B8] 범위를 선택하고, [이름상자]에 『구분』을 입력한 다음 Enter 를 누릅니다.

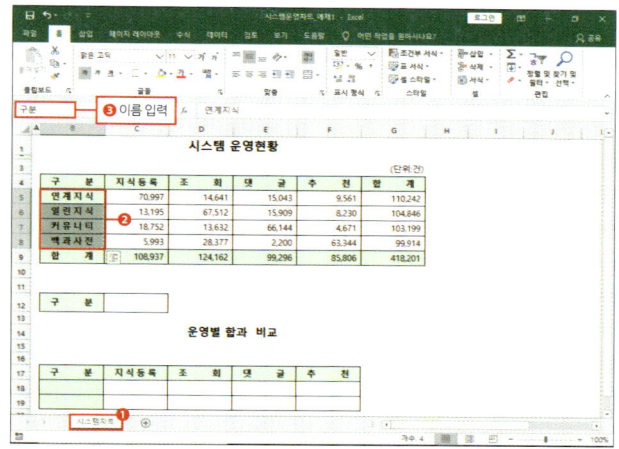

2. [C12] 셀을 선택하고 [데이터] → [데이터 도구] 그룹에서 [데이터 유효성 검사]를 클릭합니다. [데이터 유효성] 대화상자가 열리면 [설정] 탭에서 '제한 대상'은 「목록」으로 선택하고, '원본'란에 『=구분』을 입력한 후에 〈확인〉을 누릅니다.

• '구분'으로 이름 정의된 범위가 목록으로 만들어집니다.

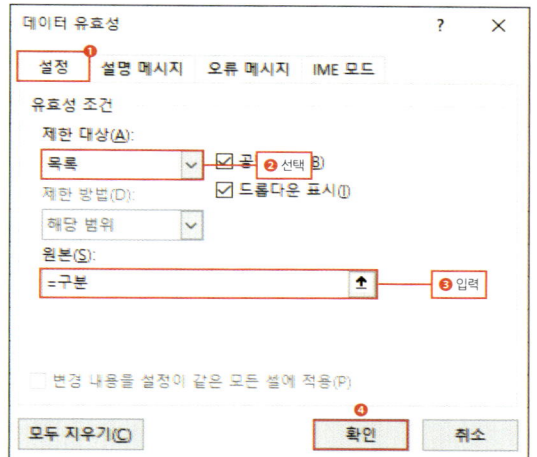

3. [C12] 셀에서 목록 단추를 클릭하고, 차트로 작성할 구분을 목록에서 선택합니다.

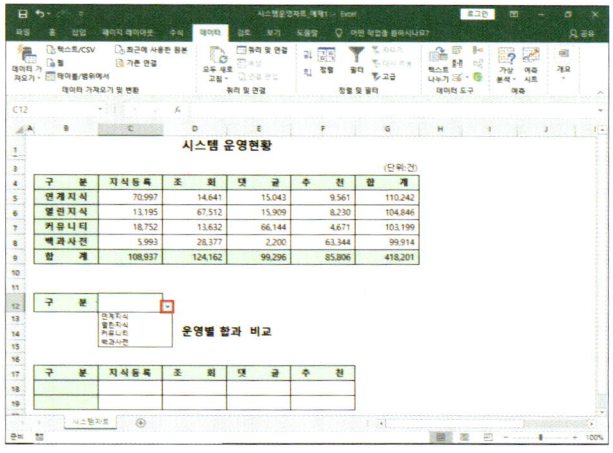

2 차트로 작성할 데이터 만들기

1. [시스템차트] 워크시트의 [B5:F9] 범위를 선택하고, [이름상자]에 『자료』를 입력한 다음 Enter↵ 를 누릅니다.

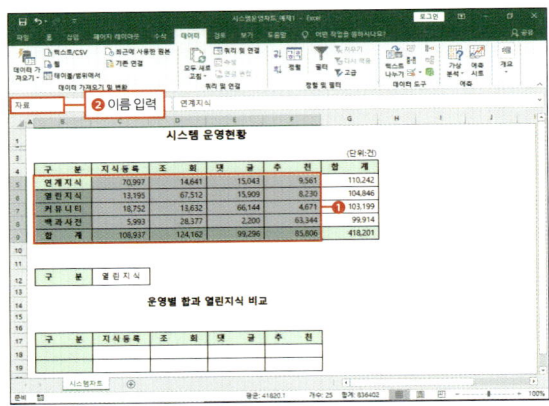

2. [B18] 셀을 선택하고 『=C12』를 입력합니다. 이어서 [C18:F18] 범위를 선택하고, 『=VLOOKUP($B$18,자료,COLUMN( )-1,FALSE)』를 입력한 후에 Ctrl + Enter↵ 를 누릅니다.

- VLOOKUP 함수는 '자료'의 첫 번째 열에서 [B18] 셀에 입력한 구분을 찾아서 'COLUMN( )-1' 결과인 열에 대한 값을 찾아옵니다.

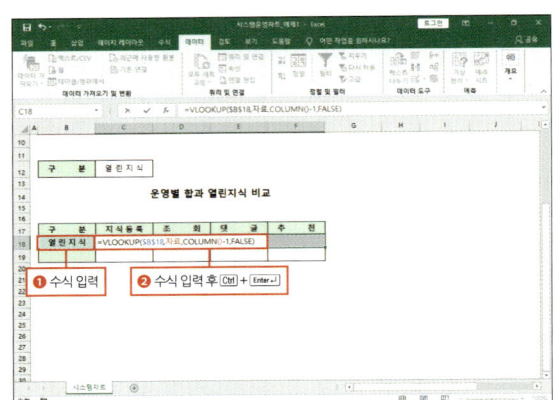

3. [B19:F19] 범위를 선택하고 [=B9]를 입력한 후에 Ctrl + Enter↵ 를 누릅니다.

- 상대참조로 입력되었으므로, [B19] 셀에는 『=B9』, [C19] 셀에는 『=C9』, [D19] 셀에는 『=D9』, [E19] 셀에는 『=E9』, [F19] 셀에는 『=F9』가 입력됩니다.

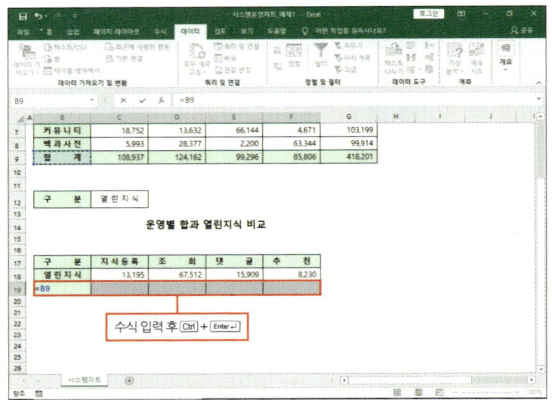
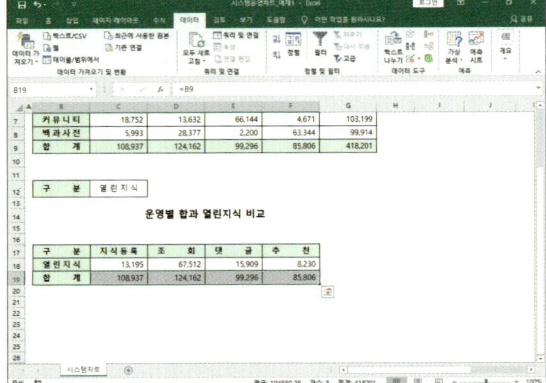

[C18:F18] 범위에 입력한 수식
=VLOOKUP($B$18,자료,COLUMN( )-1,FALSE)

사용한 함수
COLUMN(reference)
열 번호를 구하는 함수입니다.
- reference: 열 번호를 구할 셀 주소이며, 생략하면 이 함수를 사용한 셀을 뜻합니다.

수식 풀이
[C18] 셀에 'COLUMN( )-1'을 입력하면 'COLUMN( )'은 C열을 의미하며 순번은 3입니다. 여기에 -1을 하므로 결과는 2입니다. 같은 방법으로 [D18] 셀에 'COLUMN( )'은 D열을 의미하며 순번은 4입니다. 여기에 -1을 하므로 결과는 3입니다. 이와 같은 방법으로 2, 3, 4, 5번째의 열 값을 가져올 수 있습니다.

3 도넛형 차트 작성하기

1. [시스템차트] 워크시트의 [B17:F19] 범위를 선택합니다. 그리고 [삽입] → [차트] 그룹에서 [원형 또는 도넛형 차트 삽입]을 클릭하고 [도넛형]을 선택합니다.

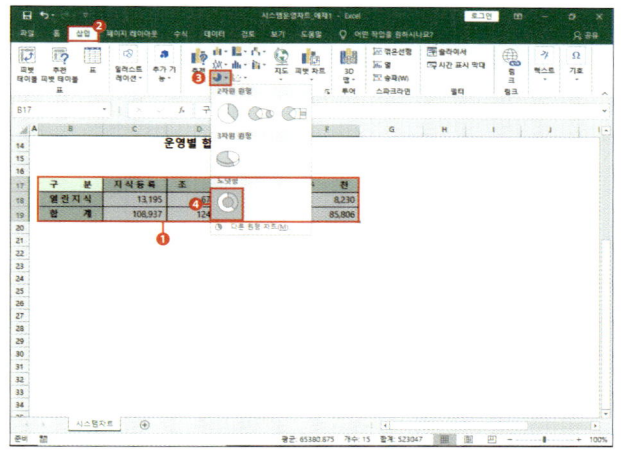

2. 차트가 삽입되면 차트를 끌어서 위치를 조정하고, 차트 테두리에 있는 조절점을 끌어서 차트 크기를 조절합니다.

- 차트를 작성한 표를 보이지 않게 하기 위해, 차트를 표 위에 위치시킵니다.

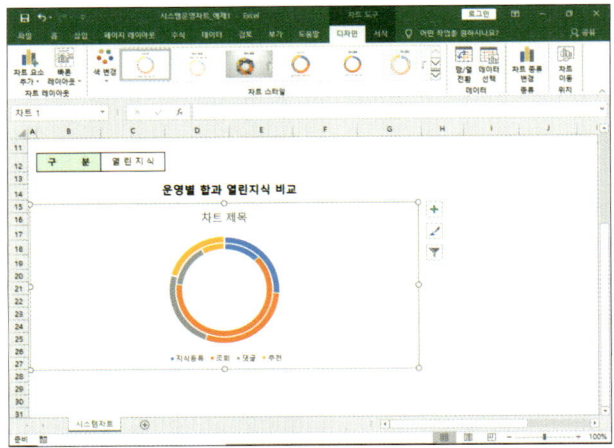

4 계열 변경하기

1. 임의의 데이터 계열을 선택하고, [차트 도구] → [디자인] → [차트 스타일] 그룹에서 [색 변경]을 클릭하여 '단색형'의 「단색 색상표11」을 클릭합니다.

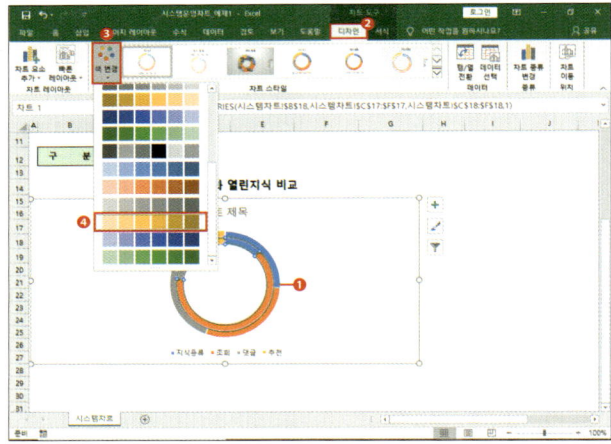

2. [차트 도구] → [서식] → [현재 선택 영역] 그룹에서 [선택 영역 서식]을 클릭합니다. [데이터 계열 서식] 작업 창이 나타나면 [계열 옵션]에서 '도넛 구멍 크기'를 『40%』로 지정합니다.

- 작업 창을 표시하려면 '합계' 데이터 계열을 선택한 후에 마우스 오른쪽 단추를 눌러서 [데이터 계열 서식] 메뉴를 선택해도 됩니다.

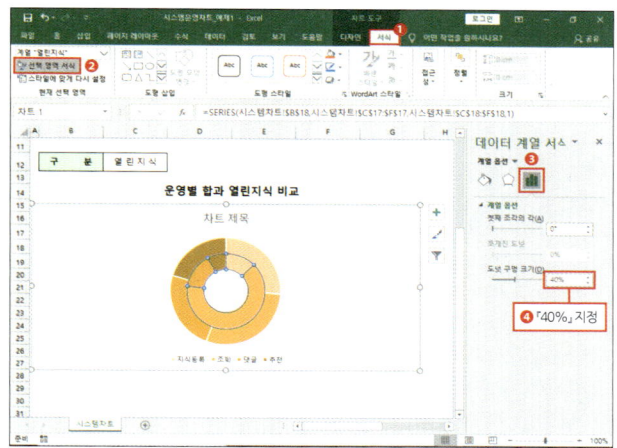

5 레이아웃 변경하기

1. 차트 제목과 범례를 표시하지 않기 위해 차트 오른쪽에 있는 차트 요소(+)를 클릭하고 「차트 제목」과 「범례」를 클릭하여 체크를 해제합니다.

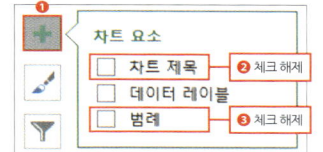

2. '그림 영역'을 선택하고 그림 영역의 테두리에 있는 조절점을 바깥쪽으로 끌어서 도넛형 차트의 크기를 크게 변경합니다.

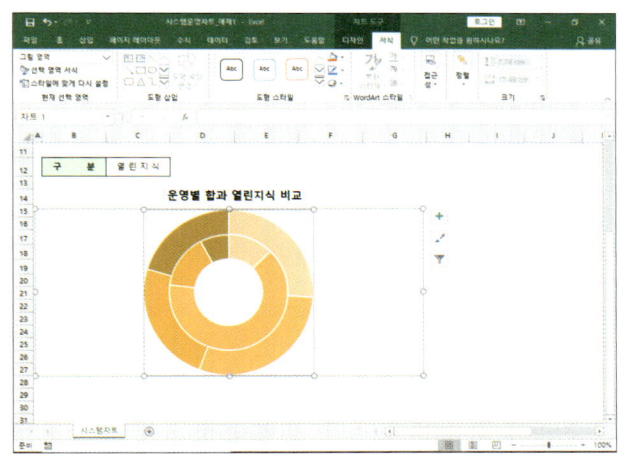

3. '차트 영역'을 선택하고, [차트 도구] → [서식] → [현재 선택 영역] 그룹에서 [선택 영역 서식]을 클릭합니다. [차트 영역 서식] 작업 창이 나타나면 [채우기 및 선]의 '테두리'에서 「선 없음」을 클릭합니다.

- '차트 영역'을 선택한 후에 마우스 오른쪽 단추를 눌러서 [차트 영역 서식] 메뉴를 선택해도 됩니다.

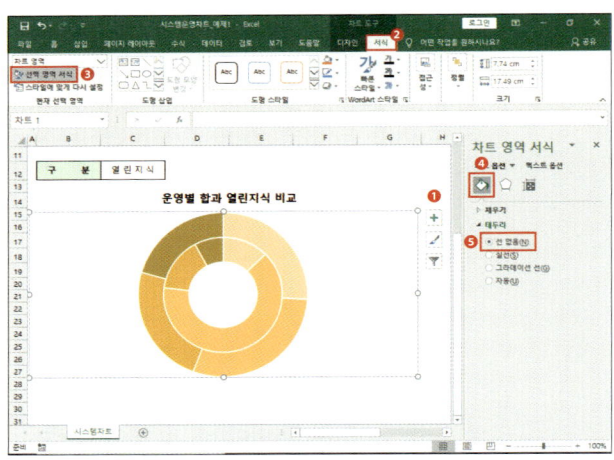

6 합계 데이터 계열 꾸미기

1. 바깥쪽 도넛형으로 작성된 '합계' 데이터 계열을 선택하고, 차트 오른쪽 위에 있는 차트 요소(➕)를 클릭하여 '데이터 레이블'에서 하위 항목을 클릭하여 「기타 옵션」을 클릭합니다.

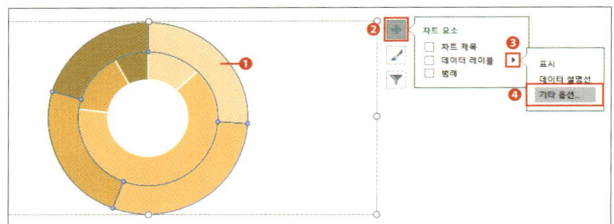

2. [데이터 레이블 서식] 작업 창의 [레이블 옵션]에서 「항목 이름」, 「값」, 「백분율」을 체크하고, '구분 기호'의 펼침목록을 클릭하여 「(줄 바꿈)」을 선택합니다.

- 한 줄로 표시되는 항목 이름, 값, 백분율이 줄 바꿈하여 표시됩니다.

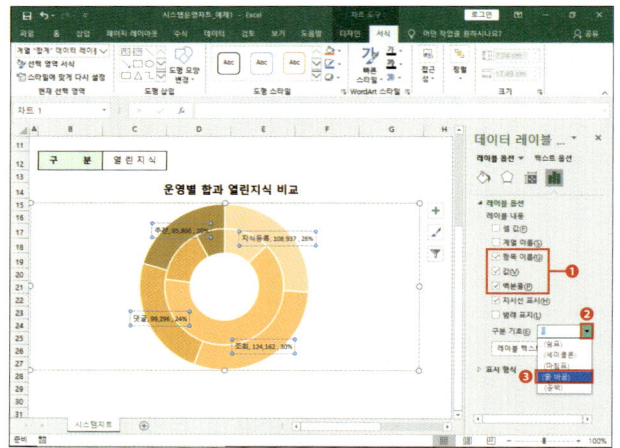

3. '데이터 레이블'이 선택된 상태에서, [홈] → [글꼴] 그룹의 [굵게]를 클릭하고, 글꼴 크기를 「10」으로 변경합니다.

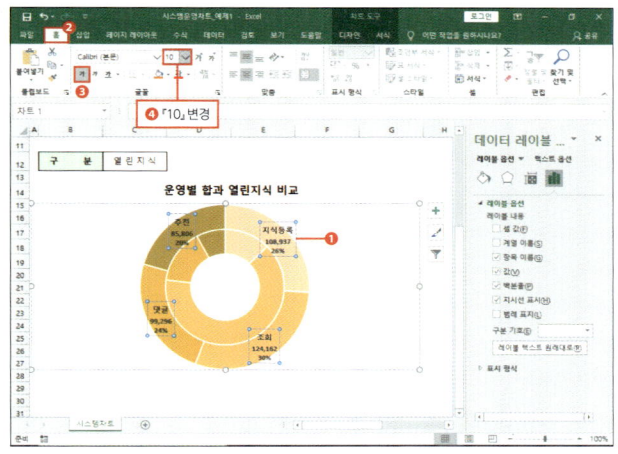

7 선택한 데이터 계열 꾸미기

1. 내부 도넛형으로 작성된 데이터 계열을 선택합니다. 이어서 차트 오른쪽 위에 있는 차트 요소(➕)를 클릭하고, '데이터 레이블'에서 하위 항목을 클릭하여 「기타 옵션」을 클릭합니다.

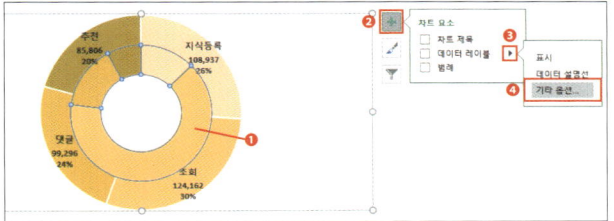

2. [데이터 레이블 서식] 작업 창의 [레이블 옵션]에서 「값」, 「백분율」을 체크하고, '구분 기호'의 펼침목록을 클릭하여 「(줄 바꿈)」을 선택합니다.

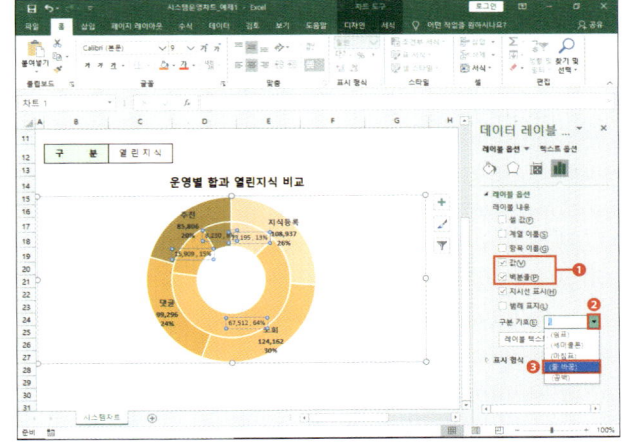

3. '데이터 레이블'이 선택된 상태에서 [홈] → [글꼴] 그룹의 [굵게]를 클릭하고, 글꼴의 크기를 「9」로 변경합니다.

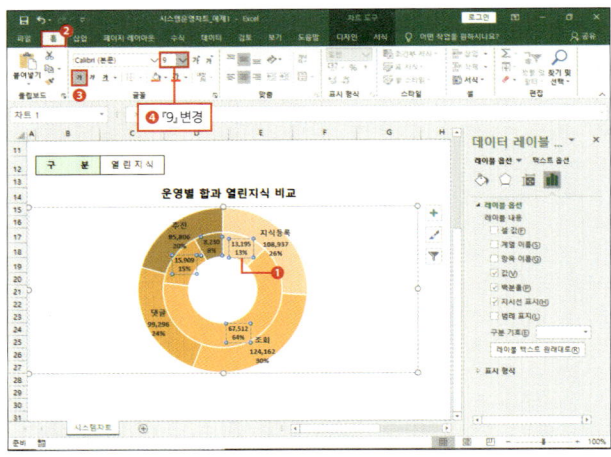

8 텍스트 상자 입력하기

1. [차트 도구] → [서식] → [도형 삽입] 그룹에서 [텍스트 상자]를 클릭합니다.

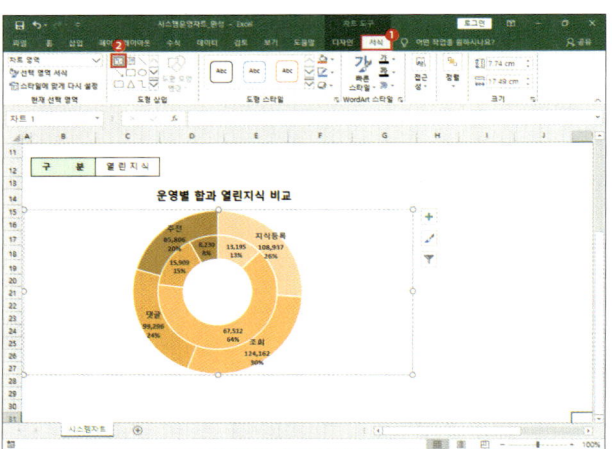

2. 도넛형 차트 가운데를 클릭하여, 텍스트 상자를 삽입하고, 『내부 : 구분』을 입력하고 Shift + Enter↵를 누른 후, 『외부 : 운영별 합』을 입력하고 Esc를 누릅니다.

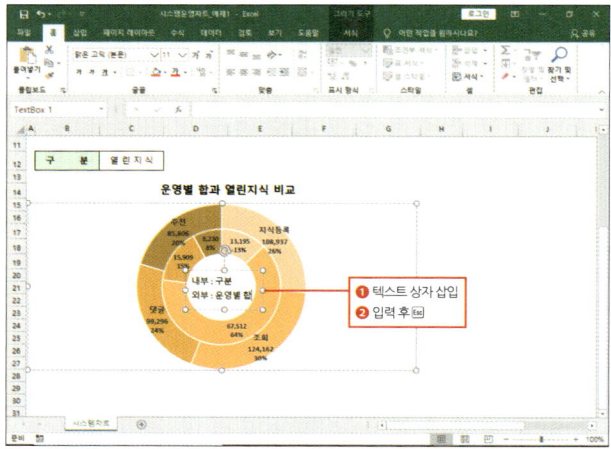

3. 텍스트 상자가 선택된 상태에서 [홈] → [글꼴] 그룹의 [굵게]를 클릭하고, [맞춤] 그룹에서 [가운데 맞춤]을 클릭합니다.

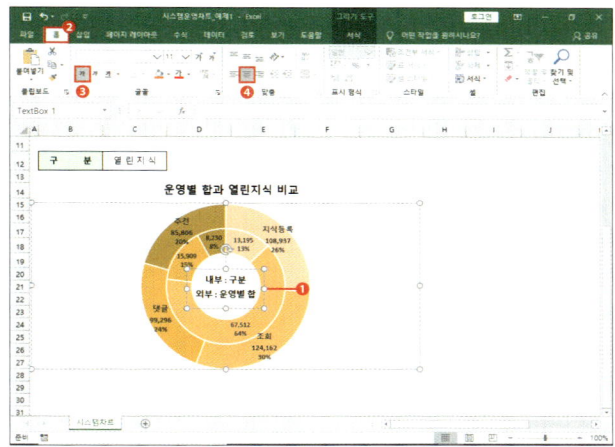

[응용] 한 걸음 더

| 예제 파일명: 시스템운영차트_한걸음더_예제.xlsx | 완성 파일명: 시스템운영차트_한걸음더_완성.xlsx

선택한 계열을 강조하기 위해 합계 데이터 계열의 색을 흐린 색으로 표현합니다. 그러면 합계 데이터 계열 안에, 사용자가 선택하는 데이터 계열을 명확하게 확인할 수 있습니다.

데이터 편집하기

1. 외부 도넛형으로 작성된 '합계' 데이터 계열을 선택하고, [차트 도구] → [서식] → [도형 스타일] 그룹에서 [도형 채우기]를 클릭합니다. 그리고 「황금색, 강조 4, 80% 더 밝게」를 선택합니다.

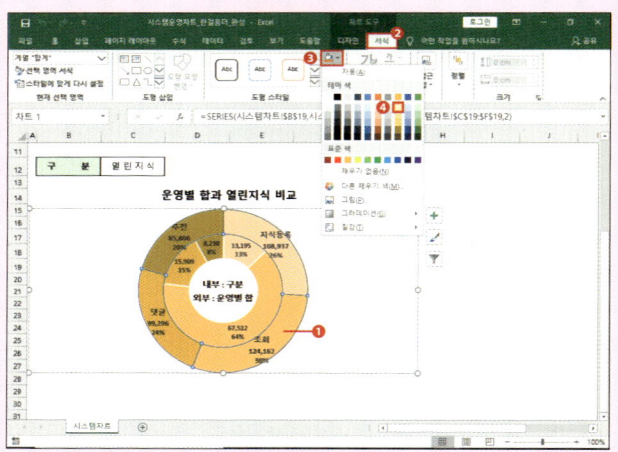

2. 이어서 같은 위치에 있는 [도형 윤곽선]을 클릭하고, 「흰색, 배경 1, 25% 더 어둡게」를 선택합니다.

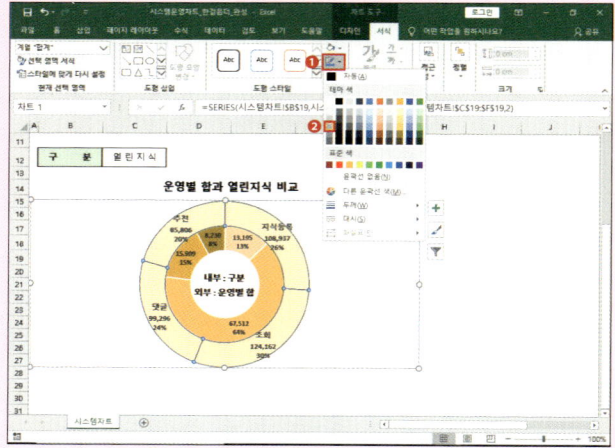

3. 다시 [두께]를 클릭하고 「1/4pt」를 선택합니다.

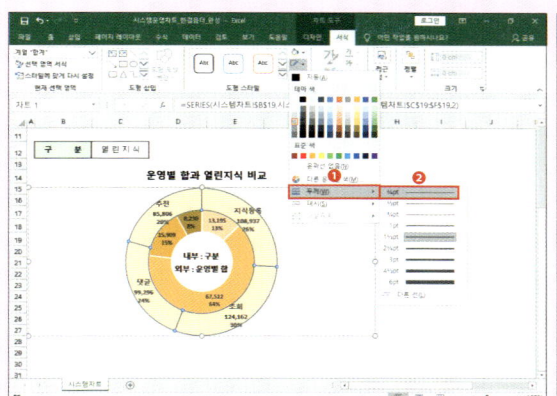 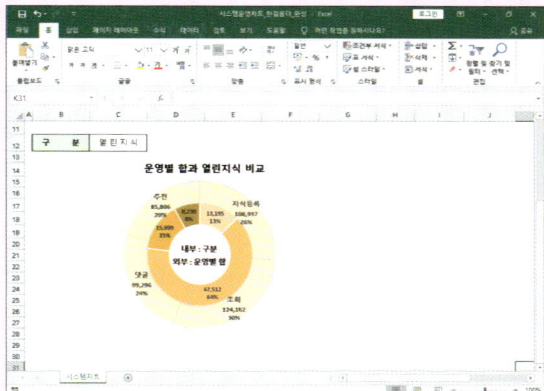

비교 차트

예제 파일명: 비교차트_예제.xlsx

비교 히스토그램 차트는 두 개의 값을 비교해서 분석하고자 할 때 유용하지만, 엑셀에서 기본적으로 이런 차트는 제공하지 않습니다. 그렇지만 가로 막대형 차트를 응용하고 편집하면 비교 히스토그램 차트를 작성할 수 있습니다. 여기서는 지역에 따라 다르게 수입되는 수입량을 월별로 비교해서 볼 수 있도록 비교 히스토그램 차트를 작성합니다.

미리보기 | 완성 파일명: 비교차트_완성.xlsx

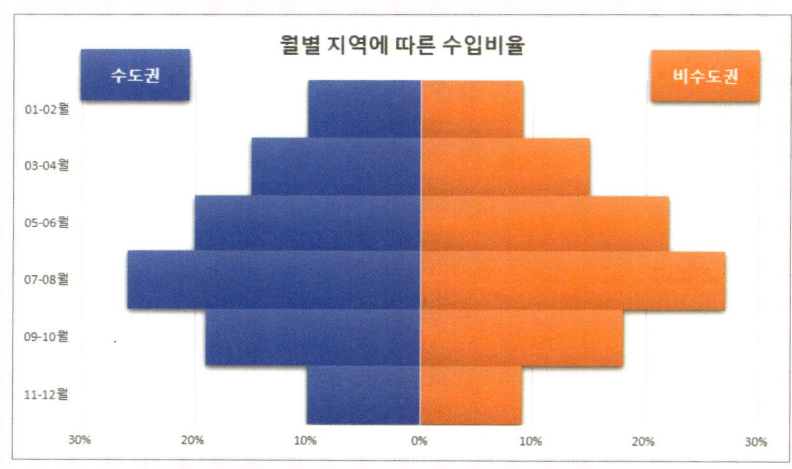

1 차트로 작성할 데이터 만들기

1. [수입비율] 워크시트에서 임의의 셀에 『-1』을 입력하고, 선택한 셀에서 마우스 오른쪽 단추를 눌러서 [복사]를 선택합니다(단축키: Ctrl + C).

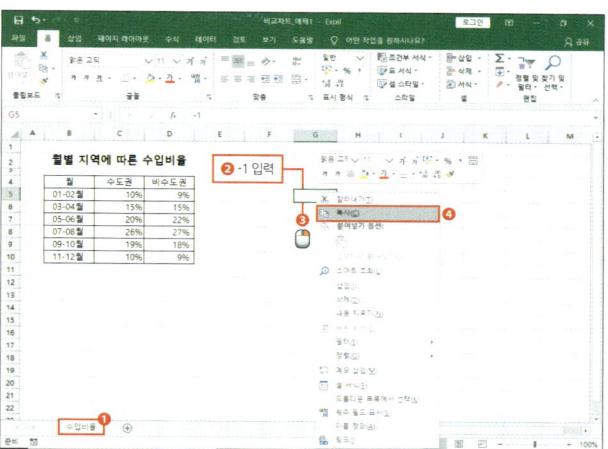

2. [C5:C10] 범위를 선택한 후에 마우스 오른쪽 단추를 누르고 [선택하여 붙여넣기]를 선택합니다(단축키: Ctrl + Alt + V).

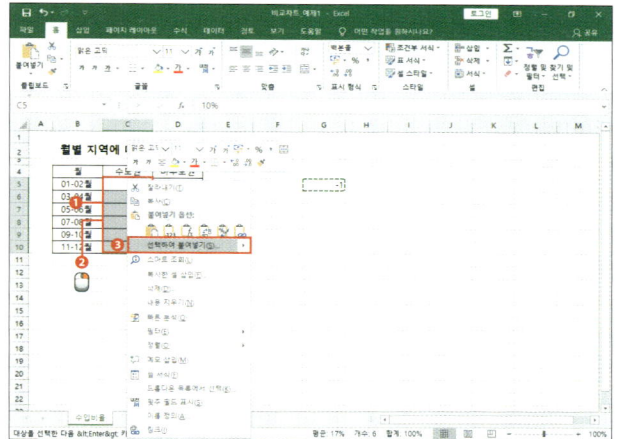

3. [선택하여 붙여넣기] 대화상자가 열리면 '붙여넣기'란에서 「값」, '연산'란에서 「곱하기」를 클릭하고 〈확인〉을 누릅니다.

- '수도권' 필드에 입력된 값을 음수로 변경해야 가로 막대형 차트에서 '수도권' 계열의 값을 왼쪽 방향으로 변경할 수 있습니다.

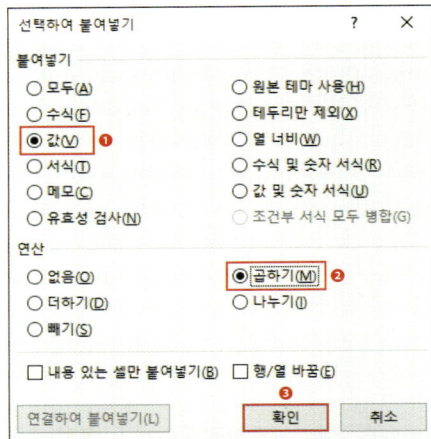
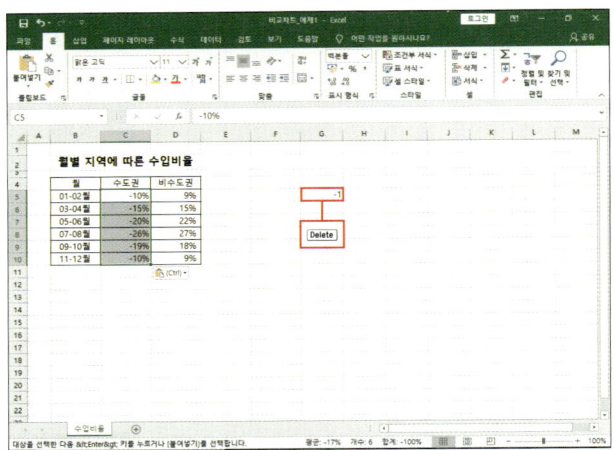

4. 방금 전에 입력한 -1 값은 Delete 를 눌러서 삭제합니다.

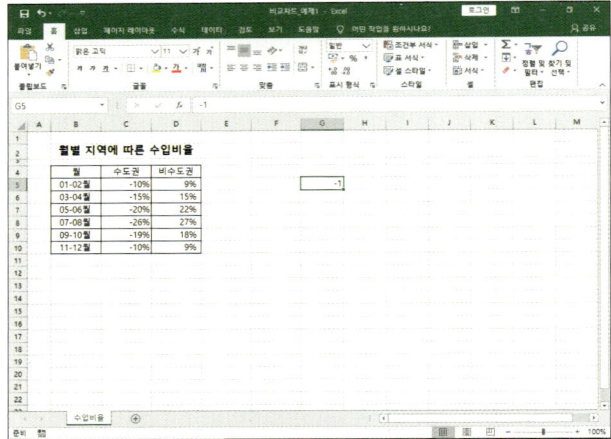

2 가로 막대형 차트 작성하기

1. [수입비율] 워크시트의 [B4:D10] 범위를 선택하고, [삽입] → [차트] 그룹의 [가로 막대형 차트 삽입]에서 [묶은 가로 막대형]을 클릭합니다.

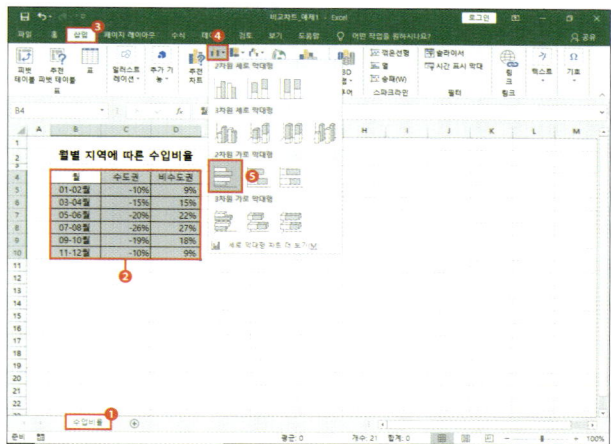

2. 차트가 삽입되면 차트의 테두리를 끌어서 위치를 조정하고, 테두리에 있는 조절점을 끌어서 차트 크기를 조절합니다.

- 작성한 표를 보이지 않게 하기 위해 차트를 표 위에 위치시킵니다.

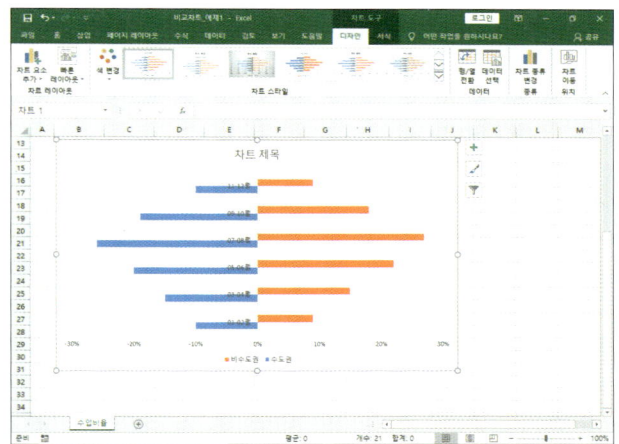

3 가로(값) 축 변경하기

1. '가로(값) 축' 데이터 계열을 선택하고, [차트 도구] → [서식] → [현재 선택 영역] 그룹에서 [선택 영역 서식]을 클릭합니다. [축 서식] 작업 창이 나타나면 [축 옵션]의 [표시 형식]에서 '범주'란의 목록을 클릭하여 「사용자 지정」을 선택합니다.

- '가로(값) 축' 데이터 계열을 선택한 후에 마우스 오른쪽 단추를 눌러서 [축 서식] 메뉴를 선택해도 됩니다. [축 서식] 작업 창이 화면 오른쪽에 나타납니다.

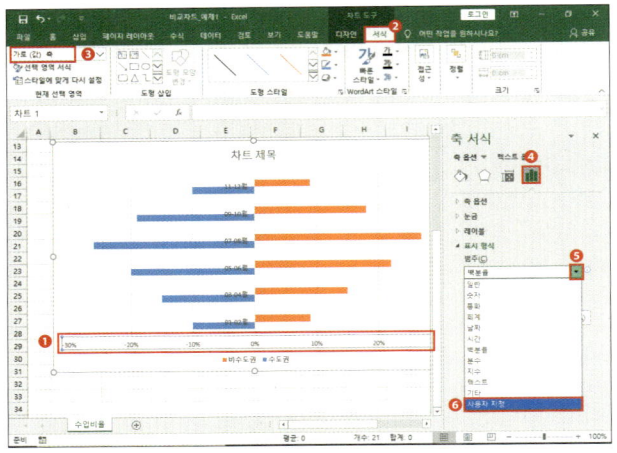

2. '서식 코드'란에 『0%;0%;0%』를 입력하고 〈추가〉를 누릅니다.

- '가로(값) 축'에서 음수로 표시되는 값을 양수로 지정합니다. 셀의 서식 코드는 '양수;음수;0의값'로 구분됩니다. 따라서 서식 코드에 『0%;0%;0%』을 입력하면, 양수 0%, 음수 0%, 0의 값은 0%의 형식으로 지정됩니다.

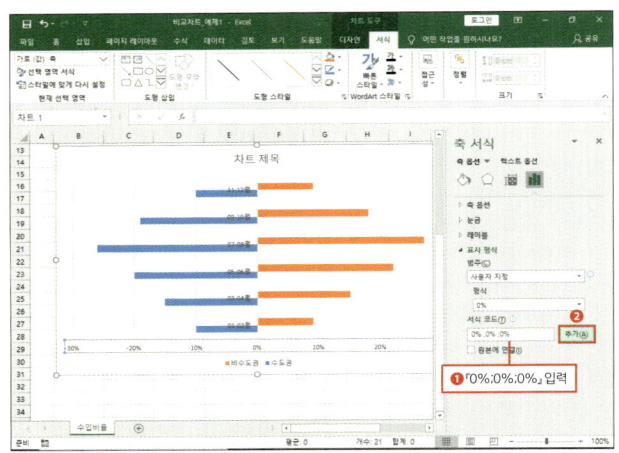

4 세로(항목) 축 변경하기

1. '세로(항목) 축' 데이터 계열을 선택합니다. 오른쪽 작업 창이 '세로(항목) 축'에 대한 [축 서식]으로 변경되면 [축 옵션]에서 「항목을 거꾸로」를 체크하고, '가로 축 교차'에서 「최대 항목」을 선택합니다.

- 「항목을 거꾸로」를 체크하면서 그래프 위로 올라간 '가로(값) 축'이 밑에 표시됩니다.

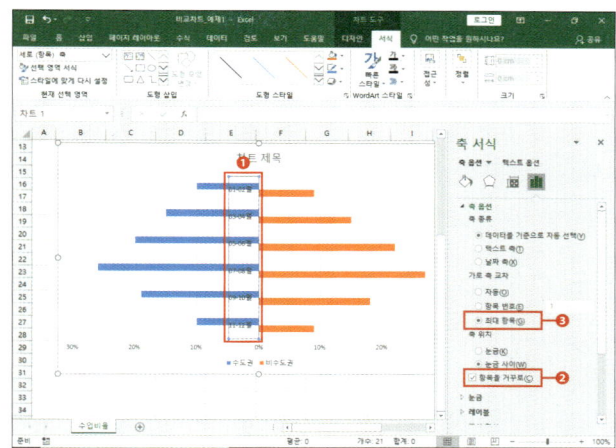

2. 이어서 [축 옵션] 아래 [눈금]에서 '주 눈금'과 '보조 눈금'은 「없음」으로 설정합니다.

- 축에 표시되는 눈금을 보이지 않게 합니다.

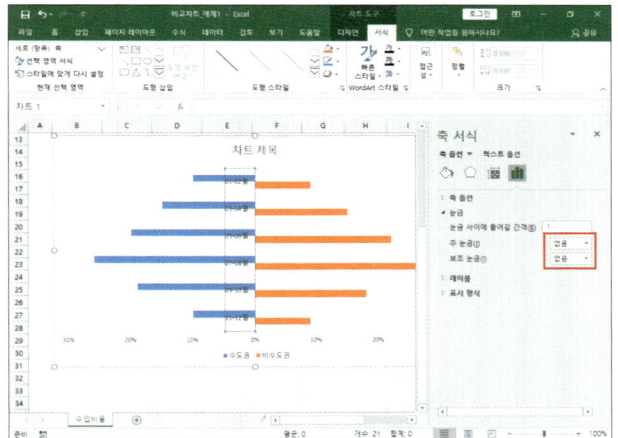

3. 다시 [눈금] 아래 [레이블]에서 '레이블 위치'의 목록을 클릭한 후에 「낮은 쪽」을 선택합니다.

- 축의 레이블이 낮은쪽(왼쪽)에 표시됩니다.

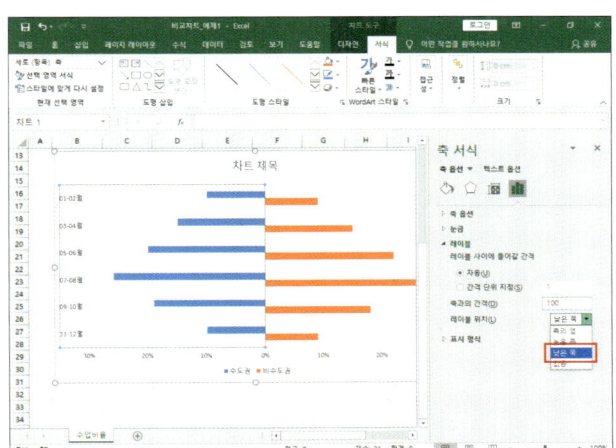

5 계열 변경하고 꾸미기

1. 임의의 데이터 계열을 선택합니다. 오른쪽 작업 창이 데이터 계열에 대한 [데이터 계열 서식]으로 변경되면, [계열 옵션]에서 '계열 겹치기'를 『100%』로 지정하고, '간격 너비'를 『0%』로 지정합니다.

- 계열의 위치가 다르게(위, 아래) 표시되던 것이 같은 위치에 표시되고, 계열과 계열이 붙어서 표시됩니다.

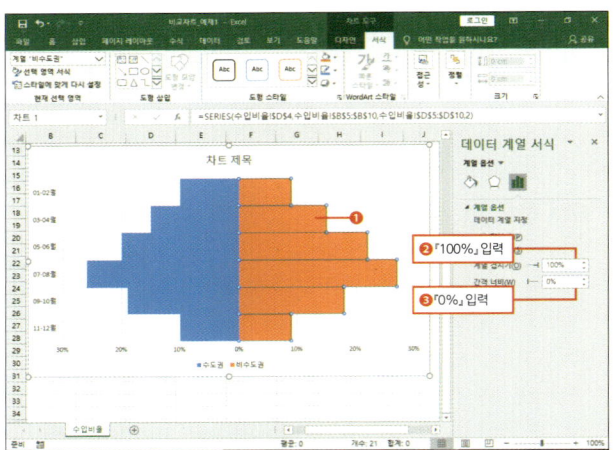

2. '수도권' 데이터 계열을 선택하고, [차트 도구] → [서식] → [도형 스타일] 그룹에서 [자세히 ▽]를 클릭하여 도형 스타일 갤러리를 펼친 후, 「강한 효과 – 파랑, 강조 5」를 선택합니다.

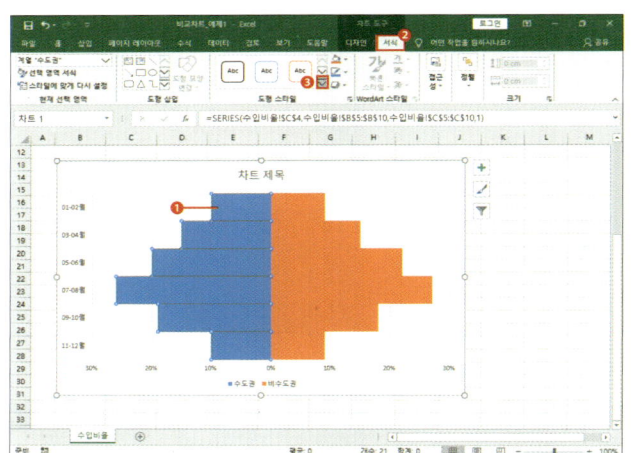
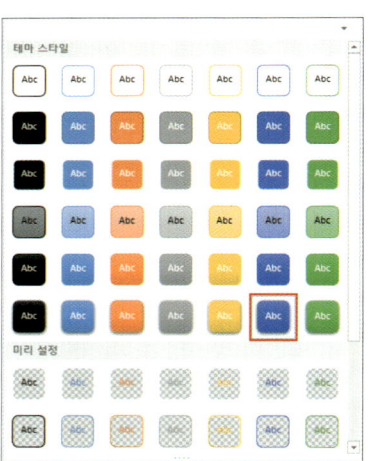

3. '비수도권' 데이터 계열을 선택하고 [차트 도구] → [서식] → [도형 스타일] 그룹에서 [자세히 ▼]를 클릭하여 도형 스타일 갤러리를 펼친 후, 「강한 효과 – 주황, 강조 2」를 선택합니다.

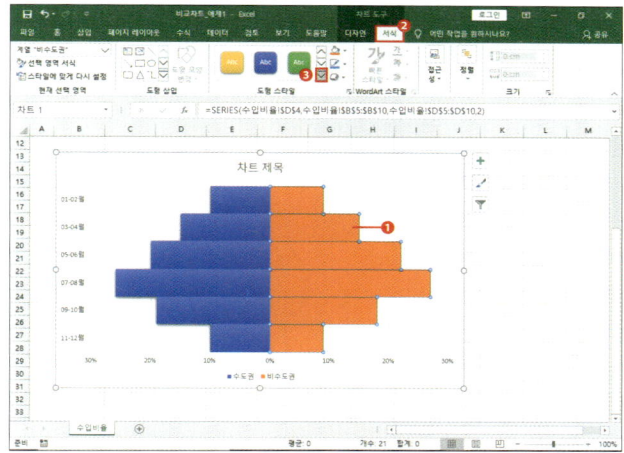 

6 레이아웃 변경하기

1. 차트 제목 상자 안쪽을 클릭하고 『월별 지역에 따른 수입비율』을 입력한 다음 Esc를 누릅니다.

- 제목 상자에서 커서가 깜박이는 것은 텍스트를 편집할 수 있는 상태이고, 제목 상자의 테두리가 실선이면 제목 상자가 선택된 상태입니다.

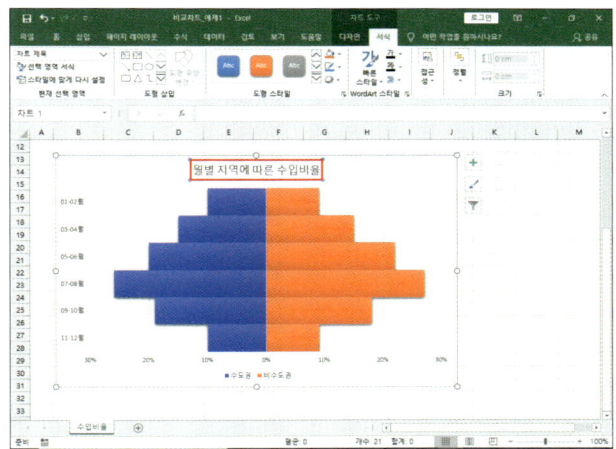

2. [홈] → [글꼴] 그룹에서 [굵게]를 클릭합니다. 이이서 범례를 표시하지 않기 위해 차트 오른쪽에 있는 차트 요소(➕)를 클릭하고, 「범례」를 클릭하여 체크를 해제합니다.

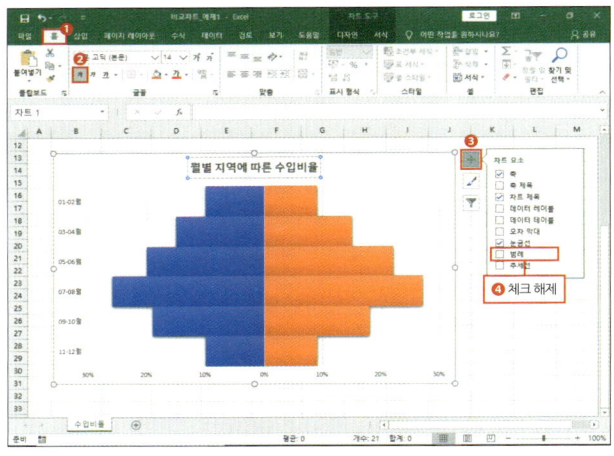

7 도형으로 차트 꾸미기

1. 도형을 이용한 범례를 표시하기 위해 차트를 선택하고 [차트 도구] → [서식] → [도형 삽입] 그룹에서 [직사각형 □]을 클릭합니다.

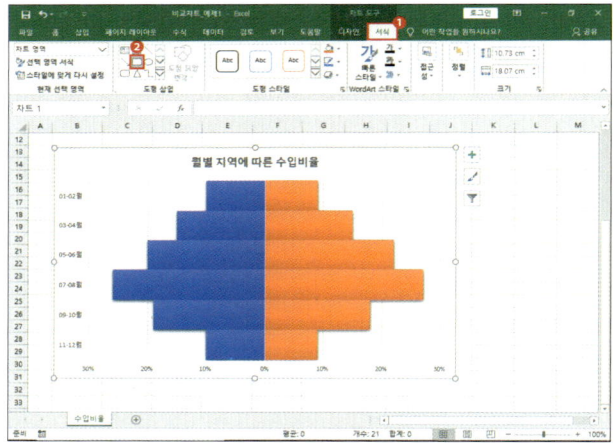

2. 차트 왼쪽 위 여백을 클릭한 다음 도형을 끌어서 놓습니다. 도형이 놓이면 『수도권』을 입력하고 Esc를 누릅니다.

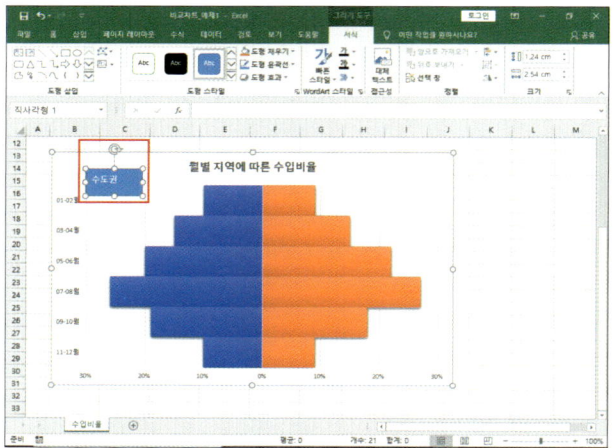

3. '수도권' 도형을 선택하고 Ctrl + Shift 를 누른 상태에서 오른쪽으로 끌어서 놓습니다. 복사된 도형의 안쪽을 클릭하고 『비수도권』을 입력한 후에 Esc 를 누릅니다.

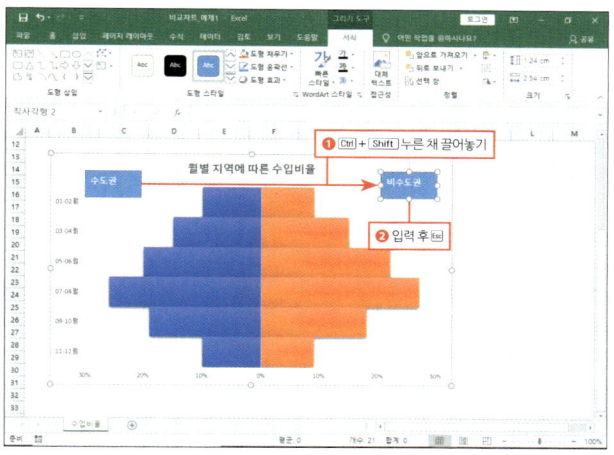

- Ctrl 은 도형을 복사하는 단축키이고, Shift 는 도형이 수평 또는 수직으로만 이동하게 하는 단축키입니다. 두 키를 함께 사용하면 같은 도형을 수직이나 수평으로 복사할 수 있습니다.

4. '비수도권' 도형이 선택된 상태에서 Shift 를 누른 채 『수도권』이 입력된 도형을 선택합니다. 그리고 [홈] → [글꼴] 그룹에서 [굵게]를 클릭합니다.

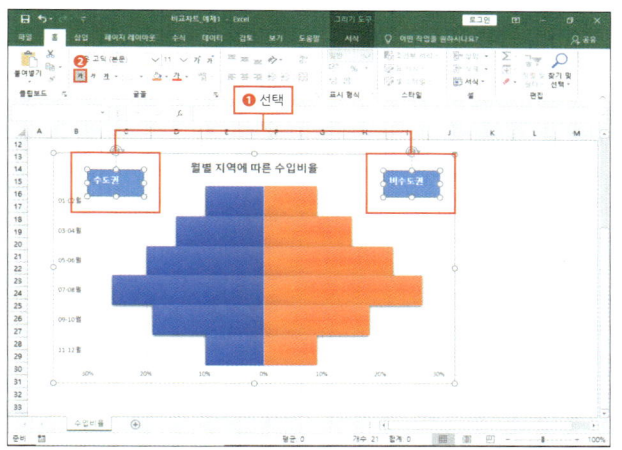

- Shift 는 두 개 이상의 도형을 선택할 수 있는 단축키입니다.

5. [그리기 도구] → [서식] → [도형 스타일] 그룹에서 [대화상자 표시 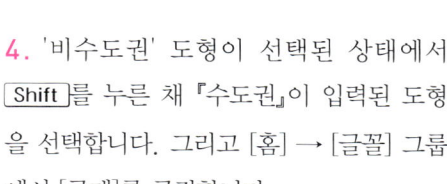]를 클릭합니다. 화면 오른쪽에 [도형 서식] 작업 창이 열리면 [크기 및 속성]에서 '텍스트 상자'란의 '세로 맞춤' 목록을 클릭하여 「정가운데」를 선택합니다.

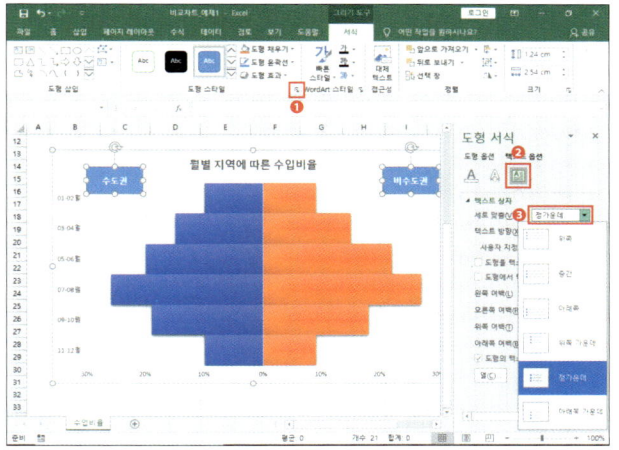

6. '수도권' 도형을 선택하고, [그리기 도구] → [서식] → [도형 스타일] 그룹에서 「강한 효과 – 파랑, 강조 5」를 선택합니다.

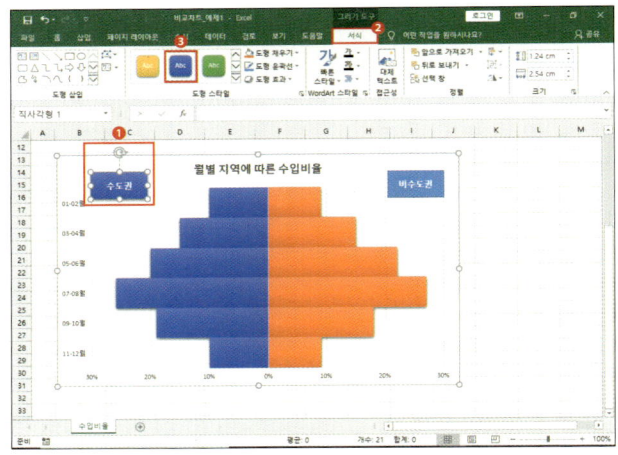

7. '비수도권' 도형을 선택하고 [그리기 도구] → [서식] → [도형 스타일] 그룹에서 「강한 효과 – 주황, 강조 2」를 선택합니다.

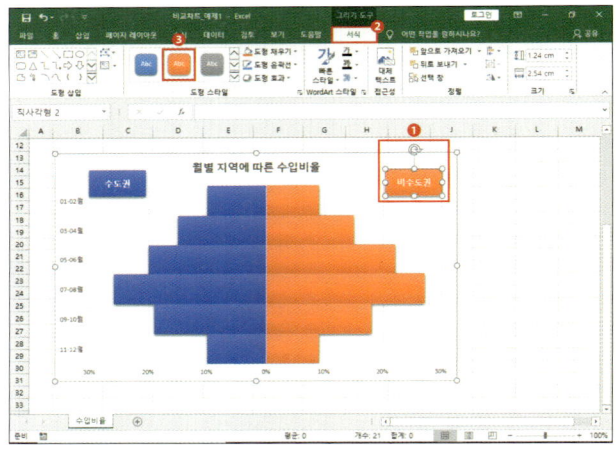

[응용] 한 걸음 더

| 예제 파일명: 비교차트_한걸음더_예제.xlsx　　　　| 완성 파일명: 비교차트_한걸음더_완성.xlsx

앞에서 작성한 차트의 항목 축을 왼쪽이 아닌 가운데에 위치하게 하고, 왼쪽과 오른쪽에 각각의 가로 막대가 표시되는 차트를 작성할 수 있습니다.

데이터 편집과 차트 종류 변경하기

1. [수입비율] 워크시트의 [E5:E10] 범위를 선택하고 『3.5%』를 입력한 다음 Ctrl + Enter↵를 누릅니다.

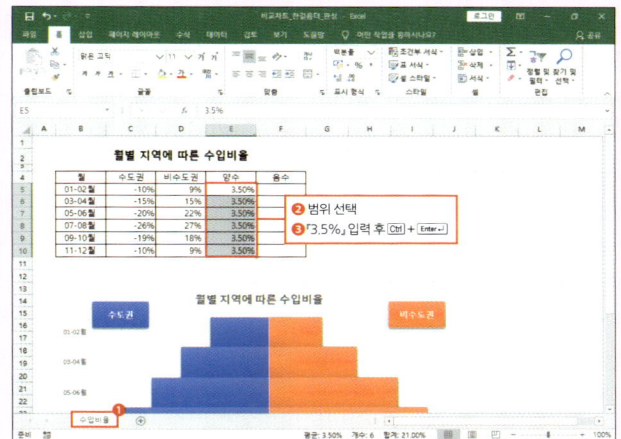

2. [F5:F10] 범위를 선택하고 『-3.5%』를 입력하고 Ctrl + Enter↵를 누릅니다.

- '양수'와 '음수' 데이터는 항목 축으로 사용할 공간을 확보하기 위한 값입니다.

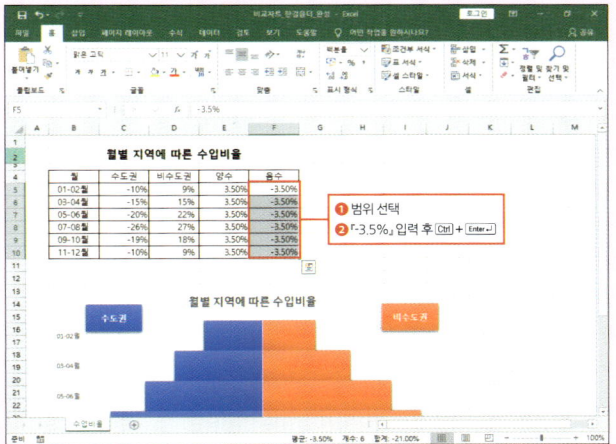

3. 차트를 선택하고 [차트 도구] → [디자인] → [종류] 그룹에서 [차트 종류 변경]을 클릭합니다.

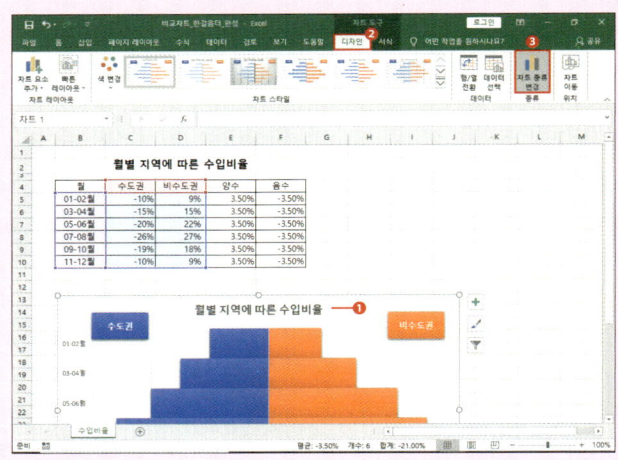

4. [차트 종류 변경] 대화상자가 열리면 [가로 막대형]의 [누적 가로 막대형]을 선택하고, 〈확인〉을 누릅니다.

• 누적 가로 막대형은 하나의 막대에 두 개의 값을 표시합니다.

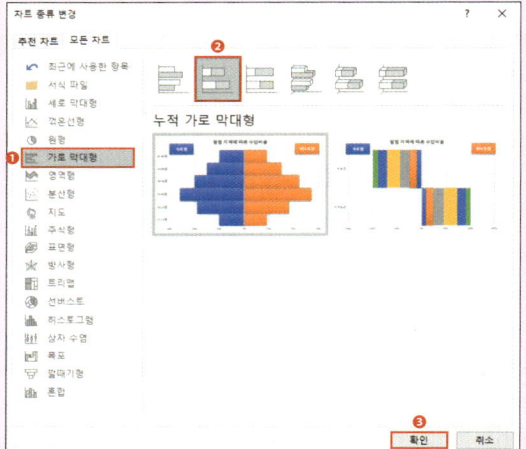

5. 계속해서 리본 메뉴 중 [데이터] 그룹에서 [데이터 선택]을 클릭합니다 [데이터 원본 선택] 대화상자가 열리면 '차트 데이터 범위' 란이 편집(음영)인 상태에서 [B4:F10] 범위를 선택합니다.

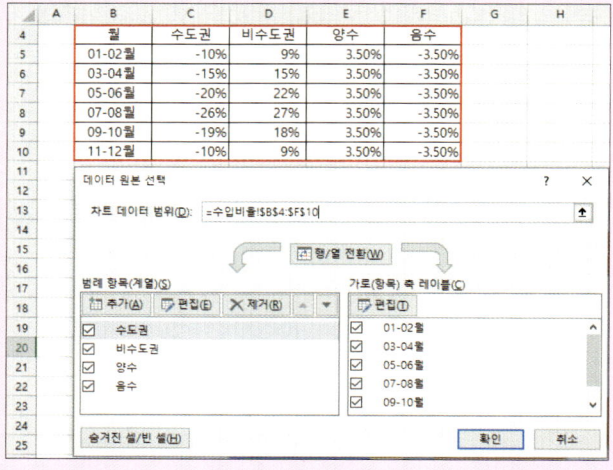

6. 이어서 '범례 항목(계열)' 상자에서 「양수」를 선택하고 〈위로 이동〉 단추(▲)를 두 번 누릅니다.

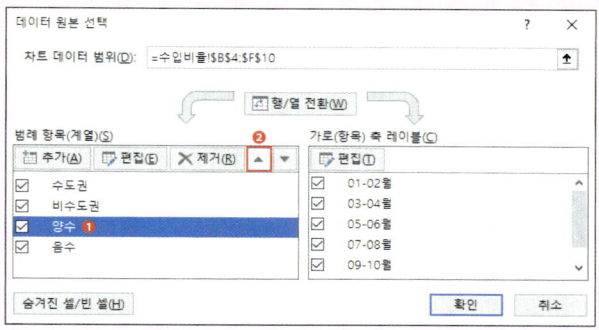

7. 다시 「음수」를 선택하고 〈위로 이동〉 단추(▲)를 두 번 누른 후에 〈확인〉을 누릅니다.

- 데이터 계열 '양수' 또는 '음수'에는 데이터 레이블을 표시하여 항목 축 대신 사용하므로, 항목 축과 가깝게 위치해야 합니다. 범례 항목(계열) 목록에서 위쪽에 있을수록 축과 가까워집니다.

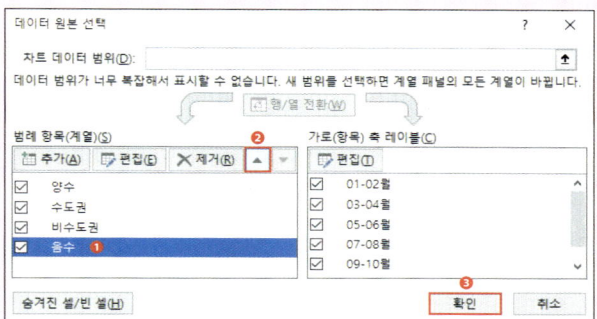

음수, 양수 계열 변경하고 꾸미기

1. '음수' 데이터 계열을 선택하고 [차트 도구] → [서식] → [도형 스타일] 그룹에서 [도형 채우기]를 클릭하여 「채우기 없음」을 클릭합니다.

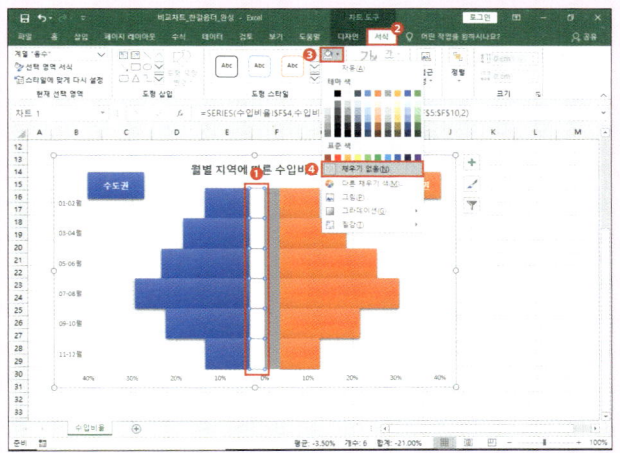

2. 이어서 [도형 윤곽선]을 클릭하여 「윤곽선 없음」을 클릭합니다.

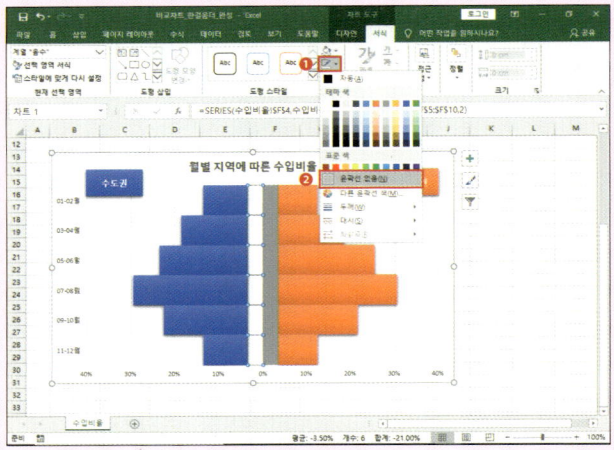

3. '양수' 데이터 계열도 앞서 '음수' 데이터 계열처럼 채우기와 윤곽선을 '없음'으로 설정합니다.

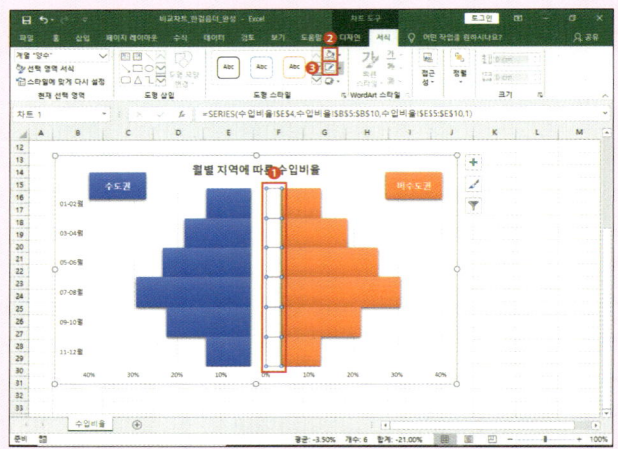

레이아웃 변경하기

1. '가로(값) 축'과 '세로(항목) 축'을 표시하지 않게 하기 위해 차트 오른쪽에 있는 차트 요소(➕)를 클릭합니다. 차트 요소 목록이 열리면 '축'에서 하위 항목을 클릭하여 「기본 가로」와 「기본 세로」를 체크 해제합니다.

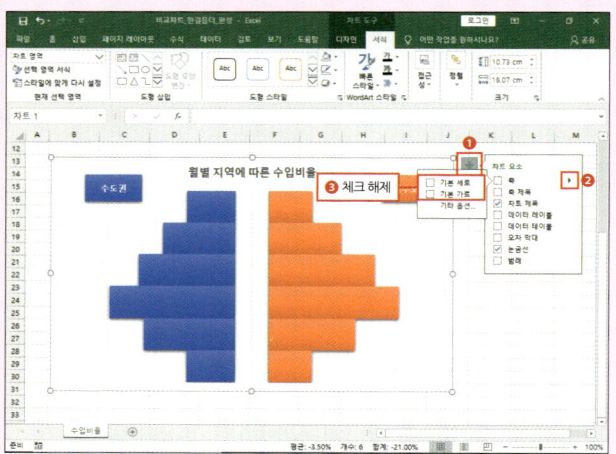

2. 그리고 '눈금선'의 체크를 해제합니다.

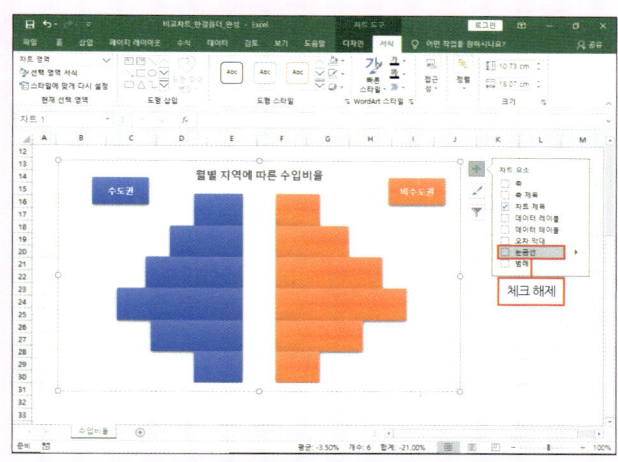

음수 데이터 계열을 축처럼 표시하기

1. '음수' 데이터 계열을 선택하고 차트 오른쪽에 있는 차트 요소를 클릭합니다. 차트 요소 목록이 열리면 '데이터 레이블'에서 하위 항목을 클릭하여 「기타 옵션」을 선택합니다.

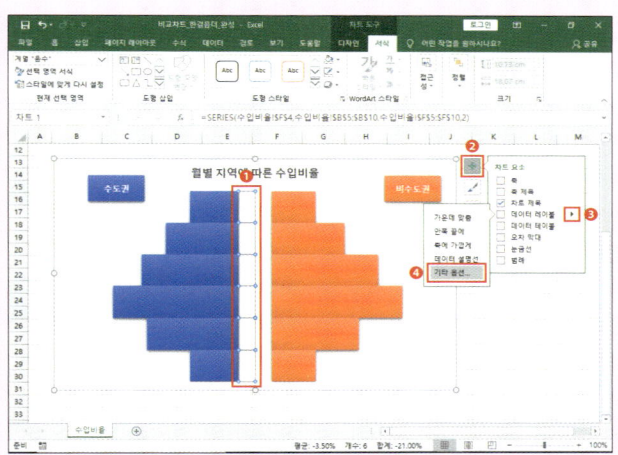

2. 화면 오른쪽에 [데이터 레이블 서식] 작업 창이 열리면 [레이블 옵션]에서 「값」은 체크를 해제하고, 「항목 이름」은 체크합니다. 그리고 '레이블 위치'에서 「축에 가깝게」를 클릭합니다.

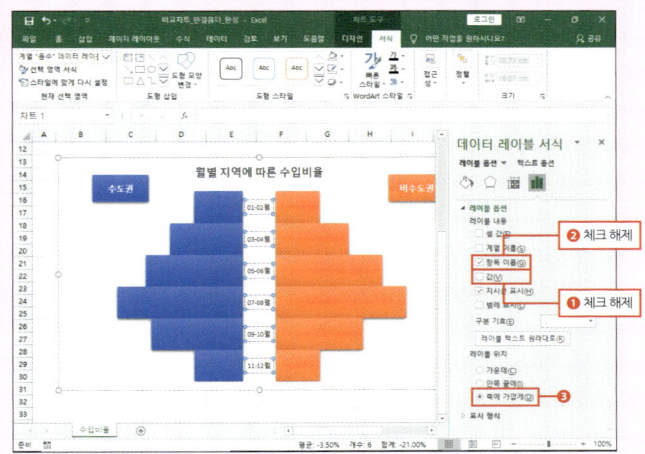

데이터 레이블 표시하기

1. '수도권' 데이터 계열을 선택하고 차트 오른쪽에 있는 차트 요소를 클릭합니다. 차트 요소 목록이 열리면 '데이터 레이블'에서 하위 항목을 클릭하여 「가운데 맞춤」을 선택합니다.

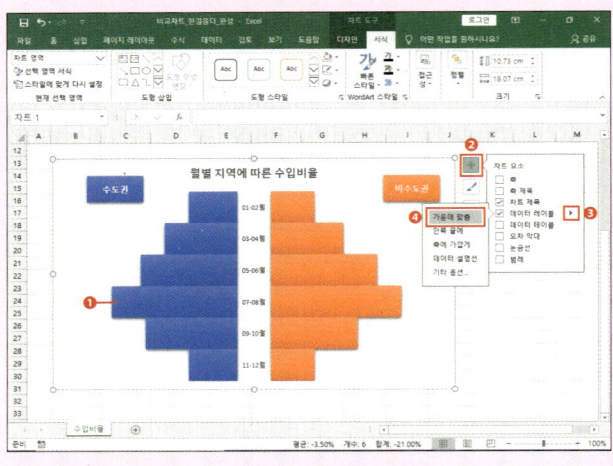

2. 입력된 데이터 레이블을 선택하고, [홈] → [글꼴] 그룹의 [굵게]를 클릭합니다. 이어서 [글꼴 색]은 「흰색」을 선택합니다. 그리고 [글꼴 크기 크게]를 눌러서 글꼴의 크기를 『10』로 변경합니다.

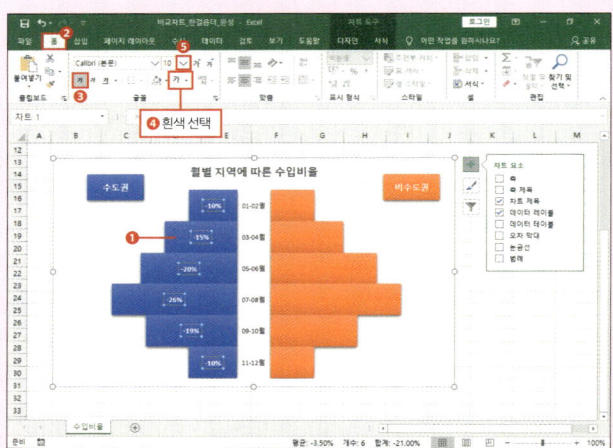

3. '비수도권' 데이터 계열도 앞서 '수도권' 데이터 계열처럼 레이블을 설정합니다.

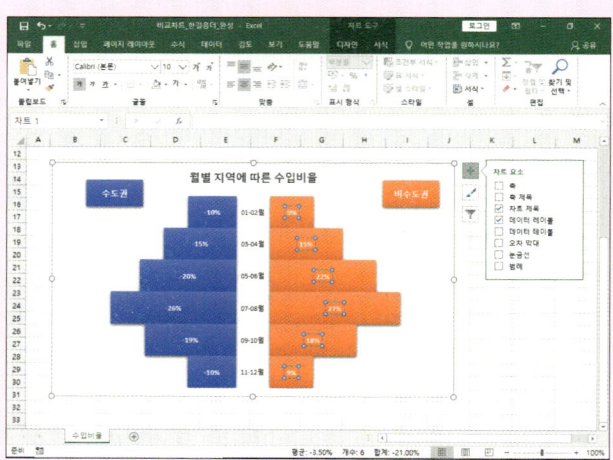

데이터 가치를
업그레이드
하는 작업

PART 4

엑셀 2007 버전 이후 워크시트의 크기가 커지면서, 한 워크시트에 많은 데이터를 입력하고 저장할 수 있게 되었습니다. 많은 양의 데이터를 워크시트에 입력하는 것으로 만족하는 것이 아니라, 이 데이터를 이용하여 분석하고 관리할 수 있는 엑셀 데이터 관련 기능을 활용합니다. 목적에 따라 데이터를 분류하고, 요약하는 다양한 방법과 쉽고 빠르게 데이터를 통합하거나 분석하는 기능을 이용하여 차별화된 정보를 만들어 낼 수 있습니다.

기본 개념

1. 데이터베이스

데이터베이스(Database)란 수집된 데이터를 쉽게 검색하고 처리할 수 있도록 관련된 항목끼리 체계적으로 분류하여 정리된 정보들의 집합이라고 할 수 있습니다. 예를 들어, 성명이 기준인 주소록, 사번이 기준인 인사명부, 상품코드가 기준인 상품대장 등이 모두 데이터베이스입니다.

데이터베이스의 구성 요소

데이터베이스는 필드명, 필드, 레코드로 구성됩니다.

① **필드명(Field Name)**: 데이터베이스 목록의 첫 행에 입력된 제목을 의미하며, 각 열의 데이터들을 구분하는 이름입니다.

② **필드(Field)**: 데이터베이스의 열을 의미하며, 하나의 필드는 같은 종류의 데이터로 구성합니다.

③ **레코드(Record)**: 데이터베이스의 행을 의미하며, 하나 이상의 필드로 구성됩니다.

데이터베이스 작성 규칙

엑셀 프로그램에서 데이터베이스를 관리하기 위해 지켜야 할 규칙이 있습니다.

분류(과정명)	학습일		운영자	개발자	입과인원		
	시작일	종료일			회원	비회원	합계
교육상담(교육행정실무사)	2020-03-20	2020-03-22	신미회	추영주	11	15	26
교육상담(교육행정실무사)	2020-03-21	2020-03-22	신미회	최현숙	23	6	29
교육상담(교육행정실무사)	2020-03-25	2020-03-26	최수현	최현숙	1	27	28
교육상담(교육행정실무사)	2020-04-22	2020-04-25	김정숙	황수희	3	32	35
교육상담(교육행정실무사)	2020-05-06	2020-05-10	김정숙	최현숙	4	13	17
교육상담(한자지도사)	2020-06-24	2020-06-28	김정숙	최현숙	3	14	17
교육상담(한자지도사)	2020-07-15	2020-07-19	이민정	이경희	4	24	28
교육상담(한자지도사)	2020-07-22	2020-07-26	신미회	최현숙	1	18	19
교육상담(한자지도사)	2020-08-12	2020-08-14	김정숙	황수희	7	6	13
교육상담(한자지도사)	2020-11-25	2020-11-27	황민지	최현숙	4	17	21
사회복지(간병사)	2020-02-18	2020-02-22	최수현	강현주	14	11	25
사회복지(간병사)	2020-03-04	2020-03-08	최수현	강현주	12	10	22
사회복지(간병사)	2020-03-18	2020-03-22	최수현	강현주	17	10	27
사회복지(간병사)	2020-04-22	2020-04-26	최수현	강현주	15	7	22
사회복지(간병사)	2020-05-06	2020-05-10	최수현	강현주	11	8	19

① 필드명은 한 줄에 입력합니다. → 데이터베이스에서 필드명을 제대로 인식하지 못합니다.
② 셀은 병합하지 않습니다. → 데이터베이스 목록으로 인식되지 않습니다.
③ 하나의 셀에는 하나의 정보만 입력합니다. → 각각의 정보별로 관리하기가 어렵습니다.
④ 데이터베이스 안에 빈 행이나 빈 열이 없어야 합니다. → 빈 행이나 빈 열을 기준으로 각각을 별도의 데이터베이스 목록으로 간주합니다.

2. 데이터 다루기

텍스트 나누기

여러 값이 한 셀에 입력되는 경우가 있습니다. 이런 경우 수식을 이용하지 않고, 텍스트 나누기 기능을 이용하여 데이터를 각각의 셀로 나눌 수 있습니다. 범위를 선택하고 [데이터] → [데이터 도구] 그룹에서 [텍스트 나누기]를 클릭합니다. [텍스트 마법사]가 열리면 '원본 데이터 형식' 상자에 두 가지 옵션이 나타납니다.

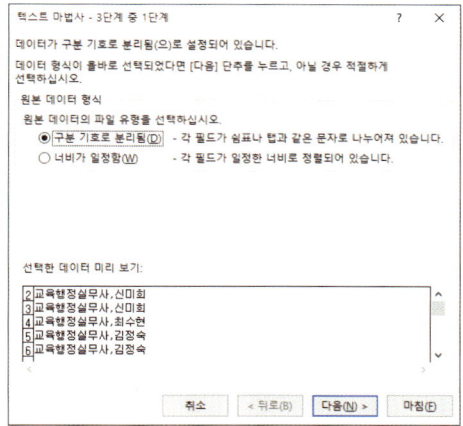

① **구분 기호로 분리됨:** 나눌 데이터가 쉼표나 공백, 슬래시 등의 문자로 구분되어 있을 때 선택합니다. 탭, 세미콜론, 쉼표, 공백, 기타 구분 기호를 기준으로 데이터를 나누고 서식을 지정할 수 있습니다.

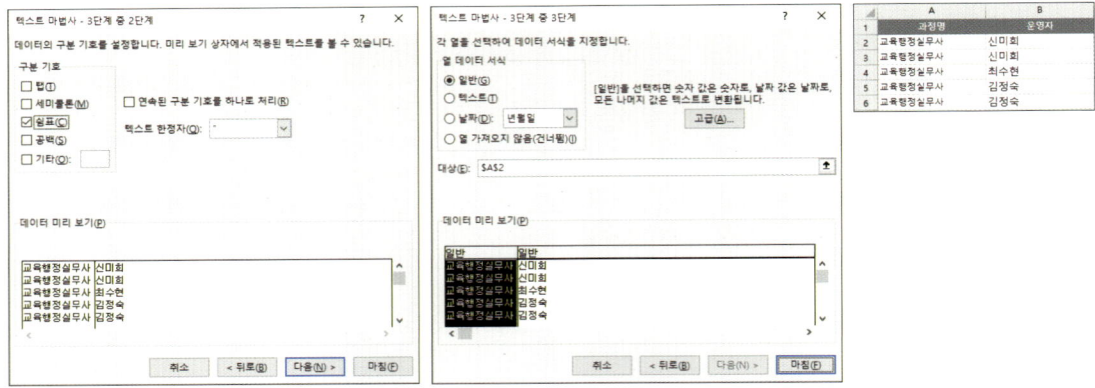

② **너비가 일정함:** 데이터와 데이터 값이 일정한 너비로 구분되어 있을 때 선택합니다. 열 구분선을 조정하여 일정한 너비의 데이터로 나누고 서식을 지정할 수 있습니다.

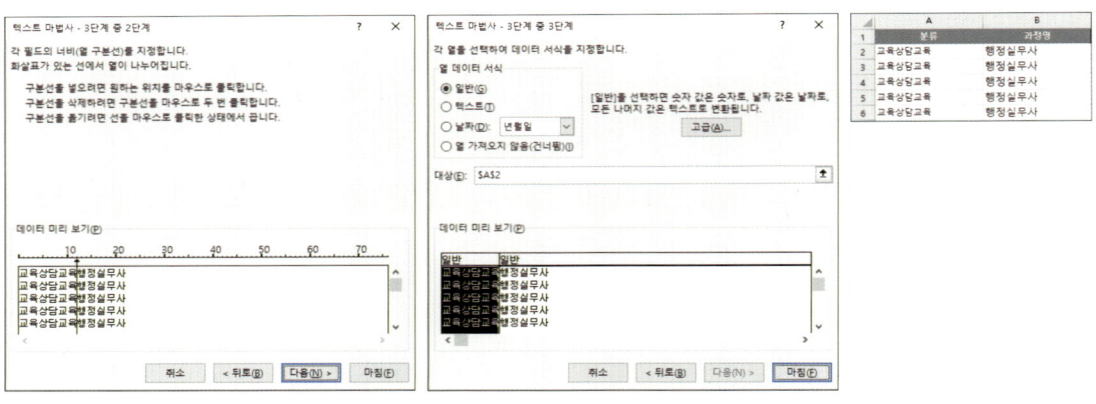

데이터 통합

다른 시트나 셀에 입력된 데이터 목록, 또는 다른 파일에 입력된 데이터 목록에 대한 통합된 데이터를 구할 수 있습니다. 데이터 목록의 첫 행과 왼쪽 열에 대한 항목별 합계, 평균 등의 계산된 결과를 구할 수 있습니다.

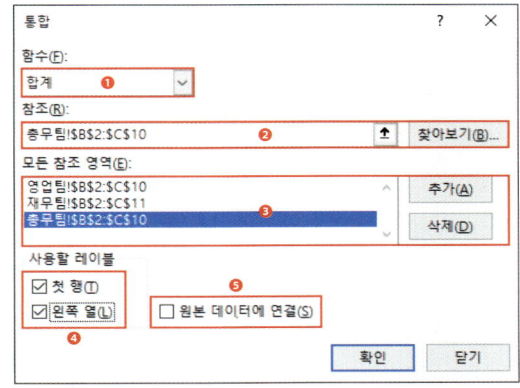

통합 결과를 입력할 셀을 선택한 후에 [데이터] → [데이터 도구] 그룹에서 [통합]을 클릭합니다. 그러면 [통합] 대화상자가 열립니다.

① **함수:** 데이터 통합에 사용할 요약 함수를 선택합니다. 합계, 개수, 평균, 표준편차, 분산 등 여러 함수가 있습니다.
② **참조:** 통합할 데이터의 위치를 입력합니다. 만일 다른 통합 문서에 있다면 〈찾아보기〉를 누릅니다.
③ **모든 참조 영역:** '참조'란에 입력한 위치를 데이터 통합 범위에 추가하려면 〈추가〉를 누릅니다.
④ **사용할 레이블:** 원본 범위의 레이블 위치를 나타냅니다.
⑤ **원본 데이터에 연결:** 원본 데이터가 변경될 때 통합 시트가 자동으로 갱신할지 설정합니다(단, 이 확인란을 선택하면 통합에 포함할 셀이나 범위를 변경할 수 없습니다).

사용할 레이블에서 '첫 행'과 '왼쪽 열'을 체크하지 않으면 통합 결과에서 첫 행과 왼쪽 열이 표시되지 않습니다. 또한, 열 방향과 행 방향 순서대로 데이터가 통합되므로 데이터 항목의 순서가 다르면 통합의 결과가 다를 수 있습니다.

중복된 항목 제거

데이터베이스에서 특정한 열의 값이 중복되는 데이터 행을 삭제할 수 있습니다. 중복된 항목 제거는 데이터 목록 값만 제거되며 데이터 목록 밖의 다른 값은 변경되지 않습니다. [데이터] → [데이터 도구] 그룹에서 [중복된 항목 제거]를 클릭합니다. 그러면 〈중복된 항목 제거〉 대화상자가 열립니다.

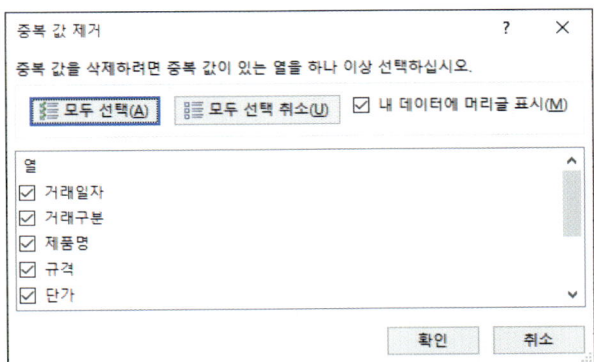

모든 열이 체크되어 있으면 모든 열의 내용이 중복일 때만 해당 행을 제거합니다. 반면에 부분적으로 열이 체크되어 있으면 체크되어 있는 열의 내용이 중복일 때만 해당 행을 제거합니다. 만일, 중복된 행이 발견되면 첫 번째 행을 제거하지 않고 다음에 발견된 행이 제거됩니다.

정렬하기

정렬 방식은 '오름차순', '내림차순', '사용자 지정'이 있습니다. 그리고 두 가지 이상의 방식을 혼합하여 정렬할 수도 있습니다. [데이터] → [정렬 및 필터] 그룹에서 [정렬]을 클릭하면 [정렬] 대화상자가 열립니다.

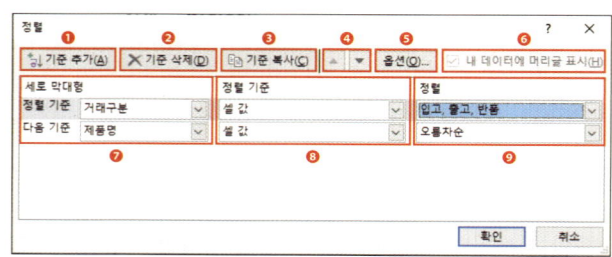

① **기준 추가:** 정렬 기준을 추가합니다.
② **기준 삭제:** 정렬 기준을 삭제합니다.
③ **기준 복사:** 정렬 목록 상자에 있는 정렬 기준 중 하나를 기준으로 복사합니다.
④ **위/아래 이동:** 정렬 기준의 순서를 위/아래로 바꿉니다.
⑤ **옵션:** 대/소문자를 구분하거나 정렬 방향을 위쪽에서 아래쪽, 또는 왼쪽에서 아래쪽으로 지정합니다.
⑥ **내 데이터에 머리글 표시:** 첫 행이 데이터 제목일 때 선택합니다.
⑦ **열:** 정렬 필드를 지정합니다.
⑧ **정렬 기준:** 정렬 기준을 '값', '셀 색', '글꼴 색', '셀 아이콘'으로 정렬합니다.
⑨ **정렬:** 정렬 기준을 '내림차순', '오름차순', '사용자 지정 목록'으로 정렬합니다.

예를 들어, 숫자, 날짜, 문자, 논릿값을 오름차순으로 정렬하면 다음과 같습니다.

정렬 값	오름차순 정렬 내용
숫자	음수를 포함하여 가장 작은 수부터 큰 수 순으로 정렬합니다.
날짜	가장 이른 날짜부터 가장 나중 날짜 순으로 정렬합니다.
문자	ㄱ에서 ㅎ, 대소문자를 구분하지 않고 A(a)에서 Z(z) 순으로 정렬합니다. 만약, 정렬 옵션에서 「대/소문자 구분」을 체크하면 a A – z Z 순서로 정렬합니다.
논릿값	FALSE에서 TRUE 순으로 정렬합니다.

또한, [정렬] 대화상자의 '정렬(⑨)'에서 「사용자 지정 목록」을 선택하면 [사용자 지정 목록] 대화상자가 나타납니다. 여기서 엑셀이 기본으로 제공하는 목록을 기준으로 정렬할 수 있으며, 또는 사전순으로 제대로 정렬되지 않는 다른 특징(예: 높음, 보통, 낮음 또는 S, M, L, XL)을 기준으로 정렬하기 위한 사용자 지정 목록을 만들 수도 있습니다.

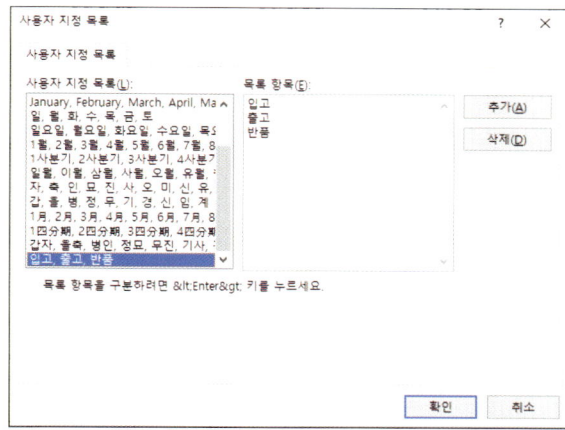

부분합 기능으로 데이터 요약하기

데이터베이스 필드의 특정 항목을 기준으로 데이터베이스를 그룹으로 만든 후에, 그룹화한 데이터의 합계, 평균, 개수, 최대, 최소 등을 자동으로 계산해 주는 기능입니다. [데이터] → [윤곽선] 그룹에서 [부분합]을 클릭하면 [부분합] 대화상자가 열립니다.

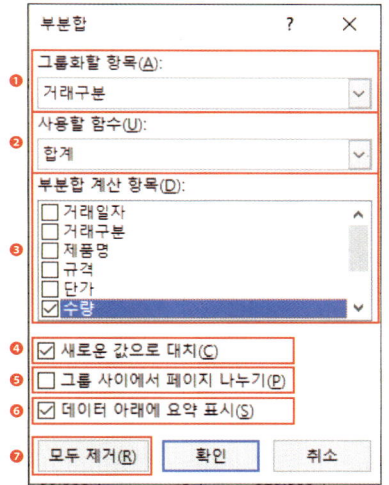

① **그룹화할 항목:** 그룹화할 기준 항목을 선택합니다.
② **사용할 함수:** 부분별, 전체 총계에 적용할 함수를 선택합니다.
③ **부분합 계산 항목:** 부분합을 계산할 항목을 선택합니다.
④ **새로운 값으로 대치:** 부분합으로 계산한 항목의 값을 새로운 값으로 바꿀 것인지를 지정합니다.
⑤ **그룹 사이에서 페이지 나누기:** 그룹화할 항목의 그룹과 그룹 사이에 페이지 나누기를 자동으로 삽입할 것인지를 지정합니다.

⑥ **데이터 아래에 요약 표시:** 요약 결과를 표시할지를 선택합니다.

⑦ **모두 제거:** 지정된 부분합을 해제하고, 원본 데이터가 표시됩니다.

부분합 중첩하기

부분합을 삽입한 후에 또 다른 그룹이나 함수를 사용하여 부분합을 구할 수 있습니다. 첫 번째 부분합을 실행하고, 두 번째 부분합을 실행할 때, [부분합] 대화상자에서 「새로운 값으로 대치」 확인란을 선택 취소해야 합니다.

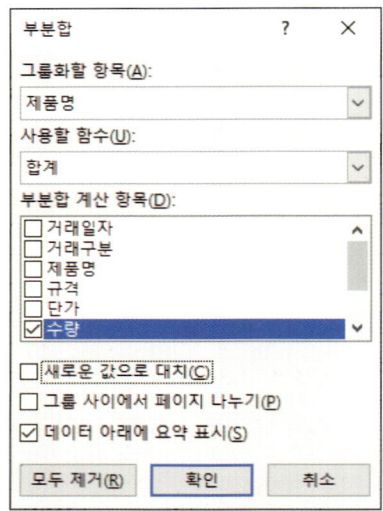

3. 필터 : 데이터 추출

자동 필터

필터는 하나 이상의 데이터가 있는 열에서 값을 추출하는 기능입니다. 자동 필터를 이용하면 데이터베이스의 제목 필드에 필터 단추( )가 나타나며, 이 필터 단추를 클릭하여 데이터를 주어진 조건에 맞게 찾고 표시하거나 숨길 수 있습니다. 자동 필터를 사용하려면 [데이터] → [정렬 및 필터] 그룹에서 [필터]를 클릭합니다.

① **텍스트 필터**

필터링하려는 텍스트를 선택할 수 있으며, [테스트 필터] 메뉴에서 다양한 조건을 지정할 수 있습니다.

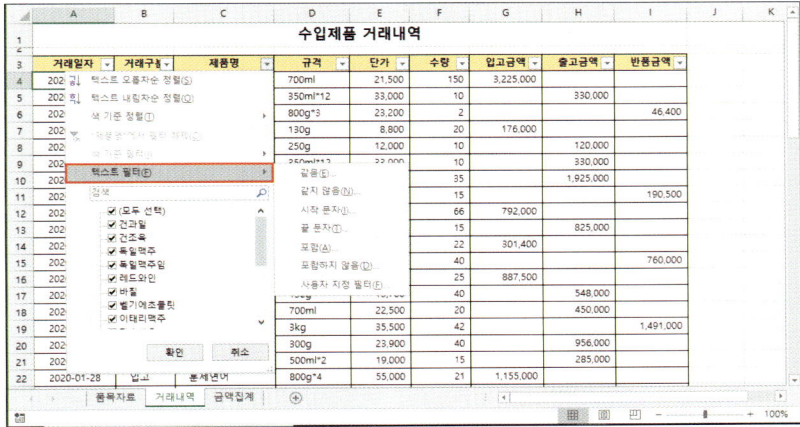

② **날짜 필터**

필터링하려는 날짜를 선택할 수 있으며, [날짜 필터] 메뉴에서 다양한 조건을 지정할 수 있습니다.

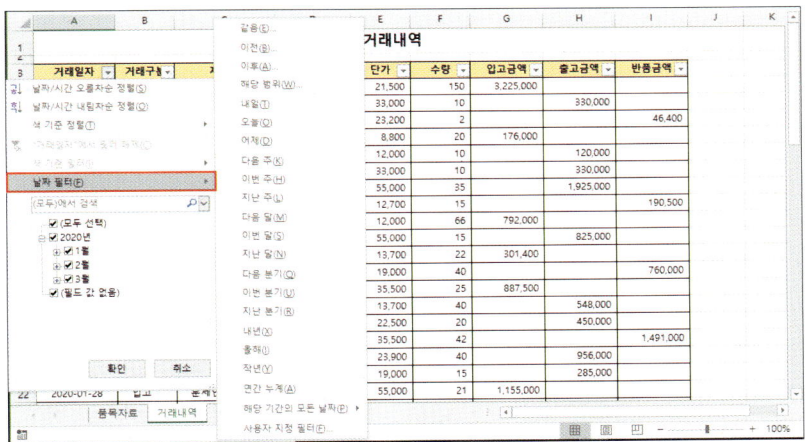

③ 숫자 필터

필터링하려는 숫자를 선택할 수 있으며, [숫자 필터] 메뉴에서 다양한 조건을 지정할 수 있습니다.

고급 필터

고급 필터는 다양한 조건을 직접 입력하여 데이터를 필터링할 수 있으며, 필터링 결과를 원본 데이터베이스가 입력된 시트에 표시하거나 다른 시트에 표시할 수 있습니다. 다양한 조건 지정에는 AND 조건, OR 조건, AND와 OR 결합 조건으로 지정할 수 있고, 수식으로도 지정할 수 있습니다.

[데이터] → [정렬 및 필터] 그룹에서 [고급]을 클릭하면 [고급 필터] 대화상자가 열립니다.

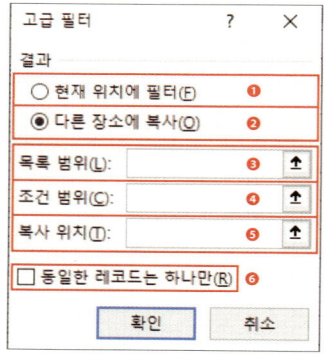

① **현재 위치에 필터:** 필터링 결과를 원본 데이터베이스가 있는 시트에 표시합니다.
② **다른 장소에 복사:** 필터링 결과를 다른 시트에 표시합니다.
③ **목록 범위:** 필터링할 원본 데이터베이스를 지정합니다.
④ **조건 범위:** 조건이 입력된 범위를 지정합니다.
⑤ **복사 위치:** 필터링 된 데이터를 표시할 위치를 지정합니다.
⑥ **동일한 레코드는 하나만:** 동일한 레코드가 있을 때 하나만 표시합니다.

고급 필터 조건 범위 만들기

고급 필터는 조건이 복잡하거나 여러 필드를 OR 조건으로 결합해서 지정할 때 사용합니다. 고급 필터를 사용하려면 먼저 워크시트에 필터 조건을 입력해야 하고, 결과는 원본 데이터에서 추출하거나 원본 데이터와 다른 위치에서 추출할 수 있습니다.

고급 필터를 사용할 때 조건을 같은 행에 입력하면 AND 조건이 되고, 다른 행에 입력하면 OR 조건이 됩니다.

① 일반적인 조건 만들기

조건 범위에서 첫 행에 입력하는 필드명은 원본 데이터 목록의 필드명과 같은 이름을 입력합니다.

- **AND 조건:** 예를 들어, 거래일자가 2020-8-1이고, 구분이 '출고'인 경우에 필터링하는 조건입니다.

거래일자	구분
2020-8-1	출고

- **OR 조건:** 예를 들어, 제품명이 '건조육'이거나 '포장육'인 경우에 필터링하는 조건입니다.

제품명
건조육
포장육

또는, 구분이 '출고'이거나, 수량이 '100' 이상인 경우에 필터링하는 조건입니다.

구분	수량
출고	
	>=100

- **AND, OR 결합 조건:** 제품명이 '건조육'이고 수량이 '100' 이상인 경우에 필터링하거나, 제품명이 '포장육'이고 수량이 '50' 이상인 경우에 필터링하는 조건입니다.

제품명	수량
건조육	>=100
포장육	>=50

② 수식이 들어가는 조건 만들기

조건 범위에서 첫 행에 입력하는 필드명은 원본 데이터 목록의 필드명과 다른 이름으로 입력합니다. 또한, 데이터베이스에 있는 특정 필드의 값을 참조하려면 해당 필드의 첫 번째 셀 값을 상대참조로 입력합니다. 수식의 조건 결과는 TRUE 또는 FALSE로 나타납니다.

거래월	제품명
FALSE	파스타면

- **거래월 수식:** =MONTH(거래내역!A4)=2
  MONTH 함수로 '거래내역' 시트의 A4 값을 월로 구하고, 이 값이 2와 같으면 데이터를 필터링하는 수식입니다.

4. 피벗 테이블 : 데이터 분석

피벗 테이블

피벗 테이블은 워크시트에 있는 데이터를 분석할 수 있도록 하는 기능으로, 데이터베이스의 필드를 동적으로 움직이면서 사용자가 쉽게 작성할 수 있습니다. 피벗 테이블을 이용하면 데이터를 요약, 분석, 탐색, 표시할 수 있습니다. 도수 분포, 교차 분석 등을 만들 수 있으며, 요약한 항목을 그룹화할 수 있고, 부분합을 표시할 수 있습니다.

피벗 테이블은 원본 데이터가 변경되었을 때, 자동으로 수정되지 않는 단점이 있지만, 피벗 테이블에서 [새로 고침]을 누르면 자동으로 수정된 결과를 얻을 수 있습니다. 피벗 테이블을 사용하려면 [삽입] → [표] 그룹에서 [피벗 테이블]을 클릭합니다.

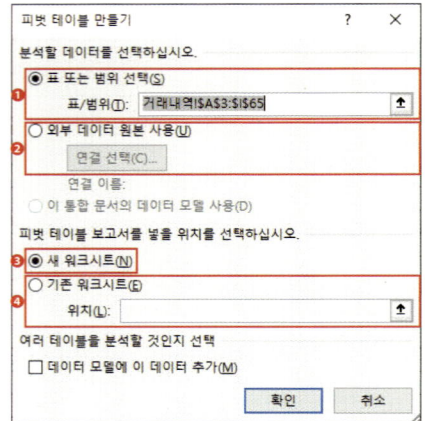

① **표 또는 범위 선택:** 선택한 셀의 위치에 따라 범위가 자동으로 지정되며, 범위가 다르면 데이터 범위를 변경할 수 있습니다.

② **외부 데이터 원본 사용:** 다른 파일에 있는 데이터를 대상으로 피벗 테이블을 작성하려면 〈연결 선택〉을 눌러서 데이터 원본을 지정합니다.

③ **새 워크시트:** 새로운 워크시트를 추가하여 피벗 테이블을 작성할 수 있습니다.

④ **기존 워크시트:** 데이터가 들어있는 워크시트를 포함한 모든 워크시트에 피벗 테이블을 작성할 수 있습니다.

피벗 테이블 레이아웃

피벗 테이블의 실제 레이아웃을 설정합니다. 필드의 이름을 작업 창의 아래쪽 4개 영역 중 한 곳으로 끌어서 놓습니다.

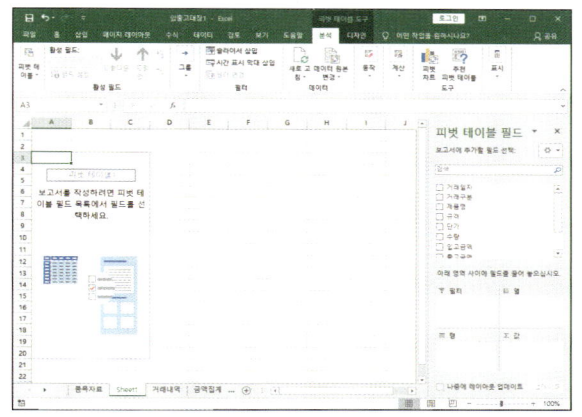

피벗 테이블은 필터, 열, 행, 값으로 구성되어 있습니다.

① **보고서 필터:** 임의의 항목이나 모든 항목을 선택할 수 있으며, 선택한 항목에 대한 피벗 테이블이 표시됩니다.

② **행 레이블:** 행 방향인 필드입니다.

③ **열 레이블:** 열 방향인 필드입니다.

④ **값 영역:** 요약된 데이터가 들어가는 셀이며, 요약하는 방법으로 합계, 평균, 개수 등을 선택할 수 있습니다.

⑤ **총 합계:** 행 또는 열의 모든 셀에 대한 합계를 표시하는 행 또는 열입니다.

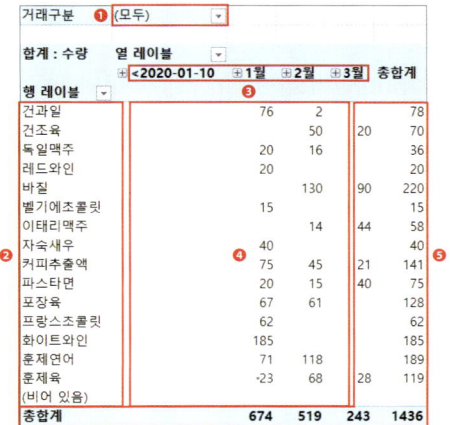

CHAPTER 02 교육자료

예제 파일명: 교육자료_예제.xlsx

데이터베이스를 제대로 구성하려면 한 열에는 하나의 정보만 입력되도록 해야 합니다. 만일 두 개 이상의 정보가 있다면 텍스트 나누기 명령을 이용하여 여러 열로 나눌 수 있습니다. 또한, 데이터를 요약할 수 있는 부분합은 그룹으로 지정하려는 필드에 입력된 데이터의 순서대로 정렬해야 합니다. 여기서는 분류별 안에 과정명별로 데이터를 요약하는 중복 부분합을 작성합니다.

미리보기 | 완성 파일명: 교육자료_완성.xlsx

	분류	과정명	학습시작일	학습종료일	운영자	개발자	회원입과인원	비회원입과인원	총입과인원
26		스트레스관리사 요약					80	298	378
62		식물자원관리사 요약					167	641	808
84		식물해설사 요약					199	208	407
85	환경 요약						446	1,147	1,593
117		교육행정실무사 요약					248	474	722
118	교육상담	한자지도사	2020-03-04	2020-03-08	이민정	이경희	10	6	16
119	교육상담	한자지도사	2020-06-24	2020-06-28	김정숙	최현숙	3	14	17
120	교육상담	한자지도사	2020-07-15	2020-07-19	이민정	이경희	4	24	28
121	교육상담	한자지도사	2020-07-22	2020-07-26	신미희	최현숙	1	18	19
122	교육상담	한자지도사	2020-08-12	2020-08-14	김정숙	황수희	7	6	13
123	교육상담	한자지도사	2020-09-02	2020-09-06	신미희	최현숙	0	19	19
124	교육상담	한자지도사	2020-09-23	2020-09-25	송지효	최현숙	0	26	26
125	교육상담	한자지도사	2020-11-11	2020-11-15	신미희	이경희	5	13	18
126	교육상담	한자지도사	2020-11-11	2020-11-15	송지효	최현숙	0	16	16
127	교육상담	한자지도사	2020-11-25	2020-11-27	황민지	최현숙	4	17	21
128		한자지도사 요약					34	159	193
129	교육상담 요약						282	633	915
144		와인소믈리에 요약					129	257	386
185		체형관리사 요약					359	508	867
210		커피바리스타 요약					151	435	586
211	사회서비스 요약						639	1,200	1,839
223		가정관리사 요약					182	300	482
241		간병사 요약					229	176	405
249		노인심리상담사 요약					41	95	136
250	사회복지 요약						452	571	1,023
251	총합계						1,819	3,551	5,370

교육자료 CHAPTER 02

1 텍스트 나누기

1. [데이터] 워크시트의 D열 머리글을 마우스 오른쪽 단추로 누르고, [삽입] 메뉴를 선택하여 열을 삽입합니다.

- 한 셀에 입력된 데이터를 두 개의 셀로 나누어 입력하기 위해 빈 열을 삽입하는 것입니다.

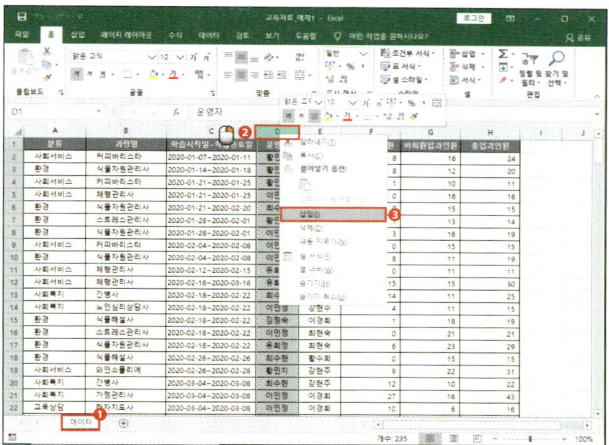

2. [C1:C235] 범위를 선택한 후에 [데이터] → [데이터 도구] 그룹에서 [텍스트 나누기]를 클릭합니다.

- 워크시트에서 빈 셀이 없고 데이터가 들어있는 셀 전체를 선택하려면 시작 셀에서 Ctrl + Shift 를 누른 상태에서 선택하려는 방향에 맞는 방향키를 누르면 됩니다.

3. [텍스트 마법사] 대화상자가 열리면 '원본 데이터 형식'에서 「구분 기호로 분리됨」을 클릭한 후에 〈다음〉을 누릅니다.

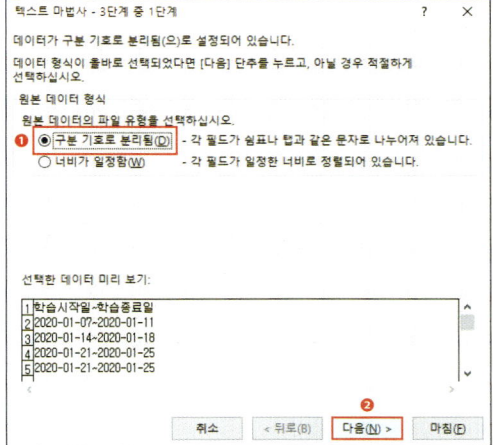

4. '구분 기호' 상자에서 「기타」 확인란을 선택하고, 「기타」 확인란 옆에 『~』을 입력한 후에 〈다음〉을 누릅니다.

- 한 셀에 입력된 데이터 사이에 '~'을 기준으로 두 개의 셀로 나누어 입력됩니다.

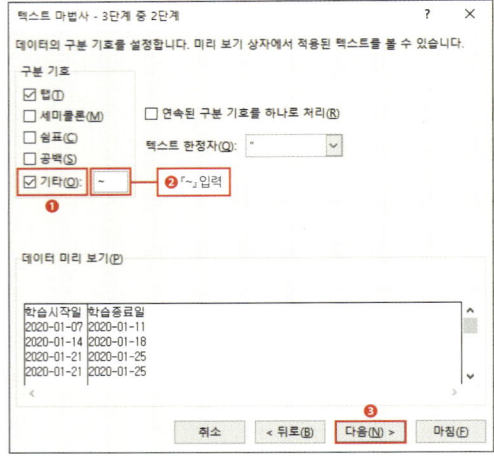

5. '데이터 미리 보기'에서 '학습시작일'의 열을 선택하고, '열 데이터 서식' 상자에서 「날짜」를 선택합니다.

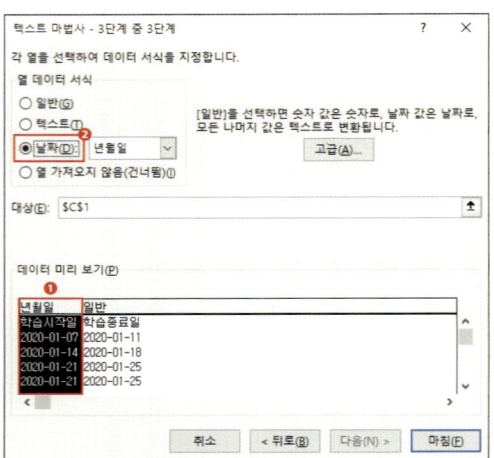

6. 다시, '학습종료일'의 열을 선택하고, '열 데이터 서식' 상자에서 「날짜」를 선택한 후에 〈마침〉을 누릅니다.

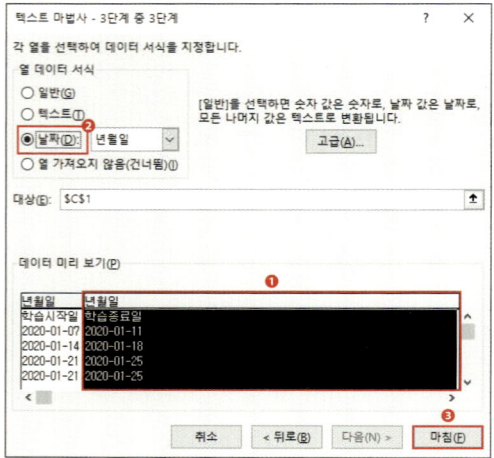

7. 확인 메시지가 나타나면 〈확인〉을 누릅니다.

- 두 개의 셀로 데이터가 나누어 입력되는 것을 확인할 수 있습니다.

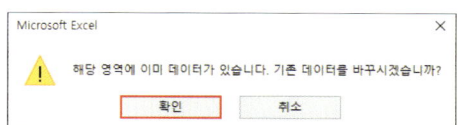

8. C열과 D열의 너비를 조정하기 위해, C열 머리글과 D열 머리글을 선택한 후에 마우스 오른쪽 단추를 누르고, [열 너비]를 선택합니다.

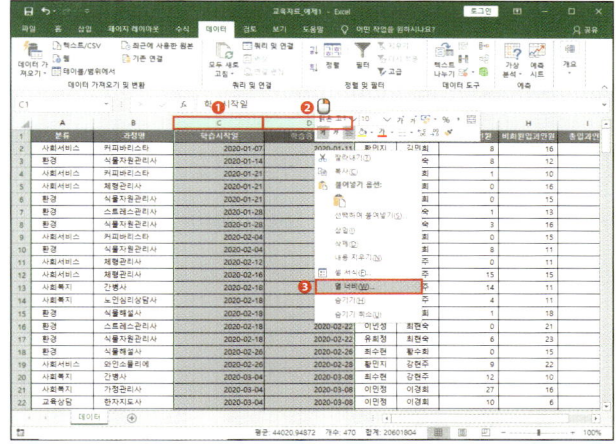

9. [열 너비] 대화상자가 열리면 열 너비를 『10』으로 입력한 후에 〈확인〉을 누릅니다.

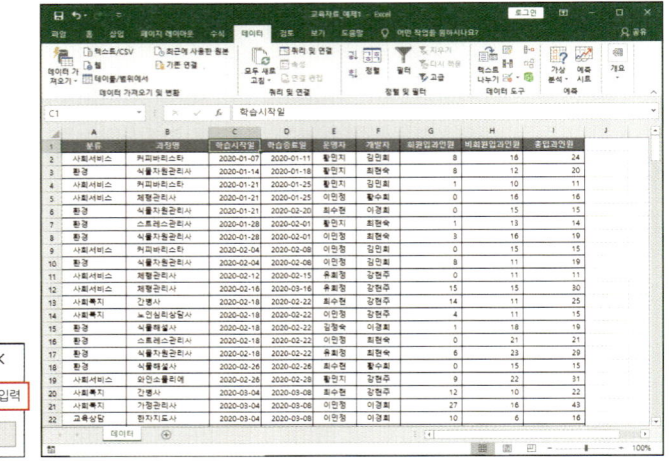

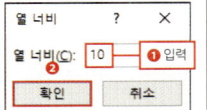

2 데이터 정렬하기

1. 데이터가 입력된 임의의 셀을 선택한 상태에서, [데이터] → [정렬 및 필터] 그룹에서 [정렬]을 클릭합니다. [정렬] 대화상자가 열리면 「내 데이터에 머리글 표시」 확인란을 선택하고, 이어서 '열'의 '정렬 기준'은 「분류」를 선택, '정렬 기준'은 「값」을 선택합니다. 그리고 '정렬'의 목록 단추를 클릭하여 「사용자 지정 목록」을 선택합니다.

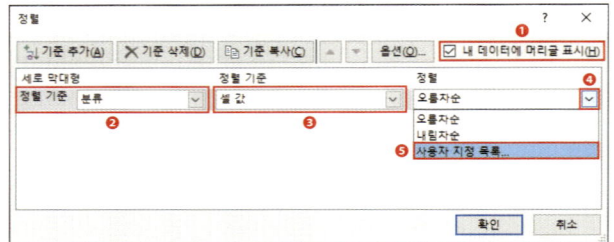

2. [사용자 지정 목록] 대화상자가 열리면 '사용자 지정 목록' 상자에서 [새 목록]이 선택된 상태에서 '목록 항목' 상자를 클릭한 후에 『환경』, 『교육상담』, 『사회서비스』, 『사회복지』 순으로 입력하고 〈추가〉를 누릅니다. 그리고 〈확인〉을 눌러서 창을 닫습니다.

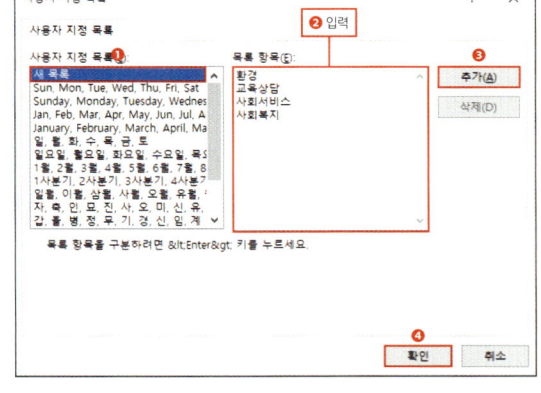

- 오름차순, 내림차순이 아닌 사용자가 지정한 순서로 데이터를 정렬하려면 미리 사용자가 원하는 순서대로 데이터를 입력해야 합니다.

3. 두 번째 데이터를 정렬하기 위해, [정렬] 대화상자에서 〈기준 추가〉를 누릅니다. 두 번째 기준은 「과정명」, 「값」, 「오름차순」을 선택하고 〈확인〉을 누릅니다.

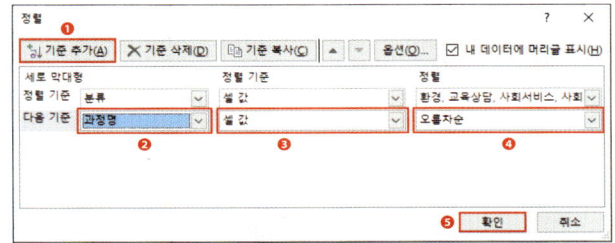

- 첫 번째 기준인 '환경, 교육상담, 사회서비스, 사회복지' 순의 정렬된 데이터가 유지된 상태에서, 두 번째 기준인 과정명 오름차순으로 정렬됩니다. 즉, '환경' 분류에서 "스트레스관리사, 식물자원관리사, 식물해설사"로 정렬, '교육상담' 분류에서 "교육행정실무사, 한자지도사"로 정렬, '사회서비스' 분류에서 "와인소믈리에, 체형관리사, 커피바리스타"로 정렬, '사회복지' 분류에서 "가정관리사, 간병사, 노인심리상담사"로 정렬됩니다.

3 중복 부분합 만들기

1. 데이터가 정렬되면, 분류별로 부분합을 만들기 위해 [데이터] → [윤곽선] 그룹에서 [부분합]을 클릭합니다.
[부분합] 대화상자가 열리면 '그룹화할 항목'은 「분류」, '사용할 함수'는 「합계」를 선택하고, '부분합 계산 항목' 상자에서 「회원입과인원」, 「비회원입과인원」, 「총입과인원」에 체크한 후에 〈확인〉을 누릅니다.

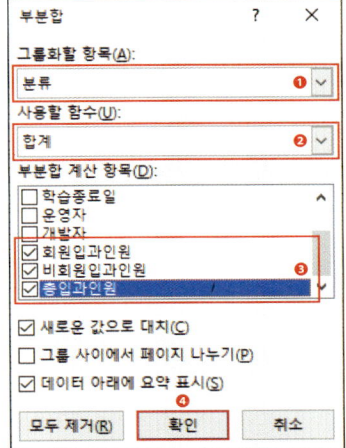

- '환경, 교육상담, 사회서비스, 사회복지'의 부분합이 만들어집니다.

2. '분류' 부분합이 유지된 상태에서 과정명에 대한 부분합을 만들기 위해, 다시 [데이터] → [윤곽선] 그룹에서 [부분합]을 클릭합니다. [부분합] 대화상자가 열리면 '그룹화할 항목'은 「과정명」, '사용할 함수'는 「합계」를 선택하고, '부분합 계산 항목' 상자에서 「회원입과인원」, 「비회원입과인원」, 「총입과인원」을 체크합니다. 그리고 「새로운 값으로 대치」 확인란을 체크 해제한 후에 〈확인〉을 클릭합니다.

- '새로운 값으로 대치'를 해제하였으므로, '분류' 부분합이 유지된 상태에서 과정명의 부분합이 만들어집니다. 즉, '환경' 분류 부분합 안에 '스트레스관리사, 식물자원관리사, 식물해설사'의 부분합, '교육상담' 분류 부분합 안에 '교육행정실무사, 한자지도사'의 부분합, '사회서비스' 분류 부분합 안에 '와인소믈리에, 체형관리사, 커피바리스타'의 부분합, '사회복지' 분류 부분합 안에 '가정관리사, 간병사, 노인심리상담사'의 부분합이 만들어집니다.

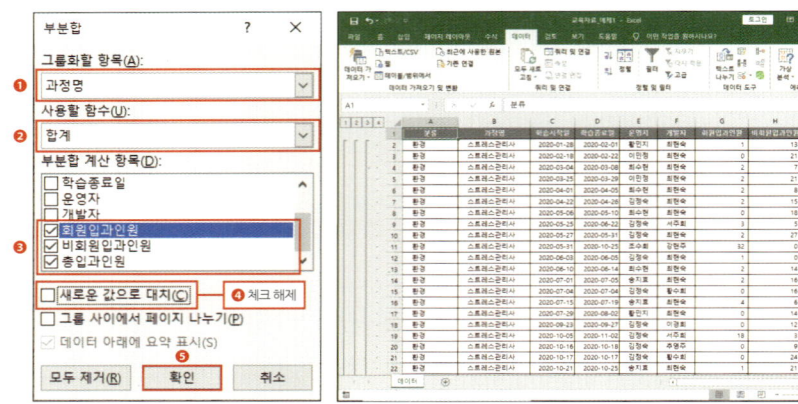

4 부분합의 요약 행 꾸미기

1. 분류, 과정명의 부분합 요약을 보기 위해 왼쪽 위에 있는 부분합의 그룹 단추 중 '3'을 누릅니다. 요약된 자료에서 테두리가 지정되지 않은 [A249:I251] 범위를 선택한 후에, [홈] → [글꼴] 그룹의 [테두리] → [모든 테두리]를 클릭합니다.

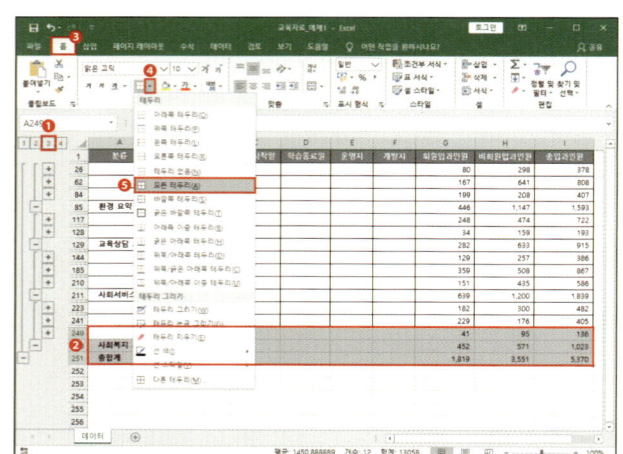

2. 왼쪽의 첫 번째 셀인 [A26]부터, 오른쪽 마지막 셀인 [I251]까지 범위를 선택한 후에, [홈] → [편집] 그룹의 [찾기 및 선택]을 클릭하고 [이동 옵션]을 선택합니다.

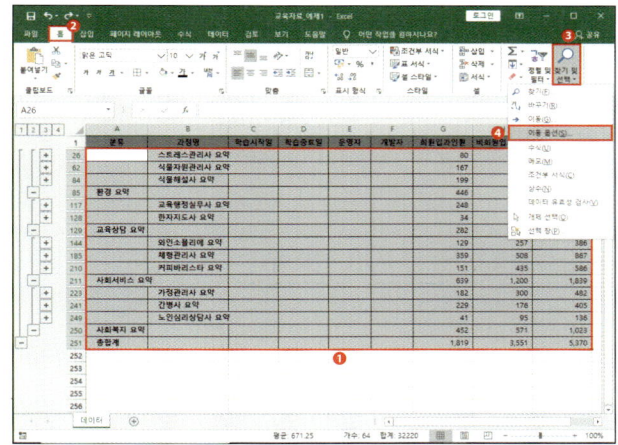

3. [이동 옵션] 대화상자가 열리면 「화면에 보이는 셀만」을 선택한 후 〈확인〉을 누릅니다.

• 감춰진 행을 제외하고, 화면에 보이는 셀만 선택됩니다.

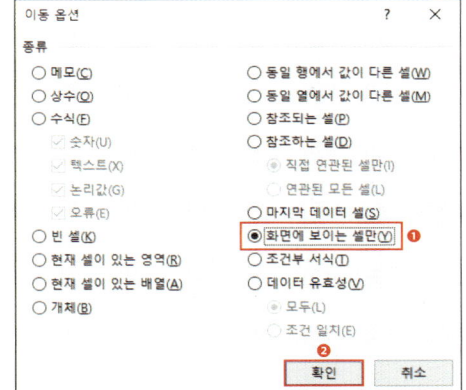

4. [글꼴] 그룹에서 [채우기 색]을 클릭하고 사용자가 원하는 색을 클릭합니다.

• [이동 옵션] 대화상자에서 「화면에 보이는 셀만」을 지정하지 않으면 감춰진 행까지 모든 셀에 색이 적용됩니다.

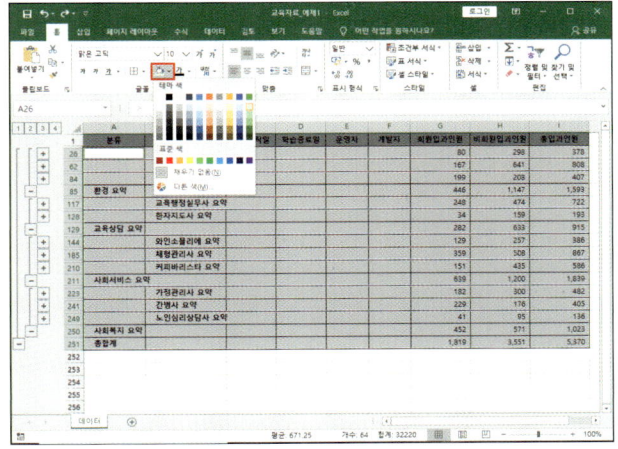

5. 다시, 분류 부분합 요약을 보기 위해 왼쪽 위에 있는 부분합 그룹 단추 '2'를 누릅니다. 그리고 왼쪽의 첫 번째 셀인 [A85]부터, 오른쪽 마지막 셀인 [I251]까지 범위를 선택한 후에, [홈] → [편집] 그룹의 [찾기 및 선택]을 클릭하고 [이동 옵션]을 선택합니다.

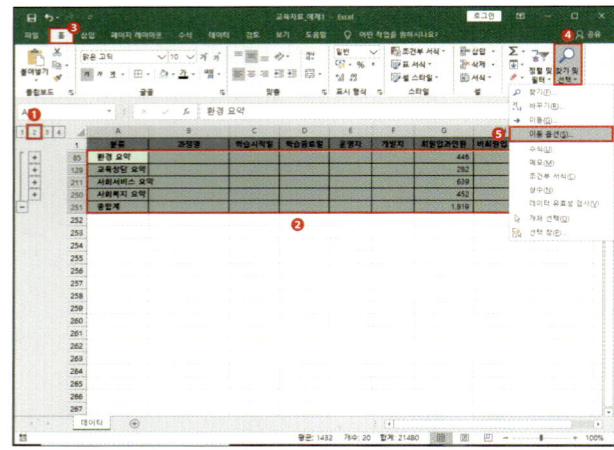

6. [이동 옵션] 대화상자에서 「화면에 보이는 셀만」을 선택한 후 〈확인〉을 누릅니다.

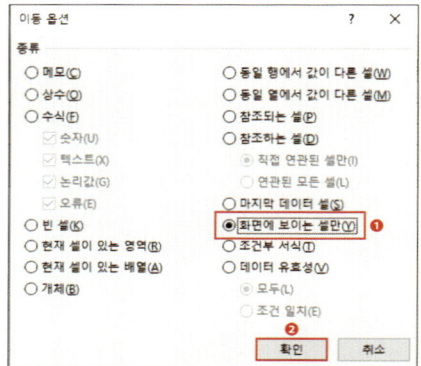

7. [글꼴] 그룹에서 [채우기 색]을 클릭하고 사용자가 원하는 색을 선택합니다.

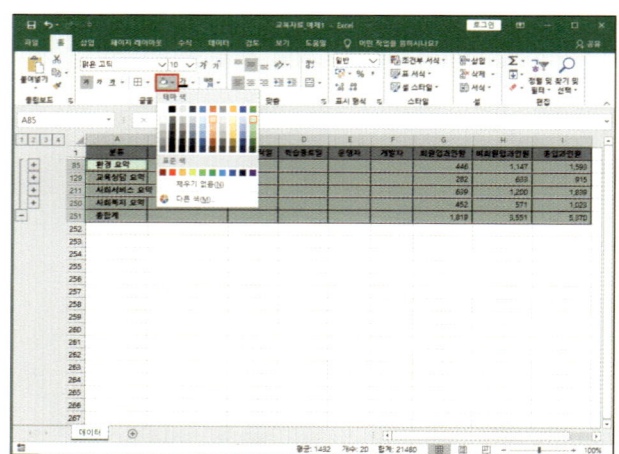

8. 마지막 총합계는 [A251:I251]까지 범위를 선택하고, [글꼴] 그룹에서 [채우기 색]을 클릭하여 사용자가 원하는 색을 선택합니다.

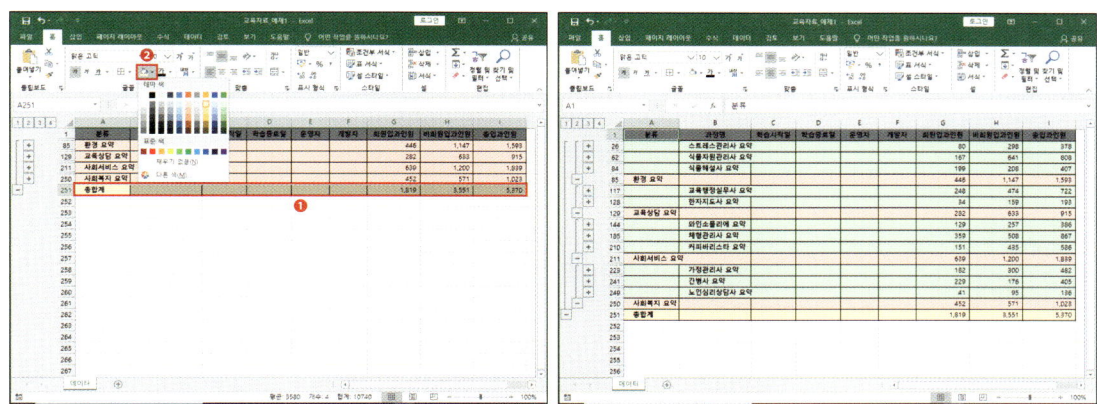

[응용] 한 걸음 더

| 예제 파일명: 교육자료_한걸음더_예제.xlsx　　　　| 완성 파일명: 교육자료_한걸음더_완성.xlsx

앞에서 작성한 교육자료를 인쇄하면 데이터의 제목 행은 첫 번째 페이지에만 인쇄되고, 두 번째 페이지부터는 인쇄되지 않습니다. 제목 행이 인쇄되지 않으면 제목을 확인할 수가 없어서 불편하므로, 모든 페이지에 제목 행을 반복하여 표시하도록 설정합니다. 그리고 머리글, 바닥글을 이용한 페이지 번호와 시트이름이 입력되도록 설정합니다.

제목 행 반복과 인쇄 페이지 지정하기

1. [페이지 레이아웃] → [페이지 설정] 그룹에서 [인쇄 제목]을 클릭합니다. [페이지 설정] 대화상자가 열리면 '인쇄 제목'에서 '반복할 행' 입력란을 클릭하고, [데이터] 워크시트의 1행 머리글($1:$1)을 클릭한 후에 〈확인〉을 누릅니다.

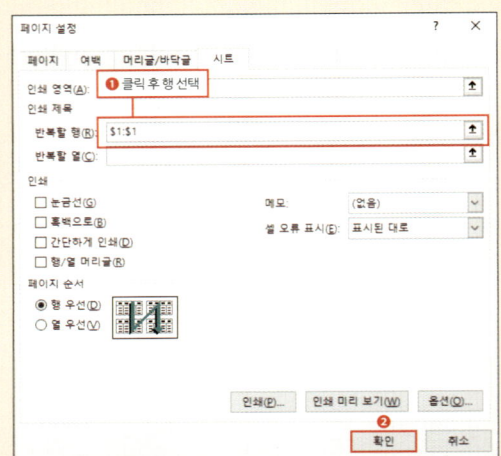

2. 인쇄 페이지를 지정하기 위해, [보기] → [통합 문서 보기] 그룹에서 [페이지 나누기 미리 보기]를 클릭하여, 파랑색 세로 점선을 오른쪽의 실선까지 마우스로 끌어서 놓습니다.

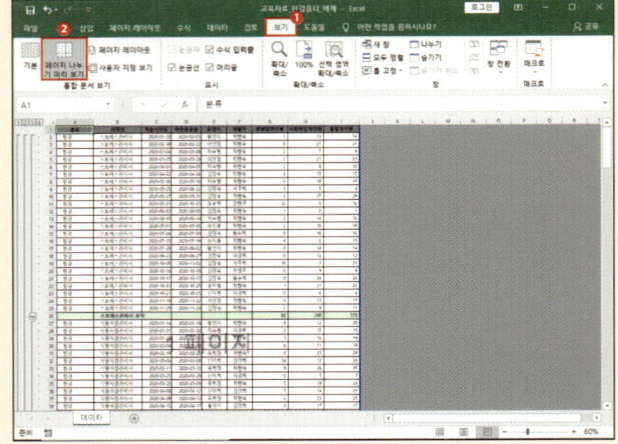

3. 이어서 페이지를 나누어 인쇄하기 위해, 1페이지와 2페이지를 구분하는 파랑색 가로 점선을 아래쪽으로 끌어서 놓습니다.

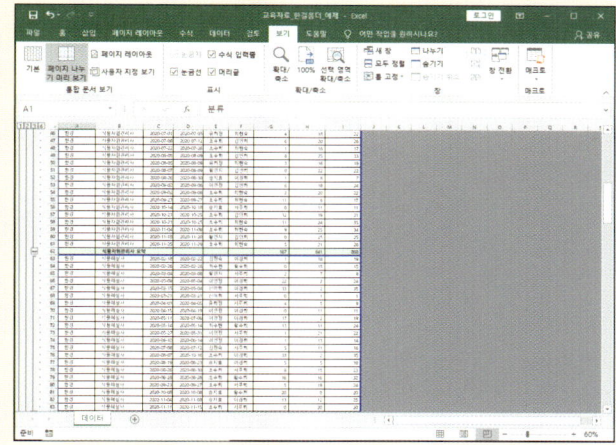

4. 다시, 분류별로 페이지를 구분하기 위해 2페이지와 3페이지를 구분하는 파랑색 가로 점선을 위쪽으로 끌어서 놓습니다.

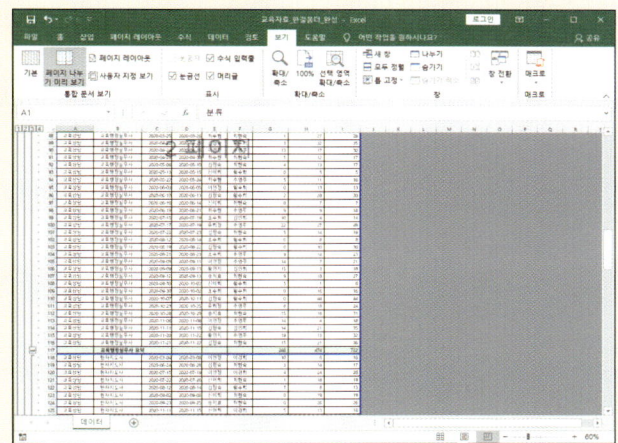

5. 같은 방법으로 페이지를 계속해서 구분해 줍니다.

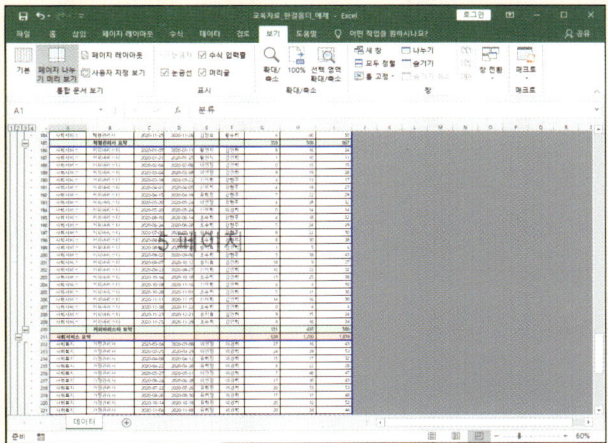

페이지 번호와 시트 이름 적용하기

1. 머리글에 시트 이름을 입력하기 위해 [삽입] → [텍스트] 그룹에서 [머리글/바닥글]을 클릭합니다.

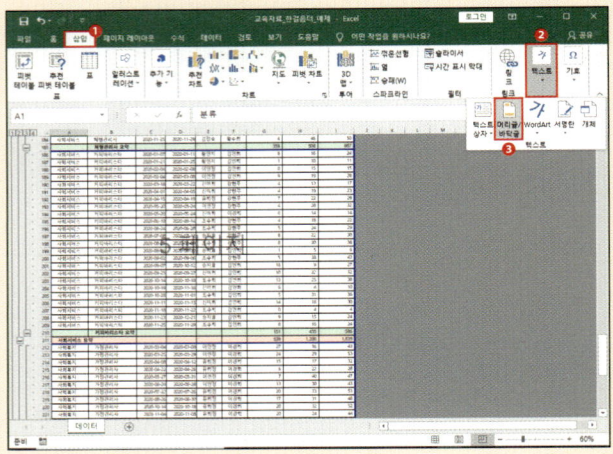

2. 머리글 영역에서 왼쪽 영역을 선택한 후에 [머리글/바닥글 도구] → [머리글/바닥글 요소] 그룹에서 [시트 이름]을 클릭합니다.

- 머리글에 『&[탭]』이 입력됩니다.

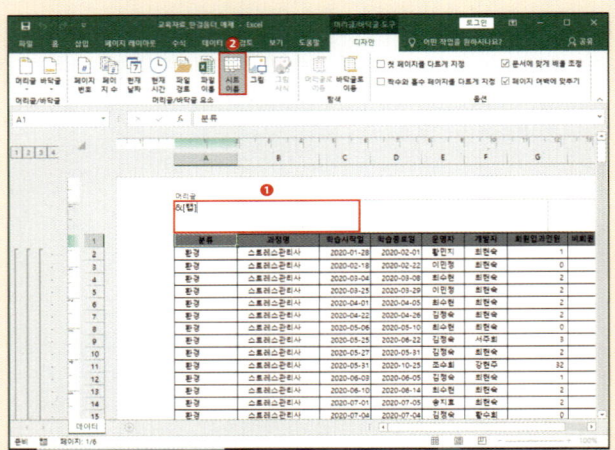

3. 이어서 바닥글에 페이지 번호를 입력하기 위해 [탐색] 그룹에서 [바닥글로 이동]을 클릭합니다. 바닥글 영역에서 오른쪽 영역을 클릭한 후에 [머리글/바닥글 요소] 그룹에서 [페이지 번호]를 클릭하고, 구분자로 『/』를 입력한 후에 [페이지 수]를 클릭합니다.

- 바닥글에 『&[페이지 번호]/&[전체 페이지 수]』이 입력됩니다.

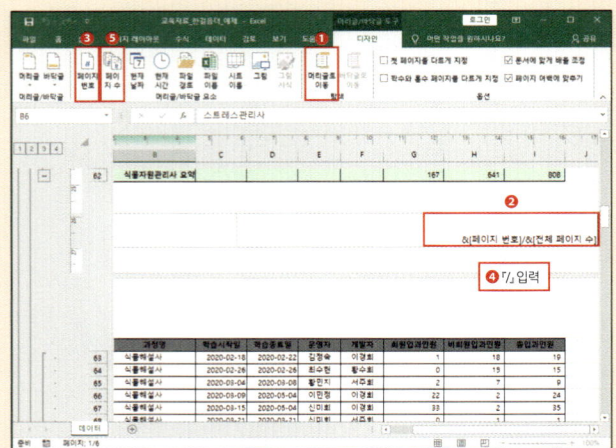

4. 임의의 셀을 선택한 후에 [보기] → [통합 문서 보기] 그룹에서 [기본]을 클릭합니다.

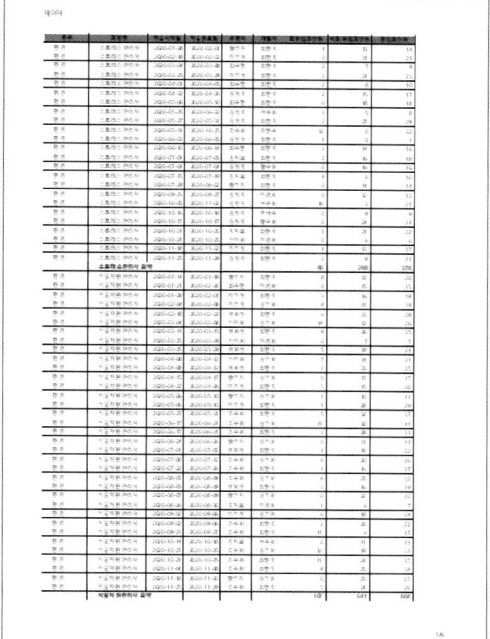

- [파일] → [인쇄]를 눌러서 오른쪽 화면에 나오는 미리보기를 확인하면 머리글에 '시트 이름'이 나오고, 바닥글에 '현재 페이지 수/전체 페이지 수'가 나타납니다.

CHAPTER 03

출고반품 자료

예제 파일명: 출고반품자료_예제.xlsx

엑셀의 기능 중에서 여러 워크시트에 입력된 자료를 하나의 워크시트로 통합할 수 있는 '데이터 통합'이 있습니다. 이를 이용하면 각기 다른 워크시트에 입력된 데이터를 하나의 시트로 통합하여, 쉽고 편하게 데이터를 분석할 수 있습니다. 이렇게 통합된 데이터에 자동 필터 기능을 이용하여 사용자가 원하는 데이터를 조건에 맞게 지정한 후에 필터링 된 데이터 결과를 확인할 수 있습니다.

이번 절에서 실습해 볼 출고반품 자료를 보면 각 시트에 월별로 입력된 출고와 반품 데이터를 분석하기가 쉽지 않으므로 하나의 시트로 통합하여 데이터를 분석하려고 합니다.

미리보기 | 완성 파일명: 출고반품자료_완성.xlsx

품명	출고	반품
왕담요	0	37
가면부채	0	5
극세사담요(중)	0	32
나염방석	90	81
봉제다이어리	40	0
비밀버튼일기장	120	0
비즈목쿠션	0	14
플라워수접	160	0
중철수첩(4원색)	300	0
터치매직샤프	0	60
LED팔찌	120	0
디자인봉투	480	0
붓세트	120	0
젤리샤프	0	360
트윈손난로(패러디)	0	300
18절스프링노트(캠퍼스)	200	0
스프링노트(캠퍼스)	36	0
원링노트(별자리)	72	0
32절스프링노트(패턴A)	148	0
국16절스프링노트(캠퍼스)	48	1
32절스프링노트(패턴B)	68	1
트윈손난로(귀여워)	0	200
소프트볼	288	0
핑킹가위	270	0

품명	1월출고	1월반품	2월출고	2월반품	3월출고	3월반품
왕담요	0	37				
가면부채	0	5				
극세사담요(중)	0	32				
나염방석	0	37	0	44	90	0
봉제다이어리	40	0				
비밀버튼일기장	120	0				
비즈목쿠션	0	14				
플라워수접	160	0				
중철수첩(4원색)			300	0		
터치매직샤프					0	60
LED팔찌					120	0
디자인봉투			80	0	400	0
붓세트			120	0		
젤리샤프			0	360		
트윈손난로(패러디)			0	300		
18절스프링노트(캠퍼스)			200	0		
스프링노트(캠퍼스)			36	0		
원링노트(별자리)			72	0		
32절스프링노트(패턴A)	80	0	68	0		
국16절스프링노트(캠퍼스)	0	1	48	0		
32절스프링노트(패턴B)	0	1	68	0		
트윈손난로(귀여워)	0	1	0	200		
소프트볼					288	0
핑킹가위					270	0

1 품명을 기준으로 데이터 통합하기

1. 품명을 기준으로 데이터를 통합하기 위해, [품명별_통합] 워크시트의 [B2] 셀을 선택하고, [데이터] → [데이터 도구] 그룹에서 [통합]을 클릭합니다.

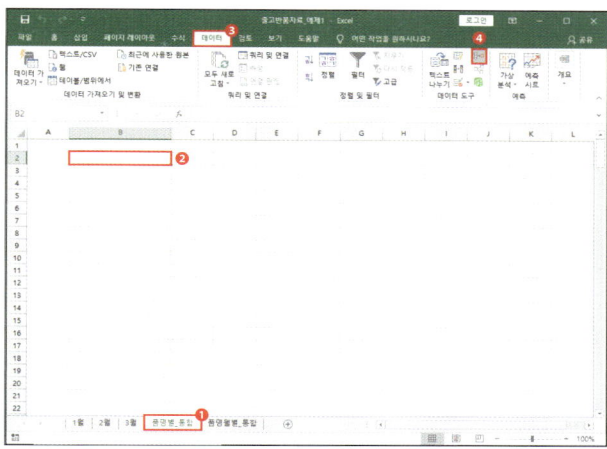

2. [통합] 대화상자가 열리면 '함수'란에 「합계」가 지정된 상태에서 '참조'란을 클릭하고, [1월] 워크시트를 선택합니다. 이어서 [B1:D20]까지를 선택한 후에 〈추가〉를 누릅니다.

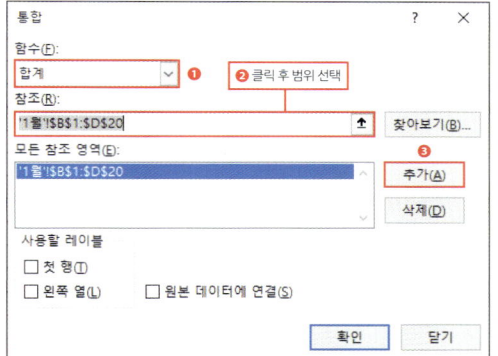

• 범위를 지정할 때 B열부터 선택해야 품명이 같은 데이터를 기준으로 통합할 수 있습니다.

3. 다시, [2월] 워크시트를 선택하고 [B1:D17]까지를 선택한 후에 〈추가〉를 누릅니다.

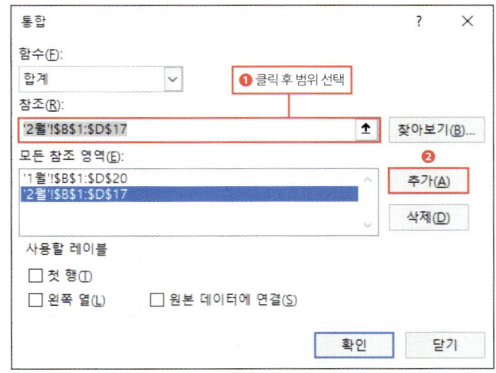

4. 마지막으로 [3월] 워크시트를 선택하고 [B1:D19]까지를 선택한 후에 〈추가〉를 누릅니다. 그리고 '사용할 레이블' 상자에서 「왼쪽 열」을 체크한 후에 〈확인〉을 누릅니다.

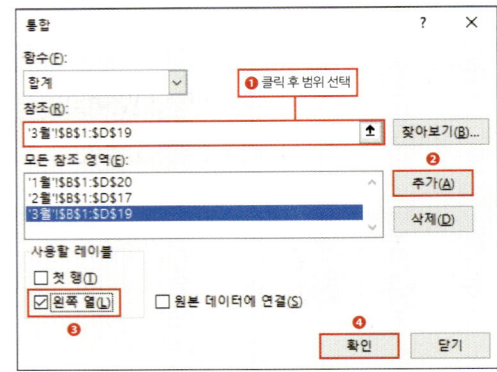

- '왼쪽 열'을 체크하면, 품명이 같은 데이터가 통합되고, 통합되는 데이터에도 품명이 입력됩니다.

5. [품명별_통합] 워크시트에 1월부터 3월까지 품명에 대한 출고와 반품이 통합된 데이터가 나타납니다.

범위가 선택된 상태에서 [홈] → [글꼴] 그룹에서 [테두리] → [모든 테두리]를 클릭합니다.

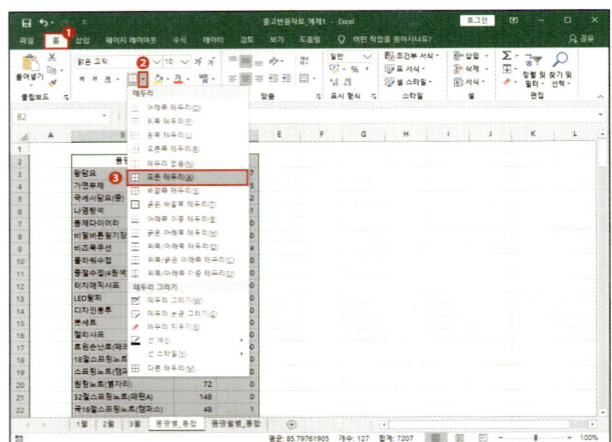

6. 첫 행에 레이블이 표시되지 않으므로, [C2] 셀에 『출고』, [D2] 셀에 『반품』을 입력합니다.

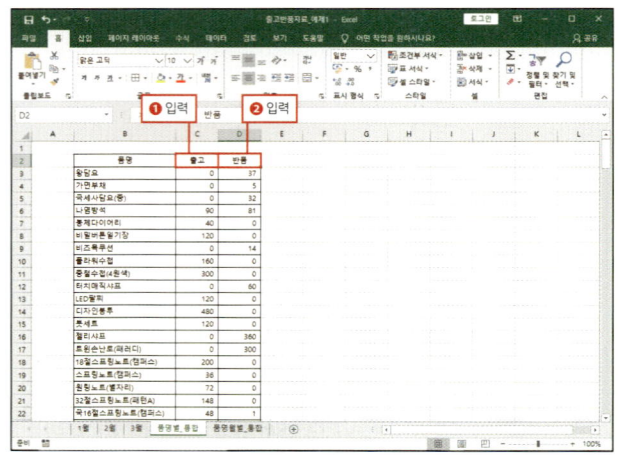

Tip & Tech

[통합] 대화상자에서 사용할 레이블 선택

[통합] 대화상자의 '사용할 레이블'에서 「첫 행」과 「왼쪽 열」을 체크하지 않으면, 첫 행과 왼쪽 열의 레이블이 표시되지 않습니다. 그리고 열 방향과 행 방향 순서대로 통합되므로 데이터 통합 결과가 다르게 입력됩니다.

2   품명/월을 기준으로 데이터 통합하기

1. 품명을 기준으로 데이터를 통합하기 위해, [품명월별_통합] 워크시트의 [B2] 셀을 선택합니다. [데이터] → [데이터 도구] 그룹에서 [통합]을 클릭합니다.

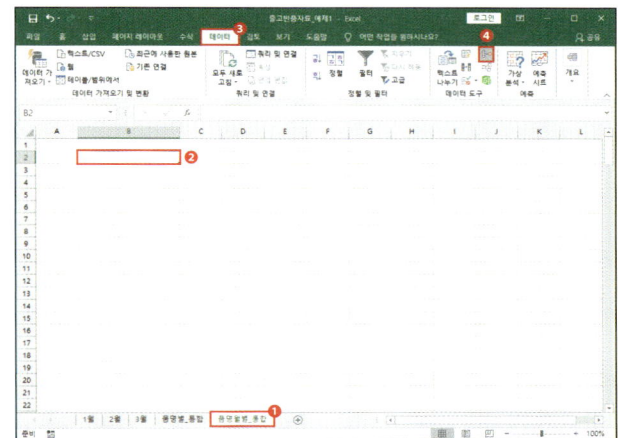

2. [통합] 대화상자가 열리면 '함수'란에 「합계」가 지정된 상태에서 '참조'란을 클릭하고, [1월] 워크시트를 선택합니다. 이어서 [B1:D20]까지를 선택한 후에 〈추가〉를 누릅니다.

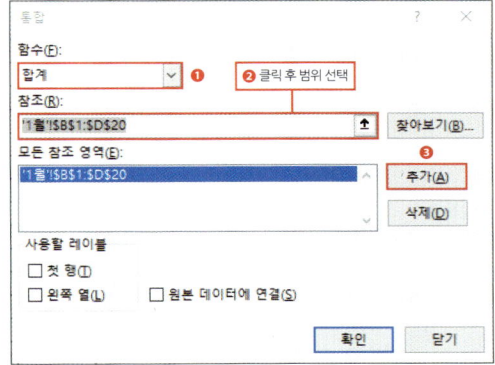

3. 다시, [2월] 워크시트를 선택하고 [B1:D17]까지를 선택한 후에 〈추가〉를 누릅니다.

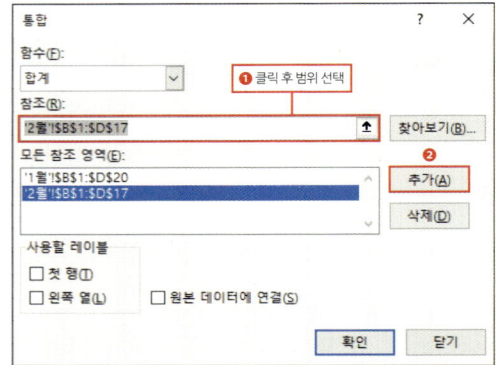

4. 마지막으로 [3월] 워크시트를 선택하고 [B1:D19]까지를 선택한 후에 〈추가〉를 누릅니다. 그리고 '사용할 레이블' 상자에서 「첫 행」과 「왼쪽 열」을 체크한 후에 〈확인〉을 누릅니다.

- 「첫 행」, 「왼쪽 열」의 값을 체크하면, 월별 출고 반품과 품명의 이름이 같은 데이터가 통합되고, 통합되는 데이터에도 월별 출고 반품의 이름과 품명이 입력됩니다.

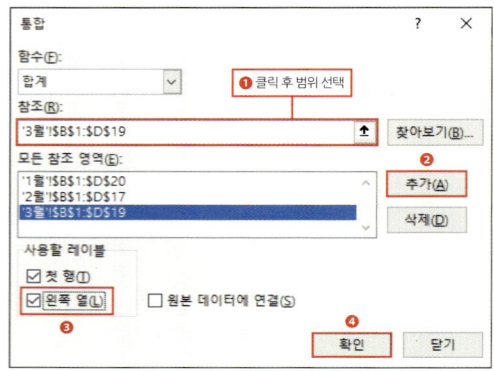

5. 품명에 대한 월별 출고와 월별 반품이 통합된 데이터가 나타납니다. 범위가 선택된 상태에서 [홈] → [글꼴] 그룹의 [테두리] → [모든 테두리]를 클릭합니다.

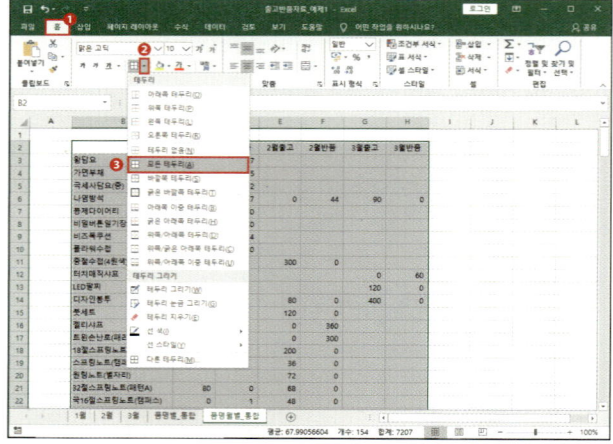

6. 통합된 데이터의 첫 번째 셀에 레이블이 표시되지 않으므로, [B2] 셀에 『품명』을 입력합니다.

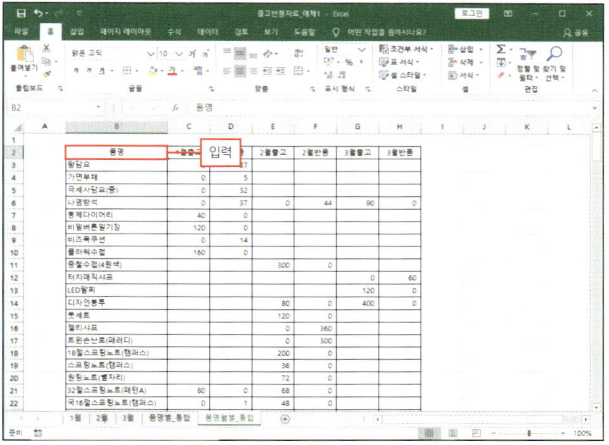

3 출고 100 이상인 데이터 필터링하기

'자동 필터'는 지정한 조건에 맞는 데이터를 찾아주는 기능으로, 제목 행에 필터 단추를 누르고 사용자가 원하는 조건을 지정하거나 입력하면, 조건에 맞는 데이터는 표시하고 나머지 데이터는 숨깁니다.

1. [품명별_통합] 워크시트에서 데이터 목록 안의 [B2] 셀을 선택하고 [데이터] → [정렬 및 필터] 그룹에서 [필터]를 클릭합니다.

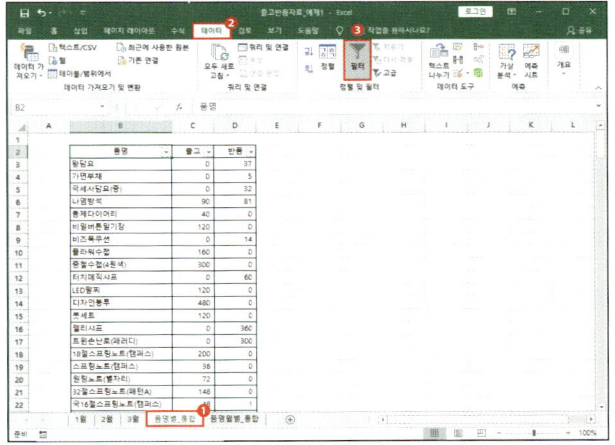

2. 제목 행에 필터 단추(▼)가 나타나면, '출고' 필드에 있는 필터 단추를 클릭한 후에 [숫자 필터] → [크거나 같음]을 선택합니다.

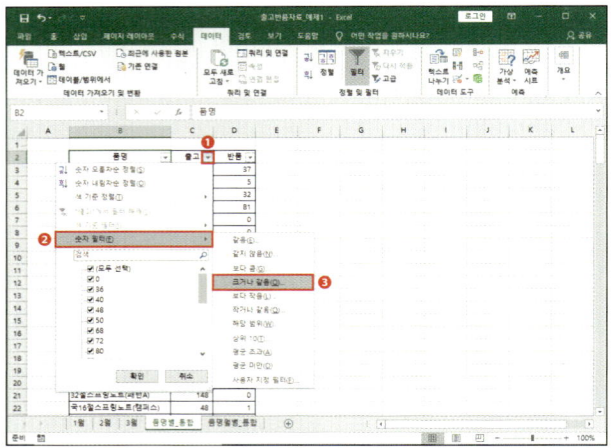

3. [사용자 지정 자동 필터] 대화상자가 열리면 값 입력란에 『100』을 입력한 후에 〈확인〉을 누릅니다.

• 조건을 지정하는 필드의 데이터가 숫자일 때는 조건을 '이상', '이하', '미만', '초과' 등의 값으로 필터링할 수 있습니다.

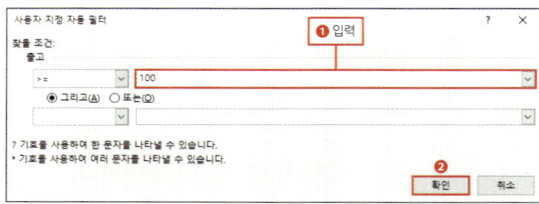

4. 출고가 100 이상인 데이터만 보이고 나머지는 숨겨서 보이지 않습니다.

Tip & Tech

필터 단추

필터 조건이 지정되어 필터링이 적용되면 필터 단추가 ▼에서 ▼으로 변경됩니다.

- ▼ : 필터 조건이 지정되지 않은 자동 필터 단추
- ▼ : 필터 조건이 지정된 자동 필터 단추

5. '출고' 필드에 적용된 필터링을 해제하기 위해, '출고' 필드에 있는 필터 단추(▼)를 클릭한 후에 ["출고"에서 필터 해제]를 선택합니다.

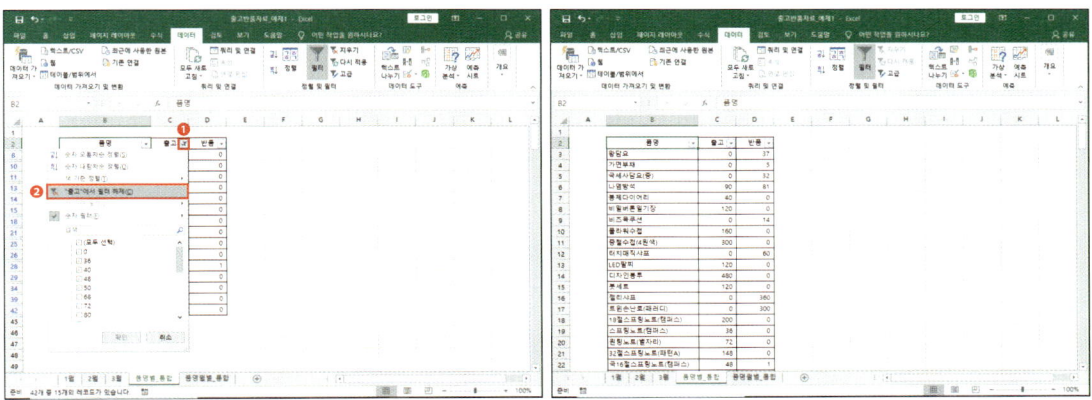

4   출고 상위 5등 이상인 데이터 필터링 하기

1. '출고' 필드에 있는 필터 단추를 클릭한 후에 [숫자 필터] → [상위 10]을 선택합니다.

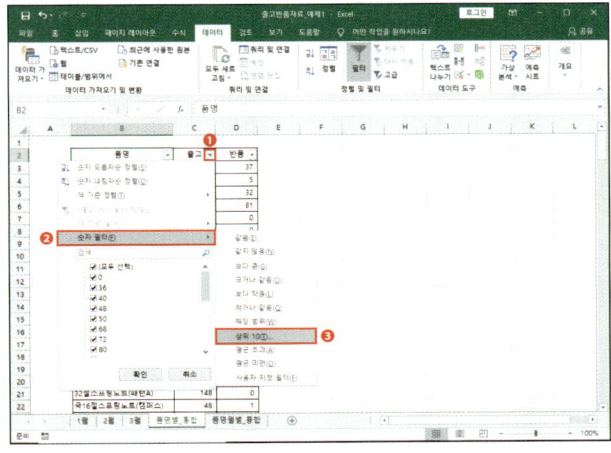

2. [상위 10 자동 필터] 대화상자가 열리면 '표시'에 있는 세 입력란에 「상위」, 『5』, 「항목」을 선택한 후에 〈확인〉을 누릅니다.

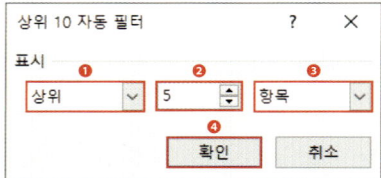

3. 출고 상위 5등 이상인 데이터만 보이는 것을 확인할 수 있습니다.

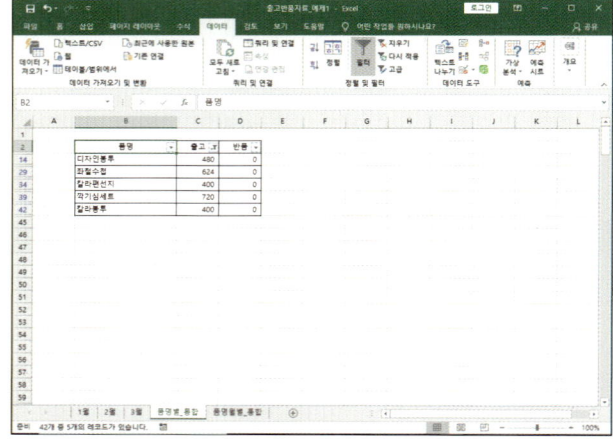

4. '출고' 필드에 적용된 필터링을 해제하기 위해, '출고' 필드에 있는 필터 단추를 클릭한 후에 ["출고"에서 필터 해제]를 선택합니다.

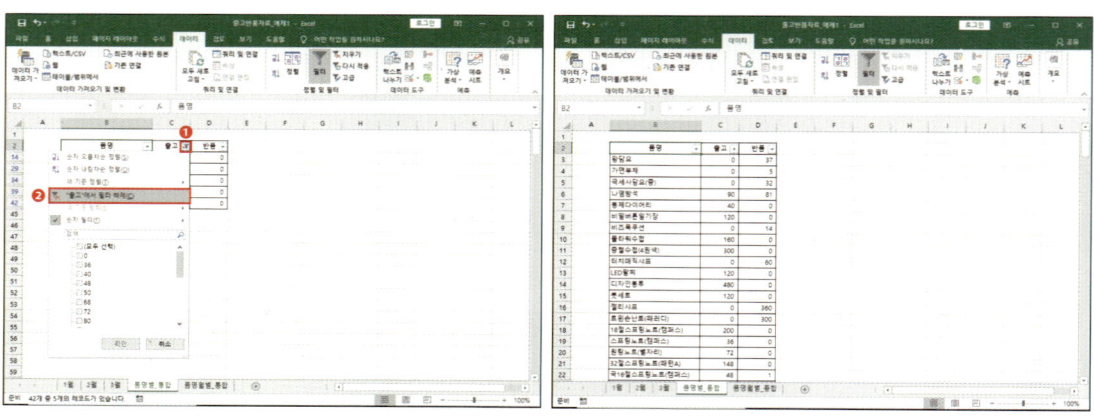

5 반품 1~10 범위의 데이터 필터링하기

1. '반품' 필드에 있는 필터 단추를 클릭한 후에 [숫자 필터] → [해당 범위]를 선택합니다.

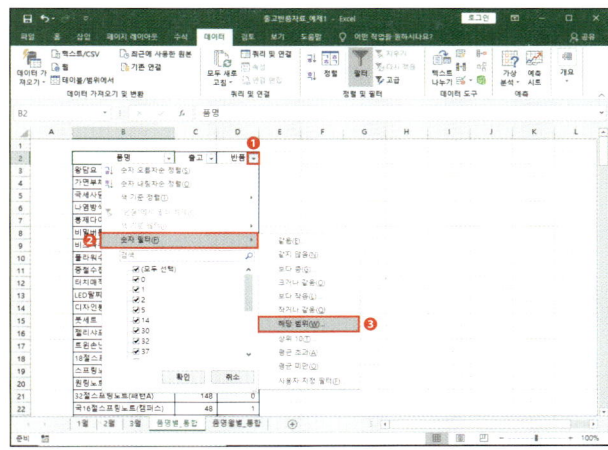

2. [사용자 지정 자동 필터] 대화상자가 열리면 위쪽 입력란에 『1』을 입력하고, 아래쪽 입력란에 『10』을 입력한 후에 〈확인〉을 클릭합니다.

- 범위를 입력하여 필터링할 수 있습니다. 입력한 범위는 1보다 크거나 같고 10보다 작거나 같은 값, 즉 1 ~ 10까지를 의미합니다.

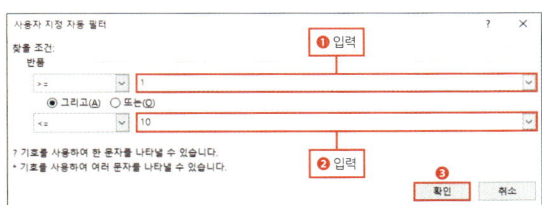

3. 반품이 1~10 범위의 데이터만 보이는 것을 확인할 수 있습니다.

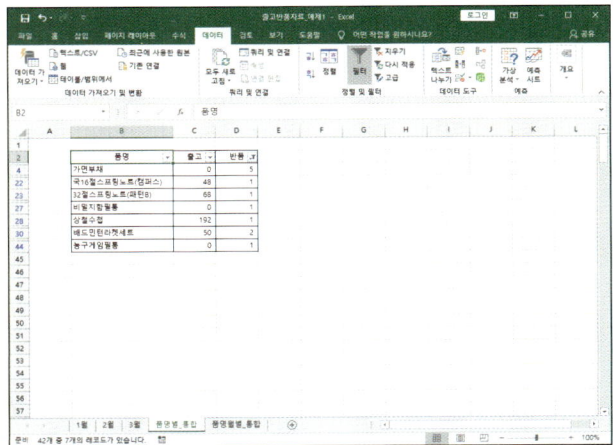

4. '반품' 필드에 적용된 필터링을 해제하기 위해, '반품' 필드에 있는 필터 단추를 클릭한 후에 ["반품"에서 필터 해제]를 선택합니다.

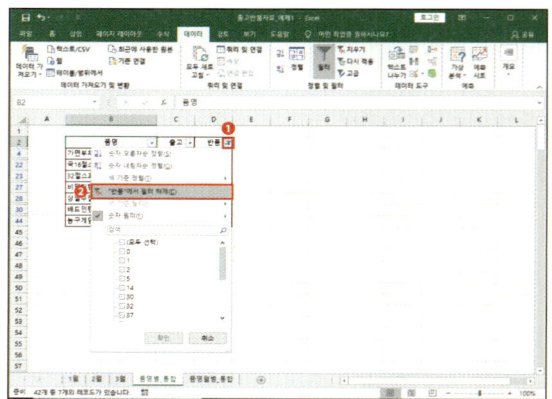 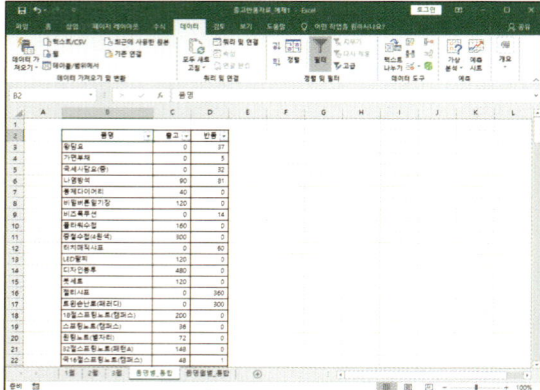

6 '노트' 문자가 포함된 데이터 필터링하기

1. [품명월별_통합] 워크시트에서 데이터 목록의 [B2] 셀을 선택하고 [데이터] → [정렬 및 필터] 그룹에서 [필터]를 클릭합니다. 제목 행에 필터 단추가 나타나면, '품명' 필드에 있는 필터 단추를 클릭한 후에 [텍스트 필터] → [포함]을 선택합니다.

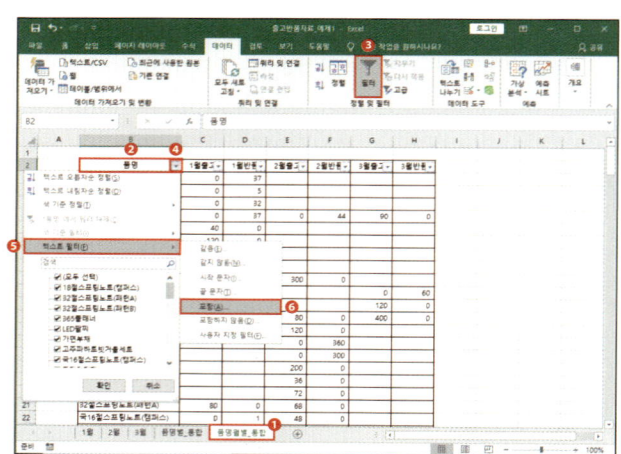

2. [사용자 지정 자동 필터] 대화상자가 열리면 값 입력란에 『노트』를 입력한 후에 〈확인〉을 클릭합니다.

- 조건을 지정하는 필드의 데이터가 텍스트일 때는 조건을 '시작 문자', '끝 문자', '포함', '포함하지 않음' 등의 값으로 필터링할 수 있습니다.

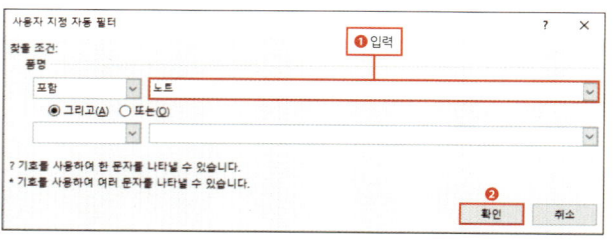

3. "노트"가 포함된 데이터만 필터링 된 것을 확인할 수 있습니다.

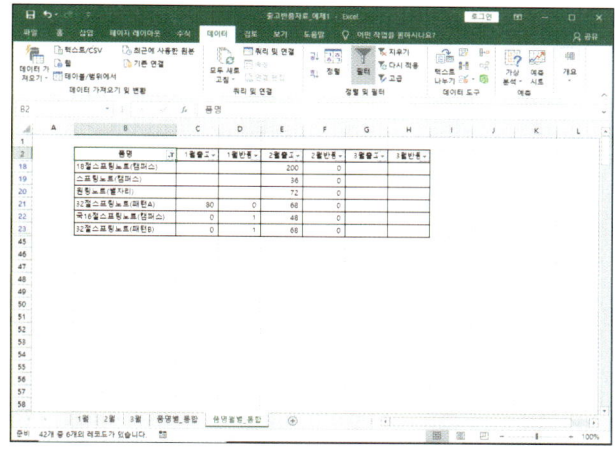

4. '품명' 필드에 적용된 필터링을 해제하기 위해, '품명' 필드에 있는 필터 단추를 클릭한 후에 ["품명"에서 필터 해제]를 선택합니다.

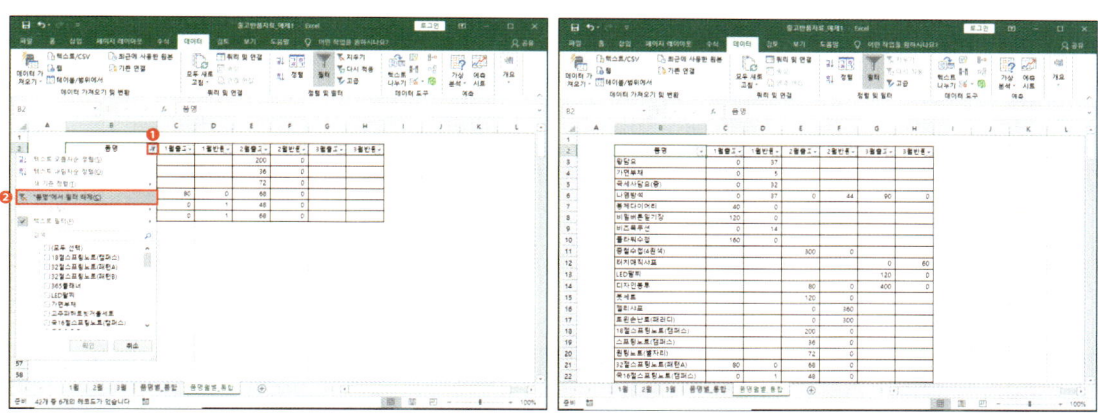

Tip & Tech

자동 필터 해제

자동 필터 해제는 데이터 목록 안에서 임의의 셀을 선택한 후에 [데이터] → [정렬 및 필터] 그룹에서 [필터]를 클릭합니다. 자동 필터가 해제되면 필터 단추가 사라집니다. 또한, 적용되었던 필터링도 모두 해제되면서 숨겨졌던 모든 데이터가 보입니다.

[응용] 한 걸음 더

| 예제 파일명: 출고반품자료_한걸음더_예제.xlsx　　　| 완성 파일명: 출고반품자료_한걸음더_완성.xlsx

자동 필터 기능은 데이터를 필터링하는 데는 편리하지만, 필터링 된 데이터의 합계, 평균 등은 자동으로 구해지지 않습니다. 그래서 화면에 보이는 데이터만 계산하는 함수를 입력하여, 필터링 된 데이터의 합계, 평균 등을 구하도록 합니다.

출고 반품 합계 구하기

1. [품명별_통합] 워크시트에서 데이터 목록 안의 [C2] 셀을 선택하고, 『=SUBTOTAL(9, C5:C46)』을 입력하고 Enter↵를 누릅니다.

- 화면에 표시되는 것(필터 기능을 이용)만 집계하는 함수로, [C5:C46] 범위에서 합계를 구합니다.

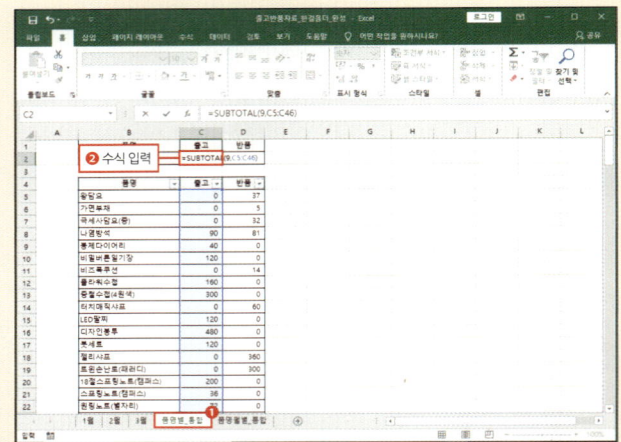

2. [C2] 셀을 선택하고 채우기 핸들을 마우스로 끌어서 [D2] 셀에 놓습니다.

- 출고와 반품 합계가 입력됩니다.

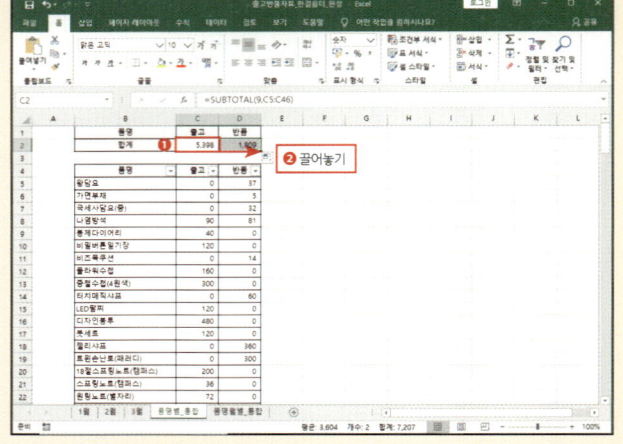

3. 데이터 목록에 자동 필터 기능을 적용하면 합계가 변경되는 것을 확인 할 수 있습니다.

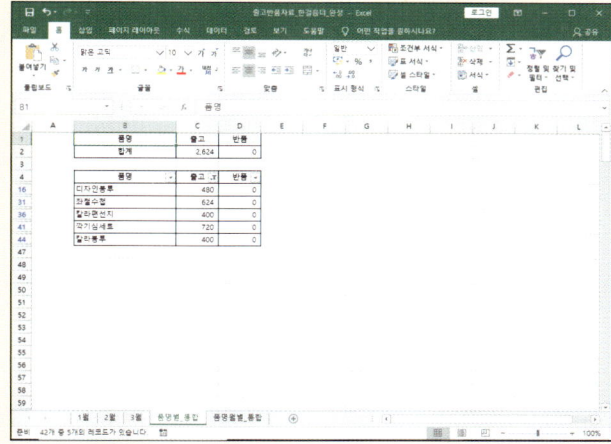

[C2] 셀에 입력한 수식
SUBTOTAL(9,C5:C46)

사용한 함수

SUBTOTAL(function_num, ref1, ref2, …)
지정한 범위에서 function_num로 지정한 함수의 결괏값을 구합니다.

- function_num: 함수 번호를 입력합니다.
- ref1, rer2, …: 계산할 범위를 지정합니다.

SUBTOTAL 함수는 화면에 표시되는 데이터(필터 기능을 이용)만 범위로 집계하고, 이에 대한 결괏값을 구합니다. 만약, 필터 기능이 아닌 사용자가 직접 행을 숨겼다면 function_num에 따라 결괏값이 달라집니다.

함수	function_num	
	직접 숨긴 행을 포함한 계산	직접 숨긴 행을 제외한 계산
AVERAGE	1	101
COUNT	2	102
COUNTA	3	103
MAX	4	104
MIN	5	105

함수	function_num	
	직접 숨긴 행을 포함한 계산	직접 숨긴 행을 제외한 계산
PRODUCT	6	106
STDEV	7	107
STDEVP	8	108
SUM	9	109
VAR	10	110
VARP	11	111

수식 풀이

SUBTOTAL(9,C5:C46)

첫 번째 인수(함수 번호)가 9이므로 SUM 함수를 이용하여 두 번째 인수인 C5:C46 범위의 값을 모두 더합니다. 현재 데이터 목록은 필터 기능이 적용되어 일부 데이터가 숨겨져 있으므로, 결과적으로 보이는 데이터의 합계만 구합니다. 만일, 필터 기능이 아닌 사용자가 직접 숨긴 행은 제외하고 계산하려면 첫 번째 인수를 109로 지정해야 합니다.

월별 출고 반품 건수 구하기

1. [품명월별_통합] 워크시트에서 데이터 목록 안의 [C2] 셀을 선택하고 『=SUBTOTAL(2,C5:C46)』을 입력합니다.

- 화면에 표시되는 것(필터 기능을 이용)만 집계하는 함수로, C5:C46 범위에서 숫자가 입력된 셀의 개수를 구합니다. 이때, 첫 번째 인수(함수 번호)가 2이므로 SUBTOTAL에 적용하는 함수는 COUNT입니다.

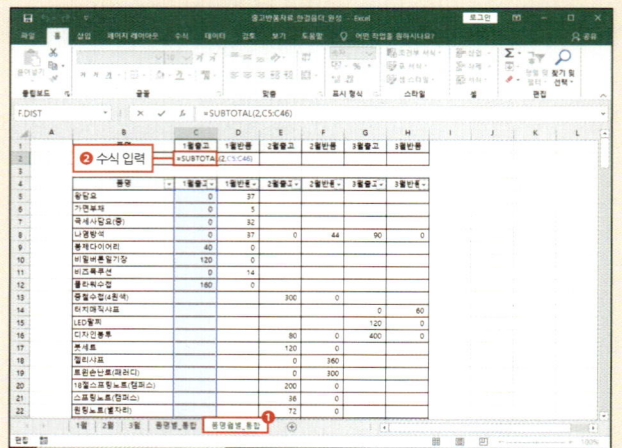

2. [C2] 셀을 선택하고 채우기 핸들을 마우스로 끌어서 [H2] 셀에 놓습니다.

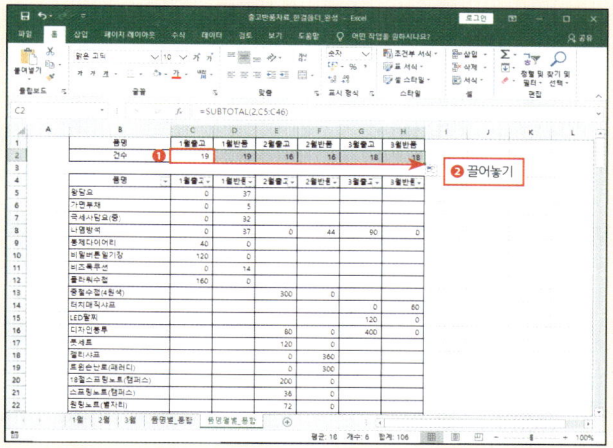

3. 데이터 목록에 자동 필터 기능을 적용하면 건수가 변경되는 것을 확인할 수 있습니다.

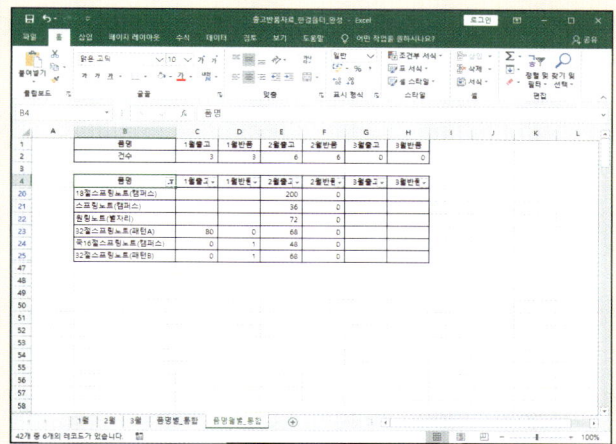

PART 4 데이터 가치를 업그레이드하는 작업

CHAPTER 04

직원명단

예제 파일명: 직원명단_예제.xlsx

워크시트에 입력되어 있는 직원명단 데이터를 이용하여 사용자가 필요한 데이터를 셀에 입력되게 하거나, 형식이 틀리게 입력된 데이터를 형식에 맞게 입력되게 하려면 수식 및 함수를 사용합니다. 그리고 사용자가 원하는 조건에 맞는 데이터를 다른 시트에 필터링하기 위해, 목록 범위, 조건 범위, 복사 위치를 지정한 후에 필터링 된 결과를 확인할 수 있습니다.

미리보기 | 완성 파일명: 직원명단_완성.xlsx

1 주민등록번호로 성별 입력하기

주민등록번호에는 성별을 알 수 있는 숫자가 입력되어 있습니다. 이를 이용하여 주민등록번호에서 성별을 자동으로 알아내는 함수를 작성해봅니다.

1. 성별을 입력하기 위해, [직원명단] 워크시트의 [G2] 셀을 선택하고, 『=MID(F2,8,1)』를 입력합니다.

- [F2] 셀에 입력된 주민등록번호에서 8번째 자리 숫자부터 시작하여, 문자 한 개를 구합니다.
- 주민등록번호 8번째 자리 숫자는 1900년대에 태어난 사람은 1(남자), 2(여자), 2000년대에 태어난 사람은 3(남자), 4(여자)입니다.

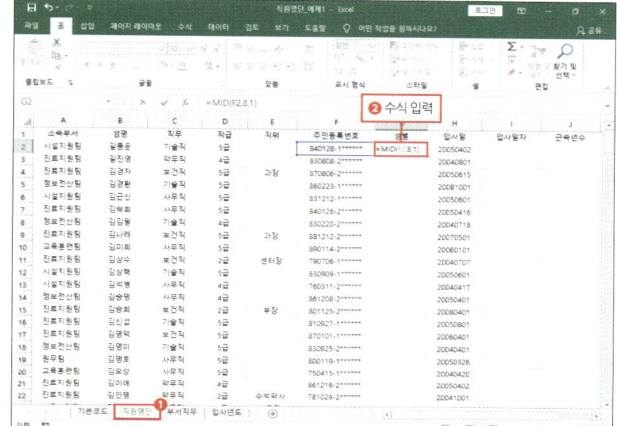

2. 앞서 구한 주민등록번호 8번째 자리 숫자를 이용하여, "남자", "여자"를 입력하기 위해, [G2] 셀에 입력한 수식을 『=CHOOSE(MID(F2,8,1), "남자","여자","남자","여자")』로 수정하고 Enter↵를 누릅니다.

- CHOOSE(index_num, value1, value2, value3, value4) 함수의 구조에서 index_num은 MID 함수로 구한 값이며, 이 값에 따라 순서대로 "남자", "여자", "남자", "여자" 중에 한 값을 구합니다.

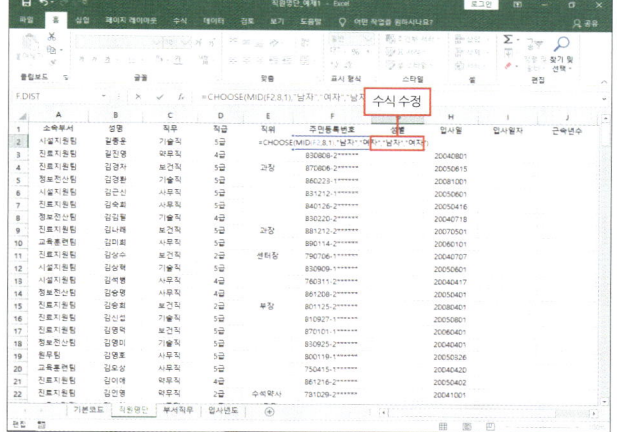

3. [G2] 셀의 채우기 핸들을 더블 클릭합니다.

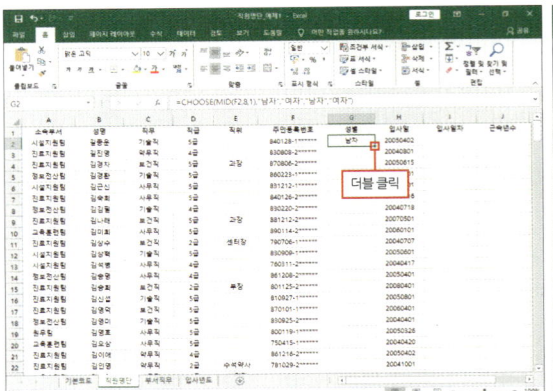 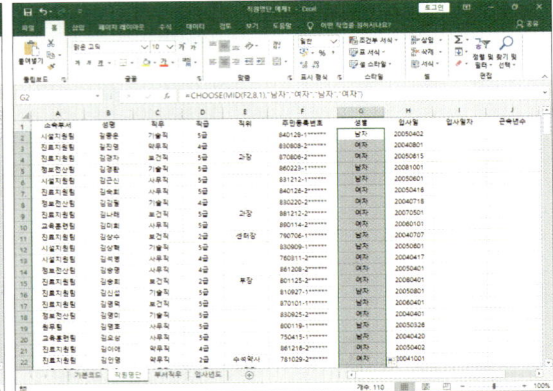

[G2] 셀에 입력한 수식
=CHOOSE(MID(F2,8,1),"남자","여자","남자","여자")

사용한 함수
MID(text, start_num, num_chars)
텍스트에서 시작 위치부터 입력한 숫자만큼 문자를 구합니다.

- Text: 가져올 문자가 포함된 문자열 또는 문자가 들어있는 셀 주소를 입력합니다.
- start_num: 문자를 가져오기 시작할 위치 번호를 지정합니다.
- num_chars: 가져올 문자 개수를 입력합니다.

예를 들어, 『MID("자원정보 시스템",3,2)』 수식은 "자원정보 시스템"의 텍스트 값에서 3번째 문자인 "정"부터 시작해서 문자 2개인 "정보"를 결과로 구합니다.

CHOOSE(index_num, value1, [value2], [value3], [value4], …. [value254])
index_num에 입력되는 값에 따라 해당 value 값을 결정합니다.

- index_num: 값을 결정할 숫자를 입력합니다. 수식이나 셀 주소를 넣을 수 있습니다.
- value1~value254: index_num에 따라 실행할 값을 입력합니다.

예를 들어, 『CHOOSE(2,"서울","경기","강원","충청")』 수식은 index_num이 2이므로, value2에 해당하는 "경기" 값을 결과로 구합니다.

2 입사일과 근속연수 입력하기

[직원명단] 워크시트에서 [H2] 셀에 입력된 "20050402"은 엑셀이 일반숫자로 인식합니다. 이처럼 일반숫자로 된 날짜를 실제 날짜로 인식하게 하려면 함수를 이용하여 날짜 형식으로 바꿔주어야 합니다.

1. 날짜가 텍스트로 입력된 [H2] 셀을 날짜 형식에 맞는 데이터로 만들기 위해 [I2] 셀을 선택하고 『=DATE(LEFT(H2,4),MID(H2,5,2),RIGHT(H2,2))』를 입력한 후 Enter↵를 누릅니다.

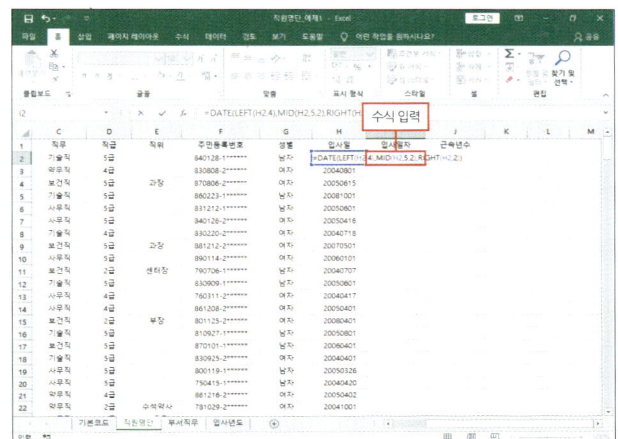

- LEFT 함수는 [H2] 셀에 입력된 "20050402"에서 왼쪽부터 4문자인 "2005"을 구합니다. 그리고 MID 함수는 [H2] 셀에 입력된 "20050402"에서 5문자부터 시작하여 2문자인 "04"를 구합니다. 마지막으로 RIGHT 함수는 [H2] 셀에 입력된 "20050402"에서 오른쪽부터 2문자인 "02"를 구합니다. 이렇게 구한 값이 DATE 함수의 연, 월, 일에 입력되어 제대로 된 날짜로 입력됩니다.

2. [I2] 셀의 채우기 핸들을 더블 클릭합니다.

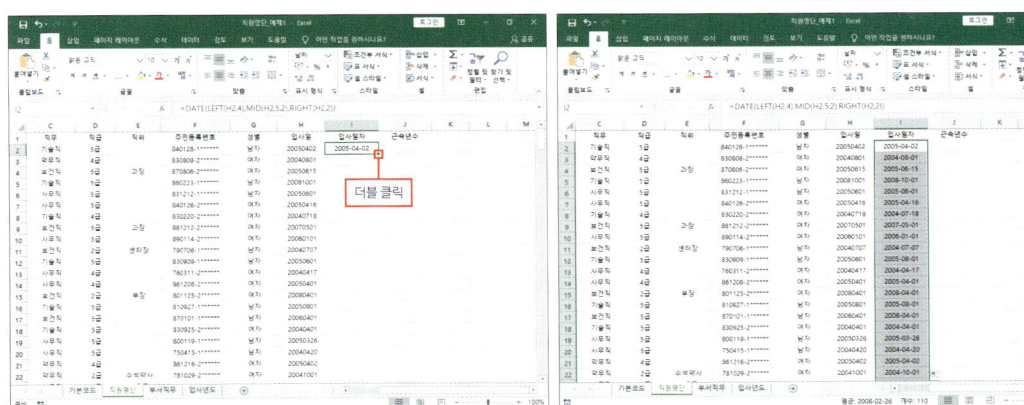

3. 근속기간을 입력하기 위해 [J2] 셀을 선택하고, 『=DATEDIF(I2,TODAY( ),"y")&"년"』를 입력합니다.

- DATEDIF는 기간을 구하는 함수로, 시작일로 입력된 [I2] 셀에 입력된 '2005-04-02'에서 TODAY 함수로 입력되는 오늘 날짜까지의 경과한 연수를 구합니다.
- 연결 연산자 '&'를 이용하여 DATEDIF 함수로 구한 값과 텍스트 "년"을 연결합니다.

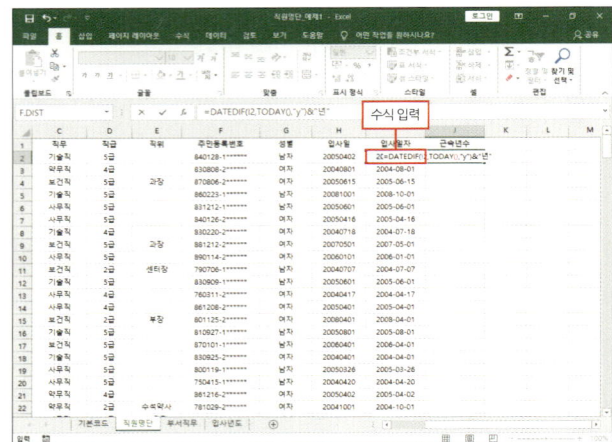

4. [J2] 셀의 채우기 핸들을 더블 클릭합니다.

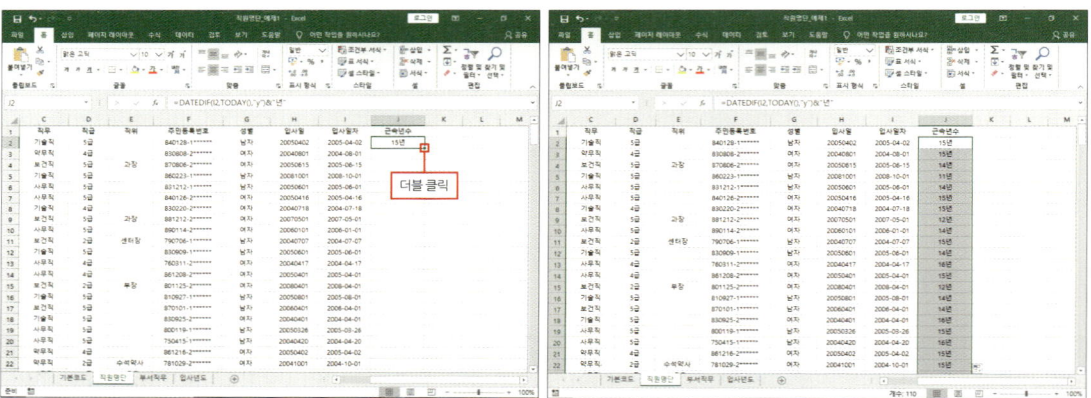

[H2] 셀에 입력한 수식
DATE(LEFT(H2,4),MID(H2,5,2),RIGHT(H2,2))

사용한 함수

DATE(Year, Month, Day)
날짜를 만들어 주는 함수로, 날짜에 해당하는 Serial_number를 구하는 함수입니다.

- Year: 연도로 사용할 값을 입력합니다.
- Month: 월로 사용할 값을 입력합니다.
- Day: 일로 사용할 값을 입력합니다

예를 들어, DATE(2020,10,15) 수식은 연도에 2020, 월에 10, 일에 15가 입력되어 있으므로, 2020-10-15 값을 결과로 구합니다.

LEFT(Text, Num_chars)
텍스트의 왼쪽부터 입력한 숫자만큼 문자를 구합니다.
- Text: 가져올 문자가 포함된 문자열이나 문자가 들어있는 셀 주소를 입력합니다.
- Num_chars: 가져올 문자 개수를 입력합니다.

예를 들어, LEFT("아름다운 강산",2) 수식은 왼쪽에서 2글자를 추출하므로 "아름" 값을 결과로 구합니다.

RIGHT(Text, Num_chars)
텍스트의 오른쪽부터 입력한 숫자만큼 문자를 구합니다.
- Text: 가져올 문자가 포함된 문자열이나 문자가 들어있는 셀 주소를 입력합니다.
- Num_chars: 가져올 문자 개수를 입력합니다.

예를 들어, RIGHT("아름다운 강산",2) 수식은 오른쪽에서 2글자를 추출하므로 "강산" 값을 결과로 구합니다.

3   중복된 항목 제거하기

중복된 항목 제거는 데이터 목록 중에서 특정한 열의 값이 중복되는 데이터 행을 삭제하는 기능입니다.

1. 소속부서에서 중복된 데이터를 삭제하기 위해, [직원명단] 워크시트의 [A1:A111] 범위를 선택한 후, Ctrl + C를 누릅니다(복사).

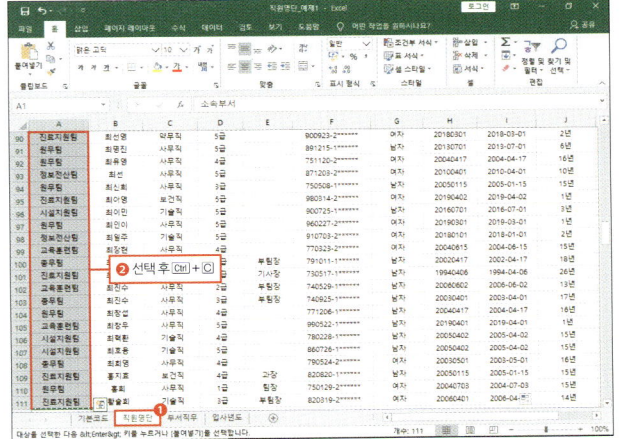

2. [기본코드] 워크시트의 [A1] 셀을 선택한 후에 Ctrl + V를 누릅니다(붙여넣기).

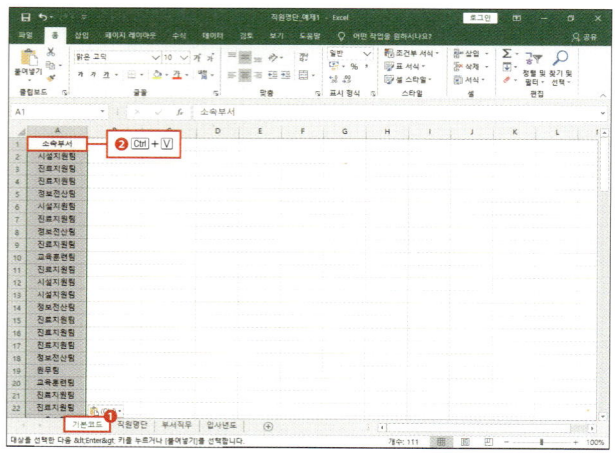

3. [데이터] → [데이터 도구] 그룹의 [중복된 항목 제거]를 클릭합니다. [중복된 항목 제거] 대화상자가 열리면 '열' 상자에서 제거할 중복 열(소속부서)을 체크한 후에 〈확인〉을 클릭합니다.

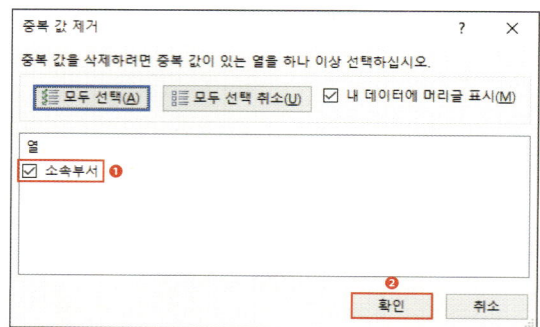

4. 제거하는 중복된 값의 개수와 유지되는 고유한 값의 개수를 알려주는 알림 창이 나타나면 〈확인〉을 누릅니다.

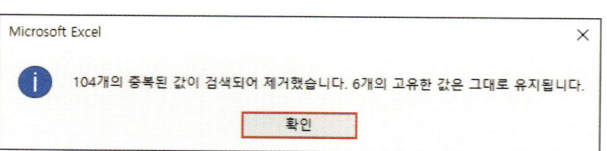

5. 직무에서 중복된 데이터를 삭제하기 위해, [직원명단] 워크시트의 [C1:C111] 범위를 선택한 후, Ctrl + C를 누릅니다(복사).

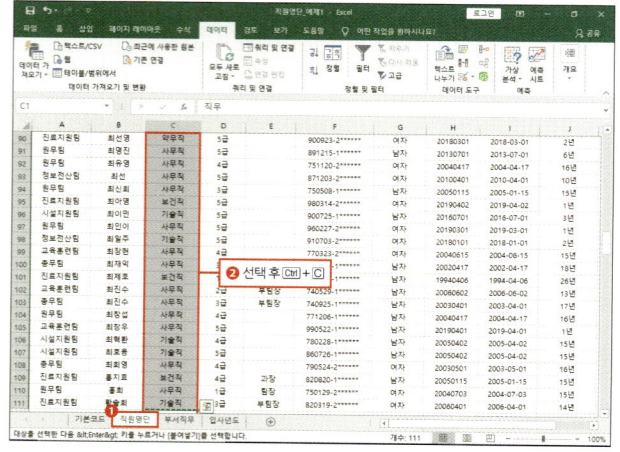

6. [기본코드] 워크시트의 [C1] 셀을 선택한 후에 Ctrl + V를 누릅니다(붙여넣기).

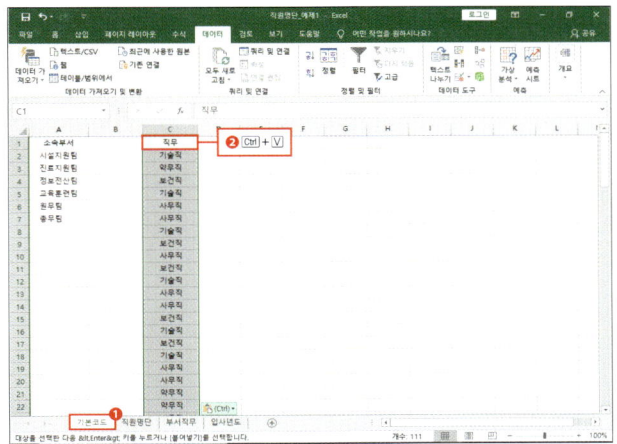

7. [데이터] → [데이터 도구] 그룹의 [중복된 항목 제거]를 클릭합니다. [중복된 항목 제거] 대화상자가 열리면 '열' 상자에서 제거할 중복 열(직무)을 체크한 후에, 〈확인〉을 클릭합니다.

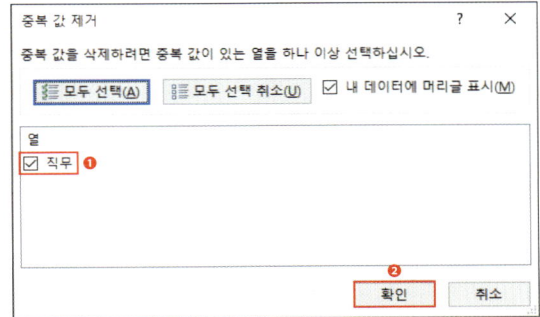

8. 제거하는 중복된 값의 개수와 유지되는 고유한 값의 개수를 알려주는 알림 창이 나타나면 〈확인〉을 누릅니다.

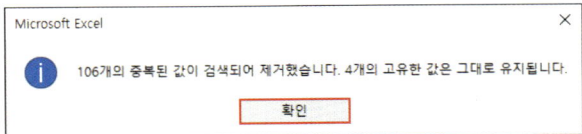

4 　이름 정의하기

1. [기본코드] 워크시트의 [A2:A7] 범위를 선택한 후에 [이름 상자]를 클릭하여 『소속부서』를 입력합니다.

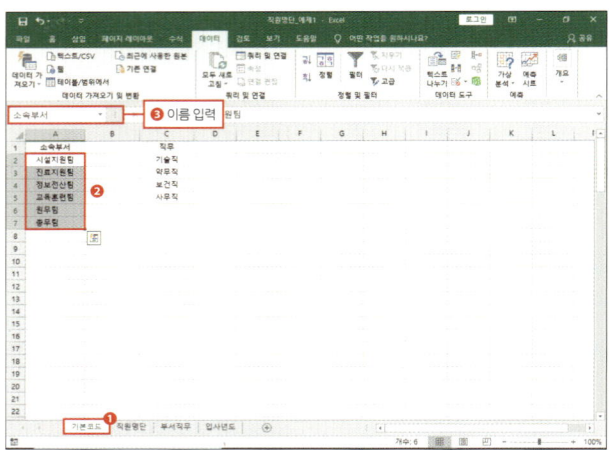

2. [C2:C5] 범위를 선택한 후에 [이름 상자]를 클릭하여 『직무』를 입력합니다.

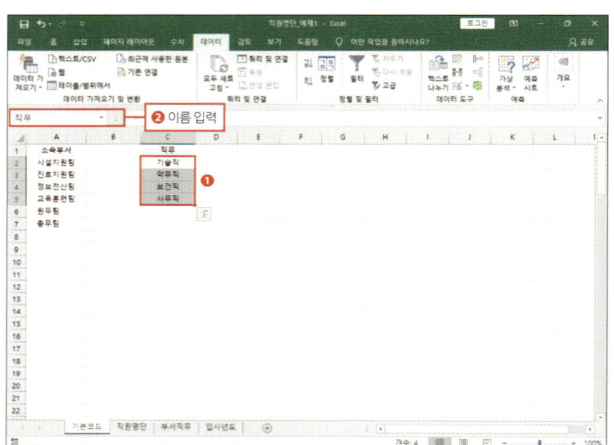

5 　값으로 데이터 필터링하기

사용자가 값이나 수식을 조건으로 입력하여 원하는 결과를 필터링할 수 있습니다. 먼저 값으로 데이터를 필터링하는 방법을 알아봅니다.

1. [부서직무] 워크시트를 선택하고 필터 조건의 필드명으로 [A2] 셀에 『소속부서』, [B2] 셀에 『직무』, [C2] 셀에 『성별』을 입력합니다.

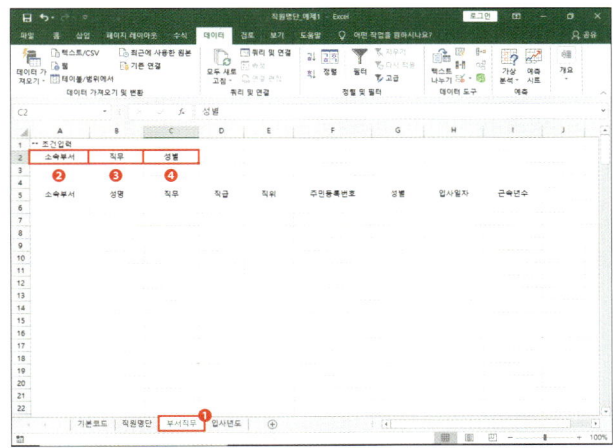

- 필터링 조건을 값으로 입력할 때 조건에 해당하는 필드명은 검색할 데이터가 입력된 목록 범위의 필드명과 일치해야 합니다.

2. 필터 조건 중 '소속부서'를 지정하기 위해 [A3] 셀을 선택한 후에 [데이터] → [데이터 도구] 그룹에서 [데이터 유효성 검사]를 클릭합니다.
[데이터 유효성] 대화상자가 열리면 [설정] 탭에서 '제한 대상'은 「목록」으로 선택하고, '원본'란에 『=소속부서』를 입력한 후, 〈확인〉을 누릅니다.

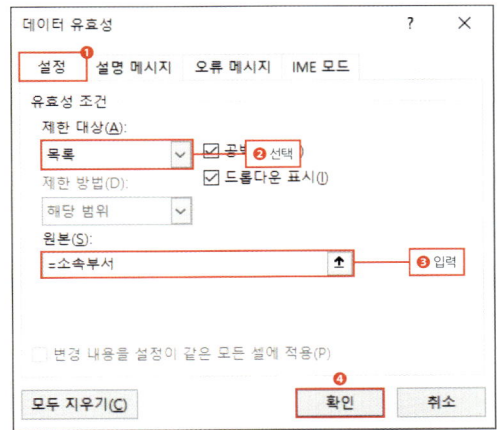

- 데이터 유효성이 설정된 셀에는 '소속부서' 범위에 있는 데이터만 입력할 수 있습니다.

3. [A3] 셀의 목록 단추를 클릭하여 「시설지원팀」을 선택합니다.

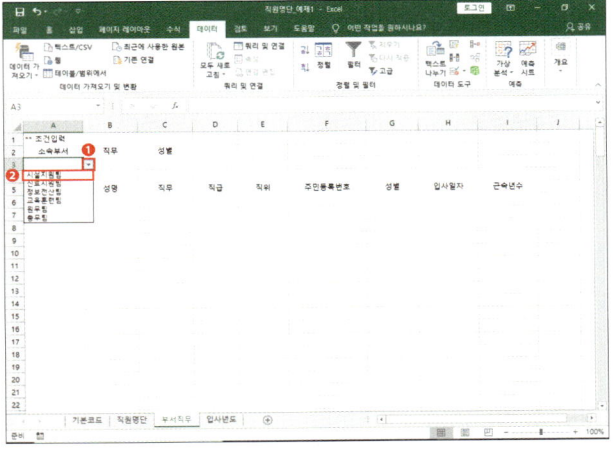

4. 필터 조건 중 '직무'를 지정하기 위해 [B3] 셀을 선택한 후에 [데이터] → [데이터 도구] 그룹에서 [데이터 유효성 검사]를 클릭합니다.

[데이터 유효성] 대화상자의 [설정] 탭에서 '제한 대상'은 「목록」으로 선택하고, '원본'란에 『=직무』를 입력한 후에 〈확인〉을 누릅니다.

- 데이터 유효성이 설정된 셀에는 '직무' 범위에 있는 데이터만 입력할 수 있습니다.

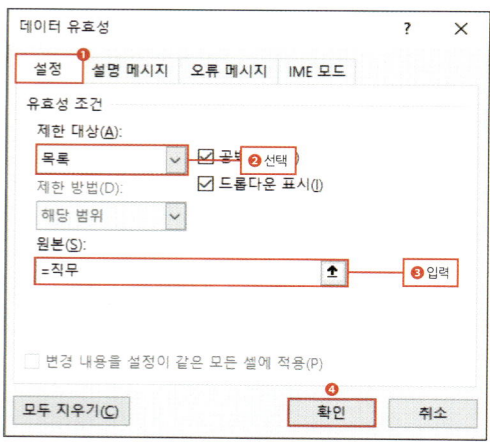

5. [B3] 셀의 목록 단추를 클릭하여 「기술직」을 선택합니다.

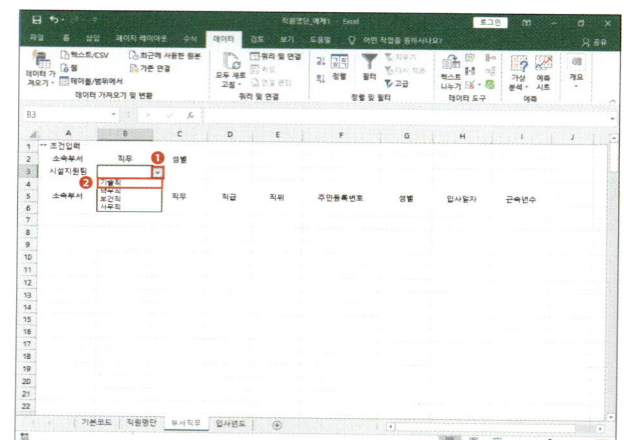

6. 필터 조건 중 '성별'을 지정하기 위해 [C3] 셀을 선택한 후에 [데이터] → [데이터 도구] 그룹에서 [데이터 유효성 검사]를 클릭합니다.

[데이터 유효성] 대화상자의 [설정] 탭에서 '제한 대상'은 「목록」으로 선택하고, '원본'란에 『남자,여자』를 입력한 후에 〈확인〉을 누릅니다.

- 데이터 유효성이 설정된 셀에는 "남자", "여자" 데이터만 입력할 수 있습니다.

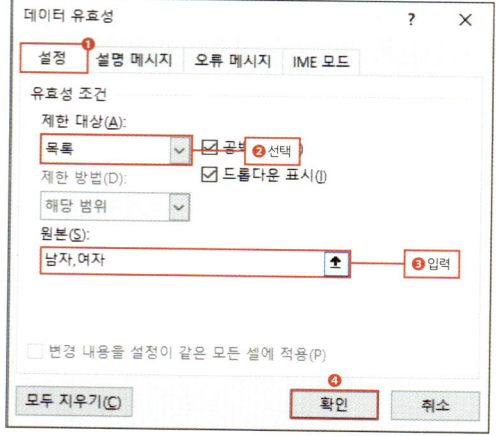

7. [C3] 셀의 목록 단추를 클릭하여 「남자」를 선택합니다.

- 필터링 조건을 소속부서는 '시설지원팀', 직무는 '기술직', 성별은 '남자'로 지정하였습니다.

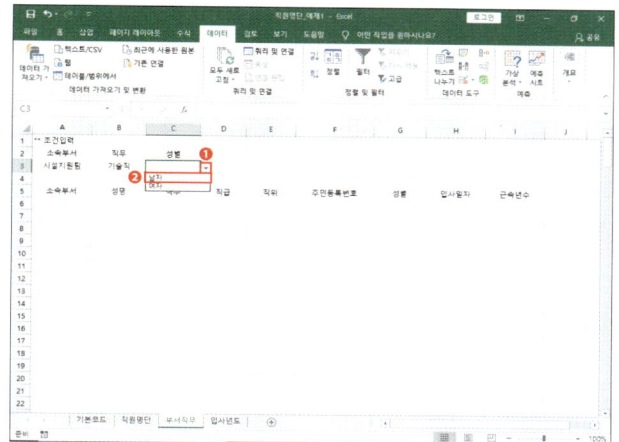

8. 필터링 결과가 표시되는 [부서직무] 워크시트에서 비어있는 [E2] 셀을 선택합니다.

- 목록 범위와 결과 범위가 서로 다른 시트이면, 결과가 표시되는 시트에서 근접한 셀에 아무것도 입력되지 않은 비어있는 셀을 선택합니다.

9. [데이터] → [정렬 및 필터] 그룹에서 [고급]을 클릭합니다. [고급 필터] 대화상자가 열리면 「다른 장소에 복사」를 클릭하고, '목록 범위'에는 『명단』, '조건 범위'에는 『부서조건』, '복사 위치'에는 『부서결과』를 입력한 후에 〈확인〉을 누릅니다.

- '명단'은 [직원명단] 워크시트의 [A1:J111] 범위, '부서조건'은 [부서직무] 워크시트의 [A2:C3] 범위, '부서결과'는 [부서직무] 워크시트의 [A5:I5] 범위를 미리 이름으로 정의해두었습니다.

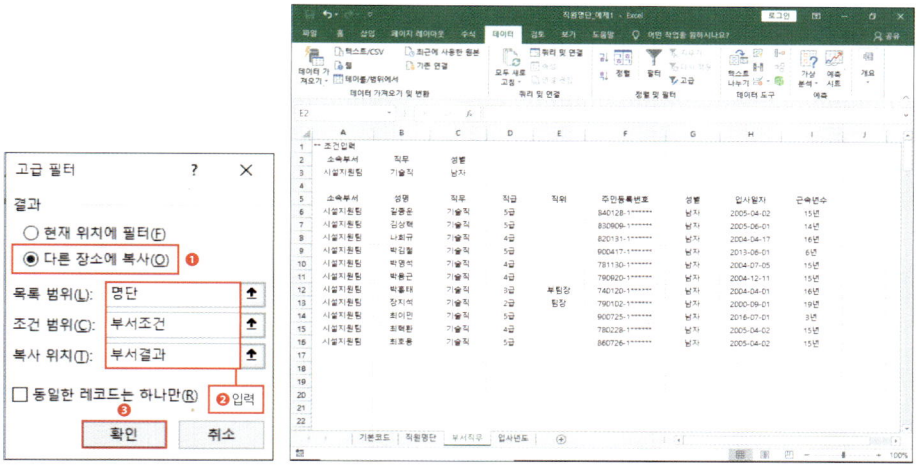

> **Tip & Tech**
>
> 조건에서 값을 입력하지 않으면(공백), 조건이 없으므로 모든 값을 필터링합니다. 예를 들어,
>
>
>
> 소속부서에는 '시설지원팀'이 입력되어 있고 직무는 공백이므로, 소속부서가 시설지원팀이면서 직무는 모든 직무에 대한 데이터를 필터링하는 조건입니다.

> **Tip & Tech**
>
> **고급 필터의 복사 위치 설정**
>
> 이름을 '명단'으로 정의한 범위의 필드명 개수와 '부서결과'로 정의한 범위의 필드명 개수가 다릅니다. '명단'의 필드명은 '소속부서', '성명', '직무', '직급', '직위', '주민등록번호', '성별', '입사일', '입사일자', '근속년수'로 10개이지만, '부서결과'의 필드명은 '소속부서', '성명', '직무', '직급', '직위', '주민등록번호', '성별', '입사일자', '근속년수'로 9개입니다.
>
> 고급 필터는 복사 위치로 지정하는 '부서결과'의 필드명에 대한 데이터만 결과로 표시합니다. 만약 복사 위치를 결과 범위가 시작되는 처음 셀 한 개로 지정하면, 목록 범위로 지정한 '명단'의 모든 필드명 데이터가 결과로 표시됩니다.

6 수식으로 데이터 필터링하기

1. [입사년도] 워크시트를 선택하고, 조건 범위의 필드명은 [A2] 셀에 『입사년도』, [B2] 셀에 『성별』을 입력합니다.

- 필터링 조건을 수식으로 입력할 때 조건에 해당하는 필드명과 데이터가 입력된 목록 범위의 필드명이 달라야 합니다. 그리고 조건이 수식이므로 등호(=)로 시작하고, 수식에서 목록 범위의 셀을 선택하면 첫 번째 레코드의 셀을 참조해야 합니다.

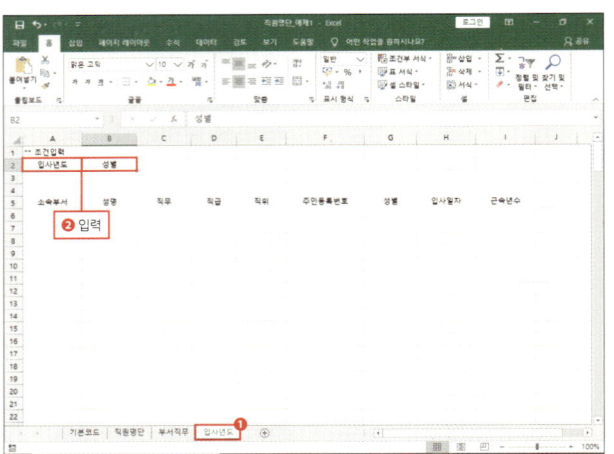

2. 필터 조건 중 '입사년도'를 지정하기 위해 [A3] 셀에 『=YEAR(직원명단!I2)>=2015』을 입력하고 Enter 를 누릅니다.

- YEAR 함수의 인수로 [직원명단] 워크시트에서 입사일이 입력되어 있는 [I2] 셀을 지정하여(YEAR(직원명단!I2)) 연도를 구합니다. 이 값이 2015보다 크거나 같으면()>=2015) 필터링 되는 수식입니다.
- [A3] 셀에 『=YEAR(직원명단!I2)>=2015』의 결과인 FALSE가 딱 한 번 입력되어 표시되며, 다른 『=YEAR(직원명단!I3)>=2015』, 『=YEAR(직원명단!I4)>=2015』, 『=YEAR(직원명단!I5)>=2015』…의 결과는 표시되지 않습니다.

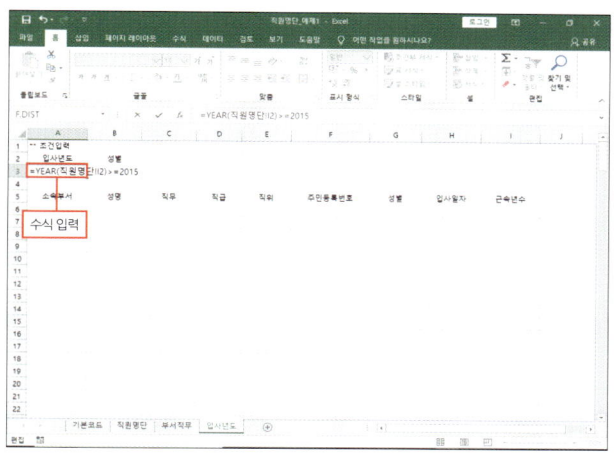

3. 필터 조건 중 '성별'을 지정하기 위해 [B3] 셀을 선택하고 『여자』를 입력합니다.

- 입사일자에서 입사년도가 2015년보다 크거나 같고, 성별은 여자인 조건입니다.

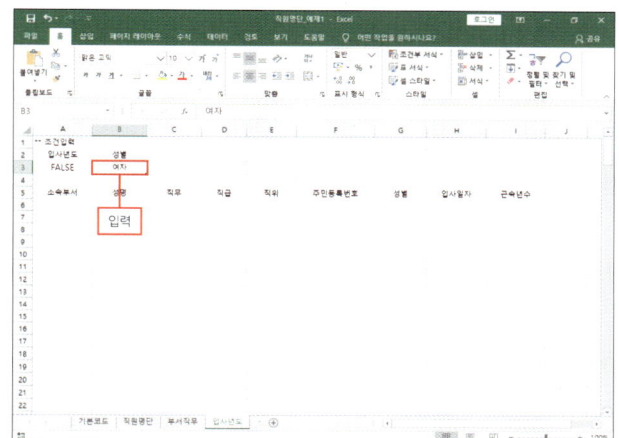

4. 필터링 결과가 표시되는 [입사년도] 워크시트에서 비어있는 [D2] 셀을 선택합니다.

- 목록 범위와 결과 범위가 서로 다른 시트이면, 결과가 표시되는 시트에서 근접한 셀에 아무것도 입력되지 않은 비어있는 셀을 선택합니다.

5. [데이터] → [정렬 및 필터] 그룹에서 [고급]을 클릭합니다. [고급 필터] 대화상자가 열리면 「다른 장소에 복사」를 클릭하고, '목록 범위'는 『명단』, '조건 범위'는 『입사조건』, '복사 위치'는 『입사결과』를 입력한 후에 〈확인〉을 누릅니다.

- '명단'은 [직원명단] 워크시트의 [A1:J111] 범위, '입사조건'은 [입사년도] 워크시트의 [A2:B3] 범위, '입사결과'는 [입사년도] 워크시트의 [A5:I5] 범위를 미리 이름으로 정의해두었습니다.

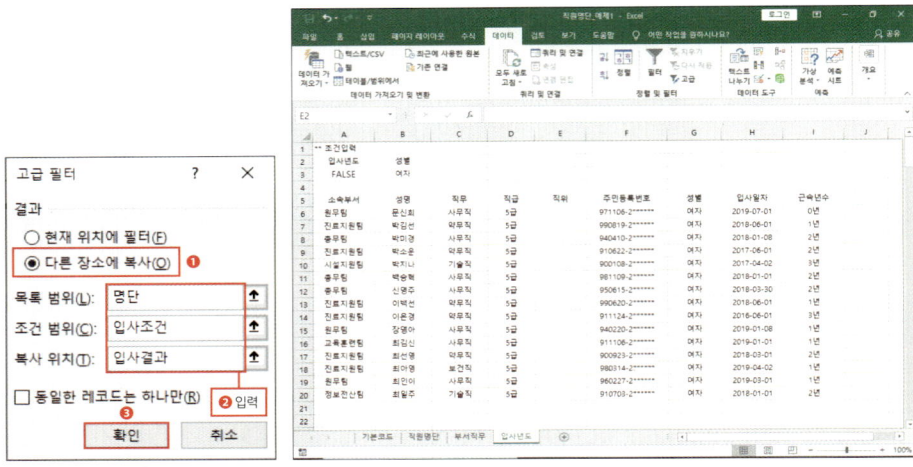

직원명단   CHAPTER 04   333

[응용] 이건 어때요?

| 예제 파일명: 직원명단_이건어때요_예제.xlsx | 완성 파일명: 직원명단_이건어때요_완성.xlsx

주민등록번호로 성별을 구할 때 CHOOSE 함수가 아닌, IF 함수와 OR 함수를 이용하여 구할 수도 있습니다. 주민등록번호에서 8번째 숫자는 1900년대에 태어난 사람은 1(남자), 2(여자), 2000년대에 태어난 사람은 3(남자), 4(여자)입니다. 즉, 주민등록번호 8번째 자리 숫자가 1이거나 3이면 "남자"이고 그렇지 않으면 "여자"입니다. 이를 OR 함수를 이용하여 논릿값으로 만들고 해당 논릿값을 IF 함수로 구분하여 "남자" 또는 "여자"로 입력할 수 있습니다.

1. 성별을 입력하기 위해, [직원명단] 워크시트의 [G2] 셀에 『=OR(MID(F2,8,1)="1",MID(F2,8,1)="3")』를 입력하여 성별에 대한 논릿값(TRUE 또는 FALSE)을 구합니다.

- MID(F2,8,1) 수식은 [F2] 셀에 입력된 주민등록번호(840128-1******)에서 8번째 자리 숫자부터 시작하여, 1(한) 문자를 구합니다. 그 결과는 "1"이므로 식은 OR("1"="1", "1"="3")이 되어서 첫 번째 인수는 TRUE, 두 번째 인수는 FALSE입니다. OR 함수는 여러 인수 중 하나만 TRUE여도 결과는 TRUE이므로 [G2] 셀에 입력한 수식의 최종 결과는 TRUE입니다.

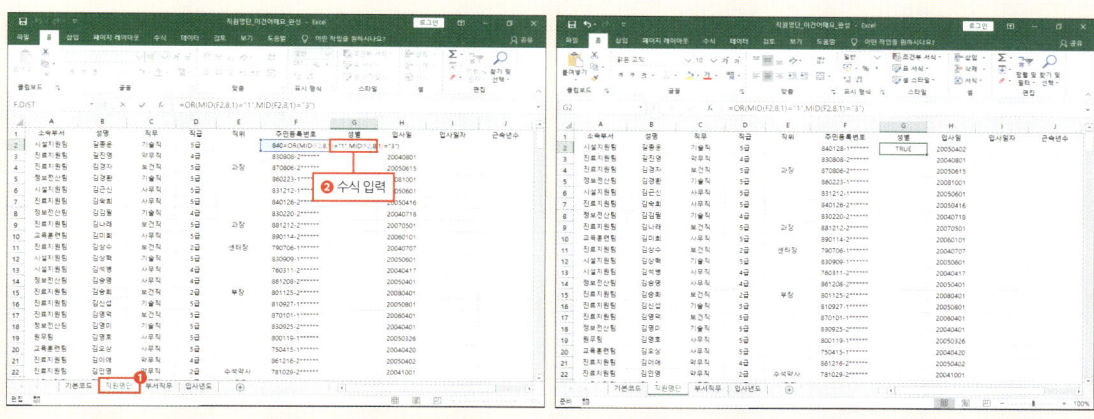

2. 앞서 구한 논릿값을 이용하여, "남자", "여자"를 입력하기 위해, [G2] 셀의 수식을 『=IF(OR(MID(F2,8,1)="1",MID(F2,8,1)="3"),"남자","여자")』로 수정하고 Enter⏎를 누릅니다.

- IF(logical_test, value_if_true, value_if_false)의 구조에서 logical_test가 TRUE이므로, value_if_true에 해당하는 "남자" 값을 구합니다.

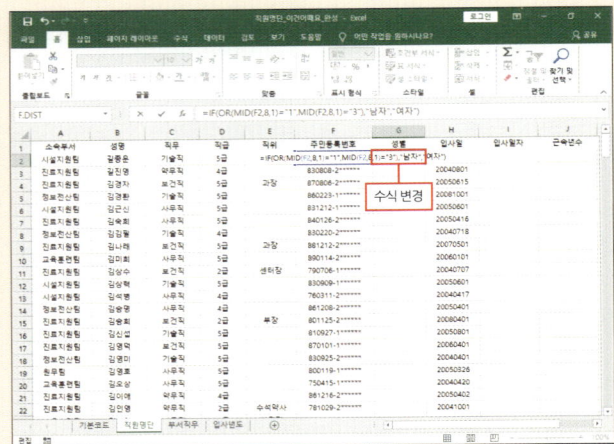

3. [G2] 셀의 채우기 핸들을 더블 클릭합니다.

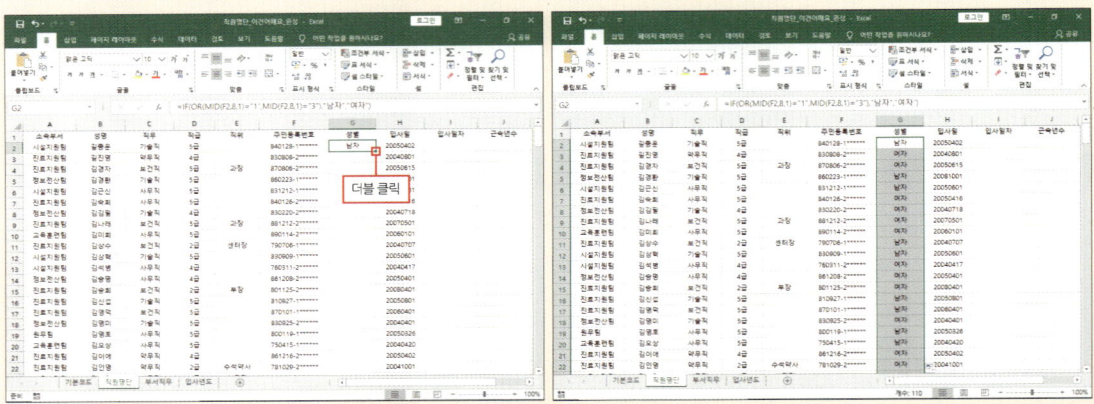

[G2] 셀에 입력한 수식
=IF(OR(MID(F2,8,1)="1",MID(F2,8,1)="3"),"남자","여자")

사용한 함수
OR(Logical1, Logical2, Logical3…)
여러 조건 중 한 가지만 TRUE이면 결과는 TRUE로 결정됩니다.

- Logical1 : 조건에 대한 TRUE 또는 FALSE 값이 결정됩니다.
- Logical2 : 조건에 대한 TRUE 또는 FALSE 값이 결정됩니다.

예를 들어, OR(3>=5, 10<12, 5>10) 수식이 있다면 3>=5에서 3은 5보다 크거나 같지 않으므로 FALSE, 10<12에서 10은 12보다 작으므로 TRUE, 5>10에서 5는 10보다 크지 않으므로 FALSE입니다. 즉, OR(FALSE, TRUE, FALSE) 세 개의 조건 중 한 개가 TRUE이므로 결과는 TRUE로 결정됩니다.

[응용] 한 걸음 더

| 예제 파일명: 직원명단_한걸음더_예제.xlsx | 완성 파일명: 직원명단_한걸음더_완성.xlsx

앞에서 살펴보았던 고급 필터 기능이 기록된 매크로를 양식 컨트롤에 적용하면, 사용자는 원하는 조건을 지정하고 단추를 눌러서 조건에 대한 필터링 된 결과를 확인할 수 있습니다.

매크로 기록하기

1. 매크로를 기록하려면 엑셀 리본 메뉴에서 [개발 도구] 탭이 보이도록 추가해야 합니다. 먼저 [파일] → [옵션]을 선택합니다. [Excel 옵션] 대화상자가 열리면 왼쪽 메뉴 중 [리본 사용자 지정]을 선택하고 오른쪽 '기본 탭' 상자에서 「개발 도구」 체크박스를 체크한 후 〈확인〉을 누릅니다.

2. [개발 도구] → [코드] 그룹의 [매크로 기록]을 클릭합니다. [매크로 기록] 대화상자가 열리면 '매크로 이름'에 『자동기능』을 입력한 후에 〈확인〉을 누릅니다.

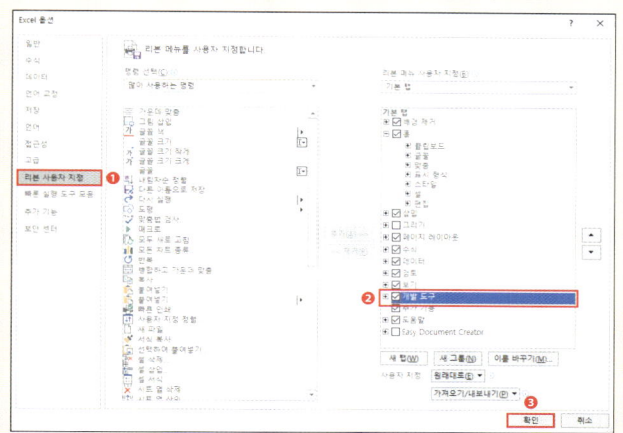

3. [부서직무] 워크시트에서 [A5] 셀을 선택하고 Ctrl + * (또는 Ctrl + Shift + 8)을 눌러서 데이터의 범위를 선택하고, [홈] → [편집] 그룹의 [지우기] → [모두 지우기]를 선택합니다.

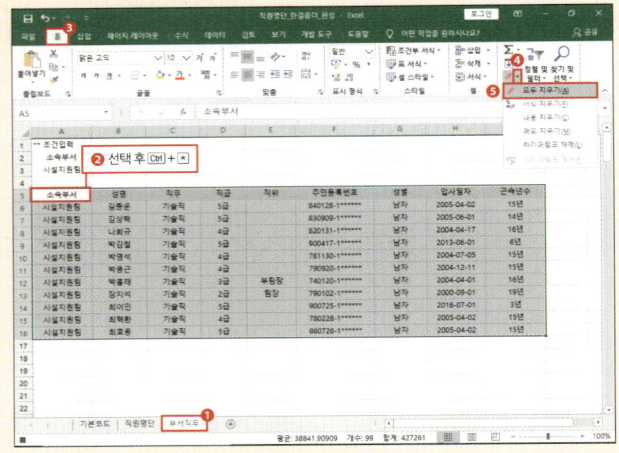

4. [E2] 셀을 선택하고, [데이터] → [정렬 및 필터] 그룹에서 [고급]을 클릭합니다. [고급 필터] 대화상자가 열리면 「다른 장소에 복사」를 클릭하고, '목록 범위'에는 『명단』, '조건 범위'에는 『조건』, '복사 위치'에는 『결과』를 입력하고 〈확인〉을 누릅니다.

· '결과'는 [부서직무] 워크시트의 [A5] 셀로 미리 이름 정의하였습니다. 이처럼 '복사 위치'를 한 개의 셀로 지정하였으므로 '목록 범위'로 지정한 '명단'의 필드명 데이터가 결과로 표시됩니다.

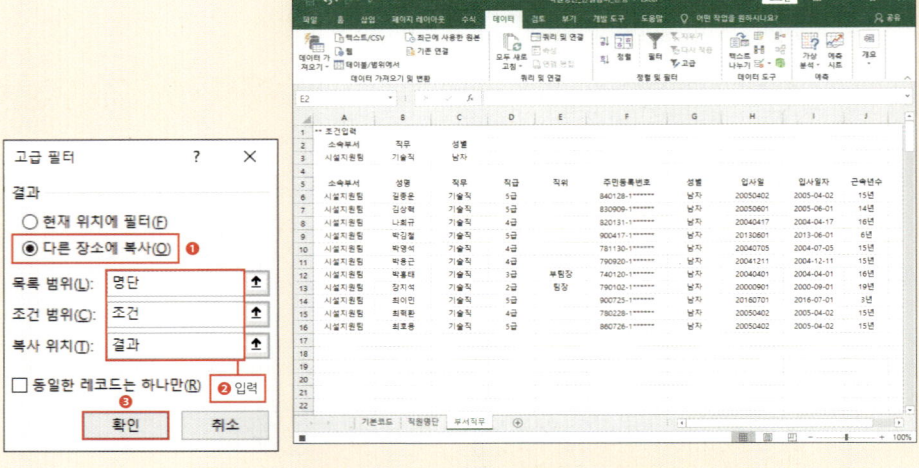

5. [개발 도구] → [코드] 그룹의 [기록 중지 ■]를 클릭합니다

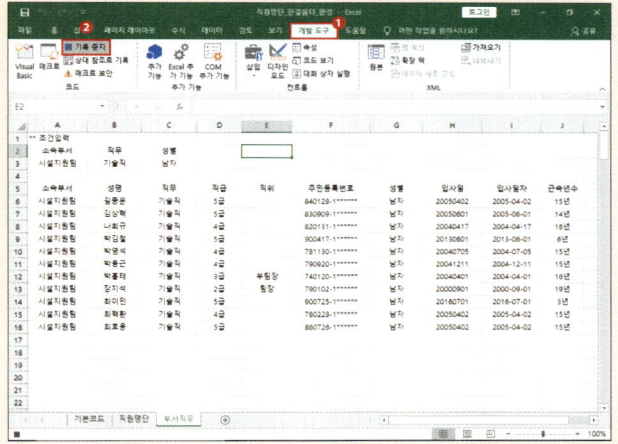

양식 컨트롤에 매크로 적용하기

앞서 기록한 매크로를 단추에 지정해서 사용하는 방법을 알아봅니다.

1. [개발 도구] → [컨트롤] 그룹의 [삽입]을 클릭하고 '양식 컨트롤'에서 [단추(양식 컨트롤) ▭]를 클릭합니다.

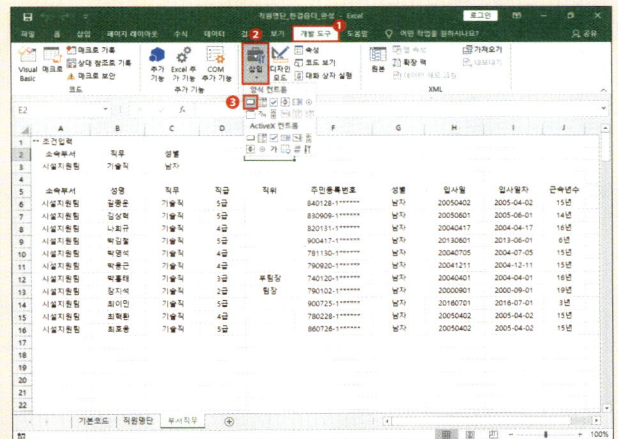

2. 마우스 포인터가 변경되면, 워크시트 위에 마우스로 끌어놓기를 통해 단추를 그립니다.

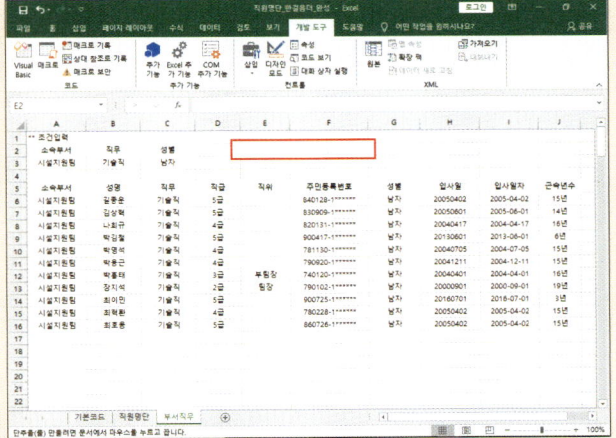

3. [매크로 지정] 대화상자가 열리면 매크로 목록에서 「자동기능」을 선택하고 〈확인〉을 누릅니다.

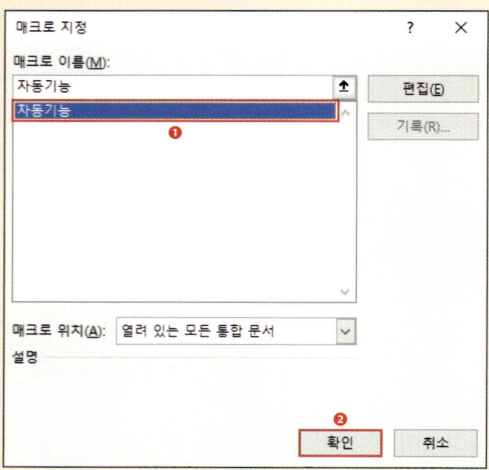

4. 단추에 마우스 오른쪽 단추를 눌러서 [텍스트 편집] 메뉴를 선택합니다.

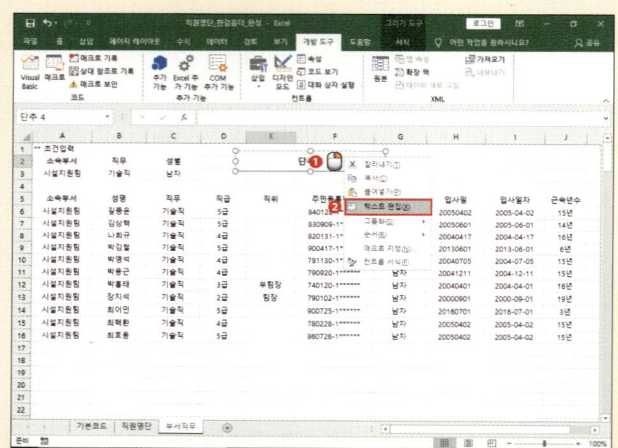

5. 단추 위에 커서가 깜박이면 『조건을 지정한 후에 클릭하세요』를 입력합니다.

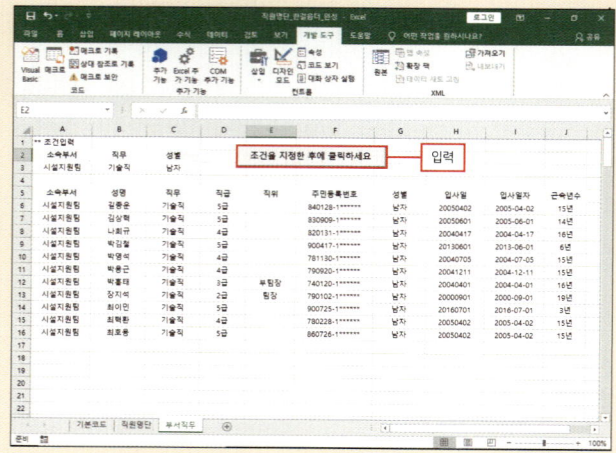

6. 조건을 입력한 후에 매크로가 기록된 컨트롤 단추를 눌러서 결과를 확인합니다.

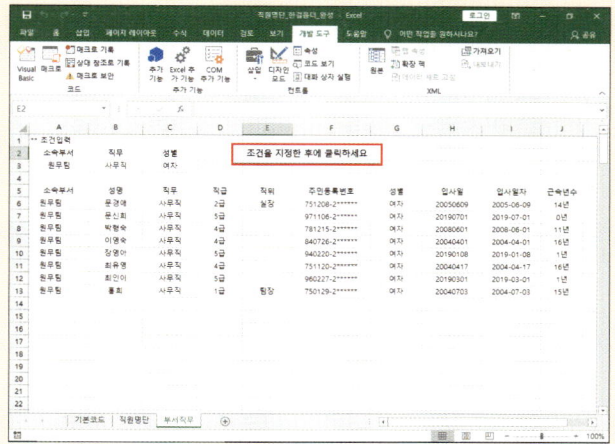

Tip & Tech

매크로 포함하여 파일 저장하기

[다른 이름으로 저장] 대화상자에서 '파일 형식'을 「Excel 매크로 사용 통합 문서(*.xlsm)」를 선택한 후에 〈저장〉을 누릅니다.

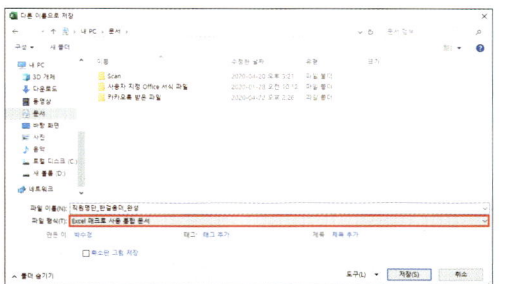

매크로 포함한 파일 열기

매크로를 포함한 파일을 열면 그림처럼 '보안 경고'가 나타납니다. 리본 메뉴 아래에 표시되는 노란 경고 줄에서 〈콘텐츠 사용〉을 클릭하면 매크로를 포함한 파일을 열 수 있습니다.

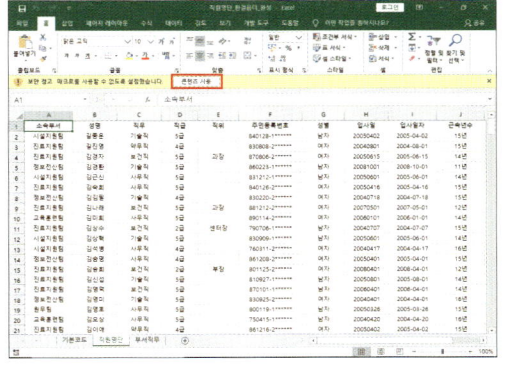

CHAPTER 05

거래내역

예제 파일명: 거래내역_예제.xlsx

피벗 테이블은 워크시트에 입력되어 있거나, 또는 외부 파일에 입력되어 있는 데이터베이스를 이용하여 요약 보고서를 만듭니다. 피벗 테이블을 이용하여 원하는 도수 분포와 교차 분석을 작성할 수 있으며, 요약한 데이터별로 부분합을 구하거나, 요약 데이터를 그룹으로 작성할 수 있습니다.

이러한 피벗 테이블 기능을 이용하여 1년 동안 이루어진 거래내용을 바탕으로 일자, 구분, 거래처, 품명 등으로 분석하여 보고서로 작성할 수 있습니다.

미리보기 | 완성 파일명: 거래내역_완성.xlsx

대한유통 거래 분석 보고서

품명: (모두)

	1월	2월	3월	4월	5월	6월	7월	8월	9월	10월	11월	12월	총합계
출고	957	1,393	9,549	1,960	6,704	7,880	4,746	3,819	3,752	1,082	2,808	6,934	51,584
대향유통	32	72	924	208	396	152	273	100	604		307	780	3,848
마틴사			206	24	60	60	98				104		552
반도랜드	227	32	2,074	175	660	860			480		247		4,755
보성랜드			540	76	600	852	658	768			32		3,526
삼미유통	300	702	516	191	1,480	1,452	50	108	1,420	540	327	1,263	8,349
세사마트			991		192	140	60	380			40	1,238	3,041
신동화	121	442	1,692	335	160	348	992	1,262	508	328	455	410	7,053
아이상사		50	499	166	852	80	750				83	78	2,558
아지트상사		50	54	130		140	90	500		72	32	224	1,292
조비아오피스	68		70	253	220	640	46				224	703	2,224
천하상사	120		381	63	120	140	144	90			229	533	1,820
포인트마트			146	132	120	852	1,034	166			162	1,140	3,752
푸름사	21	45	764	117	1,844	764	240		200		128	189	4,312
풀무사	68		204	90		600	63	420			191	186	1,822
한성상사			488			800	248	25	540	142	247	190	2,680
반품	675	955	4,776	1,402	1,292	2,543	1,523	2,107	1,631	613	1,254	1,837	20,608
대향유통	119		462	84	310	250	103	215	252	94	120	76	2,085
마틴사	51	65	289	20	78	220	46	275	4		92	205	1,345
반도랜드		117	545	120	22	12	44	50			43	171	1,124
보성랜드	126	38	275	20	49	398	12	28			40	232	1,218
삼미유통		138	257	60		101	162	133	109		40	40	1,040
세사마트		115	220	132	57	67		217	103	38	76	228	1,274
신동화		99	365	195	207	128	147	66	81	18	62	60	1,428
아이상사	52	89	470	64	146	80	81	401	129	87	104	214	1,917
아지트상사		12	102	30	5	7		96		41	76	36	405
조비아오피스		33	326	48	76	72	200	74	54		40	54	977

1 피벗 테이블 만들기

1. [거래내역] 워크시트에서 [A1] 셀을 선택한 후에, [삽입] → [표] 그룹의 [피벗 테이블]을 클릭합니다.

- [A1] 셀을 기준으로 비어있는 행과 열까지 자동으로 데이터베이스 범위로 지정됩니다.

2. [피벗 테이블 만들기] 대화상자가 열리면 '표 또는 범위 선택'에 범위가 자동으로 설정된 상태를 확인하고, 피벗 테이블 보고서를 넣을 위치 선택에서「기존 워크시트」를 선택합니다. 그리고 '위치'란을 클릭한 후에 [분석자료] 워크시트의 [A5] 셀을 선택하고 〈확인〉을 누릅니다.

- 「새 워크시트」를 선택하면 새로운 시트가 추가됩니다.

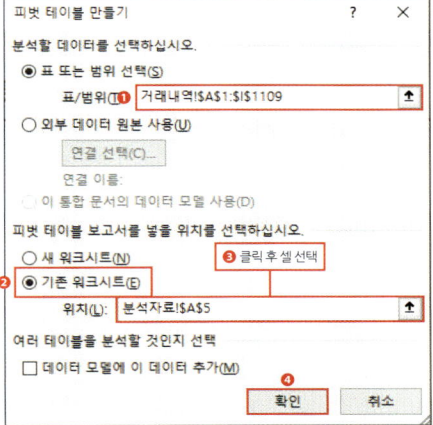

3. [분석자료] 워크시트 왼쪽에 피벗 테이블이 표시되고, 오른쪽에는 필드 목록이 나타납니다.

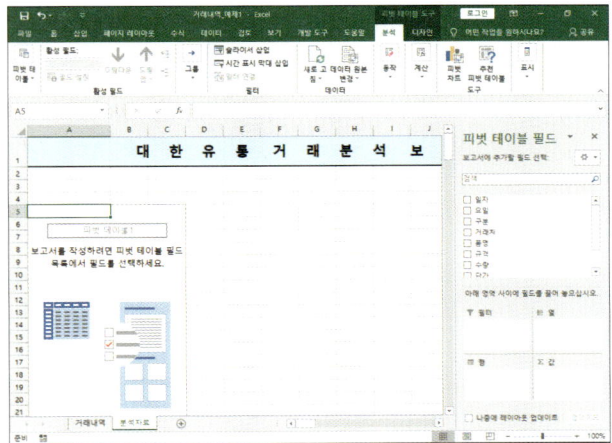

4. 워크시트 오른쪽에 있는 필드 목록에서 피벗 테이블에 배치하려는 필드를 마우스 왼쪽 단추로 끌어서 아래쪽에 있는 각 영역에 놓습니다. [품명] 필드는 '필터' 영역에, [일자] 필드는 '열' 영역에, [구분]과 [거래처] 필드는 '행' 영역에, [수량] 필드는 '값' 영역에 놓습니다. 필드 배치가 완료되면 필드 목록에서 닫기(❎)를 누릅니다.

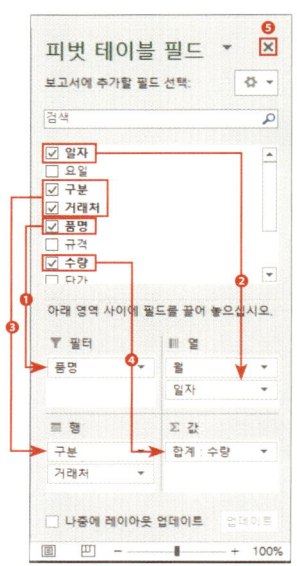
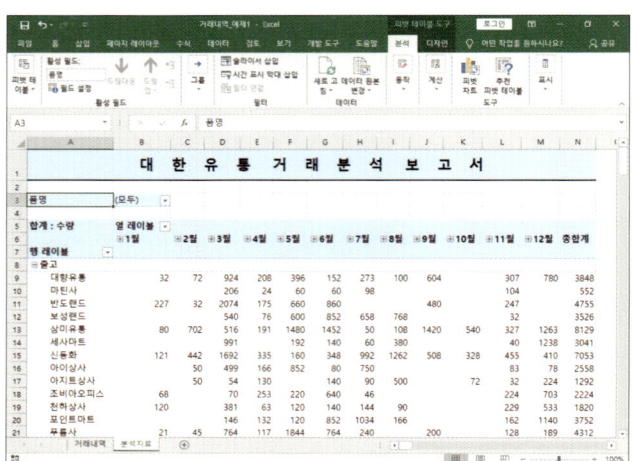

Tip & Tech

필드 목록을 다시 표시하려면

필드 목록이 닫힌 상태에서 이를 다시 표시하려면 [피벗 테이블 도구] → [분석] → [표시] 그룹의 [필드 목록]을 클릭합니다.

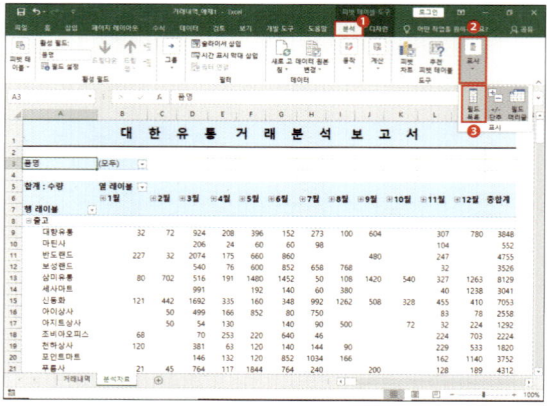

2 일자를 그룹화하기

앞서 생성한 피벗 테이블은 자동으로 월별, 일자별로 그룹화 됩니다. 월별로만 그룹화하여 데이터 분석을 하도록 하겠습니다.

1. [분석자료] 워크시트에서 일자가 입력된 [B6] 셀을 선택하고, [피벗 테이블 도구] → [분석] → [그룹] 그룹에서 [선택항목 그룹화] 아이콘(➡)을 클릭합니다. [그룹화] 대화상자가 열리면 '단위' 상자에서 「일」을 선택하여 그룹을 해제한 후에 〈확인〉을 누릅니다.

- 단위가 선택되지 않은 상태에서 한 번 클릭하면 선택되고, 선택된 상태에서 한 번 클릭하면 선택이 해제됩니다(단위가 음영으로 표시되면 선택된 것입니다).

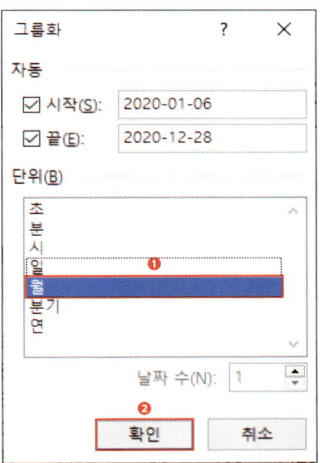
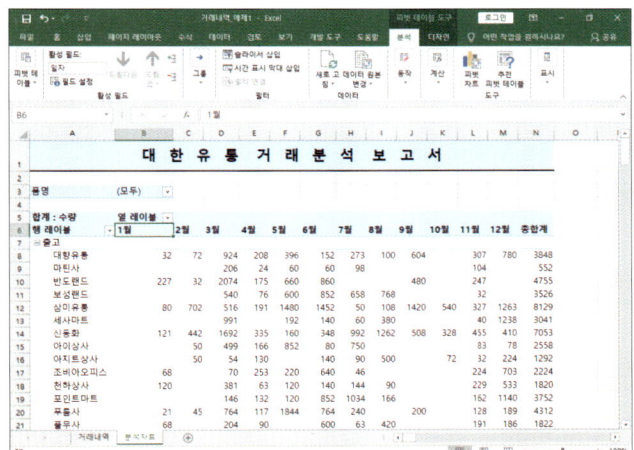

3 구분별로 부분합 구하기

거래내역 예제는 출고와 반품 항목으로 구분되어 있는데요. 피벗 테이블에 각 항목별로 부분합을 표시하고 빈 행을 삽입함으로써 좀 더 분석하기 좋게 레이아웃을 변경해봅니다.

1. [분석자료] 워크시트에서 값이 입력된 [B8] 셀을 선택하고, [피벗 테이블 도구] → [디자인] → [레이아웃] 그룹에서 [부분합] → [그룹 상단에 모든 부분합 표시]를 선택합니다.

- '구분' 필드에 해당하는 값인 '반품'과 '출고'의 합이 구해집니다.

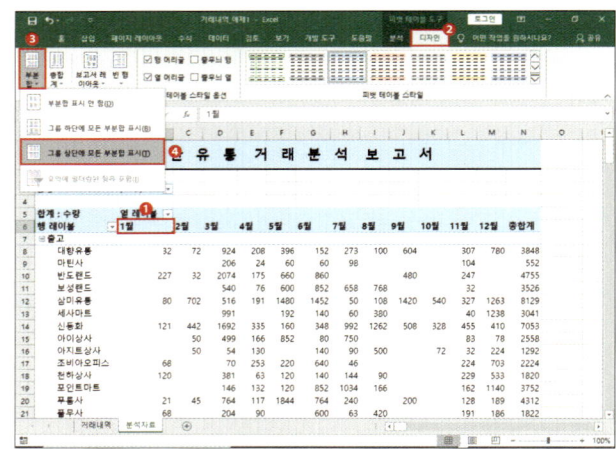

2. 항목에 빈 행을 삽입하기 위해, [피벗 테이블 도구] → [디자인] → [레이아웃] 그룹에서 [빈 행] → [각 항목 다음에 빈 줄 삽입]을 선택합니다.

- '출고'와 '반품' 사이에 빈 행이 삽입되어 각 항목을 구분 짓습니다.

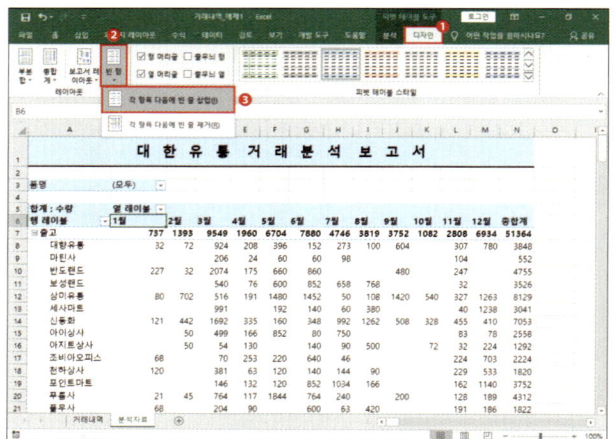

4 피벗 테이블 값 서식 지정하기

피벗 테이블에 표시된 값들에 1000 단위 구분 기호(,)를 사용함으로써, 서식을 지정하는 방법을 알아봅니다. 또한, 피벗 테이블 기본 옵션을 변경하는 방법을 알아봅니다.

1. [분석자료] 워크시트에서 값이 입력된 [B8] 셀을 선택하고, [피벗 테이블 도구] → [분석] → [활성 필드] 그룹에서 [필드 설정]을 클릭합니다.
[값 필드 설정] 대화상자가 열리면 왼쪽 아래에 있는 〈표시 형식〉을 클릭합니다.

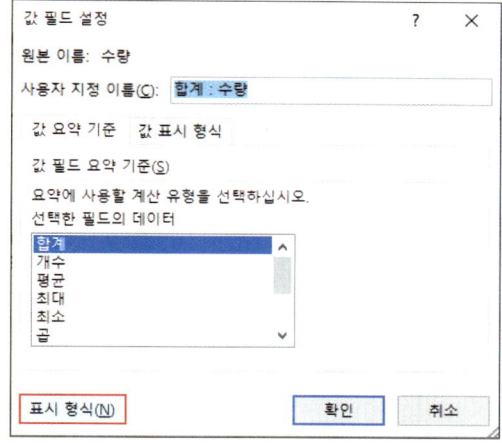

2. [셀 서식] 대화상자가 열리면 왼쪽에 있는 '범주' 상자에서 「숫자」를 선택한 후에 오른쪽 화면에서 「1000 단위 구분 기호(,) 사용」에 체크하고 〈확인〉을 누릅니다. 이어서 [값 필드 설정] 대화상자에서도 〈확인〉을 눌러서 값 필드 설정 작업을 마칩니다.

- 피벗 테이블에 있는 숫자에 1000 단위 구분 기호가 삽입됩니다.

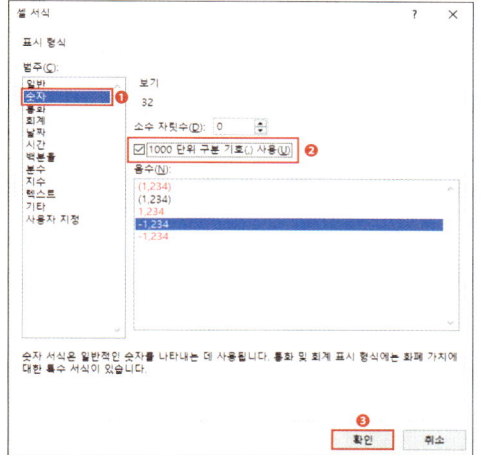

3. 피벗 테이블에서 임의의 셀을 선택하고, [피벗 테이블 도구] → [분석] → [피벗 테이블] 그룹에서 [옵션]을 클릭합니다.

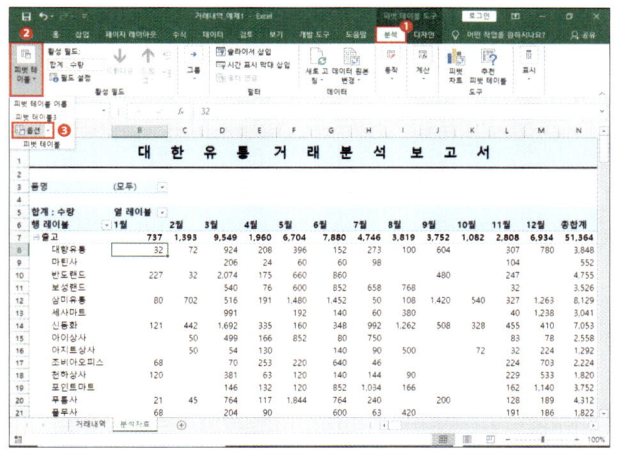

4. [피벗 테이블 옵션] 대화상자가 열리면 [레이아웃 및 서식] 탭에서 「업데이트 시 열 자동 맞춤」을 클릭하여 체크를 해제합니다.

- 피벗 테이블의 값에 따라 열의 크기가 변경되지 않게 합니다.

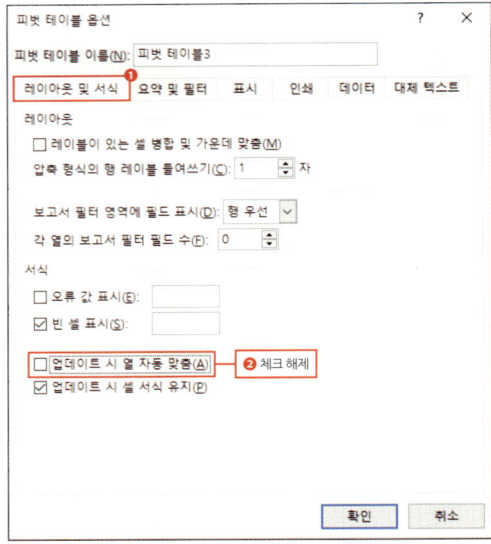

5. 이어서 [요약 및 필터] 탭을 선택하고 「열 총합계 표시」를 클릭하여 체크를 해제한 후에 〈확인〉을 누릅니다.

- 피벗 테이블 맨 아래에 표시되었던 열 총합계가 표시되지 않습니다.

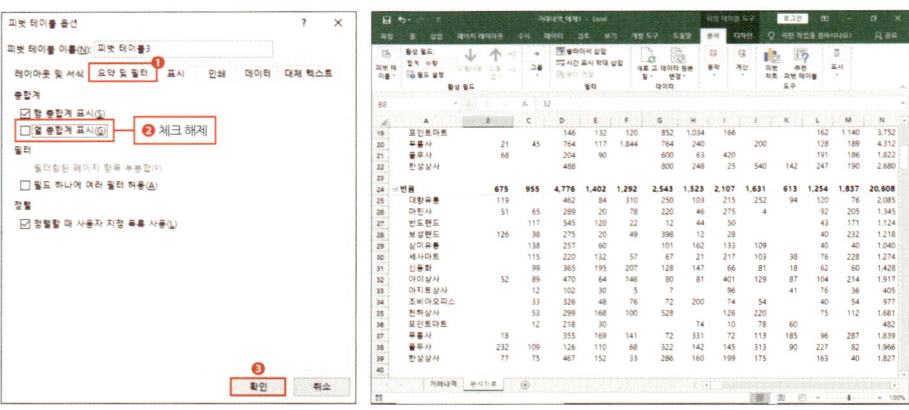

5. 피벗 테이블 보기 좋게 꾸미기

피벗 테이블은 데이터 분석 보고서로 활용하는 경우가 많은데요. 너비를 조정하거나 불필요한 부분을 숨겨서 보기 좋게 꾸민다면 더욱 효과적일 수 있습니다. 다만, 보고서를 어떻게 꾸밀지는 여러분이 작성하는 보고서의 종류나 형태에 따라 다를 수 있으니, 여기서 실습하는 내용은 기능을 확인하는 참고용으로 생각해주세요.

1. 열의 너비를 조정하기 위해, [분석자료] 워크시트에서 B열 머리글부터 N열 머리글까지 선택한 후에, 마우스 오른쪽 단추를 누릅니다. 단축메뉴가 나타나면 [열 너비]를 선택합니다.

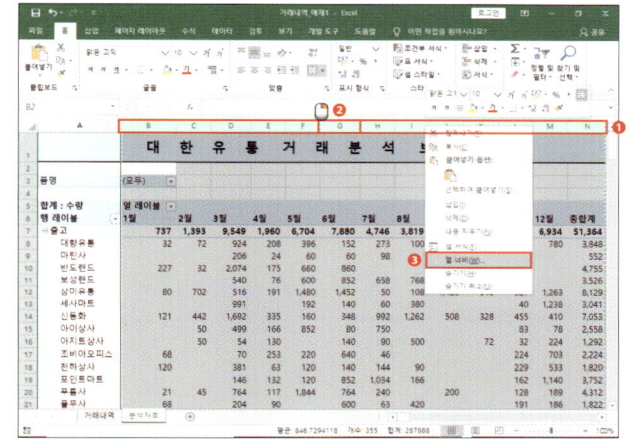

2. [열 너비] 대화상자가 열리면 '열 너비'란에 『8』을 입력한 후에 〈확인〉을 누릅니다.

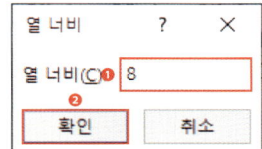

3. 필드 머리글을 표시하지 않기 위해, 피벗 테이블에서 임의의 셀을 선택한 후에 [피벗 테이블 도구] → [분석] → [표시] 그룹에서 음영으로 표시되어 있는 [필드 머리글]을 클릭하여 표시를 해제합니다.

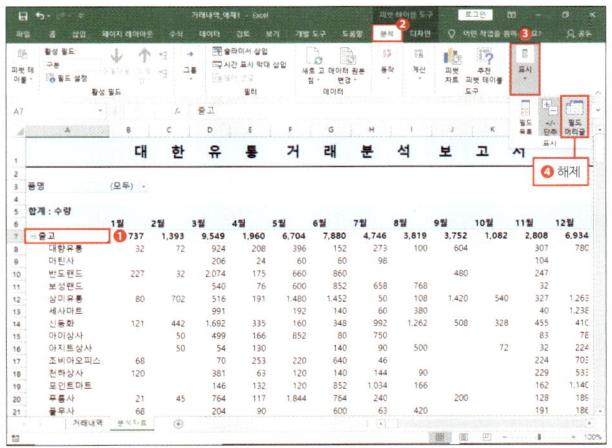

4. 이어서 [분석자료] 워크시트에서 [5]행 머리글을 선택한 후에 마우스 오른쪽 단추를 누르고 [숨기기]를 선택합니다.

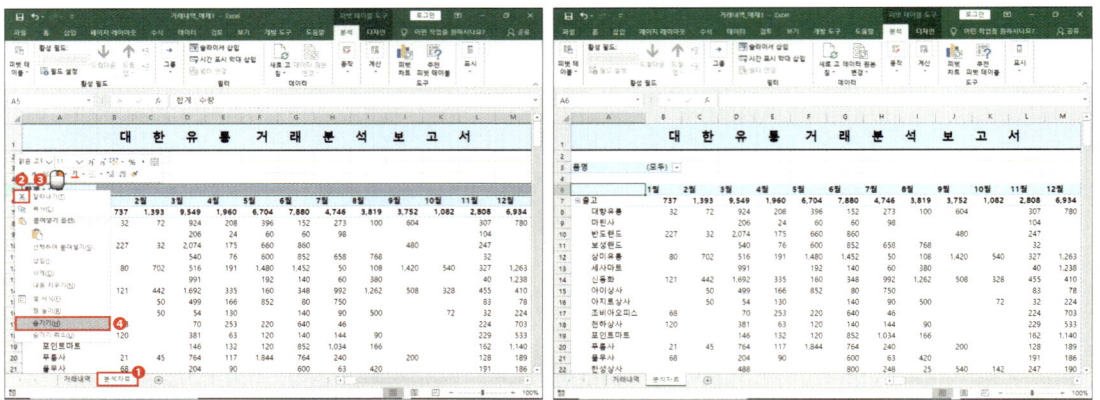

Tip & Tech

행이나 열 '숨기기'와 '숨기기 취소'

행(또는 열)을 숨기면 해당 행은 더는 보이지 않습니다. 그러나 행이 아예 없어진 것(삭제)은 아닙니다. 단지, 행 높이를 0픽셀로 강제해서 보이지 않게 처리한 것이지요. 그러므로 숨겼던 행을 다시 표시하려면 단순히 해당 행의 높이를 늘리면 됩니다. 또는, [홈] → [셀] 그룹에서 [서식] → [숨기기 및 숨기기 취소] → [숨기기 취소]를 선택합니다.

---

6 데이터 새로 고침

피벗 테이블 작성이 끝난 후에 데이터를 수정한다면, 반드시 '새로 고침'을 실행해야 수정한 데이터가 피벗 테이블에 반영됩니다.

1. [분석자료] 워크시트에서 [B12] 셀에 입력된 기존 수량 "80"이 입력된 것을 확인합니다.

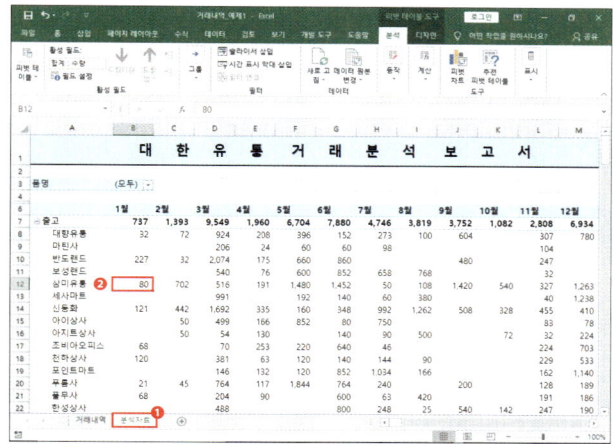

2. [거래내역] 워크시트에서 [G24] 셀에 입력된 기존 수량은 삭제하고, 『300』으로 다시 입력합니다.

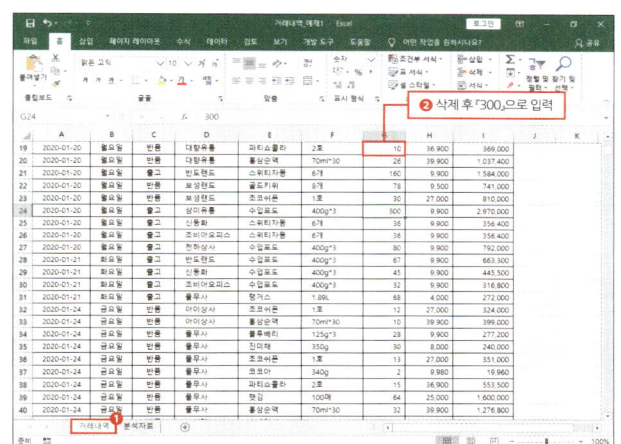

3. [분석자료] 워크시트에서 [B12] 셀에 입력된 기존 수량 "80"이 변경되지 않은 것을 확인합니다. 그리고 [피벗 테이블 도구] → [분석] → [데이터] 그룹에서 [새로 고침]을 클릭합니다.

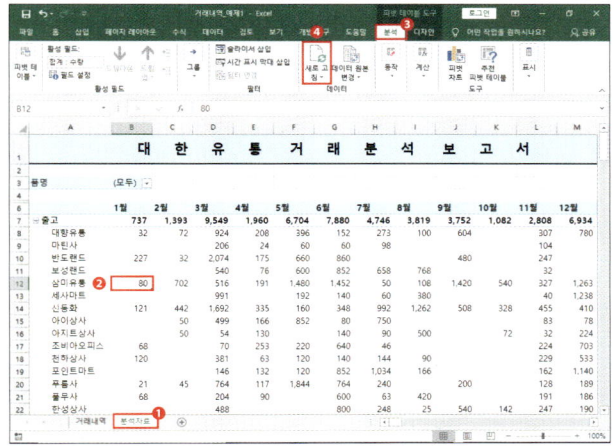

4. [분석자료] 워크시트에서 [B12] 셀 수량이 "300"로 변경된 것을 확인할 수 있습니다.

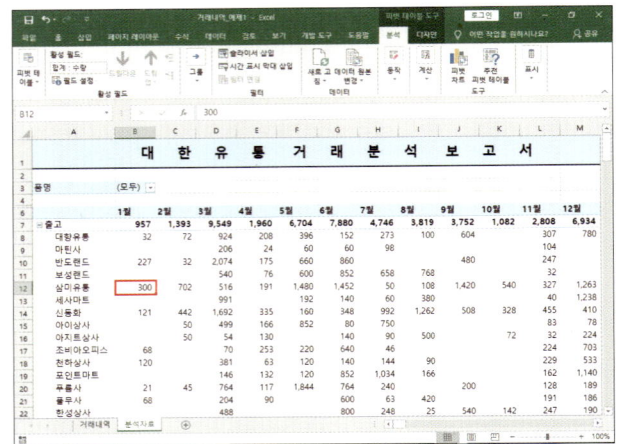

[응용] 한 걸음 더

| 예제 파일명: 거래내역_한걸음더_예제.xlsx | 완성 파일명: 거래내역_한걸음더_완성.xlsx

피벗 테이블은 숫자 데이터로 만들지만, 문자 데이터만으로도 요약 자료를 작성할 수 있습니다. 다만 합계나 평균 같은 값을 구할 수는 없습니다.

거래처별 출고반품 건수 피벗 테이블 만들기

1. [거래내역] 워크시트의 [A1] 셀을 선택한 후에 [삽입] → [표] 그룹의 [피벗 테이블]을 클릭합니다. [피벗 테이블 만들기] 대화상자가 열리면 '표 또는 범위 선택'에 범위가 자동으로 설정된 상태를 확인합니다. 이어서 피벗 테이블 보고서를 넣을 위치 선택에서 '기존 워크시트'를 선택하고, '위치'란을 클릭한 후에 [출고반품분석] 워크시트의 [A3] 셀을 선택합니다. 그리고 〈확인〉을 누릅니다.

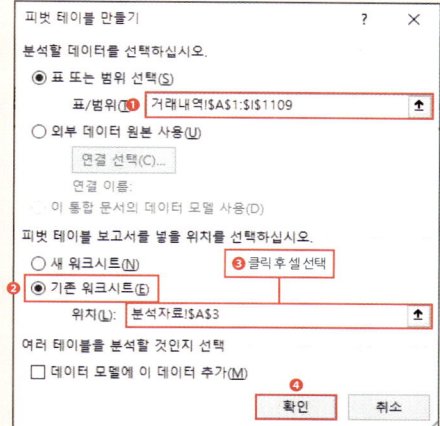

2. 화면 오른쪽에 나타나는 필드 목록에서 「구분」 필드는 '열' 영역에, 「거래처」 필드는 '행' 영역과 '값' 영역에 끌어서 놓습니다.

- '값' 영역에 「거래처」 필드를 놓았으므로 피벗 테이블에 표시되는 숫자는 수량이 아니라 거래처별 거래 건수입니다. 즉, [A5] 셀에 있는 대항유통은 반품이 64건 출고가 43건이라는 뜻입니다.

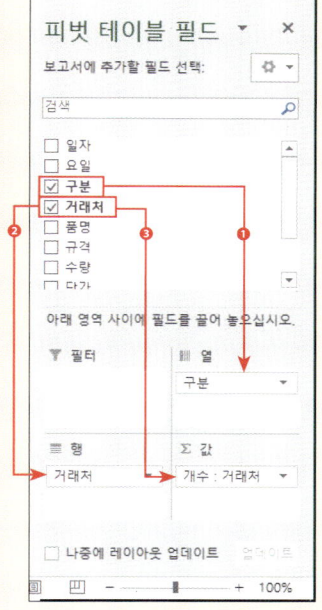

거래처별 출고반품 비율 추가

1. 필드 목록에서 [거래처] 필드를 '값' 영역에 한 번 더 배치합니다. 필드 배치가 완료되면, 필드 목록의 닫기 단추를 눌러서 닫습니다.

- C열과 E열에 "거래처2"라는 이름으로 새로운 열이 추가되는 것을 확인할 수 있습니다.

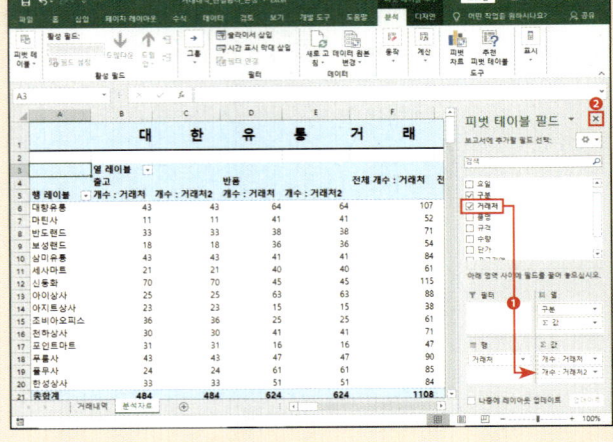

2. 값이 입력된 [C6] 셀을 선택한 상태에서 마우스 오른쪽 단추를 누른 후에 [값 표시 형식] → [열 합계 비율]을 선택합니다.

- C 열과 E 열이 비율로 바뀝니다. 즉, 해당 거래처의 출고/반품이 전체에서 몇 퍼센트(%)인지를 나타냅니다.

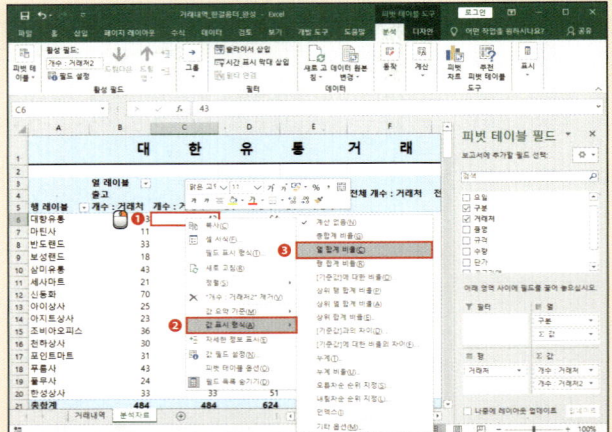

3. 필드 이름을 적절하게 변경하고자 [B5] 셀에 『건수』, [C5] 셀에 『비율』을 입력합니다.

• 이때 [D5] 셀과 [E5] 셀의 필드 이름도 함께 변경됩니다.

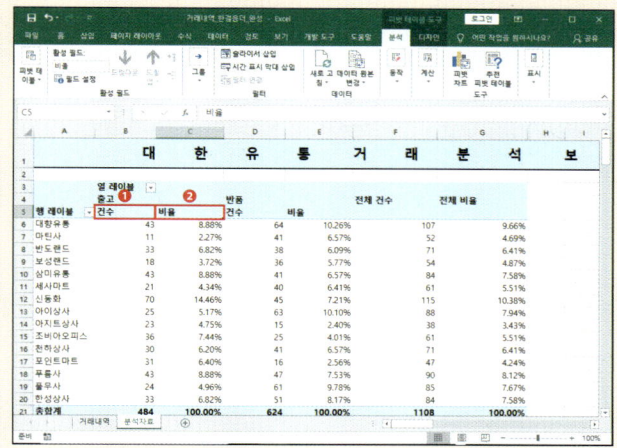

피벗 테이블 서식 지정하기

1. 값이 입력되어 있는 [B6] 셀을 선택한 상태에서 [피벗 테이블 도구] → [분석] → [활성 필드] 그룹의 [필드 설정]을 클릭합니다. [값 필드 설정] 대화상자가 열리면 〈표시 형식〉을 클릭합니다.

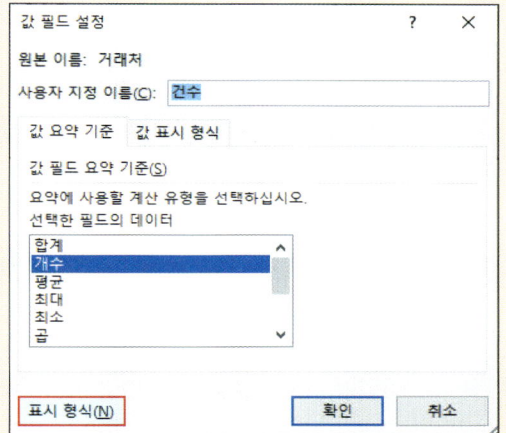

2. [셀 서식] 대화상자가 열리면 '범주' 상자에서 「사용자 지정」을 선택한 후에 『G/표준"건"』을 입력하고 〈확인〉을 누릅니다. [값 필드 설정] 대화상자에서도 〈확인〉을 누릅니다.

• '건수' 열의 숫자 뒤에 "건"이 붙습니다.

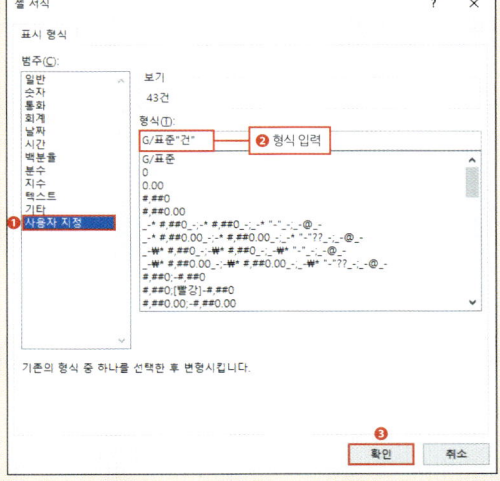

3. 피벗 테이블에서 임의의 셀을 선택하고, [피벗 테이블 도구] → [분석] → [피벗 테이블] 그룹에서 [옵션]을 클릭합니다. [피벗 테이블 옵션] 대화상자가 열리면 [요약 및 필터] 탭에서 「행 총합계 표시」를 마우스로 클릭하여 체크를 해제하고 〈확인〉을 누릅니다.

- 피벗 테이블 오른쪽에 표시되었던 행 총합계가 표시되지 않습니다.

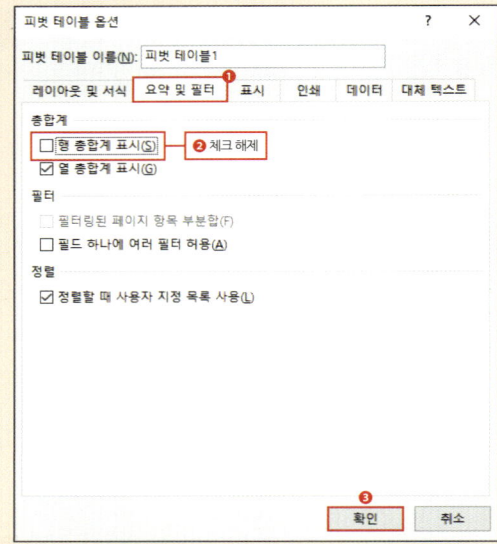

4. 필드 머리글을 표시하지 않기 위해, 피벗 테이블에서 임의의 셀을 선택하고 [피벗 테이블 도구] → [분석] → [표시] 그룹에서 음영으로 표시되어 있는 [필드 머리글]을 클릭하여 표시를 해제합니다.

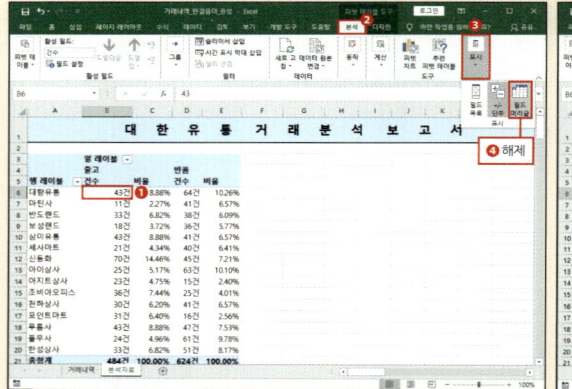
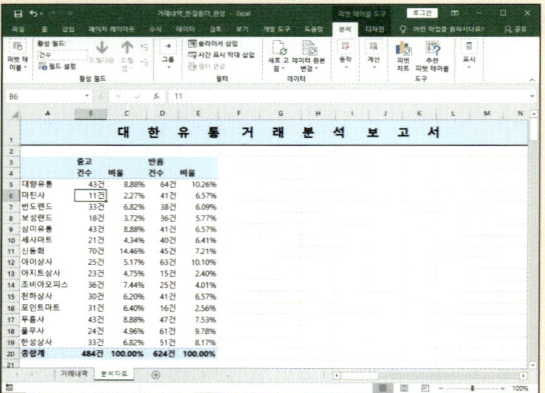

원하는 대로
만드는 VBA

PART 5

매크로와 VBA를 이용하면 엑셀에서 제공하지 않는 기능이나, 나만의 계산법이 있는 수식 또는 함수 등을 직접 만들어 사용할 수 있습니다. 몇 번의 작업을 거쳐야 완성되는 결과를 매크로나 VBA를 이용하면 한 번의 작업으로 결과를 빠르게 얻을 수 있습니다. 어렵다고 소문난 매크로와 VBA를 여기서는 쉽게 접근하여 활용할 수 있도록 매크로 기록부터 VBA 코딩까지 한 단계 한 단계씩 천천히 접근하여 원하는 결과를 얻을 수 있도록 합니다.

CHAPTER 01

기본 개념

매크로(Macro)란 엑셀의 특정 작업을 자동화하기 위한 기능으로, 매크로를 사용하면 작업을 효율적으로 처리할 수 있습니다. 매크로를 개발할 때는 VBA(Visual Basic for Applications)라는 프로그래밍 언어를 사용하는데, 일반 사용자는 직접 VBA 언어를 작성하는 것이 어려우므로 매크로 기록기를 이용합니다. 엑셀의 '매크로 기록'을 실행한 상태에서 일련의 작업을 수행하면, 작업한 내용을 순서대로 VBA 언어로 변환하여 기록해줍니다.

1. 환경 설정 및 매크로 보안

개발 도구 탭 표시하기

매크로를 작업하려면 엑셀 리본 메뉴에 [개발 도구] 탭이 표시되어야 합니다. [개발 도구] 탭은 기본으로 표시되지 않으므로 [Excel 옵션] 대화상자에서 표시하도록 설정을 변경해야 합니다. [Excel 옵션] 대화상자를 여는 방법은 메뉴에서 [파일] → [옵션]을 선택하거나 리본 메뉴에서 마우스 오른쪽 단추를 눌러서 [리본 사용자 지정]을 선택합니다.

[Excel 옵션] 대화상자가 열리면, 왼쪽 메뉴에서 [리본 사용자 지정]을 선택하고, 오른쪽 '리본 메뉴 사용자 지정'에서 「개발 도구」 체크박스에 체크합니다.

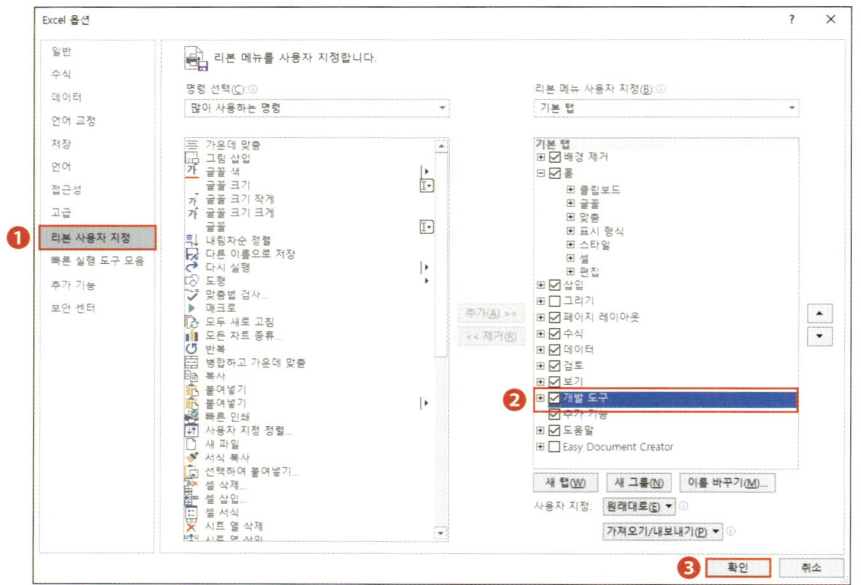

매크로를 포함하는 엑셀 파일 저장 및 열기

엑셀 파일은 'xlsx' 확장자로 저장되지만, 엑셀 파일에 매크로가 포함되어 있다면 'xlsm' 확장자로 저장해야 합니다. 따라서 파일을 저장할 때 [다른 이름으로 저장] 대화상자의 '파일 형식' 목록에서 「Excel 매크로 사용 통합 문서(*.xlsm)」로 변경한 후에 저장합니다.

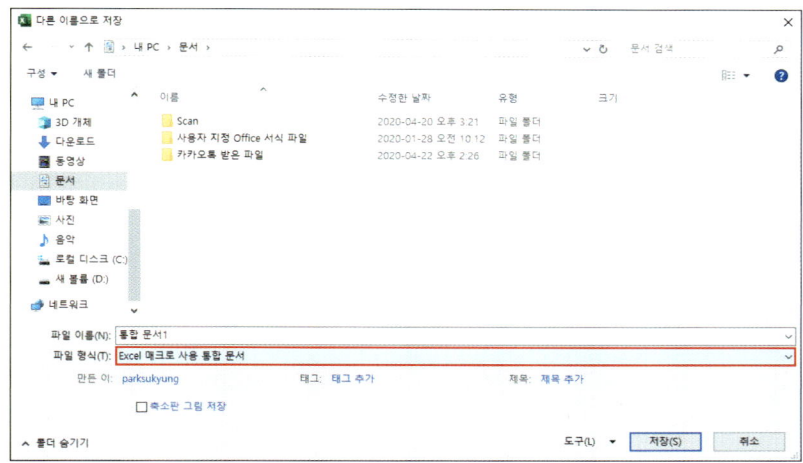

매크로를 포함하는 'xlsm' 확장자인 엑셀 파일을 열면 수식 표시줄 위에 노란 배경의 '보안 경고'가 표시됩니다. 이때, 매크로를 사용하려면 〈콘텐츠 사용〉을 클릭합니다. 그다음부터는 해당 파일을 열 때 보안 경고가 표시되지 않습니다.

매크로 보안

출처를 알 수 없는 매크로를 포함하는 엑셀 파일은 악성 코드를 가지고 있을 가능성이 있습니다. 그래서 마이크로소프트사는 매크로를 포함하는 엑셀 파일에 대한 보안 기능을 강화하기 위해 매크로 보안 기능을 선택할 수 있도록 하였습니다.

[개발 도구] → [코드] 그룹에서 [매크로 보안]을 선택하면 VBA 매크로 보안을 설정할 수 있습니다.

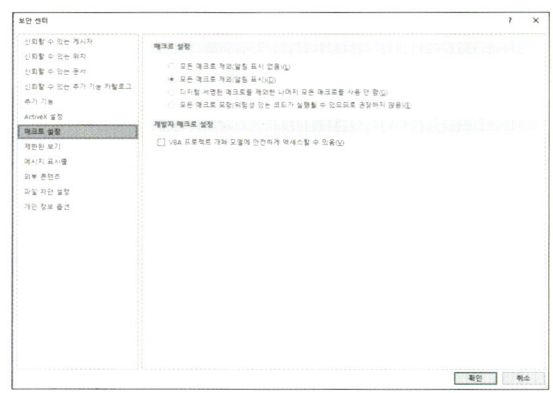

- **모든 매크로 제외(알림 표시 없음)**: 매크로를 사용할 수 없으며 '보안 경고'도 표시되지 않습니다.
- **모든 매크로 제외(알림 표시)**: 매크로가 포함된 엑셀 파일을 열 때 수식 표시줄 위에 '보안 경고'가 표시됩니다. 그다음부터는 해당 파일을 열 때 보안 경고가 표시되지 않습니다.
- **디지털 서명된 매크로만 포함**: 디지털 서명이 되어 있는 매크로가 포함된 엑셀 파일만 열 수 있습니다.
- **모든 매크로 포함(위험성 있는 코드가 실행될 수 있으므로 권장하지 않음)**: '보안 경고'가 표시되지 않은 상태에서 매크로가 포함된 엑셀 파일을 열 수 있습니다.

2. 매크로 기록 및 실행

매크로 기록하기

사용자의 엑셀 작업을 순서대로 기록합니다. 매크로를 기록하려면 [개발 도구] → [코드] 그룹에서 [매크로 기록]을 선택합니다.

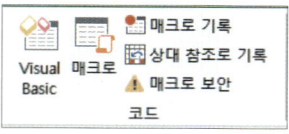

그러면 [매크로 기록] 대화상자가 열립니다.

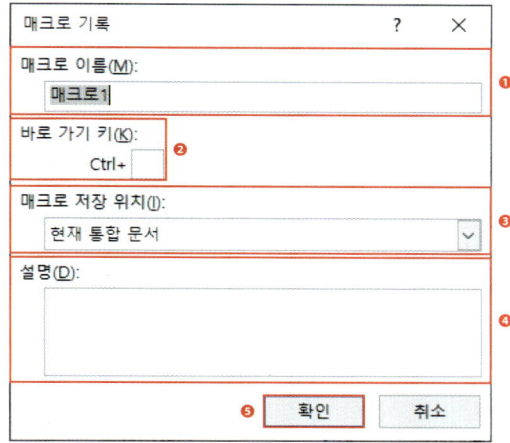

① **매크로 이름:** 사용자가 지정하는 이름입니다. 이름은 문자와 숫자, 그리고 밑줄(_)로 입력하면 됩니다. 단, 첫 글자는 반드시 문자로 입력해야 하며, 공백을 사용할 수 없습니다. 또한, 엑셀의 개체명이나 명령문을 사용해서도 안 됩니다.

② **바로 가기 키:** 매크로를 실행하기 위한 키 조합을 지정하는 곳으로, 사용하고자 하는 문자를 대소문자와 관계없이 입력합니다. 생략할 수 있습니다. 참고로 여기서 바로 가기 키를 지정하면 해당 매크로가 포함된 통합 문서를 연 동안, 이와 동일한 기본 엑셀 바로 가기 키를 무시합니다.

③ **매크로 저장 위치:** 매크로를 저장할 위치로, 현재 통합 문서, 새 통합 문서, 개인용 매크로 통합 문서에서 선택할 수 있습니다. 기본값은 현재 통합 문서입니다.

④ **설명:** 매크로에 대한 설명을 입력합니다. 생략할 수 있습니다.

⑤ **확인:** 단추를 누르면 매크로 기록을 시작합니다.

매크로로 기록하려는 모든 작업을 수행했다면, [개발 도구] → [코드] 그룹에서 [기록 중지]를 선택합니다.

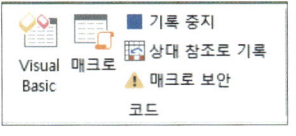

매크로 실행하기

매크로를 실행하는 방법은 여러 가지가 있습니다.

바로 가기 키로 실행

매크로를 기록할 때 지정하는 키입니다. 만약 매크로의 바로 가기 키와 엑셀 명령에 이미 지정되어 있는 기본 바로 가기 키가 겹치면 엑셀 명령에 바로 가기 키는 실행되지 않으므로 주의해야 합니다.

매크로 대화상자에서 실행

[개발 도구] → [코드] 그룹에서 [매크로]을 선택합니다. [매크로] 대화상자가 열리면 매크로를 선택하고 〈실행〉을 누릅니다.

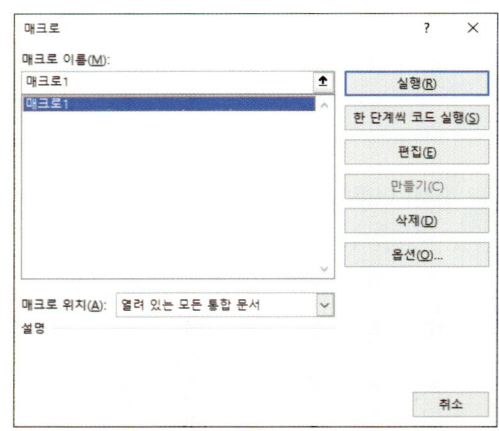

컨트롤에서 실행

단추와 같은 양식 컨트롤에 매크로를 연결해서 실행할 수 있습니다. [개발 도구] → [컨트롤] 그룹의 [삽입] 메뉴에서 「단추(양식 컨트롤)」 아이콘(□)을 선택합니다.

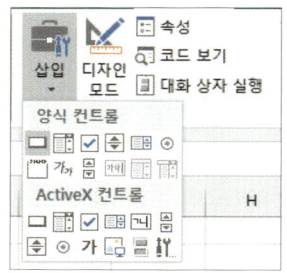

마우스 포인터가 변경되면 워크시트 위에 끌어놓기하여 단추를 그립니다. 곧바로 [매크로 지정] 대화상자가 나타나면 매크로를 선택한 후에 〈확인〉을 누릅니다. 이제 단추와 매크로가 연결되었으므로 단추를 누르면 매크로가 실행됩니다.

그림, 도형 등에서 실행

컨트롤에 연결하여 실행하는 것처럼 그림이나 도형에 연결하여 실행할 수도 있습니다. 그림이나 도형을 삽입한 후, 마우스 오른쪽 단추를 눌러서 [매크로 지정]을 선택합니다. 이어서 [매크로 지정] 대화상자가 나타나면 매크로를 선택한 후에 〈확인〉을 누릅니다.

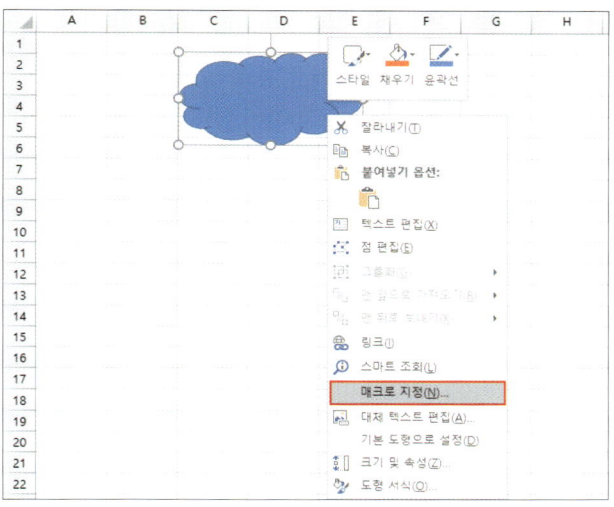

3. VBA 프로그래밍

매크로는 VBA(Visual Basic for Application)라는 프로그래밍 언어로 작성됩니다. VBA 코드는 매크로를 이용하여 기록하거나 직접 입력하여 작성합니다. VBA는 개체를 조작하는 것이고 이 개체에 속성, 메소드를 입력하여 실행되도록 합니다.

개체는 계층적으로 정리되어 있으며 비슷한 개체는 집합(Collection)으로 형성되어 있습니다. 개체와 메소드, 개체와 속성은 온점(.)으로 연결합니다.

개체의 계층구조

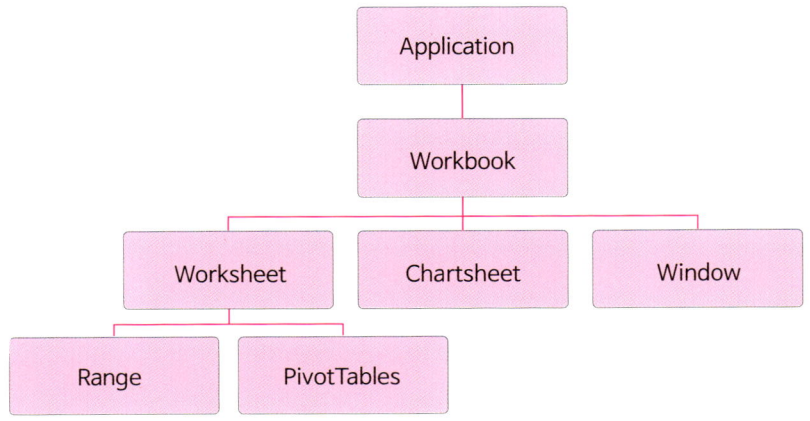

집합(Collection)

- Workbooks("자료.xlsx").Close → 워크북 개체에서 "자료.xlsx" 워크북을 닫습니다.
- Worksheets("Sheet1").name = "MON1" → 워크시트 개체에서 "Sheet1" 워크시트 이름을 "MON1"로 변경합니다.

VB 편집기

매크로로 기록된 소스코드를 편집하거나, 사용자가 직접 소스코드를 입력하는 프로그램입니다. [개발 도구] → [코드] 그룹에서 [Visual Basic]을 선택하거나, Alt + F11을 누릅니다. 그러면 VB 편집기가 열립니다.

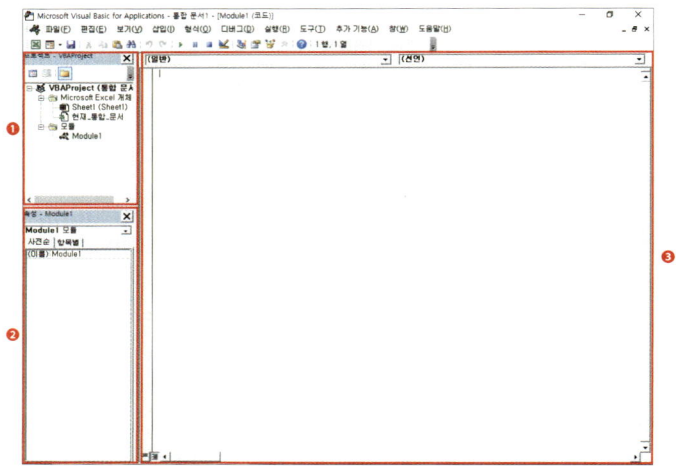

① **프로젝트 탐색기:** 통합 문서를 프로젝트라고 하며, 프로젝트와 함께 프로젝트를 구성하는 워크시트나 모듈 등의 개체를 표시합니다.

② **속성 창:** 개체를 선택하면 해당하는 속성과 값이 표시됩니다.

③ **코드 창:** 매크로로 기록한 코드나 사용자가 입력하는 VBA 코드를 편집합니다.

모듈 추가하기

매크로를 기록하면 VB 편집기에 모듈이 자동으로 생성되지만, 사용자가 코드를 직접 입력하려면 모듈을 추가해야 합니다. VB 편집기 메뉴에서 [삽입] → [모듈]을 선택합니다.

주석

아포스트로피(')를 입력하면, 코딩 문장에서 아포스트로피(') 이후에 나오는 텍스트는 무시됩니다. 즉, 실행에 어떠한 영향을 미치지 않습니다. 주로 사용자가 코드를 쉽게 읽을 수 있도록 메모하는 용도로 사용됩니다.

Sub 프로시저

Sub 프로시저(procedure)란 사용자나 다른 매크로가 실행할 수 있는 하나의 새로운 명령으로, 코드는 모듈 시트에 작성합니다. Sub 프로시저는 항상 "Sub"로 시작하고, "End Sub"로 끝납니다.

```
Sub 프로시저이름()
    명령문
End Sub
```

워크시트에서 Sub 프로시저를 실행하는 방법은 VBA 매크로를 실행하는 방법과 같습니다. 또는 VB 편집기의 표준 도구 모음에서 [매크로 실행] 아이콘 (▶)을 클릭하여 실행할 수 있습니다.

Function 프로시저

Function 프로시저는 엑셀에서 제공하는 함수와는 별도로 사용자가 새로운 함수를 정의하고자 할 때 사용하는 것으로 코드는 모듈 시트에 작성합니다. Function 프로시저는 항상 "Function"으로 시작하고, "End Function"으로 끝납니다.

```
Function 함수명(인수1, 인수2,…)
    명령문
End Function
```

Function 프로시저를 실행하려면 [함수 마법사] 대화상자에서 '범주 선택'란의 「사용자 정의」를 선택하고 '함수 선택' 상자에서 함수명을 선택하여 실행합니다.

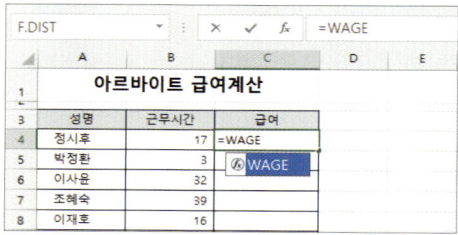

또는 워크시트의 셀에 함수명을 직접 입력하여 실행할 수도 있습니다.

변수

변수는 변하는 값을 저장할 수 있는 저장 공간을 의미합니다. 몇몇 프로그래밍 언어와 달리 VBA에서는 변수를 선언하지 않고 바로 사용해도 됩니다.

Dim 변수명 As 데이터 형식

- **Dim**: 변수를 선언하는 선언문
- **As**: 데이터 형식을 지정하기 위한 키워드

예를 들어 다음 코드는 in_Cnt라는 이름으로 Integer 데이터 형식의 변수를 선언합니다.

```
Dim in_Cnt As Integer
```

반복하기

특정한 명령문을 원하는 만큼 반복하고 싶다면 'For ~ Next 문'을 사용합니다. For ~ Next 문에 맞게 숫자를 입력하면, 입력한 숫자(초깃값)부터 시작하여 입력한 숫자(종룟값)가 될 때까지 명령문을 반복합니다.

```
For 변수 = 초깃값 to 종룟값 Step 증감값
    명령문
Next 변수
```

- **변수**: 값을 저장하는 저장공간
- **초깃값**: 처음 시작하는 값
- **종룟값**: 마지막 값
- **증감값**: 반복할 때마다 지정한 숫자만큼 증가되거나, 감소하는 값으로 'step 증감값'을 생략하면 1씩 증가됩니다.

예를 들어 1부터 시작하여 10이 될 때까지 반복하는 For ~ Next 문을 작성하면 다음과 같습니다.

```
For inNum = 1 to 10
    inNum
Next inNum
```

결과는 inNum 변수에 1, 2, 3, 4, 5, 6, 7, 8, 9, 10이 차례대로 입력됩니다. Step 키워드가 생략되어 있으므로 1씩 증가합니다.

조건에 따라 처리

If는 지정한 조건에 따라 명령을 실행하는 문으로 조건이 맞으면 Then 아래에 있는 명령문을 실행합니다. If 문의 기본 구조는 다음과 같습니다.

```
If 조건식 then
    명령문
End If
```

- **조건식**: True 또는 False 값으로 결정
- **명령문**: 조건식의 결과가 True이면 실행

예를 들어 다음 코드는 평균이 80점 이상이면 "잘했어요"를 결과에 입력합니다.

```
If 평균 >= 80 Then
    결과 = "잘했어요"
End If
```

If 문에 Else 문을 조합하여 조건문을 만들 수도 있습니다.

```
If 조건식 Then
    참 명령문
Else
    거짓 명령문
End If
```

- **조건식**: True 또는 False 값으로 결정
- **참 명령문**: 조건식의 결과가 True이면 실행
- **거짓 명령문**: 조건식의 결과가 False이면 실행

예를 들어 다음 코드는 평균이 80점 이상이면 "우수"를 결과에 입력하고, 아니면 "평범"을 결과에 입력합니다.

```
If 평균 >= 80 Then
    결과 = "우수"
Else
    결과 = "평범"
End If
```

If 문에 ElseIf와 Else 문을 조합하여 조건문을 만들 수도 있습니다.

```
If 조건식1 Then
    참 명령문1
ElseIf 조건식2 Then
    참 명령문2
Else
    거짓 명령문
End If
```

- **조건식1**: True 또는 False 값으로 결정
- **참 명령문1**: 조건식1의 결과가 True이면 실행
- **조건식2**: 조건식1이 False이면 실행. True 또는 False 값으로 결정
- **참 명령문2**: 조건식2의 결과가 True이면 실행
- **거짓 명령문**: 조건식2의 결과가 False이면 실행

예를 들어 다음 코드는 평균이 80점 이상이면 "우수"를 결과에 입력, 70점 이상이면 "평범"을 결과에 입력, 아니면 "노력"을 결과에 입력합니다.

```
If 평균 >= 80 Then
    결과 = "우수"
ElseIf 평균 >= 70 Then
    결과 = "평범"
Else
    결과 = "노력"
End If
```

이벤트

엑셀은 다양한 이벤트를 모니터하고 있으므로, 특정 이벤트가 발생하면 해당하는 VBA 코드가 자동으로 실행됩니다. 이벤트 프로시저는 미리 정의된 이름이 있습니다.

통합 문서 이벤트

엑셀 통합 문서를 열거나, 저장, 닫기 등 통합 문서 단위로 발생하는 이벤트입니다. 코드는 현재_통합_문서 모듈에 작성합니다.

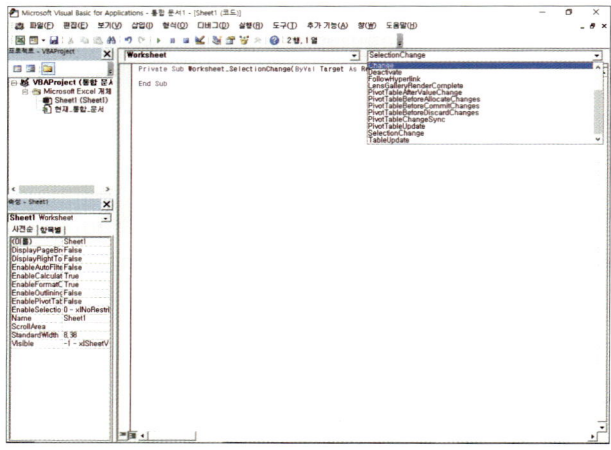

워크시트 이벤트

워크시트 안에 있는 셀 값을 변경하거나 범위를 변경하는 등 워크시트 단위로 발생하는 이벤트입니다. 코드는 해당 워크시트 모듈에 작성합니다.

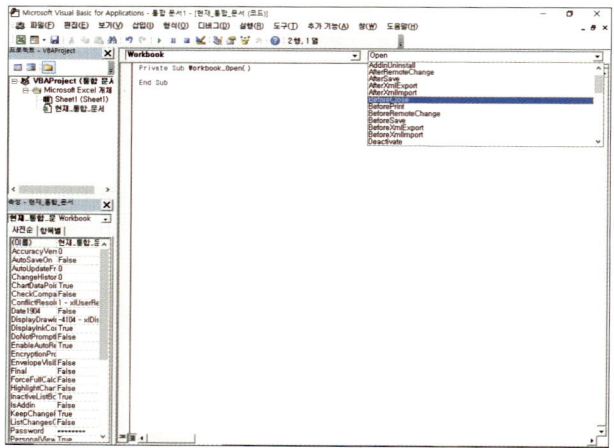

CHAPTER 02

사업장별 직원수 자료

예제 파일명: 사업장직원자료_예제.xlsx

회사의 정책에 따라 직원은 사업장 간에 이동할 수 있습니다. 각 사업장은 전입하는 직원 수, 전출하는 직원 수에 따라 현재 근무자 수가 변합니다. 이렇게 사업장 간의 변동되는 직원 수를 월마다 자료를 복사하고 인쇄하여 보고자료를 작성합니다. 그런데 복사하고 인쇄하는 간단한 작업을 매번 작업하는 것은 귀찮은 작업이 될 수 있으므로, 매크로를 이용하여 기록한 후에 복사하고 인쇄하는 작업을 자동화할 수 있습니다.

미리보기 | 완성 파일명: 사업장직원자료_완성.xlsm

1 리본 메뉴에 개발 도구 탭 표시하기

엑셀에서 [개발 도구] 탭은 처음에 표시되지 않으므로 사용자가 리본 메뉴에 추가해야 합니다. 즉, 매크로를 기록하기 위해 리본 메뉴에 [개발 도구] 탭을 표시하도록 합니다.

1. 리본 메뉴에서 마우스 오른쪽 단추를 누르고 [리본 메뉴 사용자 지정] 메뉴를 선택합니다.

- 또 다른 방법으로는 [파일] → [옵션]을 선택해도 됩니다.

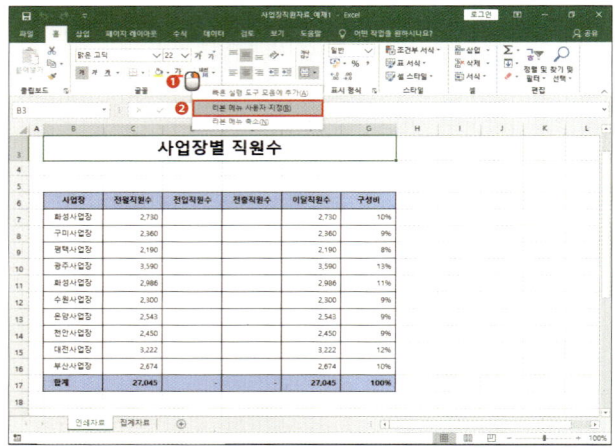

2. [Excel 옵션] 대화상자가 열리면 왼쪽 메뉴에서 [리본 사용자 지정]이 선택된 상태에서 오른쪽 상자에서 「개발 도구」 체크박스에 체크하고 〈확인〉을 누릅니다.

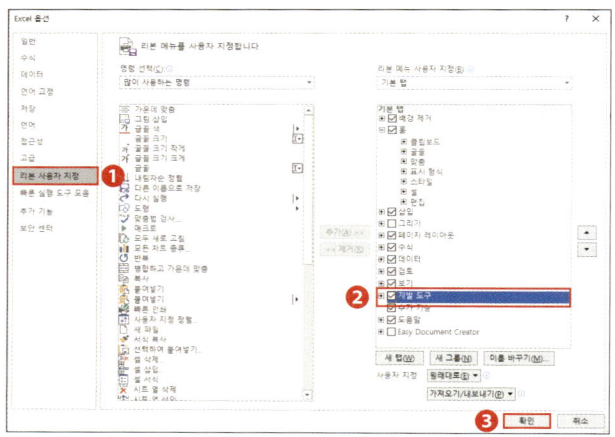

2 매크로 기록하기

매크로를 기록하기 전에 먼저 작업 순서를 생각해야 합니다. 작업 순서를 크게 보면 다음과 같습니다. 이 작업 순서대로 매크로를 기록하여 일련의 과정을 자동화해보겠습니다.

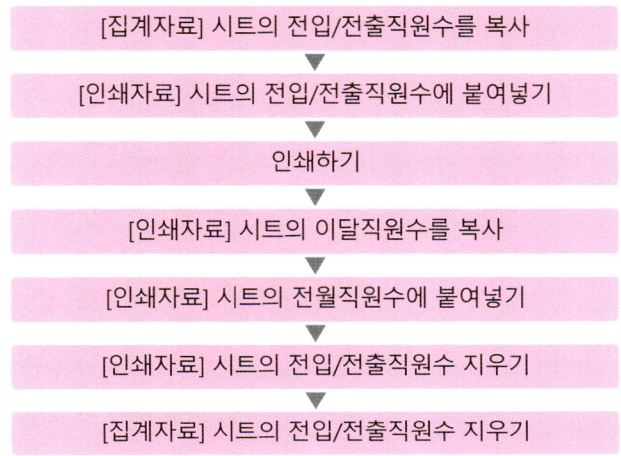

1. [인쇄자료] 워크시트에서 [개발 도구] → [코드] 그룹의 [매크로 기록]을 클릭합니다.

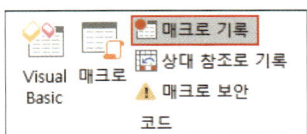

2. [매크로 기록] 대화상자가 열리면 '매크로 이름'에 『복사인쇄』를 입력하고 '바로 가기 키'는 지정하지 않고, '매크로 저장 위치'는 「현재 통합 문서」인 것을 확인한 후에 〈확인〉을 누릅니다.

> **Tip & Tech**
>
> **매크로 이름 규칙**
>
> 매크로 이름은 문자와 숫자를 포함해서 작성할 수 있습니다. 주의할 점은 반드시 문자로 시작하고 공백이 포함되지 않으며, 엑셀에서 기본으로 제공하는 개체 이름과 명령어는 매크로 이름으로 작성할 수 없습니다.
>
> - 복사인쇄10 (O)
> - 10복사인쇄 (X) → 숫자로 시작하므로 불가
> - COPY (X) → 복사 명령문 COPY와 같으므로 불가
> - A1 (X) → 엑셀 개체 이름과 같으므로 불가
> - 복사 인쇄 (X) → 공백이 포함되므로 불가

3. [집계자료] 워크시트에서 [C4:D13]까지 범위를 선택하고 [홈] → [클립보드] 그룹에서 [복사]를 선택합니다(Ctrl + C).

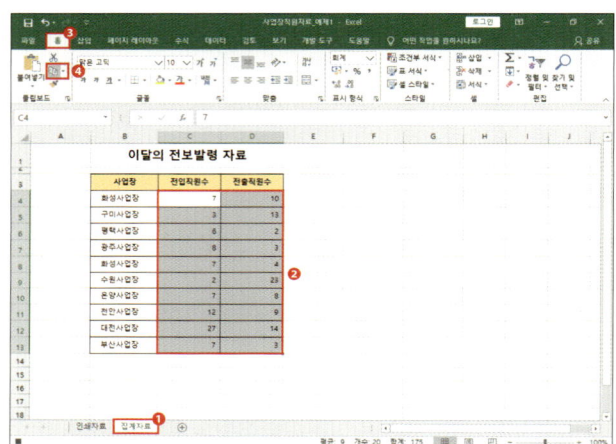

4. [인쇄자료] 워크시트에서 [D7] 셀을 선택하고, [홈] → [클립보드] 그룹에서 [붙여넣기]를 선택합니다(Ctrl + V).

- 이번 달 전입직원수와 전출직원수를 인쇄자료에 포함합니다.

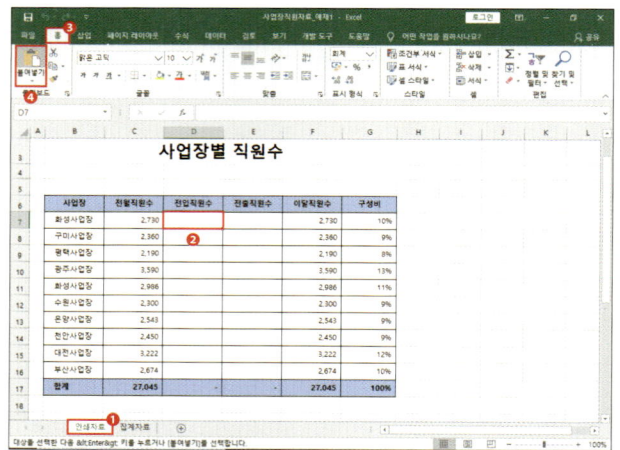

5. 인쇄하기 위해 엑셀 메뉴에서 [파일]을 선택합니다. 백스테이지 화면으로 변경되면 왼쪽 메뉴에서 [인쇄]를 선택하고, 〈인쇄〉를 누릅니다.

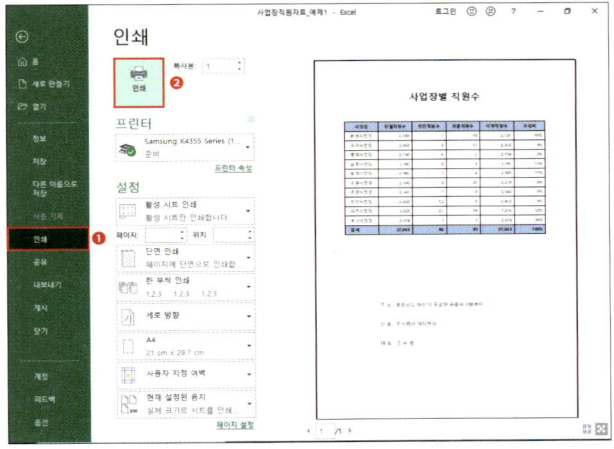

6. [인쇄자료] 워크시트에서 [F7:F16] 범위를 선택하고, [홈] → [클립보드] 그룹에서 [복사]를 선택합니다(Ctrl + C).

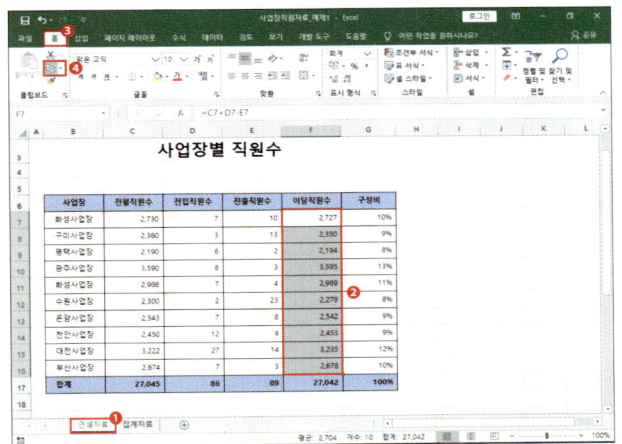

7. [C7] 셀을 선택하고, [홈] → [클립보드] 그룹에서 [붙여넣기] → [선택하여 붙여넣기]를 선택합니다.

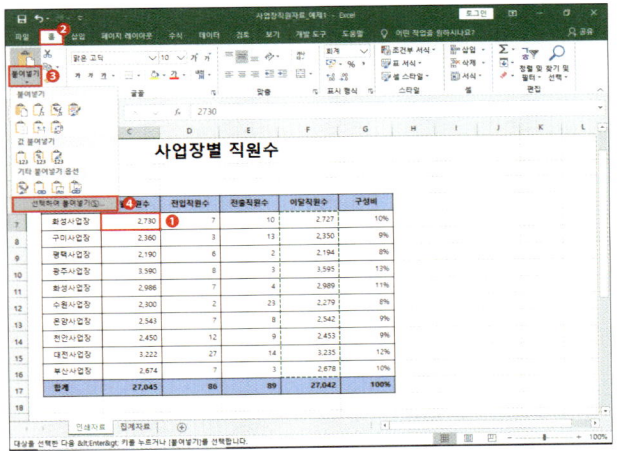

8. [선택하여 붙여넣기] 대화상자가 열리면 '붙여넣기'란에서 「값」을 클릭한 후에 〈확인〉을 누릅니다.

- [F7:F16] 범위에는 수식이 입력되어 있는데, 이것을 그대로 붙여넣으면 수식이 붙여넣게 되므로 오류가 발생합니다. 그래서 [F7:F16] 범위에 수식이 아닌 값만 붙여넣기 위해 [선택하여 붙여넣기]에서 「값」을 선택하는 것입니다.

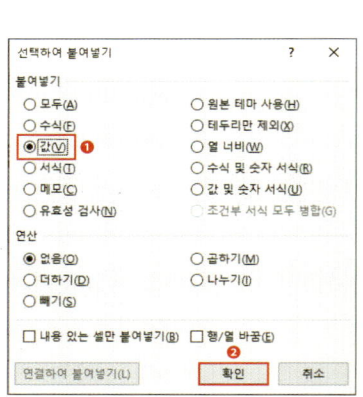
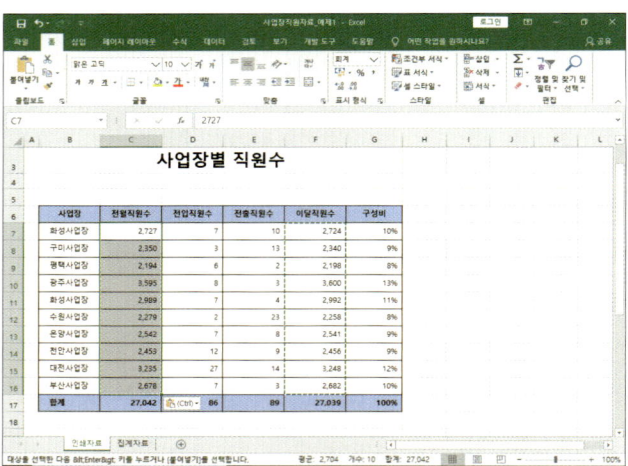

9. [D7:E16] 범위를 선택하고 [홈] → [편집] 그룹에서 [지우기] → [내용 지우기]를 선택합니다(Delete를 눌러도 됩니다).

- [모두 지우기]를 하면 [D7:E16] 범위에 테두리까지 지워집니다.

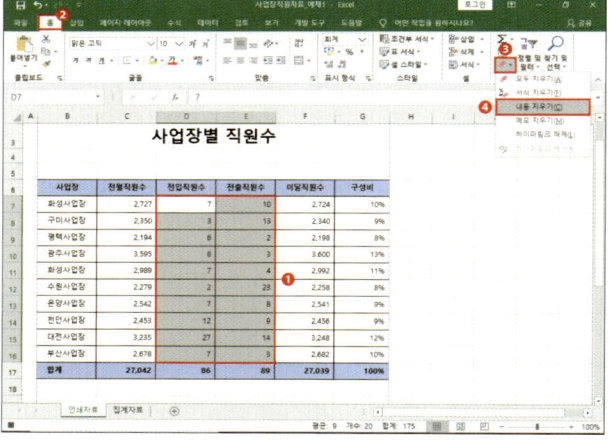

10. [집계자료] 워크시트에서 [C4:D13] 범위를 선택하고 [홈] → [편집] 그룹에서 [지우기] → [내용 지우기]를 선택합니다(Delete를 눌러도 됩니다).

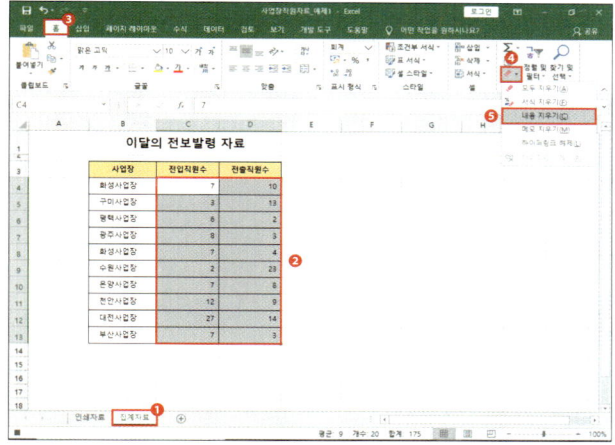

11. [집계자료] 워크시트에서 제목이 입력된 [B1] 셀을 선택하고, [인쇄자료] 워크시트에서 제목이 입력된 [B3] 셀을 선택합니다.

- 지금 기록한 매크로는 [인쇄자료] 워크시트에 양식 컨트롤 단추를 만들어서 적용할 예정입니다. 양식 컨트롤 단추를 누르면 매크로가 실행되고, 마지막 화면이 [인쇄자료] 워크시트에서 마무리되도록 하기 위해 [인쇄자료] 워크시트에서 제목이 입력된 [B3] 셀을 선택하는 것입니다.

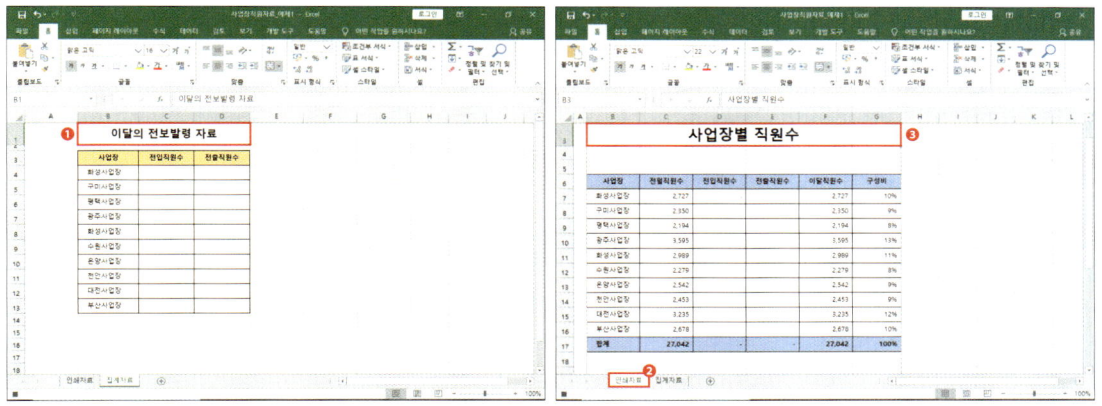

12. [개발 도구] → [코드] 그룹에서 [기록 중지]를 클릭합니다.

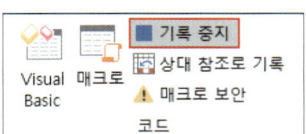

3 대화상자에서 매크로 실행하기

1. [집계자료] 워크시트에 임의의 전입직원수와 전출직원수를 입력한 후에, [개발 도구] → [코드] 그룹에서 [매크로]를 클릭합니다.

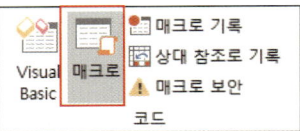

2. [매크로] 대화상자가 열리면 「복사인쇄」 매크로를 선택한 후에 〈실행〉을 누릅니다.

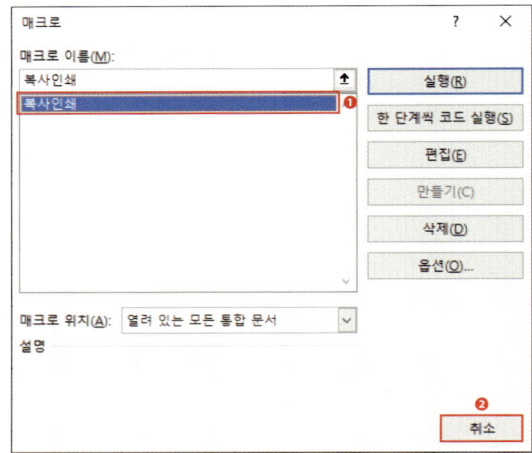

3. 결과를 확인합니다.

- 매크로가 동작하면서 인쇄되는 중이고, 화면에 표시되는 결과에서 전월직원수가 변한 것을 확인할 수 있습니다.

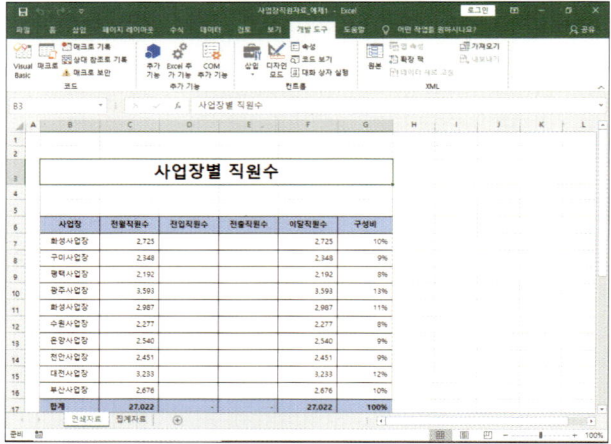

4 단추에 매크로 적용하기

1. [인쇄자료] 워크시트에서 [개발 도구] → [컨트롤] 그룹에서 [삽입]을 선택하고 [양식 컨트롤]에서 [단추(양식 컨트롤)] 아이콘(□)을 선택합니다.

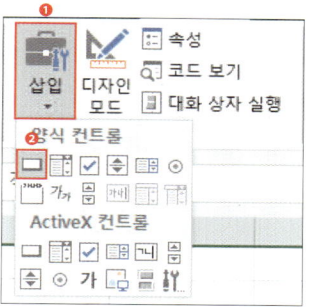

2. 마우스 포인터가 작은 십자 모양으로 변경되면, 시트 위에 끌어놓기하여 단추를 그립니다.

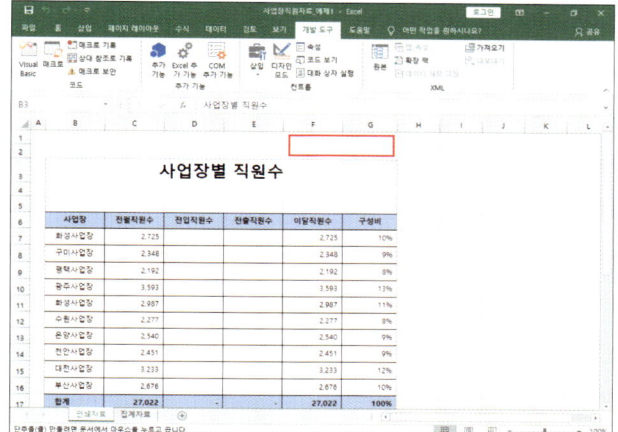

3. 마우스 단추를 놓으면 곧바로 [매크로 지정] 대화상자가 열립니다. 매크로 목록에서 「복사인쇄」를 선택한 후에 〈확인〉을 누릅니다.

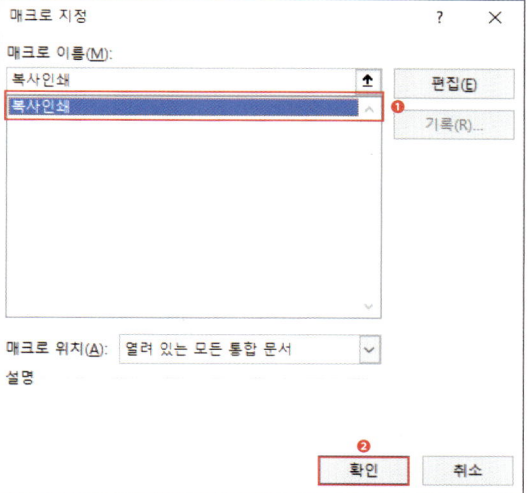

- 단추를 누를 때마다 '복사인쇄' 매크로가 실행되도록 지정한 것입니다.

단추 편집과 매크로 실행하기

1. 양식 컨트롤 단추에 마우스 오른쪽 단추를 눌러서 [텍스트 편집] 메뉴를 선택합니다.

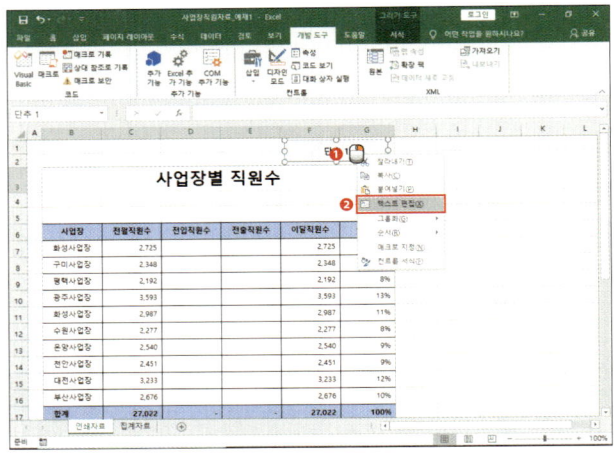

2. 단추 위에 커서가 깜박이면 『자료를 가져와서 인쇄』를 입력합니다.

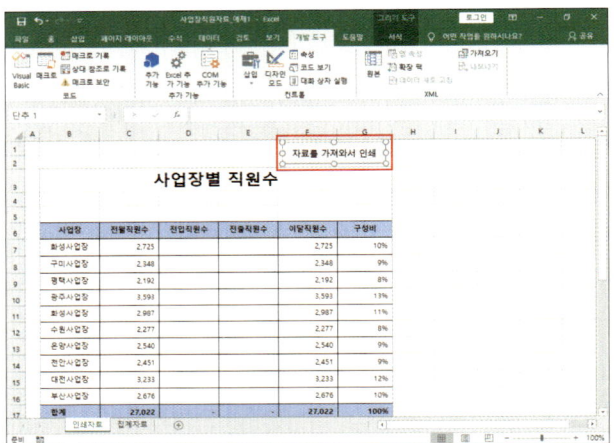

3. 입력한 텍스트를 선택한 후에 [홈] → [글꼴] 그룹에서 [굵게]를 클릭합니다.

- 컨트롤에서 텍스트 편집을 마치려면 Esc를 누르거나 시트에서 컨트롤 이외의 영역을 마우스로 클릭하세요.

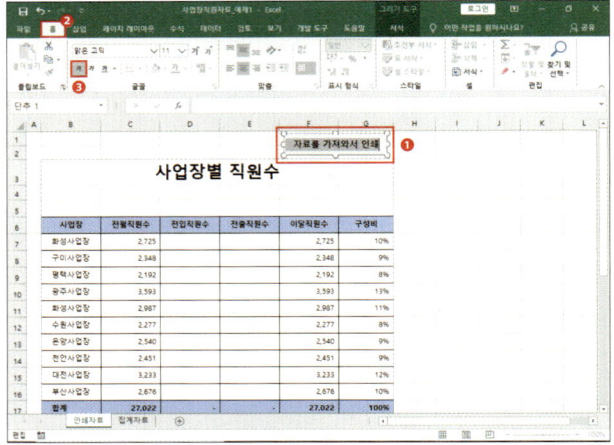

4. [집계자료] 워크시트에 임의의 전입직원수와 전출직원수를 입력합니다. 그리고 [인쇄자료] 워크시트에서 매크로가 연결된 단추를 눌러서 결과를 확인합니다.

- 매크로가 지정된 단추에 마우스 포인터를 가져다 대면 포인터가 손 모양(🖑)으로 바뀝니다.

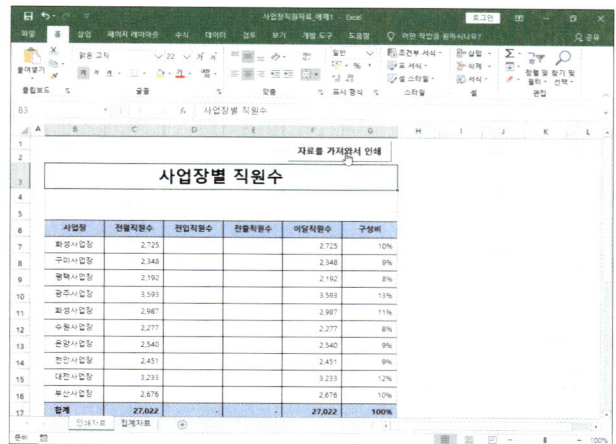

5 현재 날짜 입력과 보고 메시지 입력하기

1. [인쇄자료] 워크시트의 [F5] 셀을 선택하고, 『=TODAY( )』를 입력합니다.

- TODAY 함수는 오늘 날짜를 입력합니다.

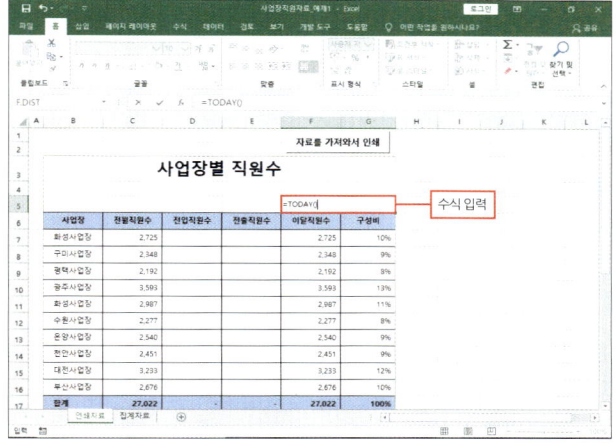

2. [B20] 셀을 선택하고, 『=TEXT(F5,"yyyy년 m월 d일")&"자 사업장별 직원수 자료입니다."』를 입력합니다.

- 연결 연산자 &를 사용하면 입력되는 값이 기본값(default)으로 표시되므로, TEXT 함수에 표시 형식을 지정하여 사용자가 원하는 형식으로 표시되도록 합니다. TEXT(value, format_text) 함수는 [F5] 셀에 입력된 값을 'yyyy년 m월 d일' 형식으로 표시합니다.

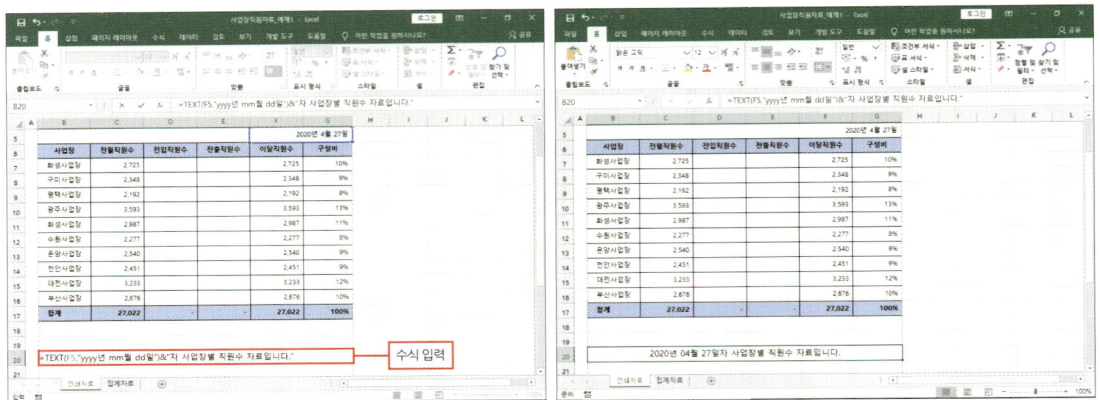

6 매크로가 포함된 파일 저장하고 열기

엑셀의 일반적인 통합 문서 파일의 확장자는 'xlsx'이고, 매크로를 포함하는 통합 문서 파일의 확장자는 'xlsm'입니다. 매크로가 포함된 통합 문서를 'xlsx' 확장자로 저장하면 저장할 수 없다는 메시지가 나타납니다.

매크로가 포함된 엑셀 파일 저장하기

1. 빠른 실행 도구 모음에서 [저장]을 누릅니다(또는 Ctrl + S).

2. 경고 메시지가 표시되면 〈아니요〉를 선택합니다.

- 현재 통합 문서가 매크로를 포함하지 않는 파일 형식(xlsx)이므로, 매크로를 포함(xlsm)하여 저장하려면 〈아니요〉를 선택하라는 메시지입니다.

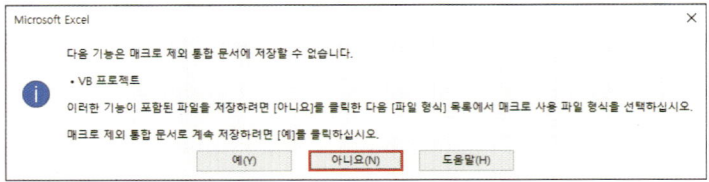

3. 백스테이지 화면으로 바뀌면 다른 이름으로 저장할 위치를 선택하고 〈찾아보기〉를 누릅니다. [다른 이름으로 저장] 대화상자가 열리면 '파일 형식'을 'Excel 매크로 사용 통합 문서(*.xlsm)'를 선택한 후에 〈저장〉을 누릅니다.

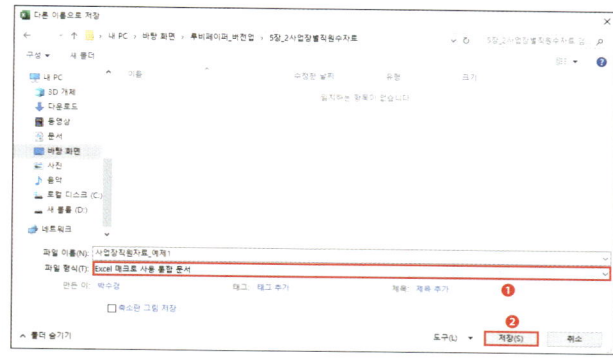

매크로가 포함된 엑셀 파일 열기

1. 매크로가 포함된 엑셀 파일을 열면, '보안 경고'가 표시됩니다. 매크로를 사용하려면 보안 경고에서 〈콘텐츠 사용〉을 클릭합니다.

- 〈콘텐츠 사용〉을 눌러서 열었던 엑셀 파일을 다시 열 때는 보안 경고가 표시되지 않습니다.

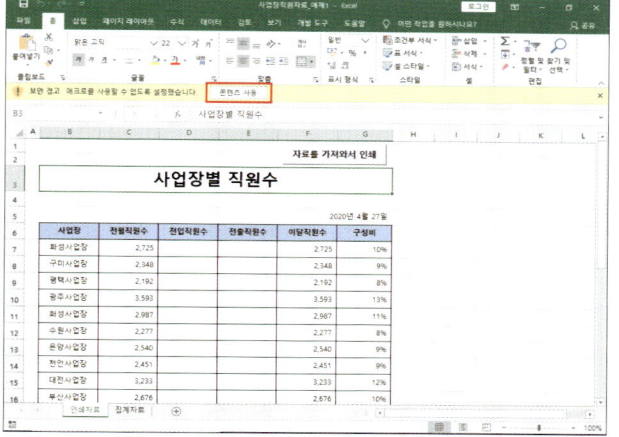

[응용] 한 걸음 더

| 예제 파일명: 사업장직원자료_한걸음더_예제.xlsm
| 완성 파일명: 사업장직원자료_한걸음더_완성.xlsm

복사와 인쇄 기능이 기록된 매크로를 도형에 적용하여 매크로가 적용된 결과를 확인할 수 있습니다.

도형에 매크로 적용하고 실행하기

1. [삽입] → [일러스트레이션] 그룹에서 [도형]을 선택하고, [기본 도형]에서 [구름]을 클릭합니다.

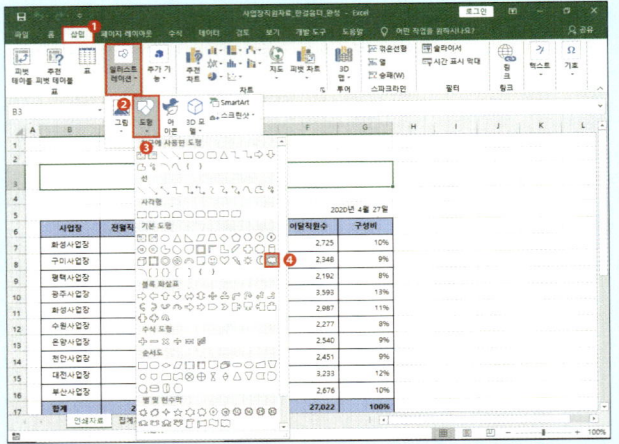

2. 마우스 포인터가 작은 십자 모양으로 변경되면, 시트 위에 끌어놓기하여 구름을 그립니다.

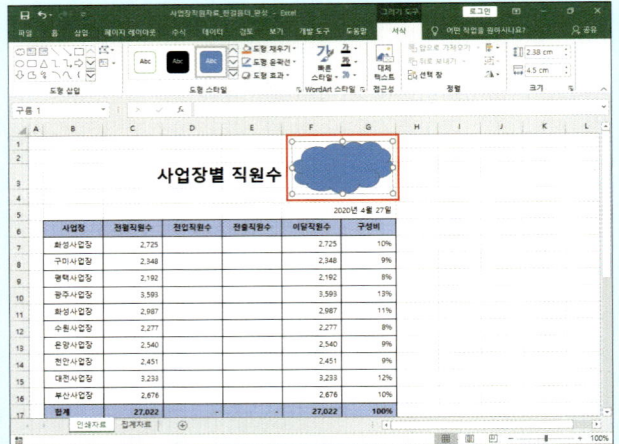

3. 구름 도형 위에 마우스 오른쪽 단추를 눌러서 [매크로 지정] 메뉴를 선택합니다.

• 그림 등의 개체에 매크로를 지정할 때도 마우스 오른쪽 단추를 눌러서 [매크로 지정] 메뉴를 선택할 수 있습니다.

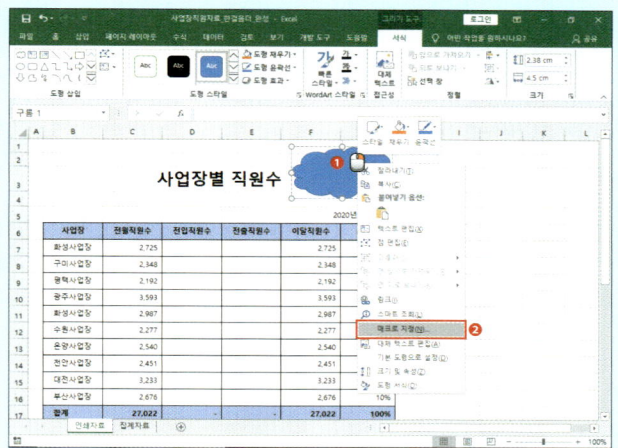

4. [매크로 지정] 대화상자가 열리면 매크로 목록에서 「복사인쇄」를 선택한 후에 〈확인〉을 누릅니다.

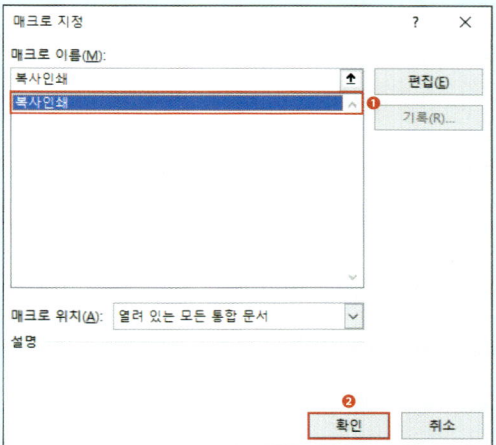

5. 매크로가 적용된 도형을 클릭해서 결과를 확인합니다.

• 매크로가 적용된 도형에 마우스 포인터를 가져다 대면 포인터가 손 모양으로 변경됩니다.

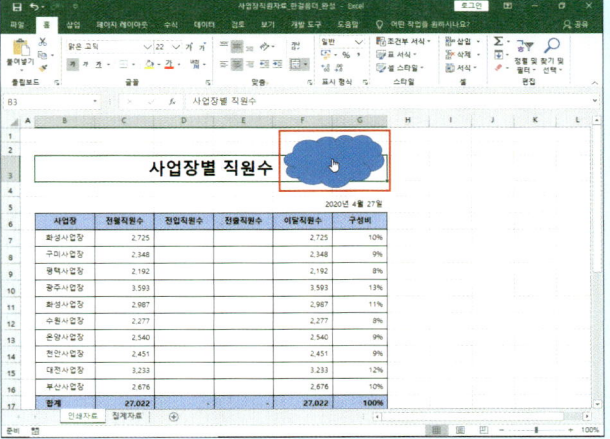

운송대장 인쇄

예제 파일명: 운송대장인쇄_예제.xlsx

작성된 운송대장을 한 장만 인쇄할 수도 있지만, 운송번호가 있는 모든 운송대장을 인쇄할 수도 있습니다. 하나의 운송번호에 해당하는 운송대장 인쇄는 간편하게 해결할 수 있습니다. 하지만 운송번호가 100개 정도 되는 운송대장을 인쇄해야 한다면, 사용자는 운송번호를 변경하고 인쇄, 다시 운송번호를 변경하고 인쇄… 이 작업을 100번 해야 합니다. 바로 이러한 부분을 매크로 기능과 약간의 코드 수정으로 해결할 수 있습니다.

미리보기 | 완성 파일명: 운송대장인쇄_완성.xlsm

1 한 장 인쇄 매크로

[안내] 워크시트에서 [D2] 셀의 숫자는 [대장] 워크시트에 있는 데이터의 행 번호를 의미합니다. 이번 절에서는 [안내] 워크시트에 표시되는 운송료 내역 한 장을 인쇄하는 매크로를 기록해봅니다.

매크로 기록하기 전에 체크하기

먼저 매크로를 기록하기 전에 운송번호를 선택하면 운송료 내역이 변경되는지 확인합니다.

1. [안내] 워크시트의 [D2] 셀에 사용자가 10 을 입력합니다.

- [대장] 워크시트에 데이터가 1행부터 40행까지 있으므로 1~40에서 숫자를 입력합니다. 각 운송료 내역에는 이 숫자를 이용한 함수가 입력되어 있고, 그 결과에 해당하는 운송료 내역이 표시됩니다.

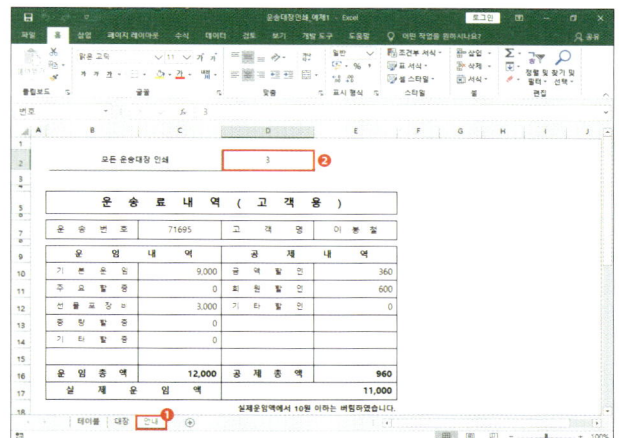

2. 운송료 내역이 변경되는 것을 확인합니다.

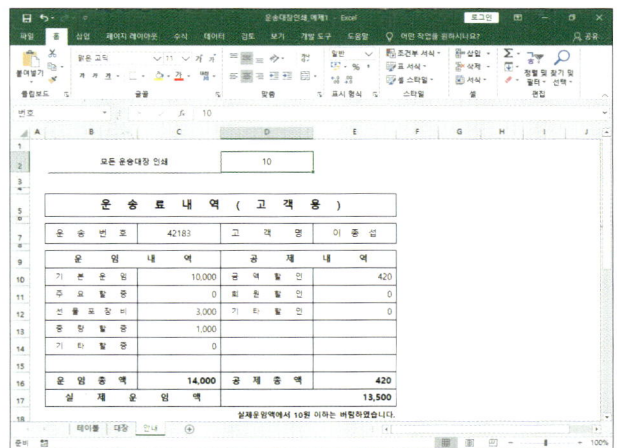

한 장 인쇄 매크로 기록하기

작업의 순서를 생각하면서 매크로 기록을 시작해야 합니다. 한 장 인쇄 매크로는 인쇄 작업 이외 별도로 기록할 내용이 없으므로 간단합니다.

인쇄하기

1. [개발 도구] → [코드] 그룹에서 [매크로 기록]을 클릭합니다.

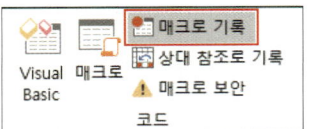

2. [매크로 기록] 대화상자가 열리면 '매크로 이름'은 『한장인쇄』를 입력하고 '바로 가기 키'는 지정하지 않고, '매크로 저장 위치'는 「현재 통합 문서」인 것을 확인한 후에 〈확인〉을 누릅니다.

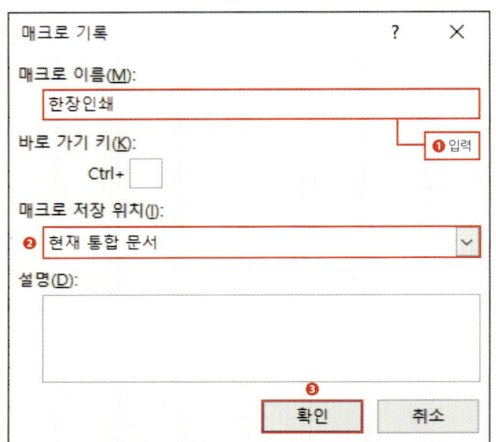

3. [안내] 워크시트가 선택된 상태에서 [파일] 메뉴를 선택합니다. 백스테이지 화면이 나타나면 왼쪽 메뉴에서 [인쇄]를 선택하고 〈인쇄〉를 누릅니다.

4. [개발 도구] → [코드] 그룹에서 [기록 중지]를 클릭합니다.

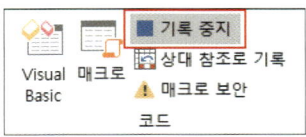

2   모두 인쇄 매크로

[대장] 워크시트에 있는 운송번호별로 운송대장을 모두 인쇄하는 매크로를 만들고 단추에 연결합니다.

모두 인쇄 작업 생각

운송번호별로 운송대장을 작성해서 한꺼번에 모두 인쇄하려면 어떻게 해야 할까요? 필자가 생각한 순서를 독자 여러분도 따라서 생각해보세요.

5 그러면 [D2] 셀의 값을 1부터 40까지 자동으로 증가시키면서 인쇄해야겠다!

4 운송료내역의 각 셀은 [D2] 셀에 있는 숫자를 통해 [대장] 워크시트에 있는 자료를 참조하는구나

3 내가 번호를 직접 입력할까? 하지만 운송번호가 1,000개라면? 1,000번을 반복하는 것은 불가능해!

2 운송번호별로 운송대장을 모두 출력하려면 [안내] 워크시트 [D2] 셀에 운송번호를 바꿔가면서 40번 출력해야 하는구나. 그럼, 누가 운송번호를 바꿀까?

1 [대장] 워크시트에 자료를 보면 운송번호가 40개이구나 즉, 운송번호가 다른 운송대장을 40장 인쇄해야 하는구나

정리해 보면, [D2] 셀의 값을 1~40까지 자동으로 증가시키면서 운송번호별 운송대장을 한꺼번에 인쇄할 수 있습니다.

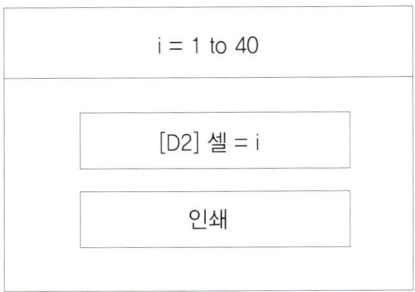

3 VB 편집기에서 코딩하기

앞에서 생각한 내용을 VBA 코드로 구현합니다.

1. [개발 도구] → [코드] 그룹에서 [Visual Basic]을 클릭합니다(Alt + F11).

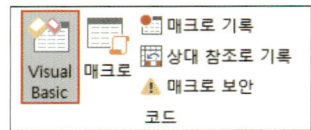

2. VB 편집기 왼쪽에 있는 프로젝트 탐색기에서 '모듈' 앞에 [+]를 눌러서 확장하고, 모듈 아래 'Moudule1'을 더블 클릭합니다.

- 코드 창에는 앞에서 기록한 매크로 코드가 입력된 것을 확인할 수 있습니다.

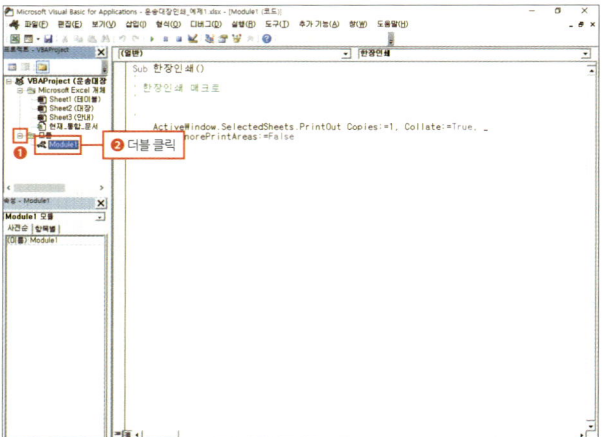

3. 입력된 코드 아래에 『Sub 모두인쇄( )』를 입력합니다. 이어서 Enter↵를 누르면 아래 줄에 『End Sub』이 자동으로 입력됩니다.

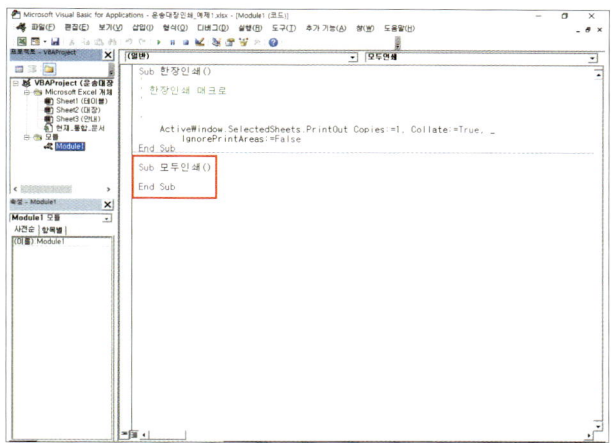

4. "Sub 모두인쇄( )"와 "End Sub" 사이에 다음과 같은 코드를 입력합니다.

```
For i = 1 to 40
    Range("D2").Value = i
```

5. 앞에서 기록한 인쇄 매크로 코드를 선택한 후에 Ctrl + C를 눌러 복사하고, 작성 중인 코드 아래에 Ctrl + V를 눌러 붙여넣습니다.

```
ActiveWindow.SelectedSheets.PrintOut Copies:=1, Collate:=True, _
        IgnorePrintAreas:=False
```

6. 이어서 다음 줄에 『Next i』를 입력하고 코드 작성을 마칩니다. 완성된 코드는 다음과 같습니다.

```
Sub 모두인쇄()
    For i = 1 To 40
        Range("D2").Value = i
        ActiveWindow.SelectedSheets.PrintOut Copies:=1, Collate:=True, _
        IgnorePrintAreas:=False
    Next i
End Sub
```

7. VB 편집기의 닫기 단추(⊠)를 눌러서 창을 닫습니다.

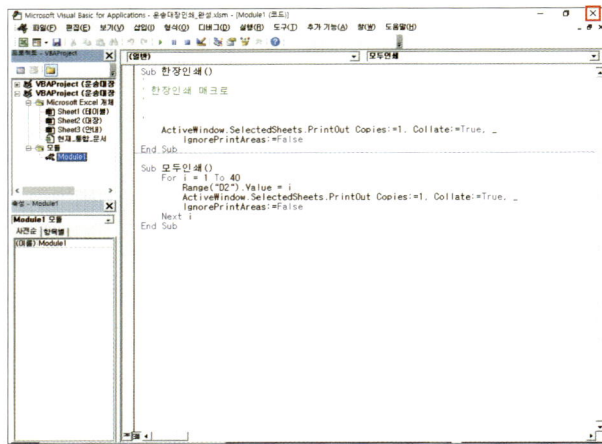

코드 풀이

Sub 프로시저

매크로로 기록하면 Sub ~ End Sub 프로시저 구조가 만들어집니다. 사용자가 작성하는 일반적인 프로시저도 Sub ~ End Sub 구조로 만듭니다.

```
Sub 모두인쇄()
    명령문
    명령문
End Sub
```

'모두인쇄' 이름으로 된 구조가 실행되며, Sub ~ End Sub 사이에 입력한 명령문이 순서대로 실행됩니다.

주어진 숫자만큼 반복하는 반복문

```
For i = 1 To 40
    명령문
Next i
```

처음 i 변수에 1을 넣고 40이 될 때까지(40 포함) i 변수를 1씩 증가시키면서 명령문을 40번 반복합니다. 즉, i 변수에 1을 넣고 i가 1인 상태에서 next i 이전까지 실행합니다. next i가 실행되면 i 변수는 2가 되고 i가 2인 상태로 다시 명령문을 실행합니다. 이런 식으로 40번 반복하여 i 변수가 41이 되면 반복은 종료됩니다.

Range("D2").Value = i
[D2] 셀에 i 값을 입력하는 코드입니다. '='을 기준으로 오른쪽 값을 왼쪽에 입력합니다. 이때, Range('D2').Value는 '개체.속성'의 구조입니다. Range('D2')은 [D2] 셀이며 Value는 '값'을 의미하는 속성입니다.

ActiveWindow.SelectedSheets.PrintOut Copies:=1, Collate:=True, IgnorePrintAreas:=False
인쇄 명령을 매크로로 기록한 코드입니다. 명령문이 길어서 한 줄에 다 표현하기 어려울 때는 밑줄(_)을 입력하고 다음 줄에 이어서 표시합니다.

4 양식 컨트롤에 매크로 적용하기

1. [안내] 워크시트의 〈모든 운송대장 인쇄〉 단추 위에 마우스 오른쪽 단추를 누른 다음 [매크로 지정] 메뉴를 선택합니다.

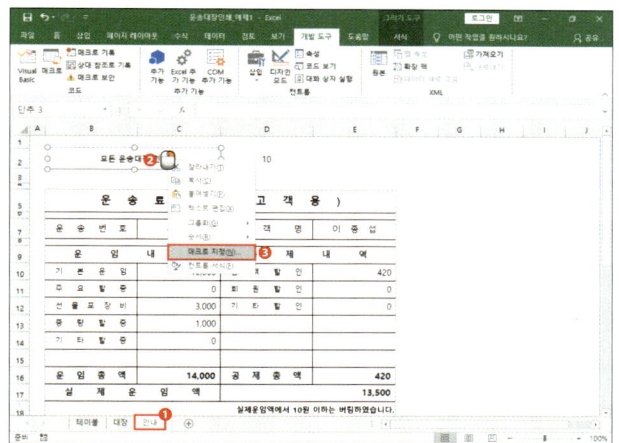

2. [매크로 지정] 대화상자가 열리면 매크로 목록에서 「모두인쇄」를 선택한 후에 〈확인〉을 누릅니다.

• 단추를 누르면 운송번호가 자동으로 변경되면서 모든 운송대장이 출력됩니다.

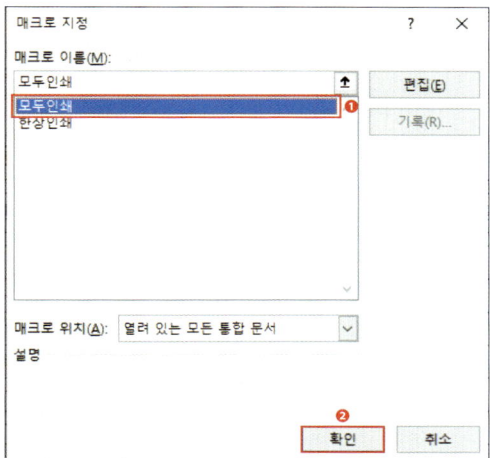

[응용] 한 걸음 더

| 예제 파일명: 운송대장인쇄_한걸음더_예제.xlsm | 완성 파일명: 운송대장인쇄_한걸음더_완성.xlsm

인쇄하기 전에 인쇄 미리보기 작업을 하기 위해, 미리보기 소스코드를 추가로 입력할 수 있습니다.

미리보기

미리보기 코딩 소스로 수정하기

1. [개발 도구] → [코드] 그룹에서 [Visual Basic]을 클릭합니다(Alt + F11).

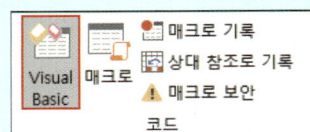

2. VB 편집기가 열리면 왼쪽의 프로젝트 탐색기에서 'Moudule1'을 더블 클릭하고, 앞에서 작성한 '한장인쇄' 소스코드를 선택한 후에 Ctrl + C를 눌러 복사합니다. 이어서 코드 맨 아래 빈 곳에 Ctrl + V를 눌러 붙여넣습니다.

```
Sub 한장인쇄()
'
' 한장인쇄 매크로
'
'
ActiveWindow.SelectedSheets.PrintOut Copies:=1, Collate:=True, _
        IgnorePrintAreas:=False
End Sub
```

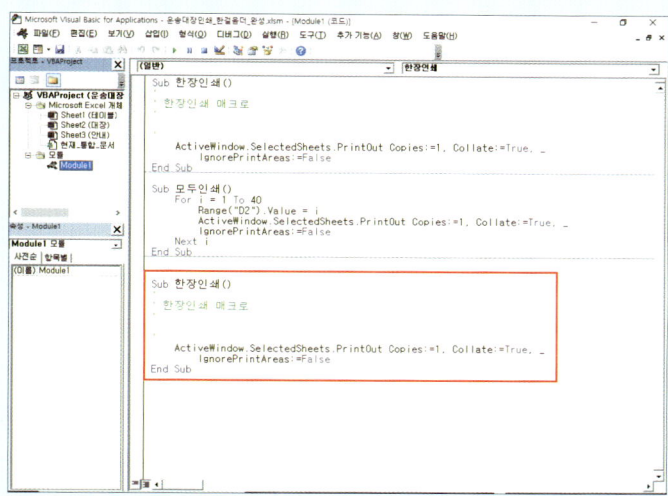

3. "Sub 한장인쇄()"를 『Sub 미리보기()』로 수정하고, 코드 중간에 인쇄 명령문인 "PrintOut"을 미리보기 명령인 『PrintPreview』로 수정합니다. 또한, 인쇄할 때 필요했던 인수(Copies:=1, Collate:=True, IgnorePrintAreas:=False)는 미리보기에서는 필요하지 않으므로 지웁니다. 완성된 코드는 다음과 같습니다.

```
Sub 미리보기()
    ActiveWindow.SelectedSheets.PrintPreview
End Sub
```

4. VB 편집기의 닫기 단추(☒)를 눌러서 창을 닫습니다.

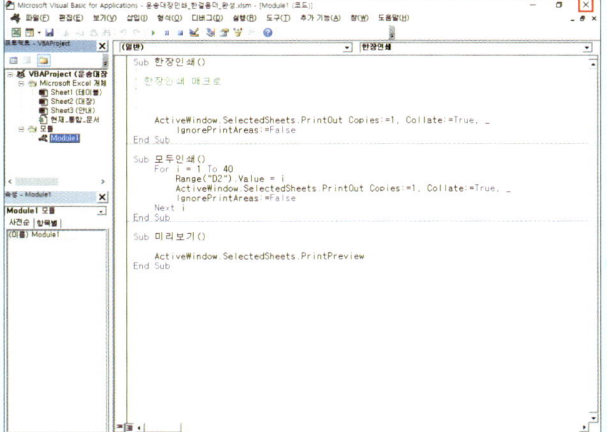

만들어진 양식 컨트롤에 매크로 적용하기

1. [안내] 워크시트에 있는 〈미리보기〉 단추 위에 마우스 오른쪽 단추를 누른 다음 [매크로 지정] 메뉴를 선택합니다.

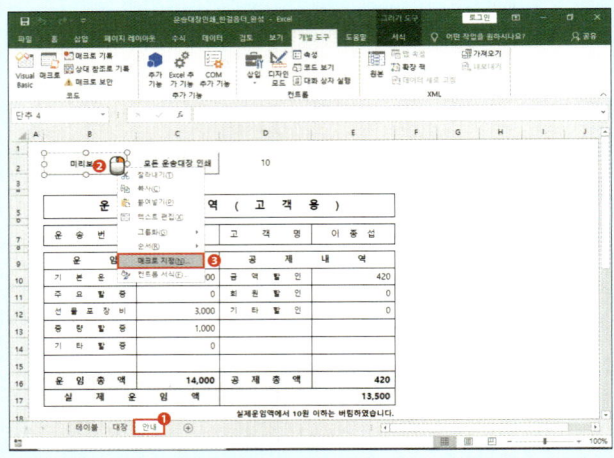

2. [매크로 지정] 대화상자가 열리면 매크로 목록에서 「미리보기」를 선택한 후에 〈확인〉을 누릅니다.

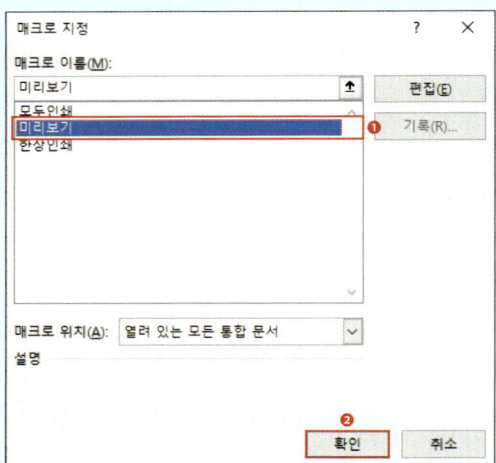

3. 〈미리보기〉 단추를 누르면 결과를 확인할 수 있습니다.

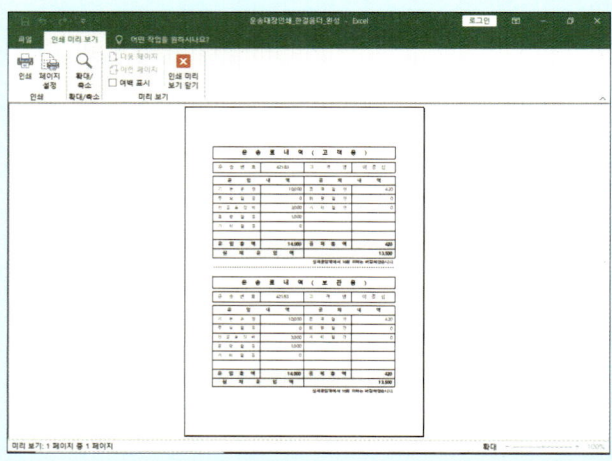

매출자료

예제 파일명: 매출자료_예제.xlsx

입력된 거래내역 자료를 이용하여 피벗 테이블을 작성합니다. 그런데 매일 일어나는 거래를 기록하는 거래내역 자료는 데이터의 범위가 고정되지 않고, 수시로 변동됩니다. 이 상태에서 피벗 테이블의 '새로 고침' 단추를 눌러도 데이터의 범위는 변동되지 않으므로 추가로 입력한 데이터는 피벗 테이블에 반영되지 않습니다. 그래서 데이터의 범위가 변동되면 피벗 테이블 작성 시 사용한 데이터 범위를 자동으로 변경하는 매크로를 작성할 수 있습니다.

미리보기 | 완성 파일명: 매출자료_완성.xlsm

민국상사 매출분석 보고서

합계 : 수량

	1월	2월	3월	4월	총합계
대향유통	199	109	1,030		1,338
마틴사	167	112	478		757
반도랜드	164	144	1,489	96	1,893
보성랜드	126	83	911		1,120
삼미유통	156	938	397		1,491
신동화	246	598	992	50	1,886
아이상사	186	260	697	111	1,254
천하상사	212	53	391		656
푸름사	293	100	923	96	1,412
풀무사	373	166	426		965
한성상사	177	75	568		820
총합계	2,299	2,638	8,302	353	13,592

1 범위를 선택하는 매크로 기록하기

[거래내역] 워크시트의 [A1:G340] 범위는 '원본'이라는 이름으로 지정되어 있으며, 이 범위를 기준으로 해서 [분석자료] 워크시트에 피벗 테이블이 작성되어 있습니다. 데이터가 변경될 때 이름을 새로 지정하는 VBA 코딩을 작성하기에 부담스럽다면, 먼저 매크로를 기록한 후에 작성된 코드를 수정하는 것이 쉽습니다.

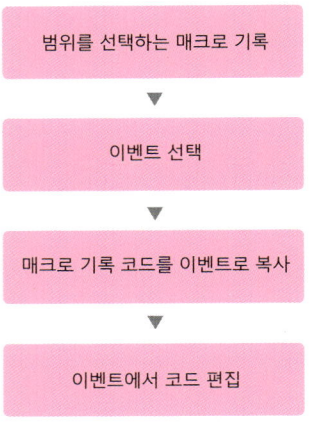

1. [개발 도구] → [코드] 그룹에서 [매크로 기록]을 클릭합니다.

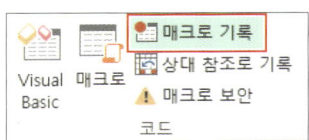

2. [매크로 기록] 대화상자가 열리면 '매크로 이름'은 『매크로1』이 입력된 것을 확인하고, '바로 가기 키'는 지정하지 않고, '매크로 저장 위치'는 「현재 통합 문서」인 것을 확인한 후에 〈확인〉을 누릅니다.

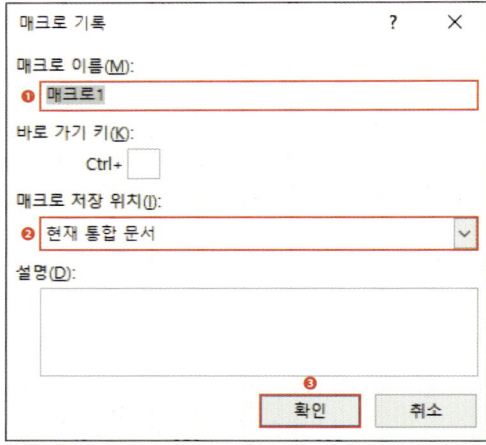

3. [거래내역] 워크시트에서 [A1] 셀을 선택하고 Ctrl + * 또는 Ctrl + Shift + 8 을 누릅니다. 그리고 [개발 도구] → [코드] 그룹에서 [기록 중지]를 클릭합니다.

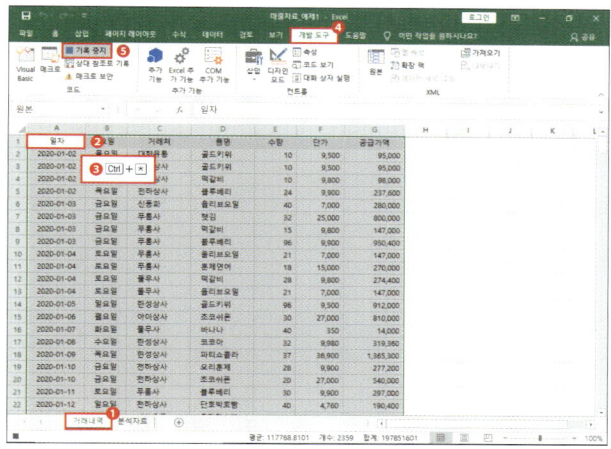

2 데이터 입력할 때 자동으로 매크로 실행

매크로가 데이터를 입력할 때 자동으로 실행되게 하려면, 워크시트 이벤트에 매크로 VBA 코드를 입력합니다. 워크시트 이벤트 중 Change 이벤트는 시트 안에 있는 셀의 값이 변경될 때, 매크로 VBA가 실행됩니다.

1. 이벤트 창에 매크로 VBA를 코딩하기 위해, [거래내역] 워크시트 탭 위에 마우스 오른쪽 단추를 누른 후에 [코드 보기] 메뉴를 선택합니다.

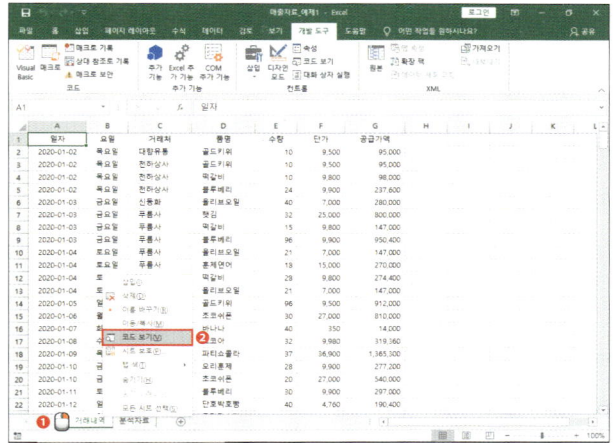

2. 이벤트 코드 창에서 위에 있는 '개체' 목록을 클릭하여 [Worksheet]를 선택합니다.

• 자동으로 입력되는 SelectionChange 이벤트 프로시저는 무시합니다.

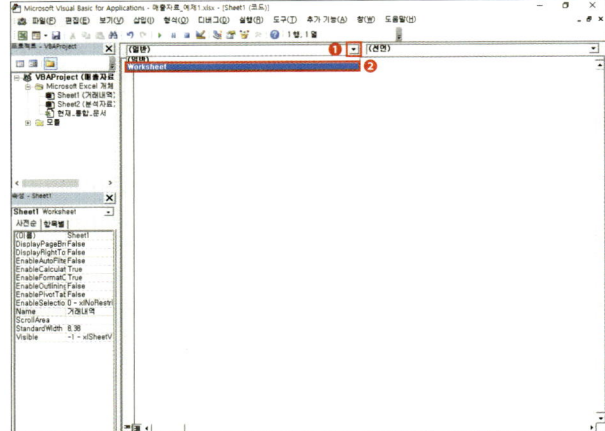

3. 오른쪽에 '이벤트' 목록을 클릭하여 [Change]를 선택합니다. 그러면 다음과 같은 이벤트 프로시저가 작성됩니다.

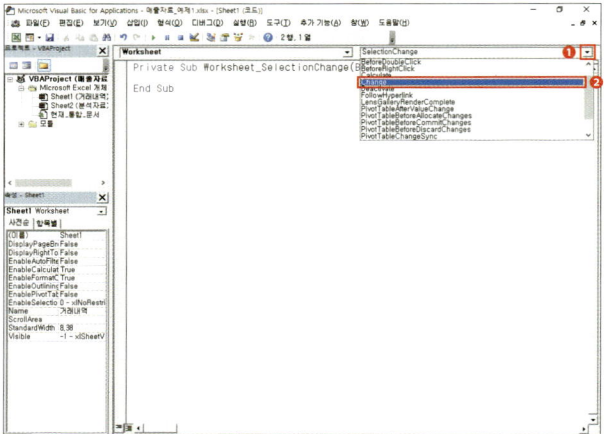

```
Private Sub Worksheet_Change(ByVal Target As Range)

End Sub
```

4. 프로젝트 탐색기에서 '모듈'의 [+]를 눌러서 'Moudule1'을 더블 클릭합니다. 앞에서 기록한 매크로 코드를 선택한 후에 Ctrl + C를 눌러 복사합니다.

```
Range("A1").Select
Selection.CurrentRegion.Select
```

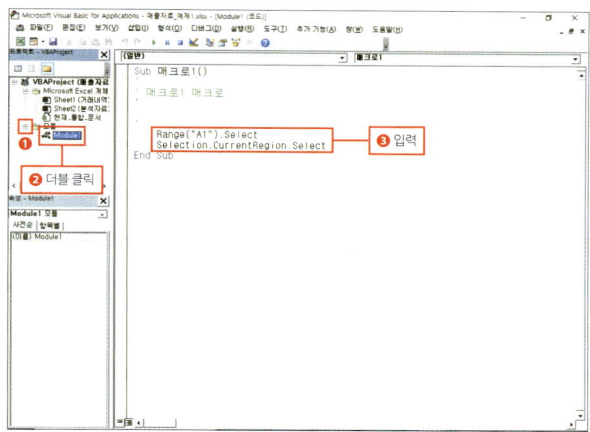

5. 프로젝트 탐색기에서 'Sheet1 (거래내역)'을 더블 클릭합니다. Change 이벤트 프로시저 안에 Ctrl + V를 눌러 붙여넣습니다. 완성된 코드는 다음과 같습니다.

```
Private Sub Worksheet_Change(ByVal Target As Range)
    Range("A1").Select
    Selection.CurrentRegion.Select
End Sub
```

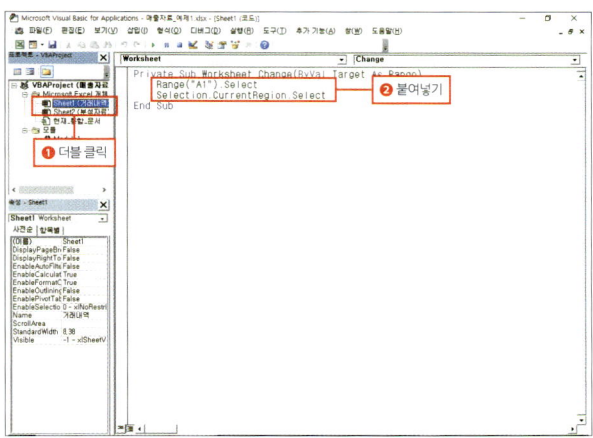

코드 풀이

이벤트 프로시저 구조

이벤트 프로시저는 개체 창과 이벤트를 선택하면 프로시저 구조가 자동으로 만들어 집니다.

```
Private Sub Worksheet_Change(ByVal Target As Range)
    Range("A1").Select
    Selection.CurrentRegion.Select
End Sub
```

- Worksheet_Change: 시트 안에 있는 셀의 값이 변경될 때 실행하는 이벤트입니다.
- Range("A1").Select: [A1] 셀을 선택합니다.
- Selection.CurrentRegion.Select: 'Selection'은 앞에서 선택한 [A1] 셀이고, 'CurrentRegion.Select'은 빈 행, 빈 열 있는 곳까지이고, 'Select'는 선택입니다. 즉, [A1] 셀을 기준으로 빈 행, 빈 열까지 선택합니다.

3 이름 지정 VBA 코드

복사된 코드는 데이터가 입력된 곳까지 범위를 선택하는 것을 기록한 코드이므로, 이름을 지정하는 코드로 수정해야 합니다.

1. 작성된 프로시저 안에서 Selection은 Range("A1")을 의미하므로, "Selection"을 『Range("A1")』으로 수정하고, "Range("A1").Select"는 Delete를 눌러서 삭제합니다. 작성된 코드는 다음과 같습니다.

```
Range("A1").CurrentRegion.Select
```

2. '원본' 이름을 지정하는 코드로 수정하기 위해, 선택하는 명령문 Select를 삭제하고, 이름을 지정하는 명령문 Name = "원본"으로 수정합니다. 작성된 코드는 다음과 같습니다.

- [A1] 셀을 기준으로 빈 행, 빈 열까지 '원본' 이름으로 지정하는 것입니다.

```
Range("A1").CurrentRegion.Name = "원본"
```

3. VB 편집기의 닫기 단추(X)를 눌러서 창을 닫습니다.

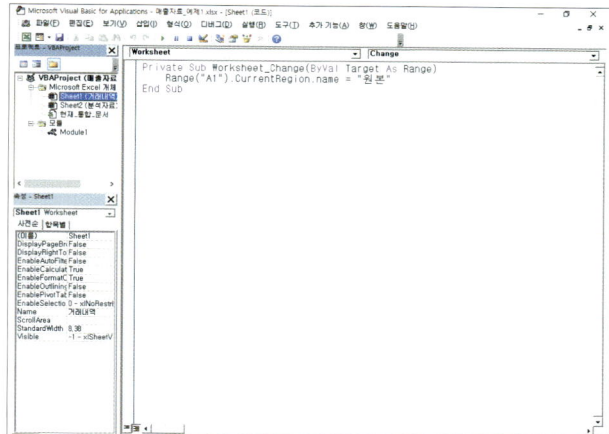

결과 확인하기

1. [거래내역] 워크시트에서 데이터를 추가로 입력합니다.

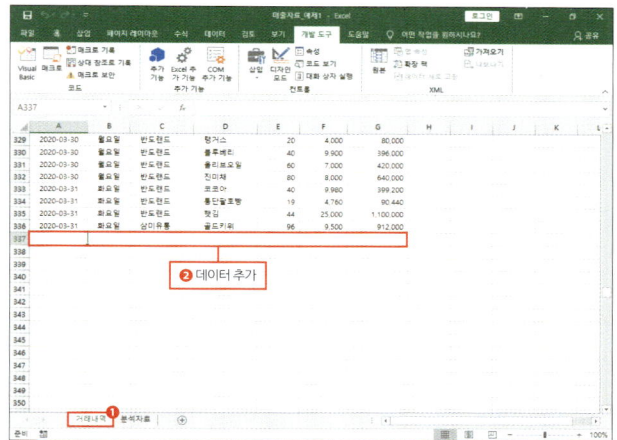

2. [분석자료] 워크시트를 선택하고 [피벗 테이블 도구] → [분석] → [데이터] 그룹에서 [새로 고침]을 클릭합니다.

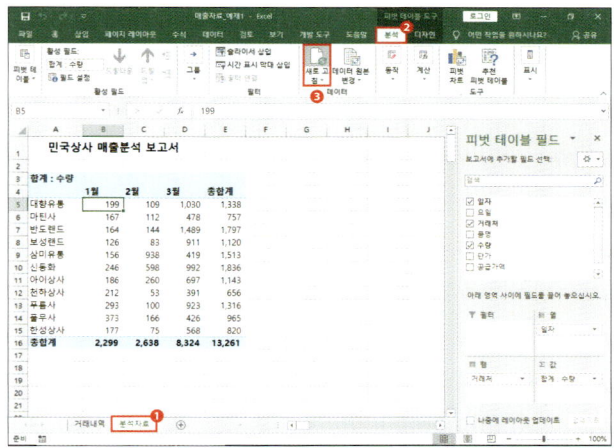

3. 피벗 테이블로 작성된 데이터가 변경되는 것을 확인합니다.

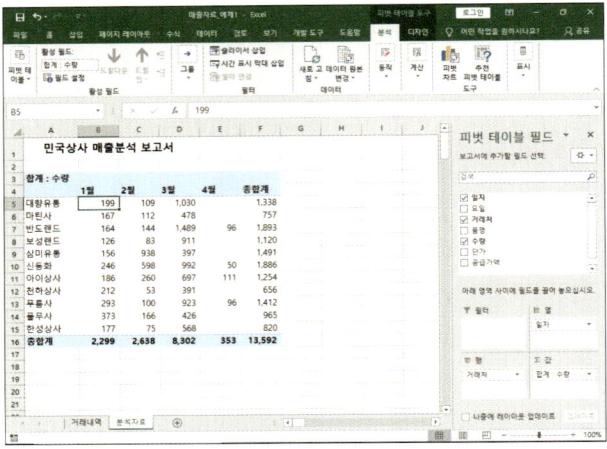

매출자료 CHAPTER 04 405

[응용] 한 걸음 더

| 예제 파일명: 매출자료_한걸음더_예제.xlsx | 완성 파일명: 매출자료_한걸음더_완성.xlsm

워크시트를 선택할 때 발생하는 이벤트를 이용하여 피벗 테이블이 작성된 워크시트를 활성화하면 '원본' 이름이 자동으로 지정되는 매크로를 작성합니다.

워크시트 선택 시 이름 자동 지정

1. [개발 도구] → [코드] 그룹에서 [Visual Basic]을 클릭합니다(Alt + F11).

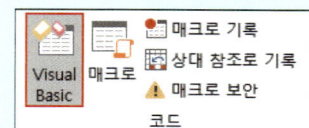

2. VB 편집기의 프로젝트 탐색기에서 'Sheet2 (분석자료)'를 더블 클릭합니다. 이벤트 코드 창에서 개체 목록을 클릭하여 [Worksheet]를 선택하고, 이벤트 목록을 클릭하여 [Activate]를 선택합니다. 그러면 다음과 같은 이벤트 프로시저가 작성됩니다.

```
Private Sub Worksheet_Activate()

End Sub
```

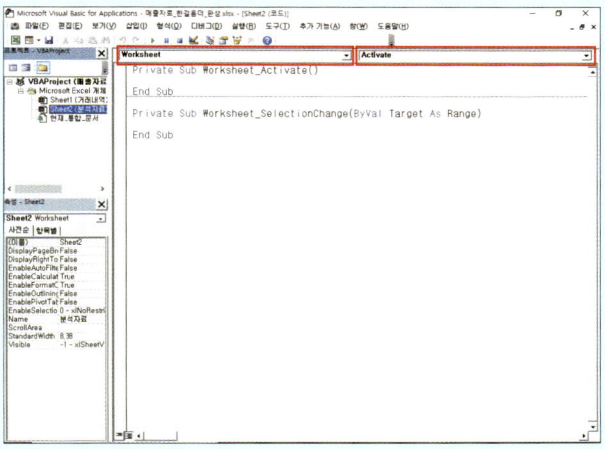

3. 작성된 프로시저 안에 다음과 같은 코드를 입력합니다.

```
Worksheets("거래내역").Range("A1").CurrentRegion.Name = "원본"
```

코드 풀이

Worksheets("거래내역").Range("A1").CurrentRegion.Name = "원본"

'거래내역' 시트의 [A1] 셀을 기준으로 빈 행, 빈 열까지 '원본' 이름으로 지정하는 것입니다. Worksheets("거래내역")을 입력하지 않으면 오류가 발생합니다. 즉, 『Range("A1").CurrentRegion.Name = "원본"』으로 입력하면 현재 활성화된 워크시트의 [A1] 셀을 기준으로 이름이 지정됩니다. 즉, [분석자료] 워크시트의 [A1] 셀을 기준으로 범위가 지정되므로 오류입니다.

4. VB 편집기의 닫기 단추(☒)를 눌러서 창을 닫습니다.

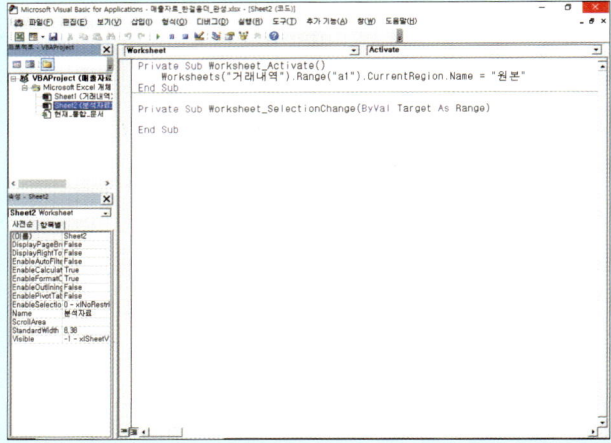

결과 확인하기

1. [거래내역] 워크시트에서 데이터를 추가로 입력합니다.

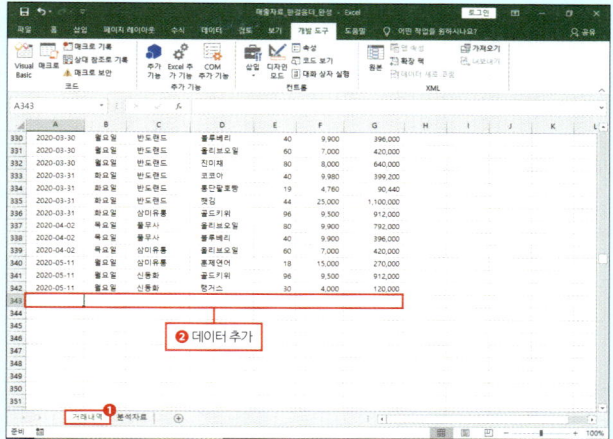

2. [분석자료] 워크시트를 선택하고 [피벗 테이블 도구] → [분석] → [데이터] 그룹에서 [새로 고침]을 클릭합니다.

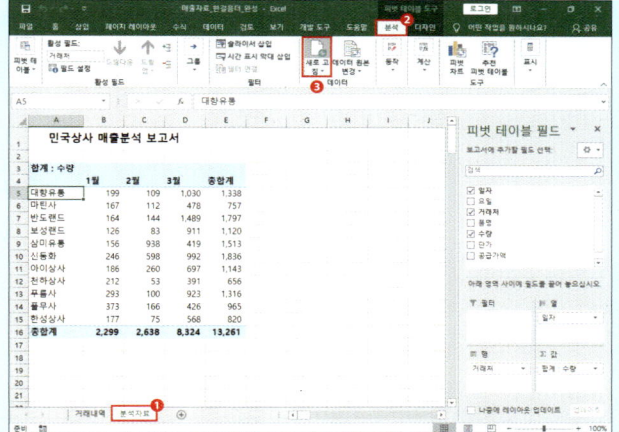

3. 피벗 테이블로 작성된 데이터가 변경되는 것을 확인합니다.

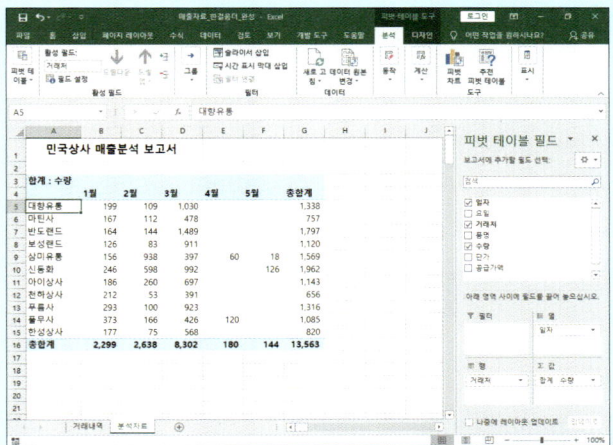

CHAPTER 05 아르바이트 급여

예제 파일명: 아르바이트급여_예제.xlsx

아르바이트 급여는 시간에 따라 지급합니다. 보통은 시간에 대한 일정한 금액을 지급하지만, 시간에 구간을 정하여 0~16시간, 17~24시간, 25~32시간, 32시간 이상에 도달할 때마다, 그에 해당하는 시간에 대한 금액을 계산하고자 합니다. 엑셀의 함수와 수식을 이용하여 계산하지 않고, 사용자가 직접 함수를 작성하여 아르바이트 급여를 계산할 수 있습니다.

미리보기 | 완성 파일명: 아르바이트급여_완성.xlsm

아르바이트 급여계산

성명	근무시간	급여
정시후	17	103,000
박정환	3	18,000
이사윤	32	216,000
조혜숙	39	279,000
이재호	16	96,000
최형규	8	48,000
양수경	24	152,000
김용현	40	288,000
최현실	23	145,000
윤동숙	12	72,000
곽동진	18	110,000
정일수	29	192,000
유상국	37	261,000
박지운	33	225,000
김재기	13	78,000
한웅춘	6	36,000
전현철	8	48,000
이주명	40	288,000
황오성	31	208,000
한영섭	14	84,000

1 준비 작업하기

함수의 규칙 정리하기

이번 절에서 함수로 만들려는 아르바이트 급여 계산 규칙을 표로 정리하면 다음과 같습니다.

아르바이트 시간	시간당 급여
16시간 이하	6,000원
16시간 초과, 24시간 이하	7,000원
24시간 초과, 32시간 이하	8,000원
32시간 초과	9,000원

예를 들어, 30시간을 근무했다면 16시간까지 시간당 6,000을 곱하고, 17시간에서 24시간까지 시간당 7,000을 곱하고, 25시간에서 30시간까지 시간당 8,000을 곱합니다. 그러면 급여는 200,000원입니다.

작업순서 생각하기

입력되는 근무시간에 따라 시간당 금액을 계산해야 하므로, 코드를 입력하는 방법을 생각하면 다음과 같습니다.

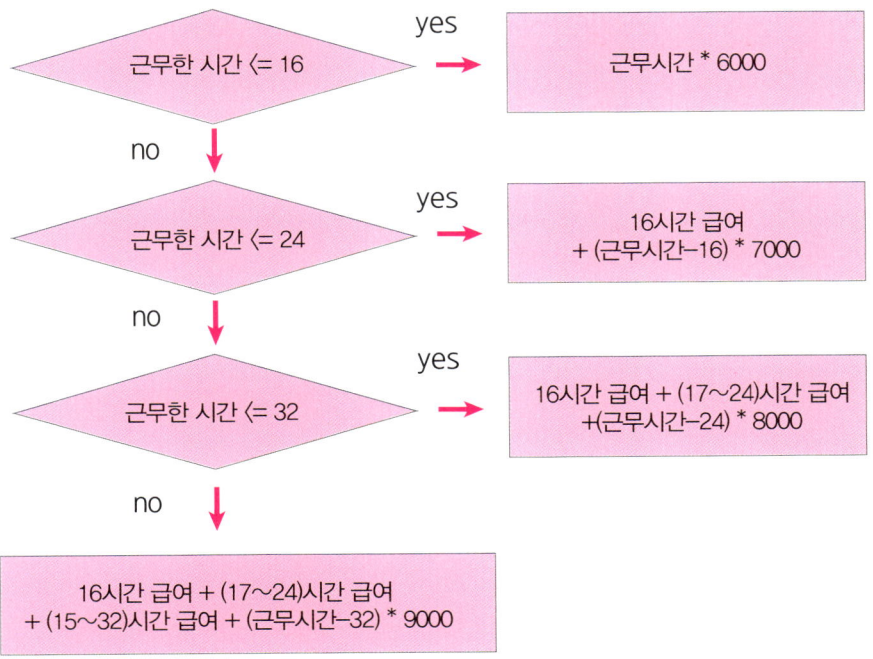

2 사용자 함수 만들기

사용자가 직접 만드는 함수는 Function 프로시저라고 합니다.

VB 편집기에서 코딩하기

1. [개발 도구] → [코드] 그룹에서 [Visual Basic]을 클릭합니다(Alt + F11).

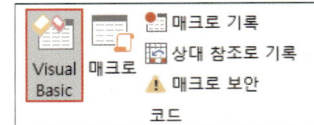

2. VB 편집기 메뉴에서 [삽입] → [모듈]을 선택합니다.

- 소스를 입력하기 위해 모듈을 삽입합니다.

3. 모듈 코드 창에 커서가 깜박이면 『Function WAGE(WkTime)』를 입력하고 Enter를 누릅니다.

- 함수명은 WAGE로 지정되며, 사용자가 WkTime의 값을 입력하면, 코드가 실행되고 결괏값을 구합니다. 즉, 입력값에 해당하는 임금을 결괏값으로 구하는 함수입니다.

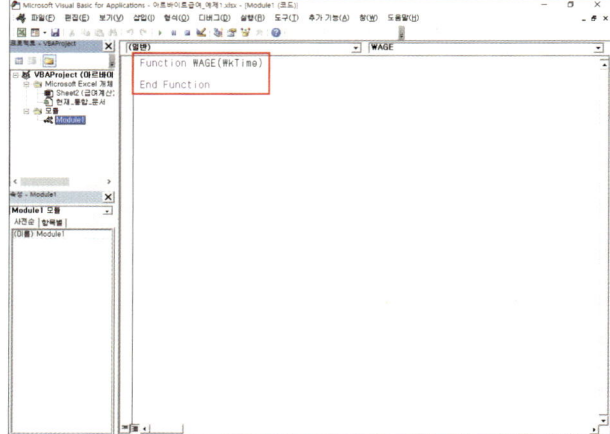

4. 'Function WAGE(WkTime)'과 'End Function' 사이에 다음의 코드를 입력합니다.

```
WAGE = 0
If WkTime <= 16 Then
    WG = WkTime * 6000
ElseIf WkTime <= 24 Then
    WG = 96000
    WG = WG + ((WkTime - 16) * 7000)
ElseIf WkTime <= 32 Then
    WG = 96000 + 56000
    WG = WG + ((WkTime - 24) * 8000)
Else
    WG = 96000 + 56000 + 64000
    WG = WG + ((WkTime - 32) * 9000)
End If
WAGE = WG
```

5. VB 편집기의 닫기 단추(☒)를 눌러서 창을 닫습니다.

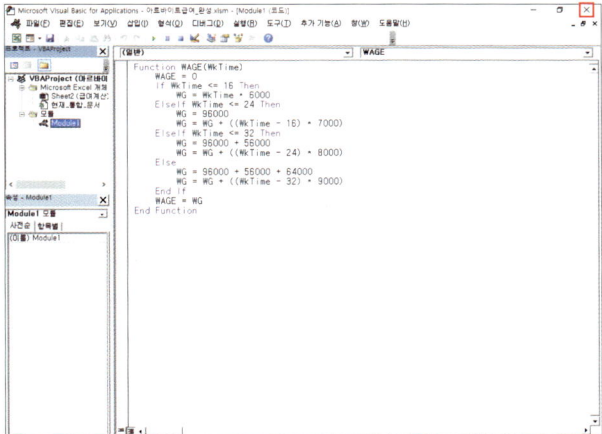

코드 풀이

Function 프로시저 구조

사용자가 함수를 작성하는 프로시저는 Function ~ End Function 구조로 만듭니다.

```
Function WAGE(WkTime)
    명령문
    명령문
End Function
```

워크시트에서 'WAGE'라는 이름의 함수를 사용하려면 인수로 WkTime에 입력할 값을 입력해야 합니다. 그러면 Function ~ End Function 사이의 명령문이 순서대로 실행됩니다.

- WAGE = 0: 함수의 계산 결과가 결정되기 전에 WAGE에 0을 입력합니다. 기존 값을 0으로 초기화하는 역할입니다.
- WAGE = WG: 변수 WG에 입력된 값을 WAGE 함수에 입력합니다.

조건에 따라 실행하는 조건문1

```
If 조건식 Then
    참 명령문
Else
    거짓 명령문
End If
```

조건식의 결과가 참(True)이면 Then 아래에 있는 '참 명령문'을 실행하고, 아니면(False) Else 아래에 있는 '거짓 명령문'을 실행합니다.

조건에 따라 실행하는 조건문2

```
If 조건식1 Then
    참 명령문1
ElseIf 조건식2 Then
    참 명령문2
Else
    거짓 명령문
End If
```

조건식1 결과가 참(True)이면 Then 아래에 있는 '참 명령문1'을 실행하고, 아니면(False) ElseIf에 입력된 조건식2 결과가 참(True)이면 Then 아래에 있는 '참 명령문2'를 실행하고, 아니면(False) Else 아래에 있는 거짓 명령문을 실행합니다.

사용자 함수에 도움말 입력하기

1. [개발 도구] → [코드] 그룹에서 [매크로]를 클릭합니다.

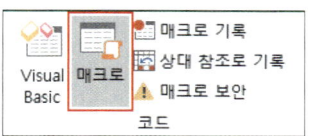

2. [매크로] 대화상자가 열리면 '이름'란에 『WAGE』를 입력하고 〈옵션〉을 누릅니다.

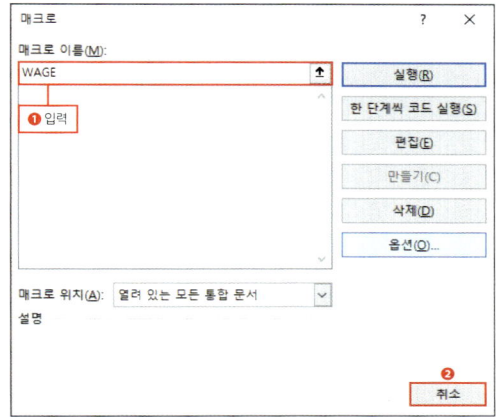

3. [매크로 옵션] 대화상자가 열리면 '설명' 상자에 『근무시간에 따른 급여를 계산합니다. WkTime에 근무시간을 입력하세요.』라고 입력한 후에 〈확인〉을 누릅니다. 이어서 [매크로] 대화상자에서도 닫기 단추(⊠)를 누릅니다.

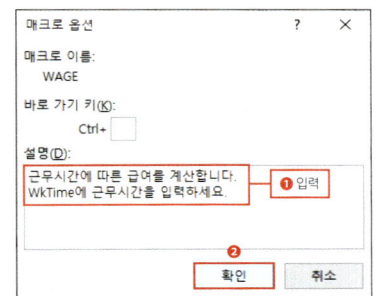

사용자 함수 실행하기

완성된 사용자 함수를 이용하여 급여를 계산합니다.

1. [급여계산] 워크시트에서 [C4] 셀을 선택하고, '함수삽입 (𝑓𝑥)'을 클릭합니다.

2. [함수 마법사] 대화상자가 열리면 '범주 선택'란의 목록을 클릭하여 「사용자 정의」를 선택합니다. 이어서 '함수 선택' 상자에서 「WAGE」를 선택한 후에 〈확인〉을 누릅니다.

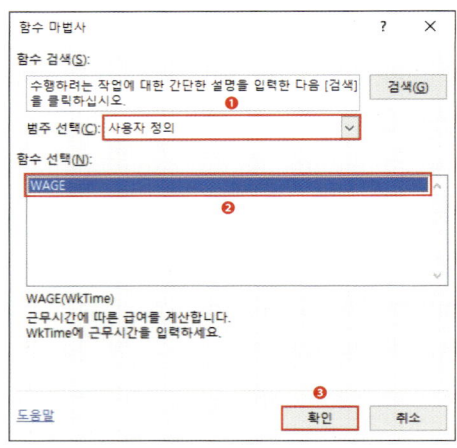

3. 이어서 [함수 인수] 대화상자가 열리면 'WkTime'란을 클릭하고 워크시트에서 [B4] 셀을 선택한 후에 〈확인〉을 누릅니다.

- [C4] 셀에 직접 『=WAGE(B4)』를 입력해도 됩니다.

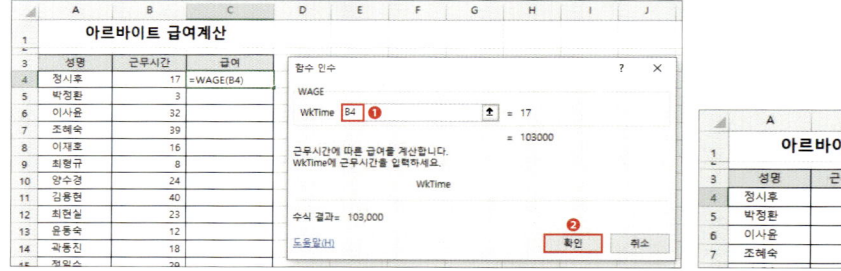
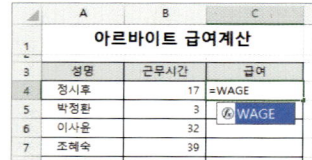

4. [C4] 셀의 채우기 핸들을 마우스로 더블 클릭합니다.

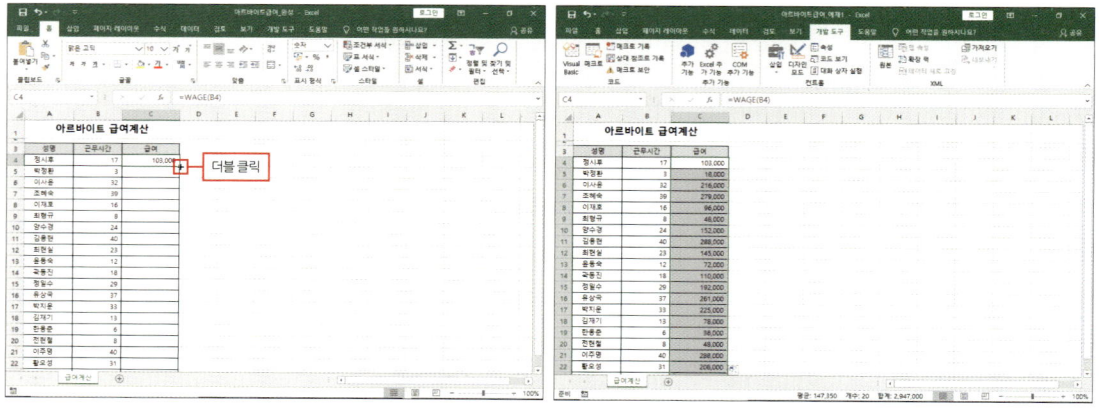

아르바이트 급여　CHAPTER 05

[응용] 한 걸음 더

| 예제 파일명: 아르바이트급여_한걸음더_예제.xlsm　　　| 완성 파일명: 아르바이트급여_한걸음더_완성.xlsm

아르바이트 시간에 대한 급여를 계산하면서 급여에 근무 개월도 포함하여 반영하는 함수를 작성합니다.

함수의 규칙 정리하기

앞에서 작업한 규칙으로 급여를 계산하고, 근무 개월 수에 따라 1%를 가산한 급여를 계산합니다.

급여 + (급여 * 근무개월수 * 0.01)

VB 편집기에서 코딩하기

1. [개발 도구] → [코드] 그룹에서 [Visual Basic]을 클릭합니다(Alt + F11).

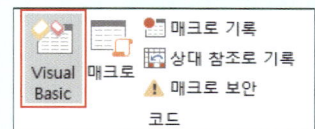

2. 'Moudule1'의 코드 창에는 앞에서 작성한 VBA 코드가 입력된 것을 확인할 수 있습니다.

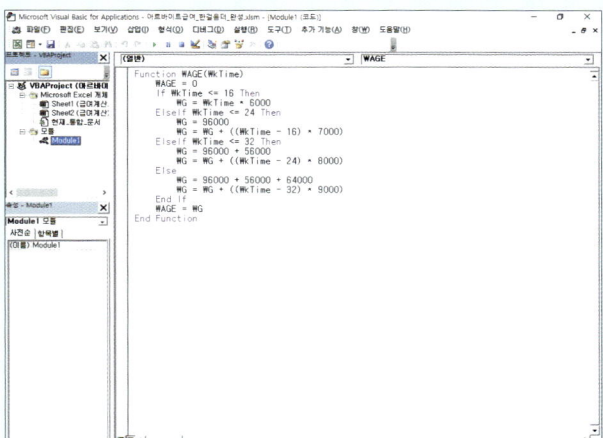

3. 기존에 입력된 코드 아래에 『Function WKPAY(WkMon, WkTime)』를 입력합니다. Enter↵를 누르면 'End Function'이 자동 입력됩니다.

- 함수명은 WKPAY로 지정되며, 사용자는 WkMon에 근무개월, WkTime에 근무시간을 입력하면, 코드가 실행되고 결괏값을 구합니다. 즉, 입력값에 해당하는 WKPAY 결괏값이 구해집니다.

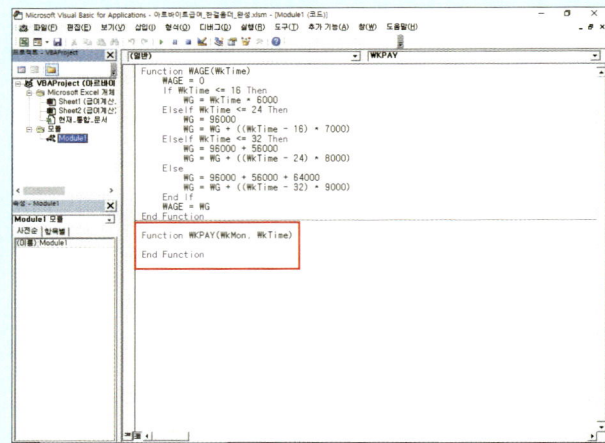

4. 앞에서 작성한 WAGE 함수의 코드를 선택한 후에 Ctrl + C를 눌러 복사하고, "Function WKPAY(WkMon, WkTime)"와 "End Function" 프로시저 안에 Ctrl + V를 눌러 붙여넣습니다.

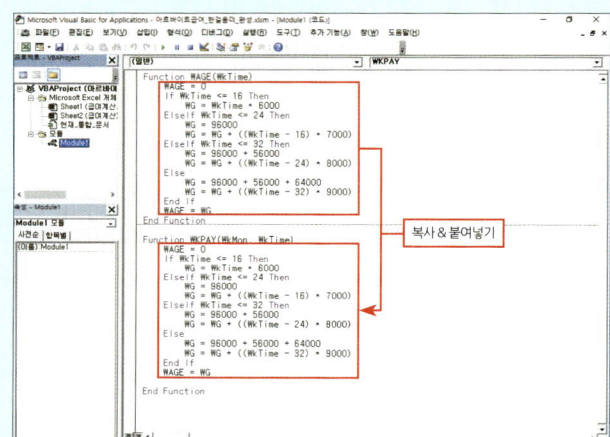

5. 복사된 코드에서 WAGE = 0을 『WKPAY = 0』으로 수정합니다. 그리고 코드의 아래쪽에 입력된 WAGE = WG를 『WKPAY = WG』로 수정합니다. 근무 개월 수에 1%를 가산하는 코드는 'WKPAY = WG' 코드 아래에 『WKPAY = WKPAY + (WKPAY * WkMon * 0.01)』을 입력합니다. 완성된 코드는 다음과 같습니다.

```
Function WKPAY(WkMon, WkTime)
    WKPAY = 0
    If WkTime <= 16 Then
        WG = WkTime * 6000
    ElseIf WkTime <= 24 Then
        WG = 96000
        WG = WG + ((WkTime - 16) * 7000)
    ElseIf WkTime <= 32 Then
        WG = 96000 + 56000
        WG = WG + ((WkTime - 24) * 8000)
    Else
        WG = 96000 + 56000 + 64000
        WG = WG + ((WkTime - 32) * 9000)
    End If
    WKPAY = WG
    WKPAY = WKPAY + (WKPAY * WkMon * 0.01)
End Function
```

6. VB 편집기의 닫기 단추(☒)를 눌러서 창을 닫습니다.

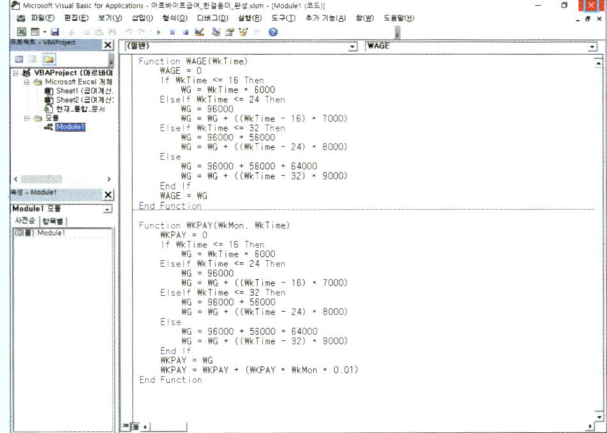

코드 풀이

WKPAY = 0

WKPAY에 0을 입력하는 것은 기존 값을 0으로 초기화하는 역할입니다.

WKPAY = WG

WG에 입력된 시간에 대한 급여를 WKPAY에 입력합니다.

WKPAY = WKPAY + (WKPAY * WkMon * 0.01)

- (WKPAY * WkMon * 0.01): 급여(WKPAY)를 계산한 금액에 '근무 개월 수 * 0.01'를 곱하여 금액을 가산합니다.
- WKPAY + (WKPAY * WkMon * 0.01): 급여(WKPAY)와 가산 금액을 더합니다.

사용자 함수 실행하기

완성된 사용자 함수를 이용하여 급여를 계산합니다.

1. [급여계산_개월] 워크시트에서 [D4] 셀을 선택하고 '함수삽입 (f_x)'을 클릭합니다.

2. [함수 마법사] 대화상자가 열리면 '범주 선택'란은 「사용자 정의」가 선택된 상태에서 '함수 선택' 상자에서 「WKPAY」를 선택한 후에 〈확인〉을 누릅니다.

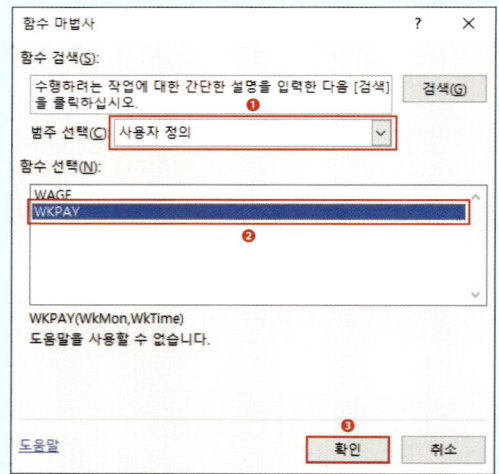

3. 이어서 [함수 인수] 대화상자가 열리면 근무개월을 입력하는 'WkMon'란을 누르고 워크시트에서 [B4] 셀을 선택합니다. 근무시간을 입력하는 'WkTime'란을 누르고 워크시트에서 [C4] 셀을 선택합니다. 그리고 〈확인〉을 누릅니다.

- [D4] 셀에 직접 『=WKPAY (B4,C4)』를 입력해도 됩니다.

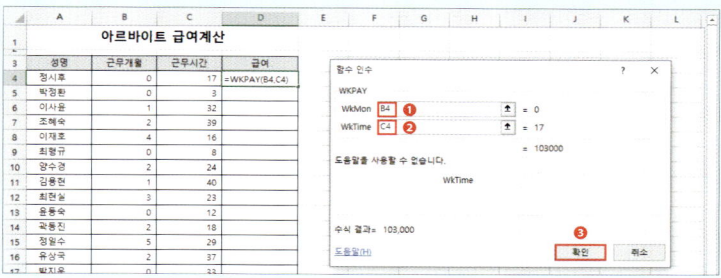

4. [D4] 셀의 채우기 핸들을 마우스로 더블 클릭합니다.

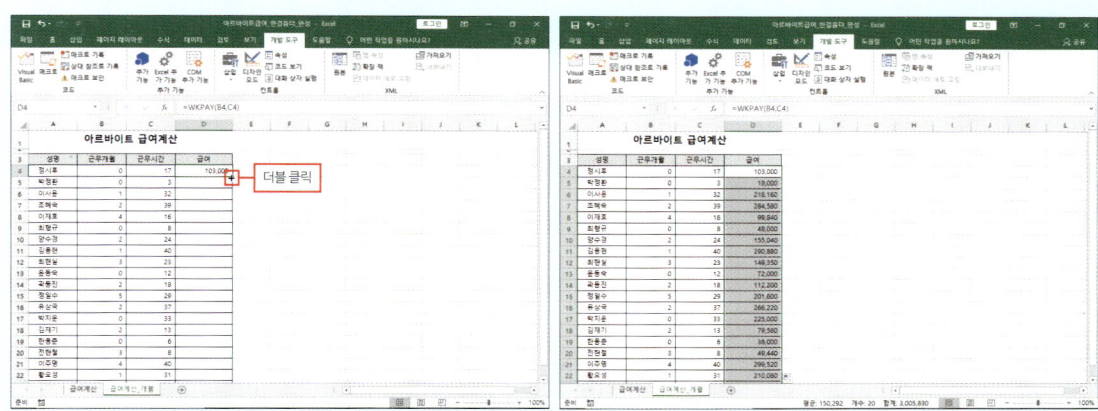

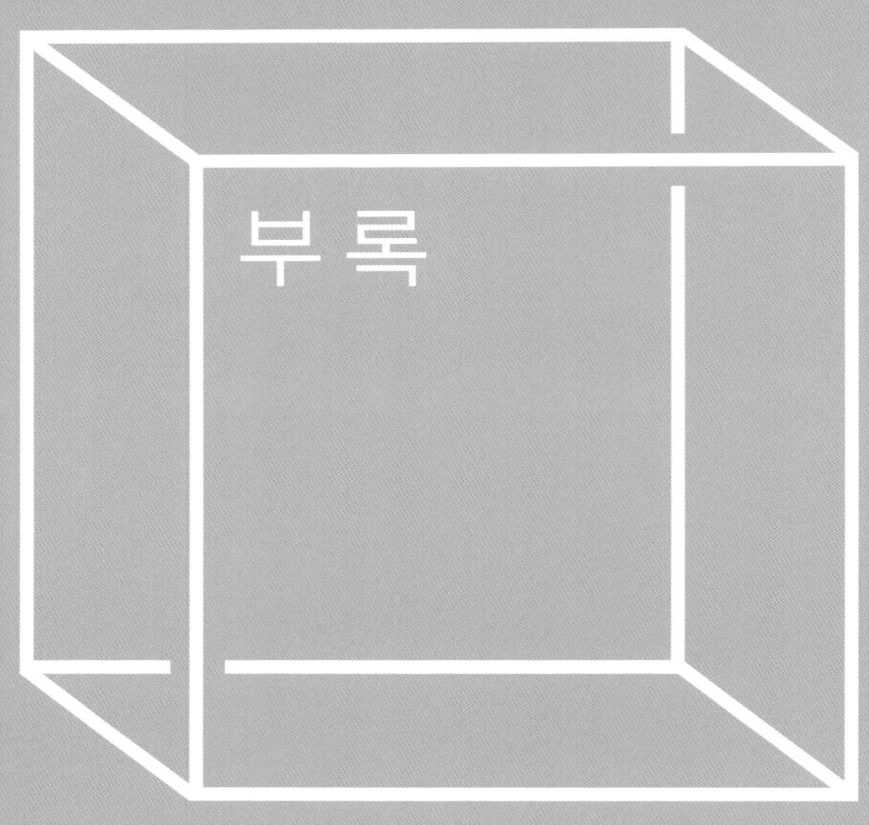

알아두면 득이 되는 엑셀 꿀팁

1 데이터 구분

엑셀의 셀에 입력된 데이터는 숫자와 문자 두 가지로 구분할 수 있습니다.

- **숫자:** 맞춤이 지정되지 않은 상태에서 숫자 데이터는 셀의 오른쪽 맞춤으로 나타납니다.
- **문자:** 맞춤이 지정되지 않은 상태에서 문자 데이터는 셀의 왼쪽 맞춤으로 나타납니다.

예를 들어 그림에서 [A2] 셀에 입력된 값은 숫자이고, [B2] 셀에 입력된 값은 문자입니다. 이 두 셀의 값이 같은지를 알아보기 위해 [C2] 셀에 『=A2=B2』 수식을 입력하면 결과는 FALSE를 반환합니다. 즉 [A2] 셀에 입력된 값은 150이고, [B2] 셀에 입력된 값은 "150"입니다. 우리 눈에는 같은 값으로 보이지만, 엑셀은 숫자와 문자를 구분하므로 다른 값으로 인식합니다.

	A	B	C	D
1	숫자	문자	비교	
2	150	150	FALSE	
3				
4				
5				

[A2] 셀에 3.14를 입력한 후에 [셀 서식] 대화상자의 '사용자 지정'에서 『파이』를 입력합니다. [A4] 셀에 『=A2*10』을 입력하면 결과는 31.4가 반환됩니다. 즉 [A2] 셀에 입력된 "파이"는 숫자입니다. [A4] 셀에 결괏값이 "파이"로 반환되는 이유는 [A4] 셀에 『=A2*10』을 입력하면 [A2] 셀에서 『파이』 서식이 그대로 [A4] 셀에 반영되기 때문입니다. 결괏값을 확인하기 위해 [A4] 셀의 셀 서식을 '일반'으로 합니다.

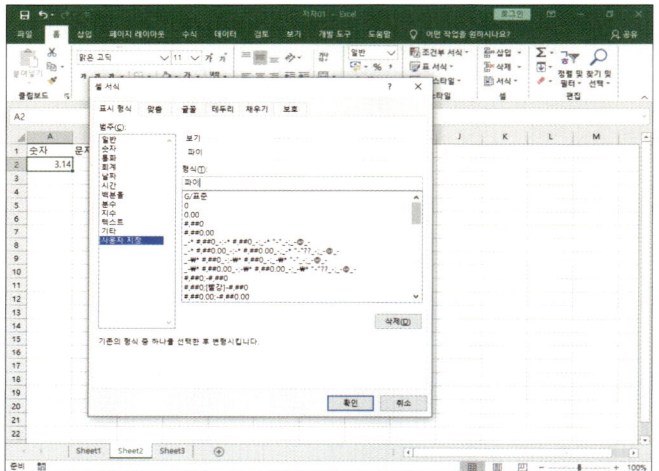

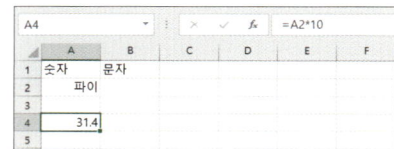

[B2] 셀에 『파이』를 입력하고, [B4] 셀에 『=B2*10』을 입력하면 결과는 오류입니다. 즉 [B2] 셀에 입력된 '파이'는 문자입니다.

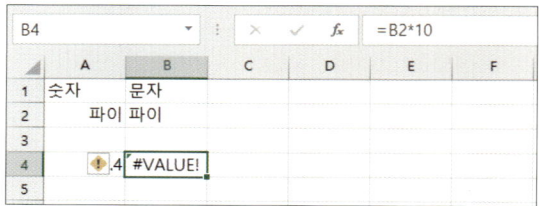

따라서 숫자 데이터와 문자 데이터를 구분할 때는 생긴 모습으로 구분하면 안 되고, 데이터가 입력된 셀의 위치를 보고 구분해야 합니다.

2 텍스트 숫자를 숫자로 변환

텍스트 숫자를 숫자로 변환하는 두 가지 방법을 알아봅니다.

- **=VALUE(텍스트 숫자):** VALUE 함수는 텍스트 숫자를 숫자로 변환해 줍니다.
- **=텍스트 숫자 * 1:** 함수를 사용하지 않고, 직접 +, −, *, / 등의 연산을 하면 텍스트 숫자를 숫자로 변환해 줍니다.

3 엑셀 숫자의 한계

엑셀은 숫자를 15자리까지 정확하게 다룰 수 있습니다. 예를 들어 다음처럼 18자리 숫자는 값을 정확하게 저장하지 못합니다.

123,456,789,123,456,789 → 123,456,789,123,456,000

4 입력할 범위를 미리 선택하고 입력하기

범위를 미리 선택하고 데이터를 입력하면 해당 범위의 왼쪽 위 셀부터 데이터가 입력됩니다. 셀은 범위 밖으로 이동하지 않습니다. 예를 들어 입력할 셀 범위를 먼저 선택하고, 데이터를 입력 후 Enter↵를 누르면 다음 셀로 이동합니다.

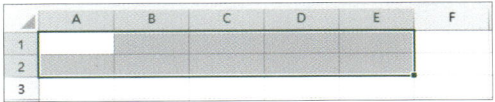

5 텍스트 줄 바꿈 하기

한 셀에 여러 줄의 데이터를 입력할 수 있습니다. 셀에 데이터를 입력하다가 줄을 바꾸고 싶은 위치에서 Alt + Enter를 누른 후에 데이터를 다시 입력합니다.

6 셀 선택하기

- **한 셀을 선택하기:** 워크시트 안에서 마우스 모양이 십자 모양(✛)일 때, 원하는 셀을 클릭합니다.
- **여러 셀을 선택하기:** 여러 셀을 동시에 선택하려면 Ctrl를 누른 상태에서 원하는 셀을 클릭하거나 끌어놓기를 합니다.

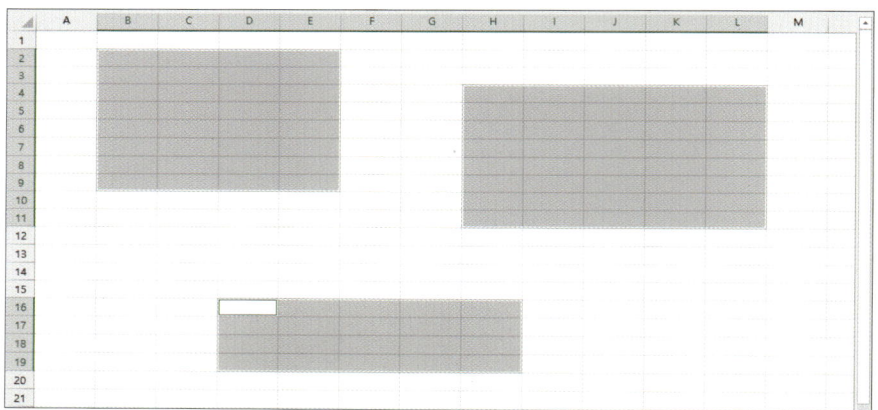

7 문자 접두어 사용

셀에 하이픈(-)으로 시작하는 텍스트를 입력하면 오류가 발생합니다. 엑셀은 하이픈(-)을 뺄셈 연산자로 구분하기 때문에 입력한 텍스트를 이름으로 인식합니다.

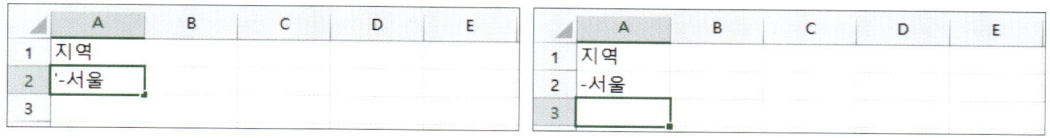

하이픈(-)으로 시작하는 텍스트를 입력하려면 셀에 작은따옴표(')를 먼저 입력하고(작은따옴표(')는 문자 접두어입니다), 『-서울』으로 입력합니다.

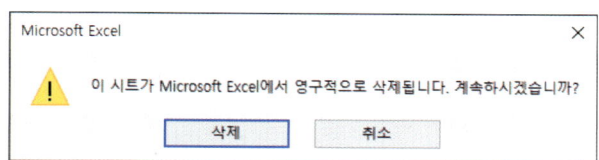

마찬가지로 슬래시(/) 역시 셀에 입력되지 않습니다. 슬래시를 입력하려면 『'/』으로 입력해야 합니다.

8 워크시트 삭제

데이터가 입력되어 있지 않은 워크시트를 삭제하면 바로 삭제되지만, 데이터가 입력된 워크시트는 삭제 확인 메시지가 나타납니다.

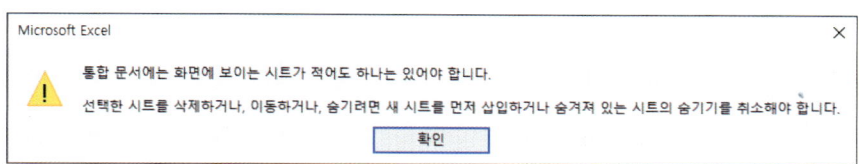

또한, 통합 문서에는 화면에 보이는 워크시트가 적어도 하나는 있어야 하므로, 워크시트가 하나 있을 때는 삭제할 수 없습니다.

9 날짜와 시간

엄밀히 말하면 엑셀에는 날짜와 시간 데이터가 없습니다. 숫자 데이터가 존재할 뿐입니다.

날짜

엑셀에서 작업할 수 있는 날짜 데이터의 범위는 1900년 1월 1일부터 9999년 12월 31일까지입니다. 이는 사람이 알 수 있는 날짜 형식이기도 합니다. 그럼, 엑셀은 날짜 데이터를 어떻게 알고 있을까요? 1900년 1월 1일의 날짜 데이터를 숫자 1로 알고 있으며, 이 날짜부터 시작하여 하루에 1씩 더하기를 하여 9999년 12월 31일의 숫자는 2,958,465로 알고 있습니다.

날짜	숫자
1900-1-1	1
1900-1-2	2
1900-1-3	3
…	…
2000-10-1	36,800
…	..
2100-5-1	73,171
…	…
9999-12-31	2,958,465

즉, 날짜 속에는 각 날짜에 해당하는 숫자가 들어 있으며, 이 숫자는 하루에 1씩 증가하는 것을 알 수 있습니다. 다시 말해, 날짜 데이터는 숫자이므로 날짜를 셀에 입력하면 오른쪽 맞춤으로 나타납니다.

시간

하루를 1이라고 한다면 1시간은 1/24에 해당하는 값입니다. 즉 시간은 소수점 아래의 값입니다.

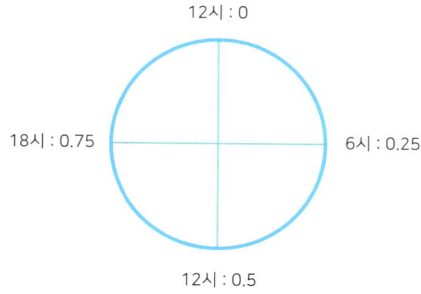

2100년 5월 1일에 해당하는 숫자는 73,171이고, 6시는 6/24에 해당하는 값인 0.25입니다. 즉 2100년 5월 1일 6시를 숫자로 표현한다면 73,171.25이고, 2100년 5월 1일 18시를 숫자로 표현한다면 73,171.75입니다. 2100년 5월 2일이 되는 순간 73,172로 숫자 값이 바뀝니다.

10 데이터를 입력할 때는 띄어쓰기 하지 마세요

[E3] 셀에 입력된 "서울" 값과 같은 합계를 구하기 위해, [F3] 셀에 수식을 입력하면 10의 결과를 반환합니다. 60이 아닌 10이 반환되는 이유는 [B3:B7] 범위에서 "서울"로 입력된 셀은 [B3] 밖에 없기 때문입니다.

	A	B	C	D	E	F	G
1							
2		지역	수량		지역별 합계		
3		서울	10		서울	10	
4		제주	10		제주	30	
5		서 울	20				
6		서 울	30				
7		제주	20				
8							

"서울", "서 울", "서 울"로 입력된 데이터는 "서울"로 입력된 데이터와 다른 데이터입니다. 집계뿐만 아니라 다른 함수나 수식 등을 사용하여도, 데이터 자료가 잘못되었으므로 결과는 사용자의 예상과 다릅니다.

11 정의된 이름이 생각나지 않아요

셀에 수식을 입력하는 중에 정의된 이름이 생각나지 않을 때가 있습니다. 그럴 경우, [수식] → [정의된 이름] 그룹에서 [수식에서 사용]을 클릭합니다. 정의된 이름의 목록이 나타나면 원하는 이름을 클릭하면 됩니다.

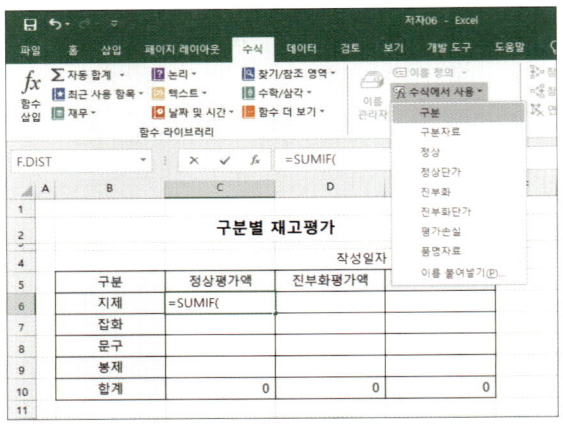

12 창 나누기

하나의 워크시트를 위, 아래, 왼쪽, 오른쪽으로 나누는 기능입니다. [보기] → [창] 그룹에서 [나누기]를 선택합니다.

13 참조되는 셀

수식 셀에만 해당하는 개념으로 수식의 결괏값에 영향을 미치는 모든 셀을 의미합니다. [수식] → [수식분석] 그룹에서 [참조되는 셀 추적]을 선택합니다.

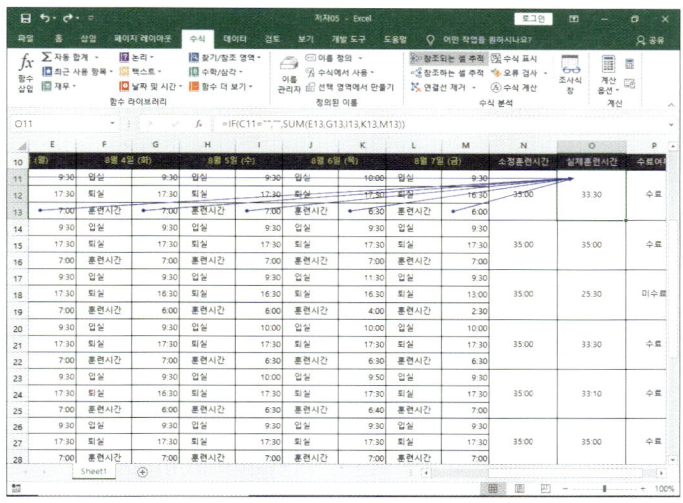

14 참조하는 셀

특정 셀을 참조하는 수식 셀입니다. 해당 셀을 사용하는 모든 수식 셀을 의미합니다. [수식] → [수식분석] 그룹에서 [참조하는 셀 추적]을 선택합니다.

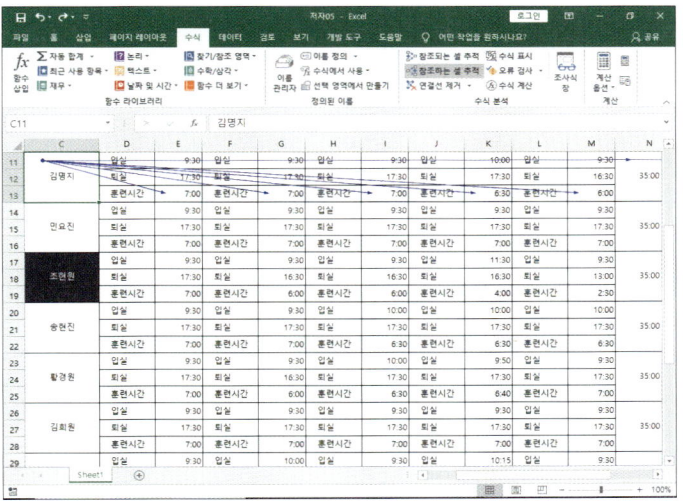

15 표시 형식에서 사용하는 색상

[셀 서식] 대화상자의 [표시 형식] 탭

사용자 지정 서식에 사용되는 색상 문자는 다음과 같습니다.

검정, 파랑, 녹청, 녹색, 자홍, 빨강, 흰색, 노랑

예) [자홍]#,##0_

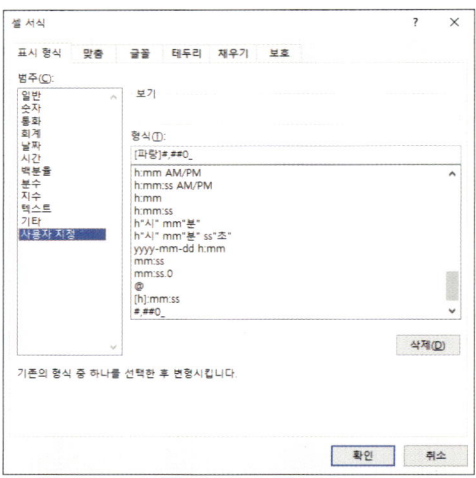

색상표에 해당 색상을 표시

n은 1에서 56까지의 숫자를 사용합니다.

예) [색n]#,##0_

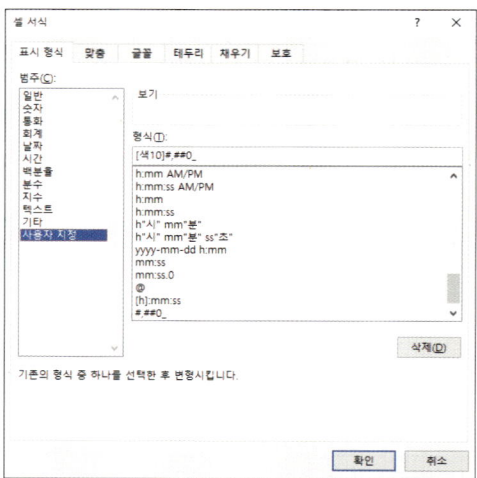

56색 색상표

인덱스	색상	인덱스	색상	인덱스	색상
1	검정	21	진한자주	41	연한파랑
2	흰색	22	산호색	42	바다색
3	빨강	23	바다색	43	라임
4	은녹색	24	담청색	44	황금색
5	파랑	25	진한파랑	45	연한주황
6	노랑	26	분홍	46	주황
7	분홍	27	노랑	47	청회색
8	옥색	28	밝은옥색	48	회색40%
9	진한빨강	29	보라	49	진한청록
10	녹색	30	진한빨강	50	해록
11	진한파랑	31	진한청록	51	진한녹색
12	진한노랑	32	파랑	52	황록색
13	보라	33	하늘색	53	밤색
14	청록	34	연한옥색	54	진한보라
15	회색25%	35	연한녹색	55	남색
16	회색50%	36	연한노랑	56	회색80%
17	빙카색	37	흐린파랑		
18	자주색	38	다홍		
19	상아색	39	연한보라		
20	연한옥색	40	황갈색		

16 데이터가 없는 행/열 머리글 숨기기

숨기기 기능을 이용하여 데이터가 없는 행/열 머리글을 숨길 수 있습니다. F열부터 마지막 열까지 숨기기 위해 [F] 열을 선택하고,

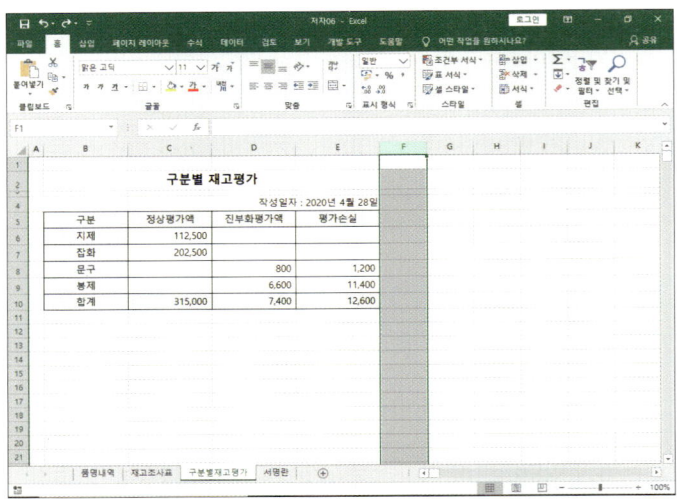

Ctrl + Shift + →를 누른 후, 마우스 오른쪽 버튼을 클릭하여 [숨기기] 메뉴를 선택합니다.

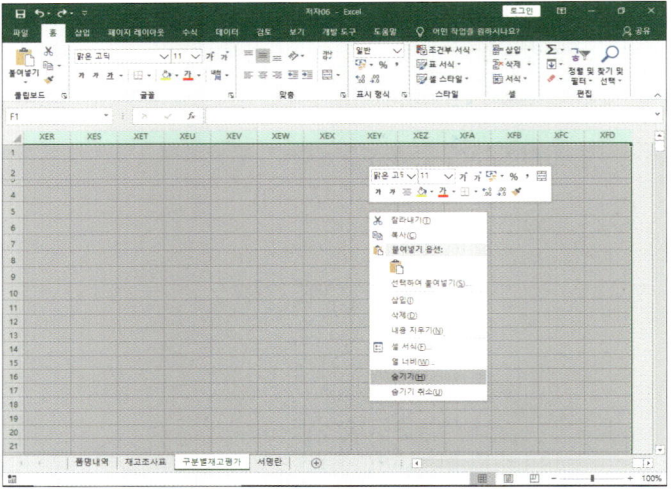

11행부터 마지막 행까지 숨기기 위해 [11] 행을 선택하고, Ctrl + Shift + ↓를 누른 후에 마우스 오른쪽 버튼을 클릭하여 [숨기기] 메뉴를 선택합니다.

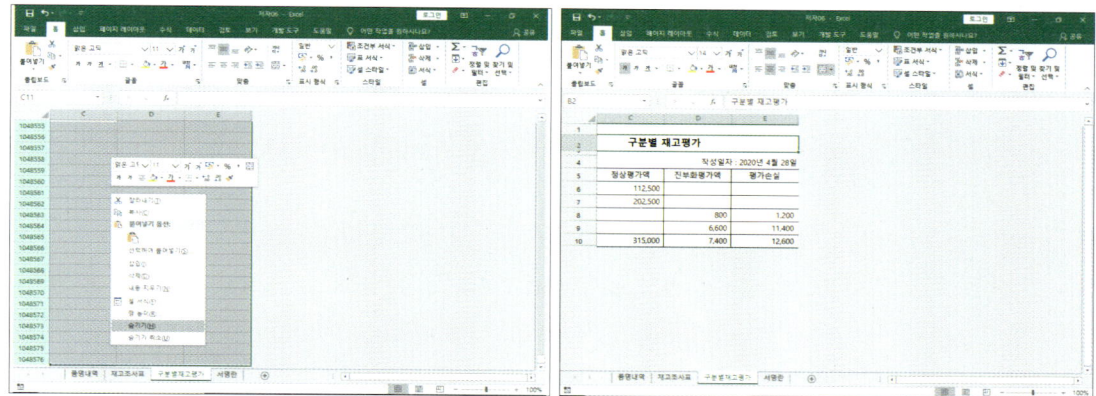

17 채우기 핸들이 작동되지 않으면

[파일] → [옵션]을 선택합니다. [Excel 옵션] 대화상자의 [고급]에서 「채우기 핸들 및 셀 끌어서 놓기 사용」에 체크합니다.

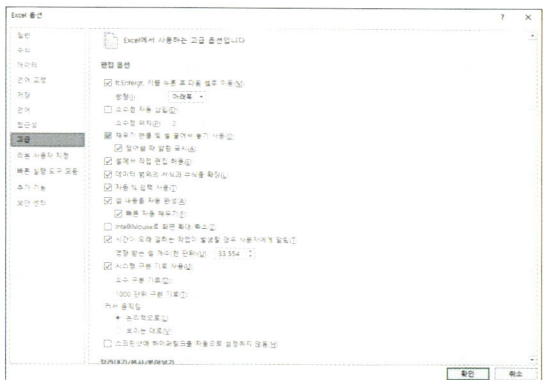

18 마우스를 이용한 마지막 셀 이동

선택한 셀의 위 경계선을 더블 클릭하면 데이터베이스의 위쪽, 아래 경계선을 더블 클릭하면 데이터베이스의 아래쪽, 왼쪽 경계선을 더블 클릭하면 데이터베이스의 왼쪽, 오른쪽 경계선을 더블 클릭하면 데이터베이스의 가장 오른쪽으로 이동합니다.

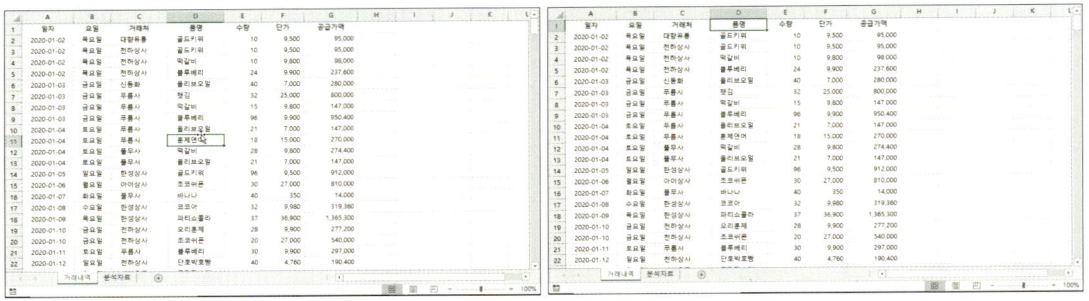

19 빠른 채우기 : 문자와 숫자 구분하여 각각의 셀에 입력하기

한 셀에 문자와 숫자가 입력되어 있다면, 엑셀(2013버전 이후)에서는 간단하게 각각의 셀에 문자, 숫자를 구분하여 입력할 수 있습니다.

예를 들어 그림에서 [B2] 셀에 『Dell』을 입력합니다. [B3] 셀에 『L』을 입력하고 잠시 기다리면 다음 데이터들의 문자 부분이 흐리게 나타납니다. 그때 Enter↵를 누릅니다.

또는 [B2] 셀에 『Dell』을 입력한 후, Ctrl + E를 누르면 같은 패턴으로 나머지 칸이 모두 채워집니다.

같은 방법으로 [C2] 셀에 『23490』을 입력합니다. 그리고 [C3] 셀에 『1』을 입력하고 잠시 기다리면 다음 데이터들의 문자 부분이 흐리게 나타납니다. 그때 Enter↵를 누릅니다. 만일 흐리게 나타나는 부분을 입력하고 싶지 않다면 Esc를 누릅니다.

	A	B	C	D
1	입력값	문자	숫자	
2	Dell23490	Dell	23490	
3	LG12905836	LG	12905836	
4	Samsung384720	Samsung	384720	
5	Sony28193593	Sony	28193593	
6	HP904736293	HP	904736293	
7				
8				

	A	B	C	D
1	입력값	문자	숫자	
2	Dell23490	Dell	23490	
3	LG12905836	LG	12905836	
4	Samsung384720	Samsung	384720	
5	Sony28193593	Sony	28193593	
6	HP904736293	HP	904736293	
7				
8				

또는 [C2] 셀에 『23490』을 입력한 후, Ctrl + E를 누르면 같은 패턴으로 나머지 칸이 모두 채워집니다.

20 빠른 채우기 : 각 셀에 입력된 문자와 숫자 입력하기

각각의 셀에 문자와 숫자가 입력되어 있다면, 엑셀(2013버전 이후)에서는 간단하게 한 셀에 입력할 수 있습니다.

예를 들어 그림에서 [C2] 셀에 『Dell-23490』을 입력합니다. [C3] 셀에 『L』을 입력하고 잠시 기다리면 다음 데이터들의 문자 부분이 흐리게 나타납니다. 그때 Enter를 누릅니다. 만일 흐리게 나타나는 부분을 입력하고 싶지 않다면 Esc를 누릅니다.

	A	B	C	D
1	문자	숫자	문자와 숫자	
2	Dell	23490	Dell-23490	
3	LG	12905836	LG-12905836	
4	Samsung	384720	Samsung-384720	
5	Sony	28193593	Sony-28193593	
6	HP	904736293	HP-904736293	
7				
8				

	A	B	C	D
1	문자	숫자	문자와 숫자	
2	Dell	23490	Dell-23490	
3	LG	12905836	LG-12905836	
4	Samsung	384720	Samsung-384720	
5	Sony	28193593	Sony-28193593	
6	HP	904736293	HP-904736293	
7				
8				

또는 [C2] 셀에 『Dell-23490』을 입력한 후, Ctrl + E를 누르면 같은 패턴으로 나머지 칸이 모두 채워집니다.

APPENDIX B

엑셀 단축키

1 메뉴와 관련된 단축키

단축키	설명
Ctrl + N	새로운 통합 문서 열기
Ctrl + O	열기 화면
Ctrl + S	통합 문서 저장
Ctrl + W	닫기
Ctrl + P	인쇄 미리보기
Ctrl + A	전체 선택
Ctrl + C	복사하기
Ctrl + V	붙여넣기
Ctrl + Z	실행 취소
Ctrl + Y	재실행하기
Ctrl + D	위 셀 데이터 복제
Ctrl + R	오른쪽 셀에 데이터 복제
Ctrl + K	하이퍼링크 삽입
Ctrl + F	찾기
Ctrl + G	이동
Ctrl + H	바꾸기
Alt + F10	매크로 목록

엑셀 단축키   437

2 이동 및 스크롤 관련 단축키

단축키	설명
방향키	방향대로 한 셀씩 이동
Ctrl + 방향키	데이터의 끝으로 이동하고, 비어있는 셀이 있으면 비어있지 않은 첫 번째 셀로 이동
Ctrl + Home	[A1] 셀로 이동
Ctrl + End	비어있지 않은 마지막 셀로 이동
PageUp	한 화면 위로 이동
PageDown	한 화면 아래로 이동
Alt + PageUp	한 화면 왼쪽으로 이동
Alt + PageDown	한 화면 오른쪽으로 이동
Shift + 방향키	방향대로 한 셀씩 범위 지정
Ctrl + Shift + 방향키	방향대로 범위 지정
F5	[이동] 대화상자
Ctrl + F3	[이름 관리자] 대화상자

3 서식과 관련된 단축키

단축키	설명
Ctrl + B	굵게
Ctrl + I	기울임 꼴
Ctrl + U	밑줄
Ctrl + 5	취소선
Ctrl + Shift + -	테두리 지우기
Ctrl + Shift + &	테두리 적용

단축키	설명
Ctrl + Shift + 1	쉼표 서식
Ctrl + Shift + 2	시간 서식
Ctrl + Shift + 3	날짜 서식
Ctrl + Shift + 4	회계 표시 형식(소수 두 자리까지 표시, 음수는 괄호로 표시)
Ctrl + Shift + 5	백분율 서식(소수 자리 없이 표시)
Ctrl + Shift + 6	지수 서식(소수 두 자리까지 표시, 1234 = 1.23E03)
Ctrl + Shift + ~	일반 서식

4. 셀, 행과 열 등의 선택 관련 단축키

단축키	설명
Ctrl + SpaceBar	열 전체 선택
Shift + SpaceBar	행 전체 선택
Ctrl + `	수식 보기
Ctrl + Shift + ~	일반 셀 전환
Ctrl + * Ctrl + Shift + 8	현재 셀을 기준으로 범위를 선택(빈행 빈열로 둘러싸여 있는 범위)
Alt + Enter	한 셀에 두 줄 이상 입력
Shift + F11	워크시트를 삽입합니다.
Ctrl + PageUp	이전 워크시트로 이동
Ctrl + PageDown	다음 워크시트로 이동

5 기타 단축키

단축키	설명
Ctrl + 1	[셀 서식] 대화상자 열기
F2	셀에서 내용을 수정하는 편집 상태
F4	참조 변환
Ctrl + ;	오늘 날짜 입력
Ctrl + Shift + ;	현재 시각 입력
Ctrl + Enter	셀 범위를 지정한 후 내용을 입력하고 Ctrl + Enter↵를 누르면 셀 범위에 같은 내용으로 채움
Ctrl + 9	행 숨기기
Ctrl + 0	열 숨기기
F11	차트 삽입

APPENDIX C 기능 목차

PART 1 기본에서 시작하는 업무 활용 문서

100원 이하 버림 하기	71
COUNTA 함수	98, 107
DATEIF 함수	92
HLOOKUP 함수	63
HLOOKUP 함수 사용 시 공백 오류 해결	65
HLOOKUP 함수로 목록에서 값 찾기	63
HLOOKUP 함수로 목록에서 유사한 값 찾기	67
IF 함수	61
INDEX 함수	75
INDIRECT 함수	79, 104
MATCH 함수	58
OFFSET 함수	98, 107
ROW 함수	61
SUMIF 함수	113, 151
SUMPRODUCT 함수	109
TEXT 함수	51
TRUNC 함수	71
VLOOKUP 함수	90
WEEKDAY 함수	54
공휴일은 빨간색으로 지정하기	56
기본 눈금선 보이지 않게 하기	78
날짜를 "2020-08-01"에서 "8월 1일"로 변경하기	46
날짜를 요일로 변경하기	47, 162

기능	페이지
넓은 영역 한번에 선택하기	72
데이터 표시 형식 내 맘대로 지정하기	29
데이터가 입력된 마지막 행/열까지 한번에 선택하기	85
범위에 있는 데이터 이외의 데이터 입력 막기	73, 122, 188
범위에 있는 데이터로 입력 목록 만들기	85
상대, 절대, 혼합참조 설명과 예	33
선택한 범위에 한꺼번에 데이터 입력하기	48
셀에 입력된 데이터 보이지 않게 하기	78
수식으로 움직이는 범위 지정하기	97, 105
수식을 사용하여 서식을 지정할 셀 결정하기	52
숫자로 표시되는 날짜를 날짜 형식으로 바꾸기	50
인접하지 않은 셀 범위 선택	44
자동으로 순번 입력하기	60
자주 쓰는 명령 빠른 실행 도구 모음에 추가하기	23
채우기 핸들로 자동 채우기(끌어놓기)	37
채우기 핸들로 자동 채우기(더블클릭)	60
첫 행의 필드명을 이름으로 정의하기	72, 120, 139
특정 범위만 인쇄하기	81
특정 텍스트를 포함할 때 강조하기	95
행 높이 지정하기	44
활성 셀이란?	53

PART 2 기본을 딛고 작성하는 업무 활용 문서

기능	페이지
0 값은 보이지 않게 표시하기	152
CONCATENATE 함수	153
FREQUENCY 함수	178
IF 함수 중첩해서 사용하기	165
IFERROR 함수	192
ISERROR 함수	199

항목	페이지
LARGE 함수	180
LOOKUP 함수	142
MOD 함수	167
ROUND 함수	175
SMALL 함수	181
SUMIFS 함수	197
TIME 함수	160
TODAY 함수	146
구간별 빈도수 구하기	176
그림으로 복사해서 붙여넣기	156
데이터 삭제 고급	134
배열 수식	177, 203
변경되는 범위를 이름으로 정의하기	194, 200
"보호되지 않은 수식" 메시지가 나타나는 이유	183
상위 3등, 하위 3등 구하기	180
서명란(결재란) 만들기	154
선택 제품의 월별 거래금액 구하기	202
셀 잠금과 시트 보호 설정하기	183
수식이 입력된 셀 선택하기	132
숫자로 표시되는 시간을 시간 형식으로 바꾸기	164
시간 계산하기	160
시트 보호 해제하기	185
실제 데이터를 표시 형식만 달리하여 편하게 계산하기	158, 205
엑셀 오류	129
오류 여부에 따라 실행 구분하기(예외 처리)	191, 198
워크시트 숨기기, 삭제, 이동과 복사	119
워크시트 추가, 이름 바꾸기	118
유효성 검사로 잘못된 데이터 검출하기	124
이름 상자에서 이름 정의하기	148
조건부 서식으로 색 지정하기	166

조건부 서식이 적용된 셀 선택하기	132
텍스트와 함수의 결괏값 연결하여 표시하기	153
한 페이지에 맞춰서 인쇄하기	171

PART 3 눈이 즐거운 차트 문서

COLUMN 함수	247
내장 차트 인쇄 또는 인쇄하지 않기	232
워크시트의 차트를 차트 시트로 이동하기	233
차트 사용자 지정 아이콘(요소,스타일,필터) 사용하기	216
차트 요소의 작업 창	220
차트 종류 변경	224
차트에서 원하는 요소 선택하기	220
차트에서 특정 요소 선택이 어려울 땐?	239
차트에서 행과 열 바꾸기	218

PART 4 데이터 가치를 업그레이드하는 작업

CHOOSE 함수	320
DATE 함수	322
LEFT 함수	323
MID 함수	320
OR 함수	334
RIGHT 함수	323
SUBTOTAL 함수	315
고급 필터 사용하기	284
고급 필터 조건 범위 만들기	285
고급 필터의 복사 위치 설정	330
그룹화 기능 사용하기	343
데이터 정렬하기	280, 292

데이터 통합	279, 303, 305
데이터베이스 작성 규칙	277
데이터베이스에서 중복된 항목 제거	279, 323
데이터베이스의 구성 요소	276
머리글과 바닥글에 페이지 번호와 시트 이름 적용하기	300
부분합 기능으로 데이터 요약하기	281
부분합 중첩하기	282, 293
월별 출고 반품 건수 구하기	316
자동 필터 사용하기	282, 307
자동 필터 해제하기	313
제목 행 반복과 인쇄 페이지 지정하기	298
주민등록번호로 성별 알아내기	319, 333
텍스트 나누기	277, 289
특정 문자가 포함된 데이터 필터링하기	312
피벗 테이블 구성 요소	287
피벗 테이블에서 필드 목록을 다시 표시하려면	342
행이나 열 숨기기와 숨기기 취소	348

PART 5 원하는 대로 만드는 VBA

Function 프로시저	365
Function 프로시저 코딩하기	410
Sub 프로시저	365
VB 편집기	364
VBA 반복하기	367
VBA 변수	366
VBA 이벤트	369
VBA 조건에 따라 선택하기	367
VBA 편집기에서 코딩하기	390
개발 도구 탭 표시하기	358, 372

항목	페이지
단추에 매크로 지정하기	379, 388
데이터 입력할 때 자동으로 매크로 실행	399
도형에 매크로 지정하고 실행하기	384
매크로 기록하기	360
매크로 기록하기 실습	373
매크로 보안	360
매크로 실행하기	362
매크로 이름 규칙	374
매크로를 포함하는 엑셀 파일 저장 및 열기	359, 382
범위를 선택하는 매크로 기록하기	398
사용자 함수 실행하기	413
사용자 함수에 도움말 입력하기	413
워크시트 선택 시 이름 자동 지정	405
이름 지정 VBA 코드	402
이벤트 프로시저 구조	402
인쇄 미리보기 VBA 프로그래밍	394
주어진 숫자만큼 반복하는 반복문	392
각 셀에 입력된 문자와 숫자 입력하기	435
기타 단축키	439
날짜와 시간	426
데이터 구분	421
데이터가 없는 행/열 머리글 숨기기	432
데이터를 입력할 때는 띄어쓰기 하지 마세요	427
마우스를 이용한 마지막 셀 이동	433
메뉴와 관련된 단축키	436
문자 접두어 사용	424
문자와 숫자 구분하여 각각의 셀에 입력하기	434
서식과 관련된 단축키	437
셀 선택하기	424
셀, 행과 열 등의 선택 관련 단축키	438

항목	페이지
엑셀 숫자의 한계	423
워크시트 삭제	425
이동 및 스크롤 관련 단축키	437
입력할 범위를 미리 선택하고 입력하기	423
정의된 이름이 생각나지 않아요.	428
참조되는 셀	429
참조하는 셀	429
창 나누기	428
채우기 핸들이 작동되지 않으면	433
텍스트 숫자를 숫자로 변환	423
텍스트 줄 바꿈 하기	424
표시형식에서 사용하는 색상	430